Os crimes de Paris

Dorothy e Thomas Hoobler

Os crimes de Paris

O roubo da *Mona Lisa* e o nascimento da criminologia moderna

TRADUÇÃO Maria José Silveira

Copyright © 2009 Dorothy Hoobler e Thomas Hoobler
Copyright da tradução © 2013 Três Estrelas – selo editorial da Empresa Folha da Manhã S.A.

Todos os direitos reservados. Nenhuma parte desta obra pode ser reproduzida, arquivada ou transmitida de nenhuma forma ou por nenhum meio sem a permissão expressa e por escrito da Empresa Folha da Manhã S.A., detentora do selo editorial Três Estrelas.

Título original *The crimes of Paris: a true story of murder, theft, and detection*

EDITOR Alcino Leite Neto
EDITORA-ASSISTENTE Rita Palmeira
COORDENAÇÃO DE PRODUÇÃO GRÁFICA Mariana Metidieri
PRODUÇÃO GRÁFICA Iris Polachini
CAPA Luciana Facchini
IMAGEM DA CAPA Plano de Paris e arredores por Antonio Galignani (coleção particular) – Corbis/Latinstock; plano de Paris por Matthaeus Merian – Gianni Dagli Orti/Corbis/Latinstock; e desenho de homem sendo medido segundo o método antropométrico de Alphonse Bertillon – Bettmann/Corbis/Latinstock
PROJETO GRÁFICO DO MIOLO Mayumi Okuyama
EDITORAÇÃO ELETRÔNICA Jussara Fino
PREPARAÇÃO Marcia Menin
REVISÃO Carmen T. S. Costa e Ieda Lebensztayn

Dados Internacionais de Catalogação na Publicação (CIP)
(Câmara Brasileira do Livro, SP, Brasil)

Hoobler, Dorothy
  Os crimes de Paris: o roubo da *Mona Lisa* e o nascimento da criminologia moderna/Dorothy Hoobler e Thomas Hoobler; tradução Maria José Silveira. – 1. ed. – São Paulo: Três Estrelas, 2013.

  Título original: *The crimes of Paris: a true story of murder, theft, and detection*
  Bibliografia
  ISBN 978-85-65339-20-9

  1. Criminologia – Paris (França) 2. Leonardo, da Vinci, 1452-1519. Mona Lisa 3. Objetos de arte – Roubos – Paris (França) I. Hoobler, Thomas. II. Título.

13-06529   CDD-364.162

Índice para catálogo sistemático:
1. Arte: Objetos: Furtos: Criminologia   364.162
2. Objetos de arte: Furtos: Criminologia   364.162

Este livro segue as regras do Acordo Ortográfico da Língua Portuguesa (1990), em vigor desde 1º de janeiro de 2009.

TRÊS ESTRELAS
Al. Barão de Limeira, 401, 6º andar
CEP 01202-900, São Paulo, SP
Tel.: (11) 3224-2186/2187/2197
editora3estrelas@editora3estrelas.com.br
www.editora3estrelas.com.br

Sumário

7 Roubo

14 A cidade luz

58 A busca por uma mulher

88 Simpatia pelo diabo

122 Ciência *versus* crime

178 O homem que media as pessoas

225 Os suspeitos

263 Os bandidos motorizados

316 O ladrão

339 *Cherchez la femme*

385 O maior dos crimes

397 Posfácio: O mentor

405 **Notas**

425 **Bibliografia**

447 **Índice remissivo**

462 **Agradecimentos**

463 **Sobre os autores**

Roubo

Era segunda-feira e o Louvre estava fechado. De acordo com o procedimento-padrão do museu naquele dia da semana, só os funcionários da manutenção, a equipe de limpeza, os curadores e outros poucos empregados podiam percorrer os corredores do prédio que havia sido a casa de reis da França, mas desde a Revolução passara a abrigar os tesouros artísticos do país.

Adquiridas por conquista, riqueza, bom gosto e pilhagem, essas preciosidades esplêndidas e em vasto número autorizavam o Louvre a reivindicar para si o título de maior repositório de arte do mundo. Em um espaço de cerca de 200 mil metros quadrados, a coleção era demasiado grande para que os visitantes a vissem em um dia ou mesmo, pensavam alguns, em toda uma vida.[1] A maioria dos guias de turismo, portanto, aconselhava as pessoas a não deixarem de ver o Salon Carré (Sala Quadrada). Naquele único local poderiam contemplar duas pinturas de Leonardo da Vinci, três de Ticiano, duas de Rafael, duas de Correggio, uma de Giorgione, três de Veronese, uma de Tintoretto e, representando os não italianos, uma de Rubens, uma de Rembrandt e uma de Velázquez.

Uma exposição formidável, sem dúvida. No entanto, nessa coleção de obras-primas, uma pintura se sobressaía às outras. Naquela mesma manhã – 21 de agosto de 1911 –, o chefe da manutenção, Picquet, passando pelo Salon Carré em sua ronda, apontou a *Mona Lisa*, de Leonardo da Vinci, e disse a um colega que o quadro era o objeto mais valioso do museu. "Dizem que vale um milhão e meio", comentou ele, dando uma olhadela em seu relógio ao se afastar da sala. Eram 7h20.

Logo que Picquet deixou o Salon Carré, a porta de um quartinho de depósito se abriu e de lá saiu um homem (ou alguns homens, pois nunca ficou provado se o ladrão trabalhara sozinho). Ele estava ali desde o dia anterior – o mais movimentado do museu, já que a maioria dos parisienses tinha folga do trabalho. Um pouco antes da hora de fechamento do museu, no domingo, o ladrão havia se esgueirado até o quartinho para poder sair na manhã seguinte sem precisar se identificar para um guarda na entrada.

Havia muitos cubículos e alcovas escondidos no prédio de mais de setecentos anos;[2] funcionários do museu confessaram depois que ninguém sabia exatamente quantos. Aquele quarto, em particular, era normalmente usado para guardar os cavaletes, telas e acessórios dos artistas que se ocupavam em copiar as obras dos velhos mestres – um exercício prático para quem desejava aprimorar sua técnica. A única exigência concreta que o museu fazia a tais estudantes era que suas reproduções não tivessem o mesmo tamanho dos originais.

Ao sair do quartinho, o intruso deve ter sido confundido com um desses copistas, pois usava um guarda-pó de pintor. Seu disfarce, porém, tinha outro propósito naquele dia em particular: a equipe de manutenção do museu também usava guarda-pó, aparentemente uma prática com a intenção de demonstrar que eles estavam em um plano superior ao dos trabalhadores "comuns", e, se alguém reparou no ladrão, decerto o tomou por um dos empregados.

Ao entrar no Salon Carré, ele se encaminhou diretamente para o seu alvo: a *Mona Lisa*. Só quatro ganchos firmes mantinham a

A *Mona Lisa*, que Leonardo da Vinci começou a pintar em 1503, foi levada pelo artista para a França quando ele se mudou para lá, em 1517, a convite do rei Francisco I. Em 21 de agosto de 1911, a tela foi roubada do Louvre.

pintura ali, sem mais segurança do que uma cópia emoldurada na casa de um burguês parisiense. Mais tarde, funcionários do museu disseram que os quadros eram presos à parede dessa maneira para facilitar sua retirada pelos guardas, em caso de incêndio.

Mesmo assim, pegar a *Mona Lisa* e carregá-la até a escada próxima não era trabalho fácil. O próprio quadro pesa aproximadamente oito quilos, pois Da Vinci o pintou não em tela, mas em três pranchas de madeira. Poucos meses antes, os diretores do museu haviam tido a iniciativa de proteger a obra fisicamente, reforçando-a com um suporte de madeira maciça e colocando-a em um estojo com vidro na frente, acrescentando assim 68 quilos ao peso. A moldura decorativa da Renascença contribuía, talvez, com mais catorze quilos, elevando o peso total a cerca de noventa quilos.

Fora da vista, atrás da porta da escada coberta, o ladrão rapidamente tirou todas as "peças" protetoras da pintura – o estojo de vidro, o suporte e a moldura. Já que a madeira da obra, de quase quatro centímetros de espessura, tornava impossível enrolá-la, ele a colocou debaixo de seu guarda-pó. Medindo 77 centímetros por 53 centímetros, era pequena o bastante para não chamar a atenção.

Embora evidentemente familiarizado com a planta do museu, o ladrão cometeu um erro em seu planejamento. A escada levava para o térreo do prédio, mas no final dela havia uma porta trancada. O homem tinha conseguido uma chave, que agora não funcionava. Desesperado, removeu a maçaneta com uma chave de fenda – e então escutou passos aproximando-se.

Era um dos encanadores do Louvre, chamado Sauvet, que descia os degraus. Mais tarde, Sauvet – a única pessoa a ver o ladrão lá dentro – testemunhou que deparara com um homem (apenas um), vestido como um empregado do museu, que reclamou da falta da maçaneta. Prestativo, o encanador destrancou a porta com sua chave e até utilizou um alicate para girar o mecanismo e abri-la. Sauvet sugeriu que a deixassem aberta, caso alguém mais usasse a escada. O ladrão concordou e prosseguiu na sua tarefa.

A porta dava para um pátio, a Cour du Sphinx. Dali, o homem atravessou uma galeria, passou pela Cour Visconti e então – provavelmente tentando não parecer estar com pressa – se dirigiu para a entrada principal do museu. Poucos guardas trabalhavam naquele dia, porque se acreditava que um número maior deles só era necessário com o público presente. No entanto, um deles estava postado na entrada, a última barreira entre o ladrão e as ruas da cidade. Por sorte, ele deixou seu posto para pegar um balde de água e limpar o vestíbulo. Não viu o ladrão (ou os ladrões) sair do prédio.

Uma pessoa do lado de fora viu: um pedestre reparou em um homem na calçada carregando um pacote embrulhado em um pano branco (o guarda-pó que ele havia usado para passar por empregado). A testemunha lembrou ter observado o homem jogar um objeto brilhante de metal na sarjeta. O pedestre deu uma olhada. Era uma maçaneta.

Dentro do museu, tudo estava calmo e continuaria assim por bastante tempo. Às 8h35, Picquet atravessou outra vez o Salon Carré e notou que o quadro não estava ali. Não pensou muito sobre isso no momento, pois os fotógrafos do museu removiam os objetos sem aviso prévio e os levavam para um estúdio em outro lugar do prédio. Na verdade, Picquet até comentou com seus empregados: "Acho que as autoridades o tiraram daí porque pensaram que poderíamos roubá-lo!".[3] Seu gracejo pareceu menos engraçado mais tarde.

Incrivelmente, durante todo aquele dia ninguém considerou alarmante que estivesse vazio o espaço onde a *Mona Lisa* ficava.

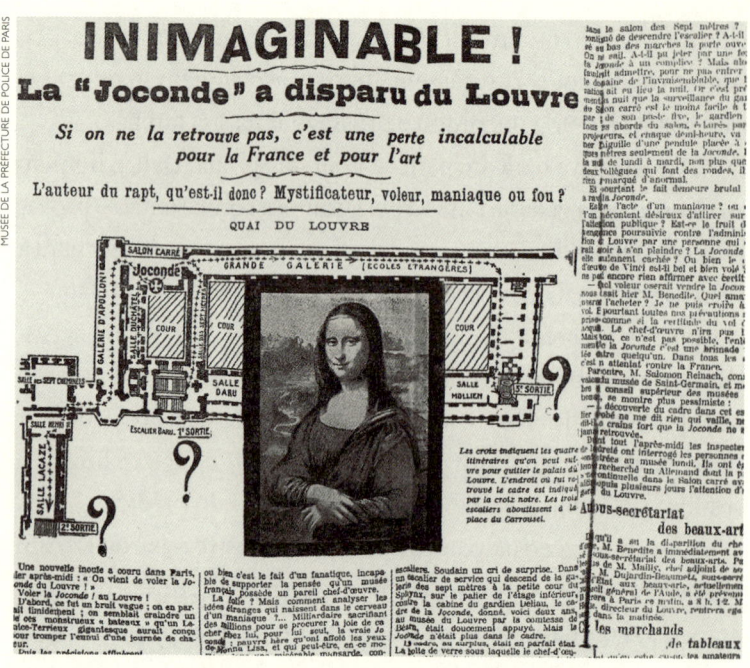

Os jornais sensacionalistas refletiram o sentimento dos parisienses de que o roubo da *Mona Lisa* era um crime "inimaginável". "Se ela não for encontrada, será uma perda incalculável para a França e para a arte", diz a publicação acima.

Só na terça-feira, quando o Louvre abriu outra vez as portas para o público, alguém expressou preocupação pelo fato de o quadro mais famoso do mundo não estar em seu lugar habitual. Louis Beroud, um artista, montou seu cavalete no Salon Carré. Não estava ali para copiar uma obra em particular. Sua intenção era fazer um gênero de pintura que mostrasse boa parte da sala e o conteúdo de suas paredes. (Algumas cenas de Beroud incluíam jovens mulheres atraentes admirando a coleção do museu. Suas pinturas, e outras como elas, eram populares entre os visitantes estrangeiros que queriam mais do que cartões-postais como lembranças da viagem a Paris.)

Beroud imediatamente percebeu que a peça central do trabalho que planejava realizar estava faltando. Queixou-se a um guarda, que deu de ombros, supondo, como Picquet no dia anterior, que a *Mona Lisa* tivesse sido levada para o estúdio dos fotógrafos. Beroud insistiu. Seu tempo era precioso. Ninguém havia programado a remoção do quadro. Quanto tempo demoraria para que retornasse?

Para que Beroud deixasse de reclamar, o guarda finalmente foi ao encontro do fotógrafo, que negou ter algo a fazer com o quadro. Talvez ele tivesse sido levado por um curador para limpeza? Não. Por fim, o guarda achou conveniente informar seu superior. Uma busca teve início e logo se tornou crescentemente frenética. Como o diretor do museu estava em férias, a notícia impensável chegou até seu substituto, Georges Bénédite: "*Elle est partie!*". Ela se foi.

A cidade luz

Em 14 de abril de 1900, o presidente francês, Émile François Loubet, inaugurou a Exposição Universal de Paris, cujo objetivo era "refletir o gênio brilhante da França e mostrar que nosso belo país está, hoje como ontem, na vanguarda do progresso".[1] Por todo o centro da cidade, da praça de la Concorde à Torre Eiffel, havia uma fantástica coleção de aldeias suíças, caravanas ciganas húngaras, mosteiros, minaretes e cidades árabes, assim como reproduções da magnífica Basílica de São Marcos, em Veneza, de um templo de Angkor Wat (no atual Camboja) e do Palácio Imperial de Pequim. A exposição abrangia mostras de 58 países em 210 pavilhões, que cobriam 151 hectares. De abril a novembro daquele ano, Paris recebeu cerca de 50 milhões de visitantes do mundo todo.

A estrela do evento era a eletricidade, recém-dominada pela ciência. Toda noite, com o estalido de um interruptor no Palácio da Eletricidade, a luz de 5,7 mil lâmpadas incandescentes inundava os pavilhões, inspirando para Paris o apelido *ville lumière*, "cidade luz". A eletricidade também movia um trem que circulava pela feira e um *trottoir roulant* (uma esteira rolante) que deslizava pelas galerias levando as pessoas. Essa força invisível adotada havia pouco movimentava uma espetacular roda-gigante, com quarenta cabines e capacidade máxima para 2,4 mil pessoas, seguindo o modelo da original, que aparecera na Exposição Universal de Chicago, em 1893. A mostra em Paris era vista como precursora das novas dádivas emocionantes e incomparáveis que a ciência traria para a modernidade. Um visitante, Pierre Laborde, estudante universitário de Bordeaux, escreveu:

> Pode-se dizer que toquei com meus dedos este delicioso século que apenas se inicia. Dancei todas as danças do mundo desde a Pont des Invalides até a Pont de l'Alma, e viajei pela "esteira rolante" desde um *palazzo* veneziano até a capital Washington, desde uma herdade elisabetana até uma igreja bizantina. [...] Vi fotografias em movimento e danças eletrificadas: cinematografia e Loie Fuller [dançarina ruiva norte-americana que usava luzes elétricas para fazer seu traje brilhar e tentou comprar o elemento químico rádio para enfeite porque ouvira dizer que brilhava no escuro]. [...] A vida em uma tela [o cinema]... ainda não é arte, mas será. E em um piso de vidro, quando as luzes mudavam de cor, uma mulher se transformava em uma flor, uma borboleta, uma tempestade, uma chama de braseiro.[2]

A exposição foi uma afirmação das promessas reluzentes do novo século, transformado por uma energia que ninguém podia ver, mas todos sentiam.

I

O período em Paris de 1900 ao início da Primeira Guerra Mundial é frequentemente chamado de *Belle Époque*, a "bela época". Foi o ápice de uma grande civilização, confiante, próspera, culta e criativa. Paris não era apenas a sede do governo da nação, mas também o foco cultural da França – e, muitos acreditavam, do mundo. Na cidade estavam reunidos os tesouros do país – tanto nos museus como nas instituições de ensino superior, bibliotecas e arquivos. Paris era um centro internacional das artes – pintura, dança, música, teatro e literatura. Abrigava as entidades médicas e científicas mais respeitadas do momento e as instalações fabris mais modernas. A face do futuro podia ser vista na liderança parisiense em campos tão novos quanto o cinema, a produção de automóveis e a aviação.

Turistas e viajantes eram um componente especial do sucesso. O império colonial francês na Ásia e na África (uma "missão civilizatória", como diziam os franceses) trouxe a Paris exemplos de culturas estrangeiras que entendiam o mundo de maneiras distintas da tradição europeia. Esta, por sua vez, estimulava a imaginação de artistas e cientistas. Muitos gênios moravam em Paris em 1900: os pintores Henri Matisse e Paul Cézanne, o compositor Claude Debussy, o matemático Henri Poincaré, o escritor Marcel Proust e os cientistas Marie e Pierre Curie. As realizações da pintura durante a *Belle Époque* só podem ser comparadas com as da Renascença em Florença, quando Leonardo da Vinci vivia ali.

Entre os cerca de 50 milhões de visitantes à exposição de Paris estava o espanhol de dezenove anos Pablo Ruiz, que foi ao pavilhão de seu país (parecido com um palácio de Castela) ver sua própria pintura em exposição. Pablo ficou extasiado com a cidade, sua liberdade, sua diversidade, sua abertura ao novo e ao diferente. Como tantos outros, ele voltaria para lá e inventaria outra identidade para si mesmo. Em sua juventude na Espanha, tinha aprendido a pintar tudo o que pudesse ver; em Paris, descobriria como pintar coisas que ninguém a não ser ele via. Ao forjar a nova identidade, adotou o nome da família da mãe: Picasso.

Com mais de 2,7 milhões de habitantes em 1900, Paris tinha sido povoada muito antes de os romanos levantarem um forte ali, por volta de 300 d.C. No entanto, a cidade do século XX, em muitos aspectos, era bastante nova, criação do barão Georges Haussmann, o primeiro e mais poderoso representante daqueles que hoje são conhecidos como planejadores urbanos. Como prefeito do departamento do Sena de 1853 a 1870, Haussmann foi incumbido por Napoleão III da tarefa de modernizar a cidade, tornando-a mais grandiosa e bonita. Ele trabalhou implacavelmente para cumprir sua missão. Demoliu boa parte do centro antigo, removendo bairros inteiros da Île de la Cité e das margens do Sena. Paris também foi expandida, ganhando subúrbios em locais antes ocupados por moinhos, videiras e campos. Haussmann lotou essas áreas então pouco povoadas de casas para os trabalhadores que estavam sendo despejados do centro.

Traçando linhas ousadas no mapa da cidade, o prefeito construiu bulevares largos, retos, cercados de árvores, que, fortuitamente, um dia seriam usados como vias múltiplas para uma invenção que ele ainda não tinha visto: o automóvel. Nove pontes sobre o Sena e a Île de la Cité ligaram as margens esquerda e direita e facilitaram ainda mais a circulação do tráfego. Água potável foi levada para a cidade através de aquedutos de 160 quilômetros de comprimento, e os novos canais subterrâneos do sistema de esgoto eram considerados tão extraordinários que se tornaram atrações turísticas apesar do cheiro. As ruas largas também facilitaram a vigilância, e a força policial se expandiu para monitorar a crescente população urbana.

Alinhavam-se nos bulevares teatros excelentes, restaurantes caros, lojas, cafés e salas de concerto. Apartamentos elegantes com balcões eram oferecidos como residência para os mais abastados nas amplas avenidas, como a dos Champs-Élysées. Com os dínamos levando eletricidade para todas as partes de Paris, tornou-se possível instalar elevadores elétricos em prédios, invertendo o tradicional modelo de moradia dos habitantes. Antes, os pobres tinham de usar escadas para chegar a seus apartamentos nos pisos superiores; agora, os ricos podiam subir até lá confortavelmente, desfrutando as belas vistas. Começaram a ser construídos edifícios ainda mais altos, chamados *à l'américaine*, conforme a pátria dos arranha-céus. Algumas pessoas temiam que essas novas estruturas fora dos padrões destruíssem as proporções da cidade e até afetassem o turismo. "Quando Paris ficar parecida com Chicago e Nova York", o editor de um jornal alertou seus companheiros parisienses, "as mulheres americanas, que desejamos tanto atrair, não virão mais aqui".[3] Ele não precisava se preocupar. Paris era a meca dos compradores. As grandes lojas de departamentos recém-abertas, os *grands magasins*, como Au Bon Marché e as Galeries Lafayettes, com múltiplos pisos em galerias interligadas, atraíam consumidores do mundo todo.

O escritor norte-americano Theodore Dreiser estava em Paris na virada do século e descreveu o modo de vida na cidade:

> Ele [o parisiense] vive os livros, restaurantes, teatros, bulevares e o espetáculo da própria vida em geral. Os parisienses se deslocam com animação e aparecem onde podem ver uns aos outros – nos grandes bulevares de calçadas largas e nos milhares e milhares de cafés –, pondo-se confortáveis, conversadores e alegres. É óbvio que todos estão se divertindo, não apenas tentando se divertir, que estão usufruindo o ar como vinho, as *brasseries*, os movimentos cruzados dos táxis, as luzes dançantes das ruas e os clarões das lojas. Pode estar frio ou chuviscando em Paris, mas você mal repara. Raramente a chuva tira as pessoas das ruas [...], pois há multidões, esteja chovendo ou não, e elas nunca estão desanimadas.[4]

De fato, depois do roubo da *Mona Lisa*, muitas pessoas brincaram que a mulher do quadro tinha saído para uma noitada na cidade. Se tivesse, teria se encaixado perfeitamente nos cenários de qualquer uma das margens do Sena, pois a capital francesa era um ímã para os belos, ricos, talentosos e criadores do mundo todo. Gertrude Stein, uma norte-americana que chegou à cidade em 1903, escreveu: "Paris estava onde o século XX estava".[5]

II

Muitos vinham a Paris por causa dos bairros boêmios, onde artistas e escritores se reuniam para estar na vanguarda. Embora fosse uma cidade rica, era possível viver de maneira bem barata, se a pessoa suportasse certas dificuldades. Em 1891, Maria Sklodowska (que mais tarde seria esposa e cientista parceira de Pierre Curie) chegou a Paris de sua Polônia natal, então sob domínio russo, para estudar na Sorbonne. Ela contou:

> O quarto onde eu morava era [...] muito frio no inverno, pois era insuficientemente aquecido por uma pequena fornalha na qual, com frequência, faltava carvão. Durante invernos muito rigorosos, não era incomum a água congelar na bacia à noite; para poder dormir, eu era obrigada a empilhar todas as minhas roupas sobre as cobertas. No mesmo quarto, eu preparava minhas refeições com um fogareiro a álcool e uns poucos utensílios de cozinha. Essas refeições em geral se resumiam a pão com uma xícara de chocolate, ovos ou fruta. Ninguém me ajudava nos serviços domésticos, e eu mesma carregava o pouco de carvão que usava pelos seis lances de escada.[6]

Outro dos moradores da cidade era Guillaume Apollinaire, que se tornaria grande amigo e divulgador de Picasso. Nascido fora do casamento, em 1880, filho de uma mulher polonesa que vivia em Roma (ele próprio espalhava histórias de que seu pai era um cardeal ou talvez mesmo um papa), formalmente tinha uma coleção impressionante de nomes: Guillaume Albert Wladimir Alexandre Apollinaire de Kostrowitsky. Com um irmão mais jovem, ele e a mãe moraram por um tempo em Monte Carlo, Cannes, Nice e várias outras cidades francesas, o que deu a Guillaume um ar cosmopolita que lhe cairia muito bem – embora recordasse que frequentemente tinham de fugir dos hotéis no meio da noite quando não podiam pagar a conta. Ainda que fosse pobre demais para fazer os cursos requeridos para um grau universitário, Apollinaire conseguiu encontrar trabalho como tutor de uma família rica. Uma estada na Alemanha e depois uma paixão não correspondida por uma jovem inglesa o inspiraram a começar a escrever poemas. Estabeleceu-se em Paris, na casa da mãe, no subúrbio de Le Vésinet, mas passava o tempo em Montmartre, como tantos outros aspirantes a artistas. Trabalhando como funcionário de um banco, colaborava com poemas e artigos para pequenos periódicos literários e até editava um deles. Também escreveu duas elegantes novelas pornográficas, o que lhe rendeu o convite para editar e escrever introduções para uma série de obras eróticas clássicas. Realizando tudo isso com galhardia e dignidade, Guillaume logo se tornou uma figura familiar nos cafés de Montmartre.

Outra pessoa que chegou a Paris e inventou a própria identidade foi Gabrielle Chanel, mais tarde conhecida como Coco. Nascida em uma família miserável da cidade de Saumur, nas proximidades do rio Loire, passou a adolescência no orfanato, depois que sua mãe morreu e seu pai abandonou os filhos. Chanel devorava novelas românticas, cujas tramas mais tarde incorporou a sua vida. Quando se tornou estilista famosa, um amigo sugeriu que a psicoterapia poderia ajudá-la a ser mais honesta sobre suas origens humildes. Chanel retrucou, com uma gargalhada: "A mim? Eu, que nunca contei a verdade para meu padre confessor?".[7] Como muitos outros que vinham a Paris, sua vida era uma obra de arte, uma mistura de fato e ficção, reunidos da forma como ela queria.

Nem todos conseguiam sucesso imediato. Marcel Proust, filho de um médico, passou horas na cama, em seu quarto isolado com cortiça, no segundo andar do número 102 do bulevar Haussmann, escrevendo o gigantesco *Em busca do tempo perdido*, com suas seis partes, que muitos consideram a maior obra literária em língua francesa do século XX. Em 1911, no entanto, quando enviou a primeira parte do livro para uma editora, foi enfaticamente rejeitado pelo editor, que disse: "Eu posso ser obtuso, mas não consigo entender como um homem usa mais de trinta páginas para descrever a maneira como se vira e se mexe na cama antes de adormecer. Tive vontade de gritar".[8] Pouco depois, Proust enviou seu trabalho para André Gide, diretor na *Nouvelle Revue Française* e que, como também era homossexual e temia uma gritaria pública contra as francas descrições da sexualidade no romance, rejeitou-o como "a pior coisa possível para nossa revista".[9] Proust fazia na literatura o que Picasso faria na pintura: estava criando um mundo com base nas imagens dentro de sua cabeça, exatamente como relata o narrador de seu romance. No entanto, teve de publicar à própria custa o primeiro volume de seu longo trabalho.

III

Proust pode ter se consolado em um dos bordéis homossexuais que frequentava. (Ele até fez dinheiro investindo em um.) No alvorecer do século XX, Paris era um centro do turismo sexual. Nos anos 1890, havia trinta shows de *strip-tease* na cidade. Um crítico descreveu mademoiselle Cavelli, a atração principal de um dos clubes, o Alcazar d'Été, "desfazendo-se de seu chapéu, seu vestido, suas anáguas, seu espartilho, suas lindas roupas íntimas em branco e rosa, com um intervalo decente entre as etapas de seu desvestir para deixar os espectadores recuperarem o sangue-frio".[10] Dançarinos completamente nus não eram difíceis de encontrar. Bordel mais famoso da cidade, fora aberto a tempo para outra Exposição Universal em Paris, a de 1878; favorito do Príncipe de Gales, tinha uma banheira especialmente desenhada para sua circunferência e reservada com exclusividade para ele. Um frequentador da época escreveu:

> Os salões são suntuosos, cada um representa uma cabine em um iate de prazer, e com banheiros elegantes. Os visitantes são recebidos em um saguão magnífico–, modelado como um pátio da Alhambra espanhola, e lhes é dado um folheto com a vista dos melhores apartamentos no prédio de oito andares. Cada piso é dividido em numerosos quartos elegantemente mobiliados ao estilo Luís XV.[11]

Paris oferecia muitos prazeres mesmo para aqueles que não eram da realeza. A vida noturna concentrava-se em duas famosas áreas boêmias nos dois lados do Sena: Montmartre e Montparnasse. A primeira, na margem direita, manteve seu charme rural por muito tempo no século XX. O ponto mais alto de Paris ainda continha vinhedos e moinhos nas ruas estreitas e tortas, que eram características de toda a cidade antes da renovação de Haussmann. Seus cabarés e cafés atraíam tanto boêmios como trabalhadores; além disso, o bairro era conhecido como antro de gangues criminosas. Aristocratas à procura de aventuras gostavam de misturar-se com o populacho.

Rodolphe Solis, artista e matemático, gabava-se: "Deus criou o mundo, Napoleão fundou a Legião de Honra, e eu inventei Montmartre".[12] Solis abriu, em 1881, Le Chat Noir, cabaré que influenciaria para sempre o entretenimento em Paris. Os garçons se vestiam como membros da prestigiada Academia Francesa, e o *maître* usava o uniforme colorido da guarda suíça do papa. O interior era decorado ao estilo Luís XIII, com móveis de ornamentos luxuosos e coloridos. Suas atrações iam do teatro de sombras chinês ao humor político ferino e às canções que comentavam as extravagâncias e os escândalos dos jornais. O compositor de vanguarda Erik Satie muitas vezes acompanhava cantores ao piano, e outro compositor, Claude Debussy, era cliente regular. Comediantes contavam piadas sujas e insultavam o público, provocando gritos de aprovação. Um deles, que atuava de maneira bastante vulgar e desafiava as fronteiras do gosto, era Pétomane, o maior peidador do mundo, cujo cartaz orgulhosamente anunciava: "O único ator que não paga royalties aos autores".[13] Embora Le Chat Noir tenha sido fechado em 1897, seu espírito e sua influência atravessaram a *Belle Époque*, inspirando diversas casas de espetáculos de Montmartre.

Outra opção era o café-concerto, um tipo de teatro musical ou clube noturno. Um contemporâneo descreveu a atmosfera turbulenta de um desses locais:

> Em todos esses teatros, canto, dança e muitas vezes encenações dramáticas desavergonhadas são oferecidos nestes dias a príncipes,

ricos desocupados, mulheres da moda e pessoas que agem como se fossem. Tal tipo de espetáculo [...] manifesta sobretudo um desejo de desinibição, exibição e degradação que é peculiar a nosso tempo. Ainda que o teatro tenha decaído muito nestes dias, ainda que ele exija menos do público em termos de comportamento e esforço intelectual; mesmo assim, faz certas exigências. Não se pode fumar ou ficar de chapéu lá dentro; mais ainda, a pessoa tem de entender a peça, ou pelo menos parecer entender, e até os atores expressam alguma coisa. No café-concerto, porém, não há nenhum desses limites! O cliente fuma, bebe, vai e vem quando quiser, enquanto assiste a atos altamente sugestivos e escuta piadas incrivelmente indecentes. O café-concerto é o paraíso da libertinagem e do mais decidido mau gosto. Além disso, os preços são baixos e o estímulo a todos os sentidos é praticamente livre. Por alguns trocados consegue-se tudo o que revigora e também excita. Como então alguém evitaria vir aqui para aplacar, ou parecer aplacar, os desejos livremente admitidos, ou secretos, pelo excesso dissoluto que atualmente flagela o *peuple*, assim como a boa sociedade?[14]

Montmartre tornou-se famoso como um lugar ao qual as pessoas iam para abandonar as inibições. No Le Rat Mort, na praça Pigalle, por exemplo, as mulheres vestiam roupas masculinas e dançavam umas com as outras. Guias da cidade, como o escrito pelo inglês Frankfort Sommerville em 1913, desmanchavam-se em elogios para a área que os parisienses apelidaram de Butte. Sommerville escreveu:

> Montmartre é o local de residência da mais curiosa coleção, no mundo, de poetas, pintores, escultores, donos de bar, vagabundos, mulheres da vida, modelos, apaches e patifes – a mais talentosa e a

mais degradada (e nem sempre há uma linha muito nítida dividindo as duas). Montmartre é tão só uma mistura notável de alegria, trabalho árduo, poesia e zombaria, sentido artístico e irreligião.[15]

Para os de fora, talvez o ponto mais conhecido em Montmartre fosse o Moulin Rouge, que abriu as portas em outubro de 1889, para aproveitar a Exposição Universal de Paris. As pás do moinho de vento girando (e mais tarde com luzes elétricas intermitentes) serviam como chamariz para atrair público aos shows – peças musicais populares e teatro de revista, assim como espetáculos coreografados de dança. (Um observador comentou que as pás do moinho do cabaré "nunca moíam nada a não ser o dinheiro do freguês".[16]) O Moulin Rouge ficou célebre por suas dançarinas profissionais executando o malicioso cancã, e, na primeira vez em que Picasso visitou Paris, ele foi lá, como muitos outros turistas. Cartazes e pinturas das atrações feitos pelo artista Henri de Toulouse-Lautrec contribuíam para a fama internacional do cabaré. A cantora Yvette Guilbert encantava o público com suas canções sofisticadas e emocionantes, nas quais invocava o *pathos* do sofrimento das classes mais baixas.

O cenário de cabarés em Montmartre oferecia espetáculos para todos os gostos, mesmo para os perturbadoramente pervertidos. Carlos Casagemas, amigo que acompanhava Picasso, escreveu em uma carta que seus antros favoritos eram os cabarés vizinhos Le Ciel [O Paraíso] e L'Enfer [O Inferno] – e um terceiro chamado Le Néant [O Nada]. No Le Ciel, os clientes atravessavam portões iluminados por luzes elétricas azuladas, e o espetáculo começava às onze da noite. Dentro, o teto era pintado de azul, com estrelas e nuvens; pinturas de santos e anjos enfeitavam as paredes dos corredores. Outro visitante descreveu suas experiências ali, por volta de 1910:

Vizinhos em Montmartre, os cabarés Le Ciel [O Paraíso] e L'Enfer [O Inferno] tinham garçons que se vestiam "tematicamente", como anjos e diabos, e a diversão irreverente ridicularizava as práticas religiosas (ou irreligiosas).

O *maître* saúda os visitantes com um cumprimento blasfemo que não precisa ser registrado aqui. [...] Súbito, de entre as nuvens no final da sala surge São Pedro, chaves no cinturão, uma urna misteriosa em uma das mãos; ele borrifa os devotos mais próximos com sua imitação de água benta e desaparece. Os garçons agora se juntam em frente a um santuário no canto da sala, no qual repousa um porco dourado. Eles acendem velas e fazem genuflexões. Do púlpito do outro lado do café, um homem vestido como um pregador faz um sermão impublicável. Então, depois de uma procissão dos anjos garçons, os convidados reunidos, estando devidamente santificados, fazem fila para sair da "Casa dos Anjos", e o próprio

São Pedro na passagem distribuiu entradas. [...] As pessoas vão para a rua e encontram o Pai Tempo na saída com sua ampulheta virada para cima para receber as contribuições daqueles que desejam desfrutar uma longa vida.
No cabaré Le Néant você vê um corpo dentro de um caixão virar esqueleto diante de seus olhos e outra vez retornar à vida. Os atendentes são mudos, e as bebidas oferecidas têm o nome de várias doenças horríveis. Do lado de fora do cabaré L'Enfer, você é saudado por um diabo vermelho com chifres e um tridente, que lhe pede para entrar e ser sod*****do, pois Satã está lhe chamando. E, se você entrar, escutará Satã proferindo um discurso, uma estranha miscelânea de moralidade e blasfêmia.[17]

Cafés e cabarés também pontilhavam Montparnasse, na outra margem do Sena. Especialmente popular era La Closerie des Lilas,[18] um café no bulevar Montparnasse, adjacente ao Quartier Latin, onde viviam muitos estudantes. Vladimir Lênin, então exilado da Rússia, morou em Paris de 1901 a 1912, e, embora preferisse Londres como cidade (ele descreveu a capital francesa como um "buraco fétido"), algumas vezes ia beber na Closerie des Lilas.[19] Do outro lado da rua ficava o Bal Bullier, que oferecia semanalmente uma *grande fête* para estudantes, artistas e trabalhadores, que dançavam nos jardins dos fundos sob lâmpadas coloridas. Na primavera, alunos de arte fantasiados faziam um desfile ali. Um deles se lembrou dos "estudantes e artistas, bonitos e felizes em trajes de formidável veludo e chapéus de abas caídas, com suas namoradas, algumas com vestes de ciclista, outras com roupas de seda e outras, ainda, com blusas de verão".[20] Os proprietários do café du Dôme davam as boas-vindas aos visitantes e novos fregueses, e o lugar tornou-se um ponto de encontro de artistas estrangeiros.

A *brasserie* de la Rotonde, que abriu em 1911, era chamada de "o umbigo do mundo" no auge de sua popularidade.[21] Atraía revolucionários russos como Lênin, Leon Trótski e Anatoli Lunatcharsky, e era o local favorito do artista italiano Amedeo Modigliani. Também podiam ser encontrados ali o pintor mexicano Diego Rivera e os artistas russos Marc Chagall e Chaim Soutine.

Gino Severini, um italiano, chegou a Paris em outubro de 1906. Amigo de Picasso e Apollinaire, ele se tornaria um dos criadores do futurismo italiano, movimento que buscava incorporar à arte a velocidade, a energia e a dinâmica da vida moderna. "Poucos chegaram a uma cidade desconhecida tão sem dinheiro e desesperançado como eu", escreveu:

> Eu não tinha amigos, não tinha dinheiro (salvo cinquenta francos que contei em meu bolso naquela noite), apenas um irrisório conhecimento de francês. [...] Cheguei à Gare de Lyon de coração leve e mente efervescente. Peguei o bonde branco [...] direto para Montparnasse e pedi meu primeiro *café au lait* em um pequeno bar na esquina dos bulevares Montparnasse e Raspail. O bar se chamava La Rotonde e anos mais tarde se tornaria um famoso ponto de encontro de artistas modernos. [...] Tendo chegado às seis da manhã, às nove eu estava acomodado, e pude perambular pelo bulevar Raspail, onde um novo prédio estava sendo erguido em meio a uma maravilhosa e caótica área de obras que comecei a desenhar.[22]

Com sua incomparável atmosfera que exalava novas ideias intelectuais e artísticas, Paris era um lugar no qual Severini, como outros, poderia florescer.

IV

Paris na virada do século era o epicentro do modernismo – a nova revolução artística, social, cultural e científica que vinha mudando a maneira como as pessoas viam o mundo. A mudança rápida seria parte essencial da vida moderna. Avanços tecnológicos, incluindo automóveis, telefones, aviões, bondes elétricos e trens urbanos como o metrô de Paris, estavam aumentando radicalmente a velocidade com a qual produtos e informações podiam ser trocados. A alta concentração urbana tornava possíveis grandes estabelecimentos de varejo como as lojas de departamentos e criava um novo modo de consumo. A densidade da população também fomentava o crime, pois as relações humanas eram cada vez mais fortuitas e impessoais, e o abismo entre o ter e o não ter tornava-se mais conspícuo. Enquanto isso, os experimentos de psiquiatras franceses como Jean-Martin Charcot, os estudos físicos do cérebro humano e a psicanálise freudiana forneciam novas teorias do comportamento humano e suas motivações.

Acima de tudo, a vida moderna estava marcada pela velocidade. Como o poeta Octave Mirbeau disse a respeito do bonde: "A vida em todo lugar precipita-se impetuosa".[23] E nada capturava tanto a imaginação das pessoas como o automóvel. Entre 1890 e 1904, a França liderou o mundo na produção de carros, e em 1900 o prazo de entrega de um novo veículo podia chegar a 22 meses. Antes que surgisse a linha de montagem, a carroceria era feita por encomenda segundo as especificações de cada proprietário, e a altura variava com a moda dos chapéus femininos. A renomada *grande horizontale* [cortesã] conhecida como La Belle Otéro tinha um automóvel tão alto e estreito que podia capotar se fizesse a curva muito rapidamente. Os motoristas de carros de corrida alcançavam a velocidade fenomenal de 130 quilômetros por hora. Mesmo a velocidades mais baixas, no entanto, um automóvel fazia o mundo parecer diferente. Mirbeau observou que andar de carro "põe as coisas em novo relevo, dando-me a impressão de que os objetos e as pessoas não são simplesmente estáticos, mas intensivamente ativos".[24] O poeta se esforçava para exprimir os sentimentos que o carro lhe provocava:

> Posso contemplar sem tremor a dispersão de meus livros, meus quadros e todas as minhas coleções, mas não consigo suportar o pensamento de que pode chegar o dia em que não mais possuirei meu cavalo mágico, esse unicórnio fabuloso que me leva tão gentil e rapidamente, com a mente mais clara e aguçada, pelo mapa completo das belezas naturais, pelas riquezas e diversidades da cena humana.[25]

Mais emocionante que o automóvel, apesar de não tão amplamente disponível, era o avião. A realização do sonho de voar, uma das muitas obsessões com as quais Da Vinci encheu seus cadernos, era vista como uma manifestação do grande poder da ciência moderna. Na Exposição de Paris de 1900, o brasileiro Alberto Santos Dumont, filho de um rei do café, fez ascensões com balão dirigível a motor, usando um guidão para dirigir. Em 1906, ele construiu um biplano, com o qual voou a distância de cerca de sessenta metros, o primeiro voo a motor na Europa. Isso detonou uma competição para construir motores e aviões melhores e aumentar o tempo no ar. Em 1908, Léon Delagrange, um escultor, voou 854 metros em um avião.

Outro grande herói dos primeiros voos na França foi Louis Blériot. Sobrevivente de muitas quedas, ele estava determinado a ganhar o prêmio de mil libras oferecido pelo *Daily Mail*, de Londres,

Ele foi o pioneiro do uso dos truques de fotografia, criando imagens que espantavam o público. Seus filmes mostravam fantasmas produzidos por dupla exposição, faziam as pessoas aparecerem e desaparecerem abruptamente e transformavam uma coisa em outra. O filme de ficção científica que Méliès fez em 1902, *Viagem à Lua*, baseado no romance de Júlio Verne, permanece um clássico. O jovem Picasso ficou fascinado pelo cinema; viu seu primeiro filme em Barcelona, em 1896. Desde sua chegada a Paris, era um ávido cinéfilo. Em 1997, uma exposição de sua obra relacionada aos filmes de Méliès mostrou a influência do francês na maneira como Picasso representava a realidade.[32]

O cinema era, evidentemente, outra maneira de transcender o espaço e o tempo, pois podia preservar e reproduzir imagens de acontecimentos passados. O parisiense Charles Pathé foi o pioneiro dos noticiários filmados, que permitiam aos espectadores ver os eventos do dia como se os tivessem testemunhado. (Como as câmeras nem sempre conseguiam chegar às cenas a tempo de filmar os eventos reais, Pathé e seus imitadores muitas vezes os recriavam com atores.) Em 1913, Pathé possuía o maior cinema de Paris, que contava com a maior tela do mundo e uma orquestra de sessenta instrumentos.

Léon Gaumont foi um dos primeiros produtores a descobrirem que o público retornaria regularmente se as histórias dos filmes fossem divididas em partes ou séries. Histórias de crimes, aventuras e mesmo *thrillers* do Oeste selvagem influenciados por romances norte-americanos atraíam um público enorme aos cinemas de Paris. No mês seguinte ao do roubo da *Mona Lisa*, os parisienses foram em multidão ver *Zigomar*, o primeiro de uma série que encenava a luta entre um arquicriminoso e a polícia de Paris – e inevitavelmente terminava com o triunfo das forças do mal.

Jean-Paul Sartre recordou suas idas ao cinema com a mãe, quando criança em Paris:

> A sessão já tinha começado. Nós entrávamos aos trópeções seguindo o lanterninha. Eu sentia como se estivesse fazendo algo clandestino. Sobre nossas cabeças, um feixe de luz cruzava o salão; podíamos ver pó e fumaça dançando nele; um piano soltava seu lamento; lâmpadas na forma de peras violeta brilhavam nas paredes. [...] Eu passava raspando minhas costas contra joelhos, tomava meu lugar em um assento rangente, minha mãe dobrava uma manta debaixo de meu traseiro para me deixar mais alto; finalmente, eu olhava para a tela, via uma marca fluorescente e lampejos de paisagens riscadas por chuviscos; sempre chovia, mesmo quando o sol brilhava, mesmo em apartamentos; às vezes, um asteroide em chamas irrompia no quarto de uma baronesa sem que ela parecesse surpresa. Eu gostava daquela chuva, daquela ansiedade agitada que se exibia na parede. O pianista atacava a abertura da *Gruta de Fingal* e todos entendiam que o criminoso estava prestes a aparecer: a baronesa ficava fora de si de tanto medo. No entanto, seu lindo rosto carvoento dava lugar a um letreiro malva: "Fim da primeira parte". [...] Vi *Zigomar* e *Fantômas*, *As proezas de Maciste*, *Os mistérios de Nova York*. [...] Queria ver o filme tão de perto quanto possível. [...] Eu ficava muito contente, tinha descoberto o mundo no qual gostaria de viver, tocava o absoluto. Que sentimento inquietante quando as luzes se acendiam: eu havia sido tomado de amor pelos personagens e eles haviam desaparecido, levando embora seu mundo; eu sentira o triunfo deles em meus ossos; no entanto, a vitória pertencia a eles, não a mim; na rua, eu voltava a ser acessório.[33]

O tempo fora alterado não só pela velocidade, mas também pela supressão da noite. A eletrificação da cidade transformou Paris, desfazendo antigas formas com grandes banhos de iluminação. Os impressionistas com frequência levavam suas telas e tintas para o campo e trabalhavam no meio da natureza sob a luz do sol. Picasso, de outro lado, gostava de dormir durante o dia e pintar à noite com luz artificial. Ele não era o único a fazer seu trabalho depois da meia-noite.

Embora a eletricidade pudesse iluminar uma cidade, ela era invisível, uma entre as numerosas forças invisíveis que os cientistas estavam descobrindo. Ondas de rádio permitiam enviar mensagens pelo continente; raios x podiam expor o interior do corpo; e a radiatividade tinha outros poderes, ainda não totalmente compreendidos. Picasso e seus colegas artistas estavam conscientes de que essas descobertas científicas estavam transformando o mundo e que a arte teria de mudar com elas. Em 1840, a invenção da fotografia por dois franceses tinha condenado os artistas acadêmicos que procuravam retratar o mundo como ele aparecia aos olhos: agora qualquer fotógrafo podia fazer isso com perfeição. Havia uma consciência crescente de que os artistas teriam de revelar uma realidade mais profunda sob a aparência cotidiana das coisas. Maurice Maeterlinck, dramaturgo belga que vivia em Paris, escreveu: "Existe um vasto oceano no Inconsciente, a força desconhecida de tudo o que é bom, verdadeiro e belo. Tudo o que sei, penso, sinto, vejo e desejo não são mais que bolhas na superfície desse vasto mar".[34] Paris estava repleta de pessoas flutuando nesse mar, sempre à procura.

V

Apesar de toda a sua alegria e progresso, ainda havia sombras negras na cidade luz. A Terceira República, o governo nacional de então, nascera no meio da tragédia e humilhação da Guerra Franco-Prussiana. Quando o exército prussiano derrotou as forças de Napoleão III em Sedan, no nordeste francês, em 2 de setembro de 1870, trouxe um fim desastroso e degradante para o Segundo Império da França. No decorrer de menos de um século, o país tinha passado por oito formas de governo diferentes.[35] Naquele ano, uma liderança provisória em Paris declarou o estabelecimento de uma república – a terceira da história da França. Seu futuro parecia sombrio. Enquanto no campo uma resistência esporádica continuava, o exército prussiano rodeou a capital e levantou um cerco. A fome e os bombardeios fizeram seu estrago, e o governo não teve escolha a não ser aceitar os duros termos de um armistício. Os parisienses tiveram de suportar a visão de soldados alemães marchando na Champs-Élysées; o governo aceitou pagar uma grande indenização e, o pior de tudo, renunciar inteiramente às províncias francesas de Alsácia e Lorena. Essas humilhações a França jamais esqueceu.

As condições da paz enfureceram a população, particularmente em Paris. Em 18 de março de 1871, como medida de precaução, o chefe do governo francês, Adolphe Thiers, enviou tropas para retirar os canhões posicionados nos altos de Montmartre. Os soldados encontraram resistência e dois deles foram mortos. Os trabalhadores de Paris uniram forças a algumas tropas da Guarda Nacional estacionadas na cidade e instituíram um governo municipal revolucionário chamado Comuna. Seu objetivo era continuar a guerra com a Alemanha e retornar aos princípios revolucionários de 1793. Os atritos entre o governo de Versalhes e a Comuna de Paris explodiram em um conflito sangrento marcado por atrocidades em ambos os lados. O exército nacional entrou em Paris em 21 de maio de 1871, lutando para abrir caminho pelas ruas da cidade até o último posto estabelecido pelos *communards*, no Cemitério Père Lachaise, no centro de Belleville, bairro da classe operária. Os combatentes caíram entre as tumbas de luminares franceses. Lembrada como *la semaine sanglante* [a semana sangrenta], a batalha causou morte e destruição em grande escala.

Enquanto o exército ampliava o controle sobre a cidade, os *communards* mataram o arcebispo de Paris e armaram vinganças em pontos de referência da cidade, como o Hôtel de Ville, o Palácio das Tulherias, a Chefatura de Polícia e ricas casas da rua de Rivoli. O exército vitorioso foi muitíssimo mais feroz, realizando execuções em massa que teriam feito o rio Sena correr vermelho com o sangue das vítimas. O cheiro de corpos queimando espalhou-se pela cidade. Entre 20 mil e 25 mil *communards* foram assassinados, e um número ainda maior foi enviado para colônias penais na Guiana e na Nova Caledônia. A carnificina de ambos os lados e seu legado de ódio assombrariam a Terceira República durante décadas.

O primeiro objetivo do governo foi reparar os danos materiais à cidade, o que ele conseguiu no final da década. Paris procurara mostrar sua recuperação sediando a Exposição Universal em 1878; a segunda, em 1889, acrescentara a Torre Eiffel à silhueta da cidade. Ironicamente, intelectuais franceses se opuseram veementemente a sua construção e só sossegaram com a condição de que fosse demolida depois de certo período. (Felizmente, ela se provou útil como lugar de onde as transmissões de rádio podiam ser enviadas sobre os oceanos e, assim, foi poupada.) Mais controvertido foi o caso da Basílica de Sacré Coeur, com seu domo branco, construída no topo de Montmartre como reparação aos *communards*. A construção começou em 1876 e só terminou pouco antes da Primeira Guerra Mundial. Os moradores de Montmartre, a maioria deles simpática à memória dos *communards*, não aprovaram a estrutura.

VI

Bem mais do que grande parte das cidades, Paris reteve a memória das revoluções. Em 1789, 1793, 1848 e 1871, parisienses sacrificaram a vida para derrubar a ordem estabelecida – e, por um tempo, foram bem-sucedidos ao fazer isso. As palavras *liberté, égalité, fraternité* entalhadas em prédios e monumentos eram uma contínua lembrança dos ideais do passado revolucionário da cidade, e, na virada para o século XX, muitos sentiam que esses objetivos ainda não haviam sido totalmente alcançados. Nos cafés ao ar livre e nos escuros salões de reunião, as pessoas se engajavam em debates calorosos sobre política e filosofia. Não eram, absolutamente, discussões teóricas. Os parisienses entendiam que as ideias deviam ser colocadas em ação.

Entre os mais ardentes dos futuros revolucionários havia aqueles que abraçaram o anarquismo. A ideia de que o Estado – o próprio governo – é responsável pela maioria dos problemas da humanidade tinha raízes profundas na psique francesa. Jean-Jacques Rousseau, filósofo nascido na Suíça e cujas ideias foram a sustentação da Revolução Francesa, refletiu sobre o "homem natural" que não precisava de nenhum governo para lhe impor uma conduta adequada. (Rousseau, no entanto, esteve aquém de se opor totalmente a formas de governo.) O primeiro pensador francês a discutir o que ele próprio chamou de "anarquismo" foi Pierre-Joseph Proudhon, em um livro de 1840, *Qu'est-ce que la propriété?*

[*O que é a propriedade?*]. Sua curta resposta: "Propriedade é roubo". Apesar de Proudhon não defender a abolição da propriedade privada e encontrar um lugar para o governo em sua sociedade ideal (um banco nacional, por exemplo, financiaria os projetos dos trabalhadores), seu *slogan* atraía particularmente aqueles que queriam um nivelamento drástico das classes sociais e o fim de um governo que lhes parecia servir apenas para proteger os ricos.

O anarquista mais proeminente de meados do século XIX foi Mikhail Bakunin, exilado russo que conheceu Proudhon e tentou colocar a teoria do francês em prática. Bakunin tomou parte das rebeliões de Paris em 1848 e de Dresden (Alemanha) em 1849. Foi feito prisioneiro e escapou para se juntar a outros agitadores russos em Londres, onde deu início a esquemas ambiciosos para revoluções anarquistas no mundo inteiro. (É curioso que ele tenha discutido duramente com Karl Marx, pois acreditava que as revoluções marxistas aumentariam o poder do Estado sobre o povo – uma previsão que se demonstrou correta.) Os escritos de Bakunin não eram sutis nem difíceis de entender. Ele escreveu: "O revolucionário é um homem com um compromisso. Ele deve se ocupar inteiramente de uma paixão exclusiva: a Revolução. [...] Ele tem apenas um objetivo, uma ciência: destruição. [...] Entre ele e a sociedade há uma guerra de morte, incessante, irreconciliável".[36] Bakunin morreu em 1876, mas suas ideias permaneceram influentes, e o anarquismo cresceu e se tornou uma força amplamente temida por aqueles que investiram na ordem vigente.

O anarquismo eclodiu nos anos 1890 em Paris e outras cidades europeias. Seus adeptos chamavam os ataques com bombas de "propaganda pelo ato". Em Paris, um novo reinado de terror começou em 1891, quando trabalhadores protestando contra o baixo salário marcharam sob a bandeira negra anarquista em 1º de Maio. Isso levou a conflitos entre a polícia e os anarquistas na região de Clichy, em Montmartre. Três manifestantes foram detidos e um enviado para a prisão. Em retaliação às detenções, em 11 de março de 1892, bombas explodiram na casa do juiz que proferira a sentença dos que haviam protestado. Poucos dias depois, outra bomba foi lançada na casa do promotor público que apresentara o caso. O principal culpado, um homem chamado Ravachol, foi capturado graças, em grande parte, aos esforços de Alphonse Bertillon, chefe do Serviço de Identificação Judiciária da polícia de Paris, que desenvolvera um sistema de identificação de suspeitos baseado em medidas dos rostos e corpos e introduzira outras técnicas científicas de luta contra o crime. Foi a captura de Ravachol, no entanto, que fez de Bertillon um nome familiar.

A violência continuou quando um anarquista chamado Auguste Vaillant atacou a Câmara dos Deputados, em dezembro de 1893. Ele chegou ao local com uma bomba, e tinha a intenção de matar o primeiro-ministro francês e o presidente da Câmara. Entretanto, quando lançava seu explosivo da galeria pública, uma mulher empurrou o braço dele, e a bomba atingiu uma coluna, arremessando uma chuva de argamassa e pregos que feriu muitos deputados e parte do público.

Dois meses depois, Émile Henry lançou uma bomba no café de um hotel. O explosivo estourou no meio da multidão, matando uma pessoa e ferindo vinte. Ao fugir do local, Henry atirou no policial que o perseguia, mas caiu e foi preso. Tanto Vaillant como Henry foram condenados e mortos na guilhotina. Mesmo assim, Paris permaneceu em estado de sítio, com moradores olhando qualquer pacote com suspeita.

A maior atrocidade dos anarquistas foi o assassinato do presidente francês Marie-François-Sadi Carnot, em 1894. Dessa vez,

Um desenhista retratou, em 1892, a polícia prendendo Ravachol, anarquista que lançava bombas. A caminho da cadeia, ele gritou para os passantes na rua: "Sigam-me, irmãos! *Vive la dynamite!*".

o culpado foi um italiano chamado Sante Caserio, que fora expulso de seu país por distribuir panfletos anarquistas. Ao saber que Carnot ia a Lyon para abrir a Exposição Colonial, Caserio decidiu assassiná-lo ali. Em 24 de junho, enquanto o presidente passava em sua carruagem, o italiano abriu caminho entre a multidão, portando uma faca. Quando o barulho dos fogos de artifício da celebração distraiu os guardas da segurança, ele subiu na carruagem e esfaqueou o presidente no estômago. Gritando "Viva a anarquia!", o assassino tentou escapar, mas os espectadores o capturaram e o entregaram à polícia. Caserio não se arrependeu, declarando na cela: "Eu sou um anarquista e ataquei a cabeça do Estado. Fiz isso como teria matado qualquer rei ou imperador, não importa de que nacionalidade".[37] Embora seus advogados arguissem que ele estava insano e não deveria ser condenado à pena de morte, ele foi guilhotinado em 16 de agosto.

Apesar da violência e dos excessos, muitos artistas e escritores simpatizavam com o anarquismo, sentindo que, com ele, compartilhavam o objetivo de derrubar as regras repressivas da sociedade. Os cafés de Montmartre, particularmente, eram focos de apoio; os artistas dos shows algumas vezes até glorificavam os anarquistas em suas canções. Maxime Lisbonne, um ex-*communard* que retornara da Nova Caledônia em 1880, dirigia um cabaré cujas portas tinham grades, as mesas eram pregadas no chão e os garçons se vestiam como escravos de galeras, arrastando grilhões enquanto serviam os clientes. Lisbonne tentava tirar vantagem das afrontas dos anarquistas anunciando que seu estabelecimento era "o único café-concerto protegido das bombas".[38] Essa propaganda, na verdade, atraiu para sua propriedade informantes da polícia que relatavam regularmente o que acontecia ali.

Outro cabaré associado com o anarquismo era Le Zut, que pertencia a Frédéric (Frédé) Gérard e era filiado ao jornal anarquista *Le Libertaire*. Era um dos lugares favoritos de Picasso em seus primeiros anos em Paris, e ele chegou a decorar suas paredes com murais. Depois que a polícia fechou o estabelecimento, Frédé abriu uma nova casa, que se tornou famosa como Le Lapin Agile [O coelho ágil]. (Antes, chamava-se Cabaré dos Assassinos, porque havia quadros de criminosos em suas paredes.) O novo nome veio de um trocadilho com um pintor de cartazes, André Gill, que pintou sobre a entrada um coelho pulando da panela de um cozido (*le lapin à Gill*). Le Lapin Agile tornou-se ponto de encontro de anarquistas e criminosos, assim como de artistas e poetas, que o frequentavam pela comida barata, com pratos da culinária borgonhesa. Ali, em 1910, os informantes ainda faziam relatos sobre a clientela anarquista. Em 1911, o filho do proprietário levou um tiro na entrada do café. Seu assassino nunca foi encontrado.

Jornais anarquistas continuavam a ser publicados, e os sentimentos antigovernistas permaneciam acesos. Em 1911, um exilado russo chamado Victor Kibalchich, mais tarde conhecido como Victor Serge, assumiu a editoria do jornal *L'Anarchie* e conclamou seus camaradas a retomarem a luta ativa para derrubar o Estado. Suas palavras provocaram uma centelha que explodiria em chamas ao atingirem Jules Bonnot, um ex-motorista. Uma série de desilusões amorosas e profissionais amarguraram Bonnot, e ele passou a roubar carros de pessoas ricas. Após abraçar o anarquismo, ele faria sua própria contribuição à história automotiva e se tornaria por um tempo o mais temido criminoso da França.

VII

Ainda que Paris crescesse e prosperasse, o governo nacional era perenemente instável. Sem saber ao certo quanto tempo a Terceira República duraria, os parisienses acreditavam, nas palavras de um deles, estar "dançando sobre um vulcão".[39]

A execução do assassino do presidente Carnot foi logo seguida pela crise interna mais severa que a França atravessou durante a Terceira República. A falsa acusação a Alfred Dreyfus, um oficial militar judeu, por traição, durante anos dividiu a nação em campos ferrenhamente opostos. Tudo começou em setembro de 1894, quando o major Hubert-Joseph Henry, do serviço de inteligência francês, tomou conhecimento de um documento que havia sido tirado da cesta de lixo da embaixada da Alemanha. Era uma nota, mais tarde referida como *bordereau*, indicando que alguém no exército francês havia fornecido aos alemães importantes informações sobre os planos militares da França. O tipo de informação descrita no *bordereau* sugeria que o informante traidor era um oficial da artilharia do Estado-Maior do exército.

Isso colocou o capitão Alfred Dreyfus sob suspeita, com nenhum outro argumento a não ser que ele se enquadrava na descrição geral e que sua caligrafia, disseram, era parecida com a do *bordereau*. Mais importante, Dreyfus era judeu – uma raridade em posto tão elevado –, e seus colegas não gostavam dele. Nessa época, o antissemitismo crescera na França. Apesar do fato de haver apenas 85 mil judeus em uma população de 39 milhões,[40] os antissemitas os culpavam por muitos dos problemas do país. A acusação contra Dreyfus apostou diretamente na disseminação dessa intolerância.

Oficiais militares, procurando montar um processo contra Dreyfus, tinham pedido a Alfred Gobert, o perito em caligrafia do Banque de France, que comparasse a escrita do *bordereau* incriminador com amostras da letra do capitão. Gobert informou que, embora as duas amostras fossem "do mesmo tipo gráfico", elas "apresentavam inúmeras disparidades importantes que deveriam ser levadas em consideração".[41] Ele concluiu que o *bordereau* tinha sido escrito por outra pessoa e não por Dreyfus. Isso não satisfez os militares, que começaram a buscar uma segunda opinião. O diretor de polícia, Louis Lépine, recomendou Alphonse Bertillon, o mais famoso perito criminal da França. Desde que ele havia identificado e ajudado a condenar o anarquista Ravachol, dois anos antes, sua reputação só fizera crescer. Forças policiais de toda a Europa, Estados Unidos e América Latina começaram a manter registros de criminosos e suspeitos seguindo o seu sistema de identificação.

Infelizmente, Bertillon não era perito em caligrafia, mas, pressionado pelo chefe, agiu como se fosse – entrando, assim, em um pântano do qual sua reputação jamais sairia. Ele pronunciou seu julgamento depois de um único dia de exame da caligrafia do *bordereau*: "Se for eliminada a hipótese de um documento forjado com o máximo de cuidado, parece-nos claro que foi a mesma pessoa que escreveu os vários itens apresentados e o documento incriminador".[42]

Durante o julgamento de Dreyfus por uma corte marcial, o testemunho de Bertillon esteve longe de ser convincente, pois ele tendia a falar de maneira tortuosa, mostrando diagramas e gráficos que pareciam desesperadoramente confusos. Além disso, a defesa apresentou peritos que contestaram suas conclusões. A essa altura, publicações abertamente antissemitas, sobretudo *La Parole Libre*, editada pelo conhecido fanático Édouard Drumont, tinham inflamado o público declarando que Dreyfus era traidor. Estava claro que, se ele *não* fosse condenado, a cabeça daqueles que o acusaram rolaria. Desesperados, o major Henry e outros forjaram documentos que se somavam ao peso da "evidência" já existente contra o réu. Estes foram apresentados secretamente aos juízes, com o alerta de que a "segurança nacional" ficaria comprometida caso viessem a público. Bertillon não participou da falsificação, mas, como era o líder do grupo da promotoria, no final ficaria marcado pela conduta desonrosa comum àqueles que procuravam colocar Dreyfus no pelourinho.

O tribunal, influenciado pelas falsificações, condenou Dreyfus à prisão perpétua em uma colônia penal francesa na Ilha do Diabo. Esse, porém, foi apenas o começo do *affaire* Dreyfus, como ficou conhecido o caso. Seu irmão e sua esposa nunca desistiram de limpar o nome do capitão, mesmo enquanto ele estava em uma cela isolada dentro de um complexo murado na costa da Guiana Francesa. Em julho de 1895, o major Marie-Georges Picquart tornou-se chefe do escritório de inteligência do exército e descobriu que os alemães ainda estavam recebendo informações, aparentemente de um oficial francês, major Ferdinand Esterhazy. Quando Picquart revelou a descoberta a seus superiores, foi enviado a um posto na África para que saísse do caminho. Incansável, ele insistiu na denúncia contra Esterhazy, que pediu uma corte marcial para provar sua inocência. Ele foi, de fato, absolvido pelos juízes militares, levando o romancista e jornalista Émile Zola a escrever "J'accuse" [Eu acuso], uma carta aberta ao presidente da França denunciando os que haviam conspirado contra Dreyfus. O ministro da Guerra processou Zola, forçando-o a deixar o país.

A caligrafia de Esterhazy já havia sido comparada à do *bordereau*, e a semelhança pareceu convincente. A França se dividiu entre dois campos em conflito: pró e contra Dreyfus. Multidões antissemitas nas ruas, incentivadas por demagogos, entoavam "Morte aos judeus!". Mesmo os que duvidavam da culpa de Dreyfus temiam que o prestígio do exército francês pudesse sofrer um golpe irreparável caso mudassem suas convicções. Alguns perguntavam se rever a condenação de um homem inocente valeria o enfraquecimento da segurança de uma nação em um momento em que muitos se preocupavam com a iminência de uma nova guerra com a Alemanha.

Os defensores de Dreyfus, contudo, se sentiram encorajados quando Henry (então promovido a tenente-coronel) cometeu suicídio, depois que suas falsificações foram descobertas; Esterhazy, então, fugiu do país. Por fim, em outubro de 1899, o governo se rendeu à pressão pública e trouxe Dreyfus de volta da Ilha do Diabo para outro julgamento.

Os juízes militares estavam determinados a defender a honra do exército; o que, para eles, significava apenas continuar se aferrando ao que já estava claramente desacreditado. A maioria dos observadores ficou atônita com o veredicto: mais uma vez, Dreyfus foi considerado culpado, mas agora com "circunstâncias atenuantes", como se isso pudesse existir no caso de traição. O presidente da França lhe concedeu o perdão completo, que Dreyfus aceitou, enquanto continuava os esforços legais para provar sua inocência. Um tribunal civil inocentou Dreyfus de todas as acusações em 1906, e, por um ato do Parlamento francês, ele foi reintegrado ao exército e condecorado com a Légion d'honneur.

As feridas do caso Dreyfus estavam longe de ser curadas, no entanto, e Bertillon em particular teve bons motivos para se sentir angustiado, temendo que sua reputação fosse prejudicada. Ele viu o roubo da *Mona Lisa* como uma oportunidade de mostrar que ainda era, como muitos acreditavam, o principal investigador criminal da França.

VIII

Os parisienses eram tão fascinados como aterrorizados por crimes e criminosos, pelo *prestige du mal*. Relatos sensacionalistas dos crimes mais sinistros impressionavam os leitores dos jornais de grande circulação. Histórias de crimes supostamente verdadeiros, chamadas *faits divers*, e serializadas como romances, os *feuilletons* [folhetins], eram atrações populares de qualquer jornal no encalço de leitores. A historiadora Ann-Louise Shapiro comentou:

> A cultura parecia saturada com relatos de crimes sensacionais e criminosos infames. Os jornais de grande circulação alimentavam um enorme público com histórias criminais, mesmo quando o crime se tornava foco de investigação científica e o tema dos artigos mudava [...] das publicações profissionais para formatos mais populares

e para crítica social em geral. Peritos médicos e legais e também cientistas sociais começaram a pensar no crime como um espelho erguido diante da sociedade, expondo as tendências do momento, em seu sentido mais amplo.[43]

No período de 1906 a 1908, a pena de morte foi suspensa pela primeira vez em mais de um século, mas a decisão criou tanta ansiedade na população que foi revertida. As execuções na guilhotina, tradicionalmente públicas, eram tão populares que, mesmo quando realizadas em horas inconvenientes e sem publicidade, uma multidão aparecia para vê-las.

Os tribunais ficavam repletos de espectadores nos excitantes julgamentos de criminosos célebres. As pessoas iam ao necrotério olhar os cadáveres, às vezes para adivinhar a identidade de vítimas desconhecidas. Um trem subterrâneo levava grupos de turistas pelo sistema de esgotos da cidade, que ficara famoso com *Os miseráveis*, de Victor Hugo, e, na vida real, era usado com frequência como esconderijo de criminosos. Moradores ricos da elegante margem direita do Sena subiam as ladeiras de Montmartre atrás de *frisson* ou emoção, misturando-se ombro a ombro com criminosos perigosos e indivíduos de classes baixas. Músicos de cabaré cantavam sobre personagens como cafetões, meretrizes e vagabundos. Espalhados entre o público havia rufiões, prostitutas e trapaceiros de verdade.

Os franceses adoravam fofoca e escândalo, e os numerosos diários de Paris nutriam seus desejos, embora algumas histórias fossem apimentadas demais até para as folhas de escândalo publicarem. Marguerite Japy ("Meg"), de 21 anos, vinda da província, tinha se casado com Adolphe Steinheil, um artista vinte anos mais velho. Steinheil não era um pintor de vanguarda como Picasso; todo ano ele conseguia ter uma de suas telas aceita para exibição no *Salon de peinture et de sculpture*, a exposição de arte patrocinada pelo governo que havia adquirido a fama de ser culturalmente opressiva. Adolphe tampouco era excitante na cama, e Meg, bonita e animada, achou conveniente atrair amantes. O marido se consolou com o fato de os *paramours* de sua mulher serem geralmente homens ricos e poderosos, que gentilmente compravam alguns de seus trabalhos, possibilitando que os Steinheils mantivessem um aprazível estilo de vida em Paris.

Meg então atingiu o ponto alto de sua forma particular de arte: tornou-se amante de Félix Faure, o presidente da França. Com 58 anos, Faure tinha o dobro da idade dela, mas, como *connoisseur* da beleza feminina, permanecera um devoto do *cinq à sept* – o tradicional encontro do final de tarde. E Meg, segundo Maurice Paléologue, um funcionário do Ministério das Relações Exteriores, "era perita em sacudir o lombo dos homens".[44]

No final da tarde de 16 de fevereiro de 1899, Meg entrou sub-repticiamente por uma porta lateral do Palácio do Élysée para um *rendez-vous* com Faure, em um cômodo conhecido como Salão Azul. Um pouco mais tarde, o secretário do presidente escutou gritos que soaram mais como sinais de desespero do que de paixão. Foi investigar e encontrou Meg nua e Faure morto, com os dedos agarrando tão firmemente os cabelos dela que a amante não conseguia se soltar. As fofocas em Paris mais tarde forneceram o detalhe de que ela estava administrando sexo oral no presidente quando a tensão se mostrou demasiada para o coração dele. Os funcionários conseguiram livrar Meg cortando seus cabelos e rapidamente a fizeram desaparecer, enquanto um padre era trazido para administrar com atraso os ritos finais.

Como Faure tinha sido um anti-dreyfusard obstinado, recusando resolutamente todos os apelos por um novo julgamento do oficial preso, correu o rumor de que sua morte tinha sido parte de uma conspiração. Um dos relatos dizia que o presidente tinha sido morto de modo muito mais sinistro e deliberado; outro, que a amante havia roubado de seu escritório alguns papéis relacionados com o caso Dreyfus.

Para os que sabiam a verdade, isso em nada prejudicou a reputação de Meg. Ela continuou a receber semanalmente em seu salão, na casa de quatro andares de uma rua sem saída chamada de *impasse* Ronsin, onde ela e o marido moravam. Meg poderia continuar assim pelo resto da vida, com amantes ocasionais e vivendo de sua reputação. No entanto, estava destinada a logo irromper nas manchetes por direito próprio, como ré em um julgamento de assassinato duplo que satisfazia plenamente o apetite do público por escândalo e intriga.

Destino semelhante aguardava a noiva do homem que era primeiro-ministro da França na época em que a *Mona Lisa* foi roubada. Henriette Raynouard Claretie obtivera divórcio de seu primeiro marido três anos antes, em 1908, depois de um casamento de catorze anos. Passado um intervalo decente, ela esperava desposar seu amante, o político em ascensão Joseph Caillaux. Este, contudo, achou difícil conseguir uma separação amigável da mulher com quem já estava casado (e que também tinha se divorciado para se casar com ele) e não deu importância à questão até conseguir o prêmio político máximo, o posto de primeiro-ministro, em junho de 1911. Quatro meses mais tarde, transformou Henriette em mulher honesta – mas infelizmente não exatamente respeitável.

Era pouco usual que um político francês se divorciasse e casasse outra vez. Era socialmente aceitável que tivesse amantes, mesmo de longo prazo, porém não se esperava que elevasse sua amante ao status de esposa. Além disso, a primeira esposa de Caillaux, embora concordando com o divórcio, tinha encontrado e guardado algumas cartas incriminadoras que seu marido e Henriette trocaram durante o *affaire* ilícito. Quando insinuações disso começaram a ser publicadas em um jornal proeminente, Henriette receou que a própria correspondência aparecesse na imprensa. Tomou uma ação drástica e, ao fazer isso, tornou-se a estrela do mais espetacular julgamento de assassinato da época, no qual a política desempenhou importante papel e a vítima assassinada foi até mesmo acusada de causar a própria morte.

IX

Os parisienses tinham uma relação particular de amor e ódio pelos apaches, jovens bandidos que fizeram seu quartel-general em Belleville, na Rive Droite [margem direita]. Desse bairro, os apaches saíam para aterrorizar os cidadãos dos bulevares centrais da cidade. Eles se especializaram em táticas violentas, usando golpes traiçoeiros e cabeçadas como prelúdio ao roubo das vítimas. (Um repórter policial, Arthur Dupin, do *Le Journal*, tinha inventado o termo "apache" em 1902, porque os ataques ferozes e a violência das quadrilhas se assemelhavam à imagem que os franceses tinham dos índios apaches em batalhas.) Logo o "apachismo" pareceu ser a maior ameaça à vida normal em Paris.

Um típico crime apache poderia começar com o bandido pedindo fogo a uma vítima em potencial e derrubando seu chapéu. Se a vítima colocava a mão no bolso, o apache jogava o chapéu em seu rosto e lhe dava uma cabeçada. Às vezes, o atacante puxava o paletó da vítima até o rosto para cegá-la. Alguns agiam com uma mulher bonita, uma *gigolette*, para despistar. Enquanto ela iniciava uma conversa com a vítima, o apache vinha por trás e enrolava um lenço no pescoço da pessoa. Os jornais davam relatos detalhados dos métodos dos apaches, aumentando o medo da população.

Os apaches se diferenciavam dos bandidos comuns de rua pelo seu estilo de vida e suas roupas características, gírias e até uma dança. Semelhante ao tango e imitando uma briga de rua, alguns a chamavam de dança do submundo. Por sua natureza violenta – a parceira era literalmente jogada no ar –, tornara-se popular como show. Parisienses da classe alta gostavam de apreciar sua exibição nos cafés de Montparnasse e nos salões de dança chamados *musettes*. Turistas aventureiros às vezes faziam de uma ida aos *musettes* uma etapa de suas experiências em Paris. Mulheres ricas e entediadas pagavam um parceiro de dança apache por um giro de meia hora pelo salão – em geral uma versão amenizada da original.

Além das danças de salão, atores dramatizavam o fatalismo dos apaches sobre a vida e o amor. Yvette Guilbert, estrela do Moulin Rouge, apresentava uma canção popular, "Ma tête" [Minha cabeça], na qual um apache desafiadoramente contempla seu futuro, que deve terminar na guilhotina, como um modo perverso de triunfo:

> Terei de esperar, pálido e derrotado,
> Pelo supremo momento da guilhotina,
> Quando um belo dia eles me dirão:
> Será nesta manhã, apronte-se.
> Eu irei, e a multidão aplaudirá
> Minha cabeça.[45]

O apetite parisiense por espetáculos que refletiam seu fascínio pelo submundo encontrava a mais total satisfação no Théâtre du

Os apaches parisienses tinham uma aura romântica por causa de seu estilo de vestimenta e suas danças. Mas, para os jornais, eram bandidos impiedosos. A publicação ao lado retrata um apache estrangulando sua vítima, observado pela insensível namorada.

Grand-Guignol. Localizado no final da rua Chaptal, em Montmartre, o minúsculo teatro apresentava toda noite uma série de peças curtas, horripilantes, alternando comédia e horror. O programa não era para pessoas suscetíveis, pois os criadores do Grand-Guignol introduziam incrível realismo aos grotescos efeitos especiais, regalando o público com facadas, assassinatos a machadadas, olhos arrancados, tortura, jatos de ácidos, amputações, mutilações e estupro. Na verdade, não havia barbaridade que o Grand-Guignol relutasse em tentar mostrar. Por causa do pequeno tamanho do teatro, os espectadores muitas vezes também ficavam salpicados de "sangue".

Oscar Méténier, ex-secretário do comissariado da polícia de Paris, foi o fundador do teatro e autor de alguns de seus esquetes. Ele sabia sobre o que estava escrevendo, porque com frequência perambulava pelas áreas da luz vermelha e pelos antros criminosos da cidade em busca de material. A outra estrela era o dramaturgo

André de Lorde, chamado de Príncipe do Terror, cujas peças em geral ultrapassavam qualquer limite de bom gosto e decência. Filho de médico, De Lorde desde a tenra idade escutara os sons de sofrimento dos pacientes do pai. Também desenvolveu um medo mórbido da morte, que seu pai tentou curar sem sucesso, fazendo-o velar o corpo de sua avó na noite antes de seu enterro.

De Lorde usava essas experiências da infância com bons resultados para amedrontar os outros com suas peças. Seu objetivo era criar algo como um sonho de Edgar Allan Poe, autor a quem admirava, e "escrever uma peça tão terrível e intolerável que poucos minutos depois que a cortina levantasse o público fugiria em massa do teatro". De Lorde chamava suas peças de "fatias da morte".[46]

O Grand-Guignol compartilhava com os artistas de vanguarda o desejo de romper todas as barreiras para expressar os medos e emoções mais profundos da humanidade. O tamanho do teatro ajudava a desfazer a separação entre os atores e a plateia. Todos os truques eram usados para aumentar o horror em si mesmo e induzir o público a uma reação – chocar as pessoas, levando-as a deixarem de pensar de maneira convencional. O sucesso era medido pelo número de espectadores que desmaiavam ou vomitavam. A publicidade do show avisava que sempre havia um médico de plantão. Para aumentar os estímulos, o bar do teatro servia um drinque especial chamado vinho Mariani, que continha, entre outros ingredientes, cocaína.

A intenção do teatro de chocar a classe média, de *épater les bourgeois*, tornou-o popular entre a *intelligentsia*, mas atraía também pessoas das classes operárias do bairro no qual se localizava, aristocratas decadentes e turistas do mundo todo. Havia *guignolers*, clientes regulares, suficientes para garantir lotação máxima. Eles vinham não só esperando sexo e violência, mas também a confirmação de que "os bons sujeitos" nunca venciam. O sexo não se limitava ao palco. Camarotes nos fundos do teatro cobertos com treliças serviam de lugares de encontro, e zeladores tinham de lavá-los com mangueira depois dos espetáculos. Era um lugar de tabu e transformação. Agnes Peirron, especialista nessa forma de entretenimento, escreveu:

> O que levava o Grand-Guignol a seu nível mais alto eram os limites e as fronteiras que cruzava: os estados de consciência alterados por drogas e hipnoses. Perda de consciência, falta de controle, pânico: temas com os quais o público do teatro podia facilmente se identificar. Quando os dramaturgos do Grand-Guignol expressavam interesse pela guilhotina, o que os fascinava mais eram as últimas convulsões mostradas no rosto decapitado. E se a cabeça continuasse a pensar sem o corpo? A passagem de um estado a outro era o ponto crucial do gênero.[47]

Na literatura, assim como no teatro, os parisienses eram fascinados pelo mal em si mesmo. A tradição literária francesa está bem guarnecida de celebrantes do lado negro da humanidade: François Villon, o Marquês de Sade, Arthur Rimbaud, Paul Verlaine, Charles Baudelaire. A preocupação com o mal também se fez sentir na literatura de massa: em 1911, o personagem literário mais popular na França era um criminoso. Fantômas era o "herói" de uma série de romances que vendiam tão rapidamente quanto seus autores os produziam. Fantômas não era um Robin Hood; ele executava crimes cruéis para o próprio prazer, deixando para trás os corpos de incontáveis inocentes. E em cada livro ele sobrepujava em astúcias os esforços de seu rival, o inspetor Juve, da Sûreté (o equivalente francês da agência de investigação norte-americana FBI), para aprisioná-lo. O criminoso sempre triunfava, e os leitores amavam isso. Aumentando a atração dos livros, capas em quatro cores rivalizavam até com o Grand-Guignol nos detalhes gráficos. No primeiro volume da série, a capa mostra um homem mascarado, em traje de noite e cartola, assomando sobre a paisagem de Paris. Uma segunda olhada revela que o homem está carregando um punhal em uma das mãos e parece estar procurando uma vítima.

Apollinaire, amigo de Picasso, autor de poesia experimental e pornografia elegante, abraçou os livros de Fantômas tão entusiasticamente como se eles fossem grande arte. Chamou o primeiro volume de "um romance extraordinário, cheio de vida e imaginação, imperfeitamente escrito, mas extremamente vívido. [...] Do ponto de vista da imaginação, *Fantômas* é uma das obras mais suculentas que existem".[48] Apollinaire fundou um grupo de *connoisseurs* como ele, La Société des Amis de Fantômas; um de seus integrantes era Max Jacob, artista homossexual que uma vez dividiu seu apartamento com Picasso. Outros leitores entusiastas incluíam o próprio artista espanhol, os escritores Colette e Jean Cocteau e o pintor Blaise Cendrars, que chamou a série de "a moderna *Eneida*". Apollinaire acreditava que, embora todas as classes sociais gostassem dela, "só alguns poucos *bon esprits* a apreciavam com o mesmo bom gosto que ele mesmo".

A popularidade de Fantômas pode ter sido exasperante para os verdadeiros membros da Sûreté. A verdade era que, em Paris, as forças da lei eram vistas com desconfiança. Desde o tempo de Napoleão, uma das principais tarefas da polícia tinha sido espionar o populacho. Com todas as mudanças que aconteceram no governo posteriormente, as leis do Código Napoleônico não haviam sido revogadas e, de fato, grande quantidade de novas regulamentações criminais tinha sido aprovada. Isso deixou o sistema legal como uma colcha de retalhos, e a polícia poderia achar qualquer pretexto para investigar ou deter uma pessoa. Mais ainda, como as fichas policiais haviam sido destruídas durante a Comuna, as autoridades tinham se apressado em formar novos dossiês, compilando informações sobre tantas pessoas quanto conseguiam. Com frequência as acusações nesses arquivos apressadamente reunidos, vindas de fontes tão diversas como informantes profissionais e vizinhos irritados, eram completamente falsas.

Apesar dessas falhas, Bertillon era um entre numerosos indivíduos que estavam tentando levar um novo espírito de investigação científica à solução de crimes, um processo em andamento na França desde a fundação da Sûreté, quase um século antes. Com ele estavam cientistas sociais e psicólogos que investigavam as raízes e causas do crime, discutindo se as pessoas eram criminosas inatas ou não – e, se não o fossem, o que as teria levado ao delito.

A procura de Bertillon pela Mona Lisa o conduziria ao mundo dos artistas de vanguarda de Montmartre, o mesmo em que Picasso se encontrava comprometido com a investigação do que era real e do que era ilusório. Desde o dia em que chegou pela primeira vez a Paris, o jovem artista sabia que a cidade, com seu brilho e imundície, sua alegria e depressão, lhe serviria de inspiração. Suas telas com frequência retratavam mulheres de reputação duvidosa, entre a respeitabilidade e a ilegalidade, com as quais ele se deparava na França. Seu mais famoso quadro desse período – *Les demoiselles d'Avignon*, de 1907 – mostra cinco prostitutas cuja expressão é tão desafiadora como o famoso sorriso da Gioconda. Para criá-lo, Picasso teve de romper os limites de sua arte, algo que só os gênios conseguem. Para solucionar o roubo da *Mona Lisa*, Bertillon teria de fazer o mesmo em seu campo, mas, no final, fracassaria.

A busca por uma mulher

O desaparecimento da *Mona Lisa* do Louvre atordoou os parisienses, acostumados a comentar, quando se defrontavam com alguma tarefa impossível de realizar, que executá-la seria tão difícil quanto "roubar a *Mona Lisa*".[1] O roubo, no entanto, foi uma bênção para os jornais e revistas da cidade, que haviam se multiplicado durante a Terceira República. Depois que o governo suspendeu a censura, a circulação dos jornais parisienses praticamente triplicou em relação a 1880. Nada vendia jornais tão bem quanto as histórias de crimes, e essa era incomparável, por suas qualidades sensacionais. Durante vários dias os criadores de manchetes competiram pelo *mot juste* para descrever o roubo, lutando para encontrar uma palavra que expressasse adequadamente o choque: "INIMAGINABLE!", "INEXPLICABLE!", "INCROYABLE!" [inacreditável], "EFFARANT [assombroso]!".[2] Um dos jornais publicou uma foto retocada da Catedral de Notre-Dame sem uma das torres. A legenda dizia: "Será que isso também pode acontecer?".[3] Para os parisienses, que amavam tanto o crime como a arte, foi um acontecimento realmente muito intenso.

Inclusive do ponto de vista pessoal. O editor de *Le Figaro* escreveu: "Desde seu desaparecimento, talvez para sempre, devemos falar desse rosto familiar, cuja memória vai nos perseguir e nos encher de tristeza, como falamos de alguém que morreu em um acidente estúpido e para quem escrevemos um obituário".[4] A *Revue des Deux Mondes*, com um pouco mais de leveza, afirmou que o significado do famoso sorriso agora estava claro: Mona Lisa estaria pensando na confusão que seu desaparecimento provocaria. Do lado de fora do Louvre, os ambulantes vendiam cartões-postais sobre esse tema, com caricaturas da mulher do quadro "fugindo" do museu, sempre com algum comentário irônico sobre seus "perseguidores", os guardas.

Alguém foi ainda mais longe com essa brincadeira e escreveu para o jornal L'*Autorité* uma carta assinada por "Mona Lisa", explicando que tinha se "divorciado" do museu porque não gostava do jeito que falavam dela:

> Aborreceram-me mortalmente com esse "sorriso famoso"![...] Vocês não conhecem as mulheres ou não as entendem bem. Se eu sorria com um ar "enigmático", certamente não era pelas razões a mim atribuídas pelos senhores da literatura. [...] Esse sorriso indicava minha lassidão, meu desprezo por todos os idiotas desfilando sem cessar a minha frente e o infinito desejo de planejar minha fuga.
>
> Eu dizia a mim mesma: Imagine a cara das autoridades quando amanhã as notícias se espalharem por toda Paris: *La Joconde*[5] *foi passar a noite em outro lugar!*[6]

I

Já que de fato os avanços nesse caso eram poucos, os repórteres se sentiam liberados para divulgar boatos e especulações infundadas sobre os perpetradores do crime. A única coisa que os restringia eram os limites de sua imaginação. O *Paris-Journal* apresentou um dos palpites mais criativos, relatando que uma vidente profissional, madame Albane de Siva, depois de "verificar com o Escritório

Central de Astronomia a posição dos planetas na hora do crime", deduziu que o quadro ainda estava escondido em algum lugar do Louvre e que o ladrão era "um jovem de cabelos volumosos, pescoço longo e voz rouca, com paixão pela restauração de objetos antigos".[7]

Enquanto isso, as publicações monarquistas e de direita afirmavam que o roubo era apenas a última manifestação de uma onda de crimes que revelavam o "estado extraordinário de anarquia"[8] que caracterizava o governo da Terceira República, liderado, não por acaso, pelo primeiro-ministro Joseph Caillaux, membro do Partido Radical Socialista. O fato de Caillaux estar envolvido naquele momento em negociações com a Alemanha para resolver a disputa dos dois países em relação ao Marrocos deu margem a uma acusação ainda mais grave: os alemães haviam roubado o quadro e o mantinham em seu poder para assegurar condições favoráveis no acordo final. De outro lado, havia também quem visse o roubo como "um esquema político para ferir o prestígio da República e insinuar que, se assim quisessem, [os monarquistas] poderiam revelar o lugar em que a Gioconda se encontrava".[9]

Nos dias que se seguiram ao roubo, qualquer pessoa carregando um pacote era motivo de atenção. Dois artistas alemães, suspeitos basicamente por serem alemães e possuírem tintas e pincéis, foram denunciados à polícia e interrogados. Um homem que corria para pegar um trem – o expresso das 7h47 para Bordeaux – levando um pacote coberto por uma manta fez a polícia telefonar para o chefe da estação de Bordeaux e solicitar uma revista nos vagões. Quando um sujeito malvestido ofereceu a um antiquário um quadro de uma "senhora nobre", o comerciante imediatamente informou a polícia.

A investigação policial rapidamente espalhou sua rede por uma extensa área. Barreiras nas estradas que saíam da capital inspecionavam o conteúdo de todas as carroças, automóveis e caminhões. Temendo que os ladrões decidissem deixar o país, os inspetores alfandegários abriam e examinavam a bagagem de todos os passageiros que partiam em navios ou trens. Em Nova York, o navio alemão Kaiser Wilhelm II foi abordado por detetives em busca da obra-prima assim que atracou, e todas as cabines e bagagens foram inspecionadas.

Algumas pessoas acreditavam que tudo não passava de uma farsa, lembrando que no ano anterior o jornal satírico *Le Cri de Paris* espalhara o pânico pela cidade ao afirmar que a *Mona Lisa* exibida no Louvre era apenas uma cópia, que fora posta ali para encobrir o roubo do original. Teria sido apenas uma boa piada na concepção do editor, mas agora as pessoas se perguntavam se havia alguma verdade por trás da matéria e se esse desaparecimento recente e real não seria apenas um modo de legitimar a volta da "verdadeira" *Mona Lisa*. Não querendo ficar atrás, os editores do *Le Cri de Paris* resolveram declarar que a obra roubada em 21 de agosto também era uma cópia e que a original estava na mansão nova-iorquina de um milionário identificado como "J.K.W.W.".[10]

O jornal *L'Illustration* perguntava: "Quem será o criminoso audacioso, o mistificador, o colecionador maníaco, o amante enlouquecido que cometeu esse sequestro?", e oferecia uma recompensa de 40 mil francos[11] a quem devolvesse o quadro em seus escritórios, possivelmente para faturar com a publicidade que adviria da solução do caso.[12] Logo a seguir, o rival *Paris-Journal* prometeu 50 mil francos, dando início a uma guerra de ofertas que atraíam dezenas de pessoas desejosas apenas de receber a recompensa – ou chamar a atenção para si. Um garçom chamado Armand Gueneschan se apresentou, afirmando saber onde o quadro estava escondido. Encontrava-se supostamente nas mãos de um nobre rico que havia financiado o roubo porque era obcecado pela obra (não seria a última vez que alguém mencionaria a obsessão como motivo do crime). Gueneschan disse que revelaria o nome em troca de 200 mil francos. A polícia, entretanto, depois de interrogar o garçom, chegou à conclusão de que ele era mentiroso ou louco.

II

O primeiro-ministro Caillaux, reconhecendo a importância do roubo para a nação, nomeou um conhecido jurista, Henri Grioux, como *juge d'instruction* [juiz de instrução] para conduzir o inquérito oficial. Louis Lépine, diretor da polícia de Paris, Octave Hamard, chefe da Sûreté, e Alphonse Bertillon já haviam inspecionado a cena do crime e achado algumas pistas, como o estojo e a moldura descartados na escadaria. O *Le Petit Parisien* anunciou sarcasticamente: "A *Mona Lisa* foi roubada... [mas] nós ainda temos a moldura".[13] Bertillon, porém, havia encontrado uma impressão digital no vidro do estojo protetor. Alguns anos antes, ele fora considerado o primeiro criminologista a resolver um caso utilizando impressão digital como evidência, e houve quem pensasse que essa descoberta significava a prisão iminente do culpado. Infelizmente, os arquivos de Bertillon, com cerca de 750 mil cartões individuais, estavam indexados conforme seu sistema de identificação física e não segundo o tipo de impressão digital. O único modo de determinar a quem pertencia a impressão incriminadora seria encontrar a própria pessoa. Bertillon e sua equipe laboriosamente começaram a coletar as impressões digitais de cada funcionário do museu, 257 ao todo.

Havia boas razões para se suspeitar de que o roubo fora um serviço interno. Étienne Dujardin-Beaumetz, subsecretário de Estado de Belas-Artes da França, certamente pensava assim. Ele tinha acabado de sair de uma luta de meses com funcionários do museu que queriam se sindicalizar – e estes perderam. O subsecretário achava que algum deles poderia ter roubado o quadro como um ato de "vingança pessoal" e vaticinou que "um dia desses vamos encontrar a *Mona Lisa* escondida em um desvão do Louvre".[14]

Dujardin-Beaumetz também estava envolvido em outra controvérsia, que por um tempo parecia poder ajudar a esclarecer o crime. Em 1911, o Departamento de Belas-Artes anunciou que permitiria a construção de uma estrada no parque de Saint-Cloud, na periferia oeste de Paris, o que destruiria a beleza natural da área, segundo os moradores da região. Houve protestos contra a estrada durante todo o verão de 1911. Depois do roubo da *Mona Lisa*, uma nota manuscrita caiu em poder da polícia. Ela informava que o quadro estava sendo mantido como "refém" para proteger o parque. Um trecho dizia:

> A *Mona Lisa* está bem protegida na casa do chefe dos estábulos do parque de Saint-Cloud, para onde foi levada na noite de seu desaparecimento pelo jardineiro-chefe, que a recebeu de um dos funcionários do museu. Não adianta procurar em outro lugar; ela será devolvida apenas se o parque for preservado.[15]

A polícia vasculhou a casa do chefe dos estábulos e outros locais do parque. Exploraram até mesmo a possibilidade de o porta-voz de um grupo preservacionista ter escrito o falso bilhete de resgate para dar publicidade aos esforços de conservação do lugar. Se esse tiver sido o caso, foi um sucesso, pois uma investigação revelou que Dujardin-Beaumetz havia mentido sobre a dimensão dos danos que a estrada causaria. A pressão tornou-se tão forte que alguns meses mais tarde ele renunciou ao cargo.

Além de perder uma obra-prima, o Louvre sofreu uma grande humilhação. O *Paris-Journal* publicou o texto de um cartaz que os editores sugeriam que fosse colocado no museu:

> No interesse da arte
> e para garantir a segurança dos objetos preciosos,
> solicita-se que
> O PÚBLICO
> seja gentil o suficiente e
> ACORDE OS GUARDAS
> se eles estiverem dormindo.[16]

No dia seguinte ao anúncio do roubo, um artigo de Apollinaire foi publicado no jornal vespertino *L'Intransigeant*. O poeta e crítico, depois de avaliar a importância artística do quadro, criticou a segurança do museu:

> Não há sequer um guarda por galeria; os pequenos quadros nas salas de pintura holandesa logo ao lado da galeria Rubens estão literalmente abandonados aos ladrões.
>
> Os quadros, mesmo os menores, não estão presos com cadeados nas paredes, como na maior parte dos museus no exterior. Além disso, é fato que os guardas nunca receberam treinamento sobre como resgatar as obras em caso de incêndio.
>
> A situação é de descuido, negligência, indiferença.
>
> O Louvre está menos protegido que um museu espanhol.[17]

A última afirmação foi realmente um golpe baixo, mas logo ficaria claro para as autoridades que Apollinaire sabia muito mais sobre o sistema de segurança do Louvre do que deixara transparecer.

Surgiram inúmeras pistas falsas e golpes relacionados com o caso. Uma prostituta de catorze anos, Germaine Terclavers, já sob custódia, surpreendeu a polícia ao contar que seu cafetão e a gangue dele roubaram o quadro e o guardaram em Belleville, o quartel-general dos malfeitores. Disse que ela mesma havia visto a pintura e que o bando planejava despachá-la para os Estados Unidos em um navio.

Germaine fora recentemente presa e condenada a cumprir pena de quatro anos em um reformatório e esperava que lhe perdoassem ao revelar o que sabia. A polícia conseguiu encontrar seu namorado e cafetão de dezenove anos de idade, Georges. Prenderam-no por porte ilegal de arma – uma acusação que costumavam utilizar para prender qualquer um que fosse suspeito de crimes maiores. Georges era realmente um temido líder de quadrilha, mas sua capacidade de levar a cabo o roubo da *Mona Lisa* era duvidosa.

Ao ser interrogada, Germaine forneceu mais detalhes, delatando outros membros do grupo que, segundo ela, haviam planejado o crime durante semanas. Ela escutara conversas envolvendo um *gardien* (funcionário do museu), o Louvre e *La Joconde*. De acordo com sua versão, tinham até mesmo pedido que ela servisse de vigia, o que recusara. À medida que Germaine desenvolvia sua história, o interesse da polícia aumentava. Ela afirmou que Georges não tinha retornado para casa na noite anterior à segunda-feira do roubo. Quando voltou no dia seguinte, já tarde, não quis dizer onde tinha estado e, depois, vangloriou-se por ele e sua gangue terem cometido um crime que viraria a cidade de cabeça para baixo.

"Eu lembro", Germaine disse sobre o namorado, "que todos os dias ele lia *Le Journal* ansiosamente, seguindo todos os passos da investigação e sempre me dizendo que a gangue 'ia se dar mal'".[18] Suas denúncias nunca foram confirmadas, e a polícia não conseguiu descobrir se Georges estava simplesmente querendo impressioná-la ou se havia alguma verdade na história. Seja como for, Georges se alistou no exército para fugir da acusação de porte ilegal de arma e Germaine foi enviada para o reformatório, nunca mais recebendo tanta atenção como a que despertara com suas acusações.

É curioso que Germaine soubesse quais cordas puxar para ganhar credibilidade, porque a teoria de que o "cérebro" por trás do roubo era um norte-americano rico havia se espalhado por todo lugar. Inúmeras cartas inundavam a Sûreté sugerindo esse cenário, com frequência apontando candidatos. Desde os primórdios da Terceira República, os parisienses se ressentiam da crescente população norte-americana (às vezes chamada de invasão) em sua cidade. Os expatriados com dinheiro se estabeleciam sobretudo no oitavo e no nono *arrondissements*, região que se tornou conhecida como *la colonie américaine*. Em 1905, um visitante reparou que havia cartazes com oferta de mercadorias dos Estados Unidos "pendurados por todo lugar".[19] Espalhavam-se os boatos de que norte-americanos estavam comprando rapidamente os prédios em torno da praça de l'Opéra. Comentava-se, um pouco em tom de brincadeira, que um norte-americano milionário havia tentado comprar o Arco do Triunfo.

Em resposta a certa denúncia, o diretor de polícia, Lépine, autorizou a execução de um plano em que um oficial da polícia francesa se faria passar por um norte-americano milionário para negociar a compra da *Mona Lisa* de uma quadrilha de ladrões de arte. Os supostos ladrões eram apenas malandros oportunistas que queriam o dinheiro, mas não estavam com o quadro. As especulações sobre o envolvimento de norte-americanos, entretanto, não paravam. O candidato favorito a "cérebro do mal" era J. Pierpont Morgan, milionário conhecido pelos hábitos de colecionador de arte ávido e avaro, que frequentemente atravessava a Europa para fazer compras. Quando Morgan chegou na primavera seguinte para sua visita anual à cidade balneária de Aix-les-Bains e a *Mona Lisa* ainda não havia sido recuperada, os jornais de Paris publicaram uma reportagem relatando que dois homens misteriosos tentaram lhe vender o quadro. Morgan, indignado, negou a história, e, quando um jornalista francês foi entrevistá-lo, ele estava usando na lapela a roseta que o identificava como comandante da Legião de Honra, a maior condecoração da França. O milionário a havia recebido recentemente, e alguns jornais franceses especulavam se ele não teria feito jus a ela por ter oferecido "1 milhão de dólares e nenhuma pergunta" pela devolução da *Mona Lisa* ao Louvre.[20]

A oferta de Morgan era apenas boato, e o sentimento público voltou-se contra ele, até mesmo na Itália. Quando Morgan e sua irmã se preparavam para deixar Florença, em abril de 1912, espalhou-se o rumor de que estariam levando uma pintura entre seus pertences. Centenas de florentinos furiosos se juntaram na estação de trem para impedir sua partida. O milionário tinha de fato comprado uma obra em Florença, mas não era a *Mona Lisa*. Mesmo assim, a multidão na estação achava que o quadro roubado do Louvre tinha voltado à cidade em que Da Vinci começara a pintá-lo (suspeita que posteriormente se revelou presciente). Na tentativa de afastar a turba e poder embarcar no trem, Morgan teve de distribuir pancadas com sua pesada bengala, a torto e a direito.

Embora fosse o colecionador norte-americano mais conhecido, Morgan estava longe de ser o único, e os europeus amantes da arte temiam que o dinheiro dos Estados Unidos levasse para longe muitos de seus tesouros. (O fato de que diversas obras expostas nos museus europeus foram, em primeiro lugar, saqueadas de outros países não era considerado relevante.) As acusações de envolvimento norte-americano no roubo eram tão fortes que o magnata das ferrovias H. R. Huntington se sentiu obrigado a declarar a um repórter do *Los Angeles Times*: "Não vi o quadro e não me senti tentado". E completou: "Além do mais, não creio que gostaria de estar na posição de negociar bens roubados. Não consigo imaginar como conseguiram executar o roubo, supondo, é claro, que o quadro tenha sido realmente roubado".[21]

E *fora* realmente roubado? À medida que o tempo passava e não surgia um pedido de resgate, a pergunta circulava cada vez mais por Paris. As suspeitas começaram a recair sobre os fotógrafos que tinham autorização para trabalhar no museu. Segundo a revista *Gil Blas*, eles tinham carta branca para tirar "qualquer quadro que quisessem toda segunda-feira, sem nenhuma autorização especial, e levá-lo para o último piso do museu (onde a luz do sol era boa para fotografias) ou outro lugar adequado para o trabalho".[22] Essa teoria afirmava que um fotógrafo teria danificado acidentalmente a obra e, para encobrir o descuido com que ela fora manuseada, o museu havia culpado ladrões pelo seu desaparecimento. Uma equipe de restauradores estaria supostamente cuidando do quadro e, quando o trabalho fosse concluído, sua "recuperação" seria anunciada.

III

Depois de duas semanas de investigação, o Louvre foi reaberto ao público, e um número de visitantes maior que o habitual veio admirar os quatro ganchos na parede que marcavam o lugar onde *La Joconde* costumava ficar. As multidões "não olhavam para os outros quadros", reparou um repórter. "Todos ficavam contemplando detidamente o espaço empoeirado no qual a divina *Mona Lisa* antes sorria. [...] E febrilmente faziam anotações. Para eles, aquilo era mais interessante do que se *La Joconde* estivesse em seu lugar."[23] Um turista e aspirante a escritor, Franz Kafka, visitando o Louvre durante uma viagem a Paris no final de 1911, observou em seu diário: "A multidão no Salon Carré, a excitação e os grupos de pessoas: era como se a *Mona Lisa* acabasse de ter sido roubada".[24] Os visitantes chegaram a colocar buquês de flores no chão, abaixo do lugar onde o quadro costumava ficar pendurado.

A obra-prima de Da Vinci já era famosa entre as pessoas bem-educadas, mas a publicidade em torno de seu desaparecimento a transformou em fetiche da cultura popular. Os compositores nos cabarés de Montmartre tinham o hábito de utilizar os assuntos correntes como inspiração, e o roubo de um quadro com uma linda mulher foi um presente dos deuses. Uma das canções, "L'as-tu vue? La Joconde!!" [Você a viu? A Gioconda!!], tinha um verso que zombava dos guardas ("Não pode ter sido roubada, nós a vigiamos o tempo todo, exceto nas segundas-feiras"), e em outro a própria Gioconda reclamava que tinha ido embora porque não queria que ficassem olhando constantemente para ela.[25]

Conta-se que um show de cabaré apresentava um grupo de dançarinas *à la* Gioconda, mas de *topless*. A respeitada revista *La Comœdia Illustré* fotografou doze atrizes famosas com os trajes e a pose da Mona Lisa e publicou as fotos com a legenda "Les sourires qui nous restent!" [Os sorrisos que nos restam].[26] Um cabaré utilizou a reprodução de *La Joconde* em um cartaz com a legenda: "Eu sorria no Louvre. Agora estou feliz no Moulin de la Chanson".[27] A companhia de papel para cigarros Zig-Zag afirmava que a Mona Lisa tinha abandonado o Louvre porque queria muito fumar. A alfaiataria High Life fez um anúncio dizendo que o subsecretário de Estado das Belas-Artes, esperando evitar a execração pública por falhar em seu dever, tinha implorado à companhia que mandasse uma fotografia de seus ternos para pendurar no Salon Carré, no lugar do quadro perdido. Até mesmo um fabricante de espartilhos utilizou como modelo de seu mais novo produto uma imagem da Mona Lisa, que finalmente revelava ter quadris perfeitos.

Foi inevitável que a indústria cinematográfica francesa também começasse a tirar proveito do furor em torno do roubo. A companhia Pathé, que tinha produzido uma série de aventuras do detetive Nick Winter (uma versão genérica do detetive de ficção norte-americano Nick Carter), lançou *Nick Winter et le vol de la Joconde* [Nick Winter e o roubo da Gioconda] no outono de 1911. Franz Kafka e seu amigo Max Brod fizeram parte do grupo que assistiu ao filme no cinema Omnia Pathé. Brod resumiu assim o enredo da obra de cinco minutos, que transformou o crime em uma comédia:

> O filme abre apresentando M. Croumolle (todo mundo sabe que é uma referência a Homolle* e ninguém protesta contra o modo pérfido com que estão perseguindo o especialista em Delfos de cabelos grisalhos). Croumolle está deitado na cama, a touca puxada sobre as orelhas, e é subitamente despertado por um telegrama: "*Mona Lisa* roubada". Croumolle – especialista em Delfos, faça-me o favor, mas não reclamo, porque estou rindo muito – veste-se com uma agilidade hilariante, colocando ambas as pernas em um mesmo buraco da calça e as duas meias em um só pé. Finalmente, corre para a rua com os suspensórios pendurados. [...] A (parte final da) história acontece no Louvre, com excelentes reproduções dos outros

---

* O arqueólogo e helenista Théophile Homolle, diretor dos Museus Nacionais, foi demitido logo após o roubo. [N.E.]

quadros e, no meio de tudo, os três ganchos[28] que seguravam a *Mona Lisa*. Horror; chega um detetive cômico; um botão do sapato de Croumolle leva a uma pista falsa; o detetive aparece como engraxate; há uma caçada pelos cafés de Paris; os transeuntes são forçados a ter os sapatos engraxados; prendem o infortunado Croumolle porque o botão encontrado na cena do crime é igual ao de seu sapato.

E agora a piada final: enquanto todo mundo está correndo pelo Louvre e agindo de modo estapafúrdio, o ladrão entra sorrateiramente com a *Mona Lisa* debaixo do braço, coloca-a de volta em seu lugar e leva consigo a *Princesa*,* de Velázquez. Ninguém repara nele. De repente, todos enxergam a *Mona Lisa*; assombro geral e um bilhete preso no quadro redescoberto, que diz: "Desculpem-me, sou míope. O quadro que eu realmente queria ter era o do lado".[29]

IV

O que todos queriam saber – e especulavam sem parar – era para onde o ladrão poderia ter levado a obra de arte possivelmente mais reconhecível do mundo. Além da impressão digital, a única outra pista era a maçaneta que a polícia tinha então recuperado na sarjeta perto do museu. O encanador que abrira a porta da escada para o homem que a jogara ali foi convocado a olhar centenas de fotos dos funcionários do museu, antigos e atuais. Todo suposto reconhecimento do quadro ou rumor sobre sua localização devia ser verificado – e as informações vinham de lugares tão distantes como Itália, Alemanha, Grã-Bretanha, Polônia, Rússia, Estados Unidos, Argentina, Brasil, Peru e Japão.[30]

* Trata-se possivelmente do quadro *A infanta María Teresa*. [N.E.]

O passar do tempo e a falta de solução para o caso fizeram com que muitas pessoas concluíssem que o crime fora obra de uma quadrilha de ladrões profissionais. O único roubo de arte comparável a esse tinha sido o sequestro de *Duchess of Devonshire*, de Gainsborough, de uma galeria de Londres, em 1876. O responsável pelo feito chamava-se Adam Worth, alemão naturalizado norte-americano e cuja carreira internacional como ladrão o tornou conhecido como Napoleão do Crime. Worth, que supostamente foi a fonte de inspiração para o Professor Moriarty, o arquicriminoso das histórias de Sherlock Holmes, roubou o Gainsborough e tentou receber um resgate com a promessa de devolvê-lo. Quando esse plano falhou, ele levou a obra para os Estados Unidos e a deixou pendurada em sua casa em Chicago durante os 25 anos seguintes. Dizia-se que Worth a valorizava tanto como troféu, ou como objeto de desejo, que não aceitava soma alguma por ela. O quadro de Gainsborough só voltou a aparecer em 1901, depois de várias negociações com o proprietário original, feitas com a intermediação de um amigo de Worth, um jogador de Chicago chamado Pat Sheedy, que, um ano mais tarde, anunciou a morte do ladrão, enterrado sob nome falso em um cemitério de Londres.

Apesar do anúncio de Sheedy, o autor de romances históricos Maurice Strauss publicou um artigo em um dos maiores jornais franceses, *Le Figaro*, declarando que Worth ainda vivia e, com o roubo da *Mona Lisa*, repetiria seu crime mais célebre. Strauss, que alegava ter visto Worth em 1901, dizia que, ao ler a descrição do ladrão da *Mona Lisa* feita pelo encanador do museu ("um homem de cinquenta anos, de aparência agradável, boa figura e altura um pouco acima da média, com olhos penetrantes e frios"), teve certeza de que era Worth. "Apenas um homem no mundo teria agido com tão tranquila audácia e tanta habilidade", escreveu Strauss.[31]

O público (e inúmeros jornalistas) abraçou a ideia; para que um crime de tal dimensão fosse possível, era necessário um grande criminoso em sua execução.

Dizia-se que Worth afirmara uma vez:

> Tudo que eu preciso é de dois minutos de oportunidade. Se não consigo encontrar esses dois minutos, desisto do trabalho. Mas geralmente eu os encontro, e 120 segundos metodicamente empregados são suficientes para que um homem bem treinado em sua especialidade realize muita coisa.[32]

Era justamente assim que a maioria dos parisienses acreditava que o audacioso roubo tivesse acontecido. O criminologista Bertillon, bastante conhecido por sua maneira científica de abordar cada caso, colocara uma réplica da *Mona Lisa* na parede do Salon Carré e verificara o tempo necessário para removê-la dali e levá-la. Dois homens sem familiaridade alguma com esse processo demoraram mais de cinco minutos para completar a tarefa. Entretanto, um funcionário do museu que sabia como os ganchos eram colocados foi capaz de fazer tudo sozinho em apenas seis segundos, bem abaixo do intervalo de tempo de Worth.[33]

O próprio Strauss foi estranhamente específico sobre o modo exato como Worth teria executado o roubo:

> Foi ele mesmo quem removeu a *Joconde*, e não teve cúmplices. Esse não é seu método. Tampouco entrou em um trem na estação do Quai d'Orsay [estação mais próxima do Louvre]. Depois de atravessar a ponte, ele virou para a esquerda, com o quadro sob o braço, embrulhado em um simples pedaço de tecido listrado, atravessou o Quai des Orfèvres, na frente da polícia, e foi até a casa de um amigo

no Marais, onde tirou o disfarce de trabalhador. Lá esconderu seu butim, o painel de madeira pintado, no fundo falso de uma mala-baú. Então, vestido como um viajante educado, foi rapidamente de táxi para a Gare du Nord e daí para Londres, passando por Calais e Dover, antes que Paris pudesse alertar a polícia inglesa.[34]

Em que pese a aparente confiança de Strauss, as investigações policiais não conseguiram encontrar rastro algum do legendário Adam Worth.

Outra contribuição para a teoria de que ladrões profissionais estavam por trás do desaparecimento da *Mona Lisa* veio com o livro *Manuel de Police Scientifique*, publicado em 1911 por Rodolphe Reiss, professor da Universidade de Lausanne. Durante algum tempo, Reiss foi assistente de Bertillon no Serviço de Identificação da polícia, e seu livro foi agraciado com uma introdução do então diretor da polícia Lépine, o que fez com que os jornalistas o lessem atentamente em busca de indicações sobre o tipo de homem que se estava procurando. Como se fosse um especialista em tipos criminosos, Reiss escreveu:

> Existem duas classes [de *pègres*, ou ladrões] e há profundas diferenças em seu modo de agir, sua maneira de viver, seus hábitos e o tipo de crime que cometem. O *pègre* superior se guarda para os golpes e roubos audaciosos, difíceis e lucrativos, e deixa os crimes sangrentos e brutais para o *pègre* inferior. É curioso observar que os grandes ladrões nunca matam e que, na verdade, poucas vezes utilizam armas. Eles operam com cuidado e mesmo com certo refinamento de artista [...] e nunca se deixam levar por atos selvagens e sem sentido – quebrar móveis ou danificar quadros, por exemplo –, ao passo que os *pègres* inferiores satisfazem sua bárbara paixão pela

destruição. Então, a natureza do crime, o aspecto da cena já oferecem à polícia uma pista imediata sobre a classe de malfeitor. Mesmo a imitação habilidosa [...] não alcança igual resultado. O toque não é o mesmo. O ladrão não consegue se livrar de seu jeito particular de fazer as coisas, jeito esse que com os anos de criminalidade se torna mais e mais firme e estável em sua conduta.[35]

Esse texto claramente apontava para alguém da mesma "classe" de Worth.

V

Por semanas o roubo continuou a inspirar histórias para os jornais; qualquer relato sobre o caso, por mais trivial que fosse, acabava impresso, o que refletia a dimensão desse crime fora do comum. Um dos tópicos favoritos da imprensa era: o que pode explicar a fascinação que esse quadro em particular exerce sobre as pessoas?

O artista renascentista Giorgio Vasari (1511-1574), mais conhecido por seus relatos biográficos sobre outros artistas, foi o primeiro a afirmar que a pintura retratava Mona Lisa,[36] a jovem esposa de Francesco del Giocondo, um cidadão de Florença. Segundo Vasari, Leonardo da Vinci trabalhou no quadro durante quatro anos (os pesquisadores atuais indicam o período de 1503-6), mas este permaneceu inacabado, assim como grande parte de suas outras obras. Ao viajar para a França em 1517, a convite do rei Francisco I, grande admirador e amante da arte, Da Vinci levou o quadro consigo. Ao morrer, dois anos depois (uma tradição sentimental imagina que a morte do artista aconteceu nos braços do rei), deixou a pintura e suas outras posses para Francesco Melzi, seu amigo e aluno. Quando Vasari escreveu seu livro, em 1547, o retrato já fazia parte da coleção da monarquia francesa. (Segundo a lenda, Francisco I comprou o quadro de Melzi por 4 mil florins de ouro. Se a história for verdadeira, era muito dinheiro para a época, pois o rei pagava a Da Vinci mais ou menos um décimo dessa quantia como salário anual.)

A descrição feita por Vasari é de segunda mão, e há discrepâncias entre ela e o quadro tal como existe – o que leva a dúvidas sobre se de fato ele estava se referindo à obra que conhecemos como *Mona Lisa*. Em todo caso, tal descrição mostra que o quadro já tinha adquirido a reputação quase legendária que mantém desde aquele tempo.

> Quem busca entender em que medida a arte é capaz de imitar a natureza pode facilmente perceber isso pela cabeça, porque aqui Leonardo da Vinci reproduziu com sutileza todos os detalhes que podem ser pintados. Os olhos possuem o brilho e a umidade presentes nas pessoas vivas, e em seu contorno estão os cílios e todos os tons avermelhados que só podem ser alcançados com muito cuidado. As sobrancelhas[37] não poderiam ser mais naturais, pois representam o modo como o cabelo cresce, em alguns lugares mais espesso que em outros, de acordo com os poros da pele. O nariz parece vivo com suas lindas narinas suaves e rosadas. A boca, cuja abertura une o vermelho dos lábios à pele do rosto, parece mais a pele viva que uma pintura. Qualquer pessoa olhando atentamente para a pequena cavidade na base de seu pescoço poderia ver o pulso batendo: na verdade, é possível afirmar que o retrato foi pintado de modo a provocar em todo bravo artista, não importa quem seja, palpitações e medo.[38]

A aura de mistério que dá tanto apelo a esse quadro foi propiciada pelas inovações técnicas de Leonardo da Vinci. O verniz feito por ele para a camada protetora final escureceu muito ao longo dos séculos, amortecendo as cores originalmente vibrantes do retrato. Embora a maior parte de seus contemporâneos ainda utilizasse a têmpera (na qual a gema do ovo é o agente aglutinador), Da Vinci adotou a tinta do Norte da Europa, com base em óleo. As tintas a óleo eram mais luminosas e permitiam um trabalho final mais preciso. Também exigiam paciência, porque cada camada tinha de secar antes que outra pudesse ser pintada. Os raios x atuais da *Mona Lisa* mostram que Da Vinci aplicou várias camadas de tinta, usando um pincel tão fino que as pinceladas individuais são virtualmente invisíveis. E, por fim, ele utilizou a técnica chamada *sfumato*, em que as transições entre luz e sombra são sutilmente mescladas, como disse o próprio artista, "sem linhas ou limites, como se fossem fumaça".[39] O *sfumato* deu profundidade à paisagem no fundo do retrato e a impressão de vida no rosto da modelo. Qualquer um que observe a obra bem de perto pode ver que os cantos dos olhos e da boca são indistintos, o que lhes confere uma suavidade realista.

Existem várias cópias da *Mona Lisa*, algumas contemporâneas, outras da época em que o original foi pintado. Alguns críticos afirmam que Da Vinci na verdade pintou mais de uma versão do quadro. (Se isso for verdade, talvez ele tenha cumprido o trato feito com Francesco del Giocondo e terminado o retrato de sua mulher, mas ficou tão impressionado pela modelo que começou outro quadro, no qual continuou trabalhando por vários anos.) A *Gioconda* que está no Museu Hermitage, em São Petersburgo, tem um seio à mostra e é atribuída ao herdeiro e aluno de Da Vinci, Francesco Melzi. Não era incomum os alunos imitarem o trabalho de seus professores dessa maneira, e fazer uma ou mais cópias era a única forma de conquistar mais admiradores para um trabalho de arte. Donald Sassoon, historiador contemporâneo, escreveu:

> Sabemos, por causa do número de cópias de seus trabalhos, que Leonardo da Vinci foi bastante admirado ainda em vida. Em uma época na qual a informação sobre um quadro só podia ser divulgada por meio de comentários escritos e pela produção de cópias, as atividades dos seguidores de Da Vinci [...] funcionavam como um sistema de informação que contribuiu para a expansão de sua fama.[40]

Vasari foi também o primeiro a observar aquela que se tornou a característica mais comentada do retrato: o sorriso. Escreveu:

> Já que Mona Lisa era muito bonita, ao pintar seu retrato Leonardo da Vinci empregou a seguinte técnica: colocou músicos para tocar e cantar, e palhaços que a alegrassem, tudo com o objetivo de espantar a melancolia, que é um resultado frequentemente encontrado nos retratos. E nesse retrato feito por Da Vinci há um sorriso tão prazeroso que parece ser mais divino que humano, e foi considerado um fato extraordinário o sorriso ser tão vívido quanto o da modelo em pessoa.[41]

Vasari nunca viu o quadro verdadeiro. Um de seus contemporâneos que conseguiu vê-lo foi Antonio de Beatis, secretário de um influente cardeal, que manteve um diário da viagem que seu patrão fez à França em agosto de 1517. Eles visitaram Francisco I em seu castelo em Rouen, onde Da Vinci vivia em uma casa vizinha, conectada por um túnel. De Beatis escreveu que o artista mostrou três quadros para os visitantes, um deles o retrato de uma "senhora de Florença". Ele os descreve como *tucti perfectissimi* [todos da mais alta perfeição].[42]

Um século mais tarde, quando o quadro estava em Fontainebleau, o castelo real reformado e expandido por Francisco I, Cassiano del Pozzo, estudioso italiano, chegou a vê-lo. E depois escreveu que era "o trabalho mais conhecido desse pintor, porque a ela [a pessoa retratada] só falta o poder da fala".[43] E, mais importante, chamou o quadro de *La Gioconda*, confirmando a identidade da modelo como Lisa Gherardini, que em 1495, aos dezesseis anos de idade, casara-se com Francesco del Giocondo, de Florença.

A identificação tem sido objeto de disputas ao longo dos anos, mas a maior parte dos estudiosos concorda que o retrato é dessa mulher em particular, que estaria com seus vinte e poucos anos quando posou para Da Vinci.

Durante o reinado de Luís XIV (1643-1715), o quadro ocupou lugar de honra na galeria pessoal do rei, na grande residência que construiu em Versalhes. Seu sucessor, Luís XV (1715-1774), entretanto, preferia os trabalhos mais eróticos e claramente prazerosos de artistas como Fragonard e Boucher, e relegou o trabalho de Da Vinci ao esquecido escritório do zelador dos edifícios reais. Em 1750, os cortesãos do rei selecionaram as melhores 110 obras de arte de sua coleção para montar uma exposição. *La Joconde* não foi incluída.

Depois da Revolução, o antigo palácio real conhecido como Louvre foi transformado em uma galeria aberta a todos os cidadãos, que agora podiam apreciar os tesouros antes pertencentes aos reis e nobres. Em 1797, a *Mona Lisa* foi escolhida para ser um dos trabalhos expostos. Ironicamente, Fragonard, o antigo favorito da corte, era agora um empregado subalterno dos encarregados da política cultural do novo regime e foi destacado para transportá-la de Versalhes até o Louvre. O quadro não ficou lá por muito tempo, pois, quando Napoleão Bonaparte tomou o poder, ordenou que fosse pendurado em seu quarto. Mais tarde, depois que o Louvre foi rebatizado como Musée Napoléon, permitiu que voltasse à exibição pública. Ele foi o último a ter uma relação tão pessoal com o retrato antes de alguém levá-lo embora, em agosto de 1911.

VI

O gosto na arte flui e reflui, e na primeira parte do século XIX a *Mona Lisa* não despertava a mesma admiração que nos dias de hoje. Tampouco Leonardo da Vinci era universalmente reconhecido. William Hazlitt, crítico inglês, escreveu em 1817 que Da Vinci "estragava seus quadros com excesso de ciência".[44] Na metade do século, um comitê de especialistas foi encarregado de estabelecer o valor das obras existentes no Louvre. A *Mona Lisa* foi bem avaliada, 90 mil francos, valor muito abaixo, porém, dos quadros de outros mestres. Dois dos trabalhos de Rafael, por exemplo, foram estimados em 400 mil e 600 mil.[45]

Os apreciadores das obras de arte antes se restringiam àqueles que podiam viajar para admirá-las em exibição nos museus e à parcela ainda menor de pessoas que tinha condições de comprá-las. Depois de 1840, porém, avanços tecnológicos como a fotografia e as novas máquinas de impressão tornaram possível a reprodução em massa de quadros. Os críticos, que até então tinham se limitado a descrever e avaliar os trabalhos, começaram a expandir seu papel. Agora que todo mundo podia ver as obras de arte, eles buscaram justificar uma posição de superioridade, assumindo o papel de intérpretes do gosto popular.

No entanto, os escritores tornaram a *Mona Lisa* popular muito antes dos críticos de arte. O poeta irlandês Thomas Moore escreveu: "Mona Lisa, em cujos olhos/ por anos a fio um pintor pode se perder em contemplação".[46] Os irmãos Goncourt, Edmond e Jules, romancistas franceses populares em meados do século XIX, descreveram assim a amante de um de seus heróis: "Todas as mulheres são um enigma, mas ela é a mais misteriosa dentre elas [...] e mostra, como se fosse uma máscara encantada, o sorriso cheio de noite da Gioconda".[47]

Théophile Gautier (1811-1872), prolífico autor francês de romances, poemas, livros de viagem e crítica, mostrava-se em êxtase com o retrato da Mona Lisa. Na resenha de uma peça de 1855 chamada *La Joconde* (embora o enredo não dissesse respeito à Mona Lisa da vida real), escreveu:

> *La Joconde*! Esse nome me faz pensar imediatamente na esfinge de beleza que sorri tão misteriosamente no quadro de Leonardo da Vinci e parece propor aos séculos que a admiram uma charada ainda sem solução.[48]

Uma década mais tarde, ao elaborar um guia do Louvre, ele se lembrou dessas palavras e acrescentou:

> Desde aquela época, tenho visto com frequência essa adorável *Joconde*. Está sempre lá, sorrindo com sensualidade, zombando de seus inúmeros amantes. Tem a postura serena de uma mulher segura de que vai permanecer bela para sempre e mais inatingível que o ideal de poetas e artistas.[49]

Não muito tempo depois, o crítico inglês Walter Pater também fez um panegírico à *Mona Lisa*, em ensaio publicado em novembro de 1869. "*La Gioconda* é, no sentido mais verdadeiro, a obra-prima de Da Vinci", escreveu. Desenvolvendo as observações de Gautier, ele repara no sorriso impenetrável, sempre com um toque de algo sinistro, presente em toda obra de Leonardo da Vinci. [...] Desde a infância podemos observar essa imagem definindo a si mesma no tecido dos sonhos dele; e, se não fosse pelo testemunho histórico expresso, poderíamos supor que essa seria finalmente a representação física e permanente de sua imagem ideal de mulher.[50]

Essa linha de pensamento foi posteriormente retomada por certo médico vienense.

VII

Apenas um ano depois do roubo da *Mona Lisa*, Sigmund Freud, fundador da psicanálise, escreveu um pequeno livro intitulado *Leonardo da Vinci e uma lembrança de sua infância*. O pintor havia escrito em seus cadernos sobre um sonho recorrente que tinha e, para Freud, os sonhos indicavam pistas importantes sobre a psique. Da mesma forma que os cientistas desbravavam o novo mundo físico – átomos, raios x, quanta –, anteriormente oculto a olho nu, Freud buscava descobrir os segredos da mente além do nível de consciência.

Nascido em 1452, em Vinci, pequeno vilarejo perto de Florença, o artista era filho ilegítimo de uma mulher chamada Caterina e de Piero da Vinci, tabelião que trabalhava para o governo da República Florentina. Piero casou-se com outra mulher no ano de nascimento de Da Vinci, mas reconheceu o garoto como filho e depois o trouxe para sua residência. Os primeiros anos do menino, no entanto, foram passados na companhia de Caterina.

Freud, assim como Walter Pater, observou a recorrência do sorriso enigmático da *Mona Lisa* em outros quadros de Da Vinci, notadamente em *São João Batista* e *A Virgem e o Menino com Santa Ana*. O sorriso, Freud escreveu, "produz um efeito muito poderoso e confunde quem olha o quadro".[51] Ele acreditava que o sorriso tinha um sentido especial para o artista, que o pintara várias vezes, e deduziu que, quando Da Vinci o encontrou pela primeira vez no rosto da modelo da *Mona Lisa*, "alguma coisa que estava adormecida havia tempos em sua mente foi acordada – provavelmente uma antiga lembrança". Essa lembrança seria, segundo Freud, "o sorriso de alegria e embevecimento presente nos lábios de sua mãe quando o acariciava".[52] O sonho recorrente descrito por Da Vinci era o da cauda de um pássaro que passava por seus lábios repetidas vezes. Freud sugeriu que essa imagem poderia ter sido provocada pela lembrança de sua mãe beijando-o.

Freud acreditava que Leonardo da Vinci era homossexual, embora a única prova fosse o fato de o artista nunca ter se casado e ter sido uma vez indiciado pela prática de sodomia, acusação da qual foi inocentado. Conduzindo com cuidado sua argumentação, Freud escreveu que, quando descobriu no rosto da Mona Lisa da vida real o sorriso de sua mãe, Da Vinci

> se encontrava havia tempos dominado pela inibição que o proibia de desejar tais carícias vindas dos lábios de mulheres. Mas era um pintor e, portanto, buscava reproduzir o sorriso com seu pincel, colocando-o em todos os seus quadros. [...] As figuras [dos quadros, incluindo Leda, João Batista e Baco, além da Mona Lisa] olham com um triunfo misterioso, como se soubessem de uma grande felicidade que devesse permanecer em segredo. O sorriso familiar de fascínio faz supor que esse é um segredo amoroso. É provável que nessas figuras Leonardo da Vinci tenha negado a infelicidade de sua vida erótica[53] e a tenha superado por meio de sua arte, representando

a realização dos desejos do garoto apaixonado por sua mãe nessa união bem-aventurada das naturezas masculina e feminina.⁵⁴

Talvez seguindo as pistas oferecidas por Freud, começou-se a especular que o amor fosse o segredo por trás do roubo. Assim como Napoleão tinha pendurado o quadro em seu quarto, talvez agora um desejo intenso pelo retrato fosse o motivo para alguém roubá-lo. De fato, o próprio Da Vinci contava a história de um homem que tinha um amor carnal por um dos quadros do artista. "O poder de um quadro é tamanho sobre a mente de um homem que ele pode se encantar e se extasiar com uma pintura que não representa uma mulher real", escreveu. "Já aconteceu comigo ter pintado um quadro representando um tema sagrado e que foi comprado por alguém que amava a figura e desejava remover os atributos de divindade para que pudesse beijá-la sem culpa. No entanto, finalmente sua consciência venceu o desejo e a paixão, e ele foi forçado a proibir o quadro em sua casa."⁵⁵

Especulações desse teor foram reforçadas quando se soube que pouco antes do roubo o Louvre recebeu um cartão-postal endereçado à *Mona Lisa*. Era uma "declaração de amor apaixonada, salpicada de 'eu te amo' e 'adoro você'".⁵⁶ Foi levantada a hipótese de o crime ser obra de um erotômano, alguém tão obcecado pela modelo do quadro a ponto de roubá-lo. Os funcionários do Louvre então se recordaram de um jovem, louro de olhos azuis, que ia quase todo dia admirar a *Mona Lisa* com um olhar extasiado, como se não pudesse ficar longe dela. Ele certamente deveria estar no topo da lista de suspeitos, mas ninguém sabia seu nome.

O editor de *Le Temps* achou essa ideia interessante o suficiente para encomendar um texto sobre a psique do ladrão ao dr. Georges Dumas, professor de psicologia experimental na Sorbonne. Dumas atendeu ao pedido prontamente e escreveu:

> No que diz respeito à mentalidade de um ladrão desse tipo, é possível encontrar trabalhos médicos em que tais lunáticos são chamados de fetichistas, que estremecem diante da beleza e se tornam obcecados por ela, sempre mostrando muita engenhosidade e energia para obter os símbolos de tal beleza. Um indivíduo assim pode ter levado a *Mona Lisa* para sua casa tremendo de prazer, regozijando-se com sua posse como um avarento, até mesmo danificando o quadro em seu frenesi. E, quando por fim essa paixão insana seguir seu curso, é provável que ele devolva a obra ao Louvre.[57]

No entanto, Dumas acrescentou sombriamente que havia a possibilidade de o ladrão se gratificar com a "mutilação, o esfaqueamento e o dano" do quadro.

Dumas, da mesma forma que o professor Reiss, estava assumindo o papel de analista de tipos criminosos, ainda que essa função não existisse na época. Estava trabalhando com deduções ponderadas, baseado na nova ciência da psicologia. Escritores de ficção, que recorriam à psicologia muito antes de os psicólogos surgirem, adotaram e desenvolveram essa teoria.

"O harém das imagens", conto escrito em 1913 por Jules Bois, tem como personagem principal John Lewis. Assim como J. P. Morgan, Lewis é um milionário norte-americano, mas, diferentemente de Morgan, prefere roubar a comprar os tesouros de arte que coleciona. (Talvez para os leitores franceses roubar não fosse diferente de comprar, pois de todo modo acabariam nas mãos de norte-americanos selvagens.) Na história, Lewis cria um museu privado em seu apartamento parisiense, onde os tesouros artísticos que roubou das coleções europeias ficam expostos para seu deleite. O narrador do conto deixa o leitor saber que a motivação de Lewis está baseada na compulsão sexual que sente ao ser confrontado com as representações artísticas da beleza feminina. Em outras palavras, ele cria um "harém" de mulheres pintadas e esculpidas que são suas prisioneiras sexuais. A Mona Lisa é apenas a última e mais espetacular de todas. No fim, ele se cansa de suas prisioneiras e as devolve.

O narrador de "O harém das imagens" afirma para o leitor que, "dentro de alguns anos, a maravilha de Leonardo da Vinci será devolvida ao Louvre. Até lá, cada Sherlock Holmes vai poder exaurir sua imaginação!".[58]

Sherlock Holmes, claro, é um detetive de ficção, mas sua combinação de brilhante intuição e precisão científica eram exatamente o que faltava, já que a investigação para solucionar o roubo da *Mona Lisa* recorria tanto à ciência como à arte. Para que seus segredos fossem descobertos, o quadro havia sido anteriormente fotografado com lentes de aumento e até mesmo por raios x, e descobriu-se que Da Vinci havia rearrumado a posição das mãos antes de decidir pela versão final. O padrão da *craquelure* – pequenas rachaduras que aparecem na superfície das pinturas com o tempo – também havia sido fotografado. E, como esse padrão era impossível de duplicar, acreditava-se que isso seria uma garantia para identificar qualquer tentativa de substituir o original por uma cópia.

Mas é claro que o roubo levantava questões misteriosas e imensuráveis. Foi Pater quem chegou mais próximo de expressar a estranha atmosfera que emanava da figura no quadro:

> Ela é mais velha que as pedras entre as quais está sentada; como um vampiro, já morreu muitas vezes e aprendeu os segredos do túmulo;

e mergulhou no fundo do oceano e guarda consigo o dia de seu desaparecimento; já traficou segredos estranhos com os mercadores orientais; como Leda, foi mãe de Helena de Troia e, como Santa Ana, mãe de Maria; e tudo isso foi para ela não mais que o som das liras e das flautas, e sobrevive apenas na delicadeza com que foram delineadas as linhas fronteiriças e matizados os cílios e as mãos. A fantasia de uma vida perpétua reunindo 10 mil experiências não é nova. [...] Certamente a senhora Lisa pode permanecer como a encarnação dessa antiga fantasia, o símbolo da ideia moderna.[59]

O ensaio de Pater o tornou famoso e fez com que a *Mona Lisa* parecesse mais que simplesmente um quadro – era quase algo vivo, eterno e enfeitiçador, e que agora estava desaparecido.

Simpatia pelo diabo

A manchete do *Paris-Journal* na quarta-feira, 23 de agosto de 1911, um dia depois de o roubo da *Mona Lisa* ter sido descoberto, era:

ARSÈNE LUPIN ESTÁ VIVO?
A *MONA LISA* SUMIU DO LOUVRE![1]

Personagem de ficção tão famoso na França quanto Sherlock Holmes na Inglaterra, Arsène Lupin era bem conhecido pelos leitores do *Paris-Journal*. Tratava-se, no entanto, de um exímio ladrão. Em Paris, onde a simpatia de inúmeras pessoas inclinava-se para o criminoso, não para a polícia, os heróis imaginários estavam com frequência do lado errado da lei.

I

O crime na França tinha uma longa tradição na literatura, tanto na ficção como na realidade – começando com Eugène-François Vidocq, o francês da vida real que foi a inspiração para inúmeras histórias de crimes (incluindo as escritas pelo norte-americano Edgar Allan Poe). Vidocq fora um legendário criminoso antes de se tornar policial – e alguns acreditavam que ele continuou cruzando a linha durante toda a sua carreira.

Ele gostava de subitamente se revelar para pessoas que ainda não tinham reconhecido seu disfarce do momento, declarando: "Eu sou Vidocq, e vou prender você".[2] Até hoje, sua figura altaneira (seus contemporâneos afirmavam que ele podia parecer alto ou baixo, como convinha a seus propósitos) ocupa o início da história da criminologia moderna, assim como o das histórias de detetives.

Muito do que é conhecido sobre ele vem de suas memórias, e mesmo elas são tanto produto da imaginação como da lembrança. Verdade ou ficção? Vidocq borrou a distância entre uma coisa e outra.

Ele começa a história de sua vida de um modo tipicamente dramático:

> Nasci em Arras, mas, já que meus constantes disfarces, a mobilidade de meus traços e uma aptidão singular para a maquiagem têm causado alguma dúvida sobre minha idade, não será supérfluo declarar que vim a este mundo em 21 de julho de 1775, em uma casa perto de onde Robespierre nascera dezesseis anos antes. Foi durante a noite; a chuva caía torrencialmente; trovões ribombavam; como resultado, uma parente, que combinava a função de parteira e sibila, tirou a conclusão de que minha carreira seria tempestuosa. Naqueles dias ainda havia pessoas comuns que acreditavam em presságios, enquanto nestes tempos esclarecidos os homens confiam na infalibilidade das cartomantes.[3]

Mesmo quando jovem, Vidocq se sobressaía na multidão. Muito grande e forte, era o terror de sua vizinhança e estava constantemente envolvido em brigas:

A casa de meu pai ficava na praça d'Armes, local de encontro costumeiro de todos os canalhas da região, e ali eu logo exercitaria meus músculos surrando regularmente meus camaradas. [...] Tudo o que eles escutavam em casa eram histórias de orelhas feridas, olhos roxos e roupas rasgadas. Quando tinha oito anos, eu era o terror de todos os cachorros, gatos e crianças das redondezas.[4]

Ele ganhou localmente o apelido de Le Vautrin, nome que o romancista Honoré de Balzac mais tarde daria a um personagem de seus livros, inspirado em Vidocq.

Sua carreira criminosa começou com o roubo de dinheiro da caixa registradora da padaria de seus pais. Depois, ele penhorou a prata da família, e seu pai insistiu com as autoridades locais para que o prendessem – foi a primeira experiência de Vidocq atrás das grades. Solto após duas semanas, roubou as economias da mãe e fugiu de casa. Queria ir para a América começar uma nova vida, mas perdeu o dinheiro para um trapaceiro. Indômito, porém um tanto mais esperto, juntou-se a uma trupe itinerante de teatro e circo. Mais tarde, recordaria: "Eu fazia o trabalho, mas não gostava. A graxa me dava nojo e eu não ficava à vontade com os macacos, que, assustados com uma nova figura, faziam esforços inacreditáveis para me estraçalhar os ouvidos".[5] Cansado dessa aventura, retornou a Arras e implorou o perdão da mãe, algo que ela não conseguiu lhe recusar. Também se reconciliou com o pai.

A vida tranquila da cidadezinha logo o entediou, e Vidocq se alistou no exército. Ali enfrentou quinze duelos em seis meses, de acordo com suas memórias. Ele conheceu muito da Europa com o exército francês, que levava a Revolução para países vizinhos, entretanto aprendeu que sua principal lealdade devia ser a si mesmo. Frequentemente era acusado de crimes, os quais iam do ataque a um

Eugène-François Vidocq foi realmente um personagem maior que sua vida. Depois de cometer vários crimes na juventude, trocou de lado e se aliou à polícia. Foi o primeiro chefe da Sûreté, o equivalente francês do FBI, e modelo para vários personagens da literatura.

oficial à falsificação. Condenado, sempre dava um jeito de escapar, dominando a habilidade de se disfarçar – uma vez pelo menos com um hábito de freira. A recaptura lhe trouxe sentenças mais duras nas "galés", que eram prisões para criminosos empedernidos, em geral condenados por crime capital. Mas as galés tampouco foram capazes de detê-lo, e, na confusão dos tempos, Vidocq frequentemente conseguia se alistar em outro regimento – servindo até a corsários e forças navais. Era bastante simples assumir outro nome e, daí, outra identidade, pois não havia registros que pudessem fornecer a identificação definitiva dos criminosos.

Além das identidades descartadas, Vidocq deixava uma trilha de admiradoras aonde quer que fosse. Uma das conquistas ele descreve em suas memórias:

> Na noite de nossa partida, encontrei, no escuro, uma mulher de Bruxelas, chamada Elisa, de quem eu tinha sido íntimo. Ela pulou em meu pescoço, levou-me para cear e, superando uma fraca resistência, manteve-me com ela até a manhã seguinte. Para Francine [outra amante], que havia me procurado por todo lado, fingi que, para tirar a polícia de meu rastro, eu tinha sido forçado a me enfiar em uma casa e não pudera sair de lá até o amanhecer. No começo, ela acreditou em mim, mas o acaso a levou a descobrir que eu havia passado a noite com uma mulher. [...] Em seu excesso de raiva, ela jurou que me faria ser preso. Colocar-me na prisão era certamente a maneira mais eficiente de se assegurar contra minhas infidelidades. Como Francine era uma mulher que fazia o que prometia, considerei prudente deixar sua raiva esfriar.[6]

Os muitos períodos de Vidocq na prisão, assim como suas escapadas frequentes, tinham lhe rendido reputação entre os criminosos. Isso o ajudava a encontrar refúgio com os bandidos sempre que se via fora da prisão, mas também significava que seu único meio de ganhar a vida era o crime. Querendo mudar sua situação, ele deu um jeito de arrumar um encontro com Dubois, *commissaire* de polícia de Lyon. Vidocq propôs fornecer-lhe uma lista de crimes cometidos em sua área em troca da liberdade. Dubois, que conhecia a reputação do bandido, hesitou, temendo um truque. Para provar sua boa-fé,

Vidocq lhe disse que escaparia dos dois gendarmes que o estavam esperando para prendê-lo e voluntariamente retornaria ao escritório de Dubois. Este concordou. Não muito depois de Vidocq ter fugido, a porta se abriu e lá estava ele outra vez – sem os guardas.

Assim teve início a carreira dupla de Vidocq: como criminoso e informante da polícia. Certa vez, ele foi obrigado a sair de Lyon para salvar a pele quando os criminosos que estavam sendo perseguidos suspeitaram que ele os traíra. Voltou a Arras, onde sua mãe ainda vivia, mas foi incapaz de convencer a polícia local de que tinha se endireitado. Vendo suas boas intenções rejeitadas, retornou ao crime outra vez e terminou em Paris, onde manteve um relacionamento com uma mulher chamada Annette, com quem se casaria mais tarde.

No começo do século XIX, Paris ainda não tinha se tornado a cidade luz. Era uma cidade de ruas estreitas e labirínticas, escuras e perigosas, vielas cheias de curvas e becos sem saída, onde cadáveres eram despejados. Não havia bulevares espaçosos nem parques com iluminação a gás. Era um viveiro de vícios e doenças. Hordas de pessoas viviam em antigos prédios em ruínas; epidemias de cólera periodicamente varriam a cidade. Nesse mundo, os pobres eram forçados a roubar seu pão, e os meninos de rua precisavam ser espertos para sobreviver.

Em 1809, durante o governo de Napoleão, Vidocq novamente decidiu romper com seu passado de criminoso. Enviou uma carta a *monsieur* Henry, chefe divisional da Chefatura de Polícia de Paris, oferecendo seus serviços como espião no submundo. Henry percebeu a utilidade que um homem assim poderia ter e falou da carta com o barão de Pasquier, diretor da polícia, que concordou em lhe dar uma chance. Em suas memórias, Vidocq refere-se aos dois homens como "meus libertadores".[7] Nas duas décadas seguintes, ele empregaria seus talentos no lado certo da lei.

No começo, serviu como informante na prisão de La Force, em Paris. As autoridades espalharam rumores de que Vidocq tinha cometido um crime particularmente hediondo. Isso lhe rendeu o respeito dos outros prisioneiros, que "cochichavam e às vezes até diziam em voz alta sobre mim: 'Ele é um assassino', e, como naquele lugar um assassino em geral inspira grande confiança, eu tinha cuidado em não refutar um erro tão útil a meus propósitos".[8] Alguns prisioneiros também reconheceram Vidocq de outras prisões e sabiam que ele havia fugido, reforçando sua reputação criminosa. Finalmente, depois de vinte meses, ele teve receio de ser descoberto e "escapou" de novo, dessa vez com a conivência dos carcereiros.

Voltou a Paris e foi viver com sua esposa no Marais. À noite, frequentava os antros de jogatina, bares e bordéis nas partes mais perigosas da cidade. Escutava os esquemas e planos sendo armados – às vezes era convidado a participar deles – e depois passava as informações a seus superiores na chefatura. "Os trapaceiros e ladrões que todo dia eu encontrava ali realmente acreditavam que eu era um deles", escreveu.[9] Ele não se via como traidor, porque não acreditava que fosse um criminoso – apenas uma pessoa que cometera crimes por necessidade. Declarava, ainda, que nunca entregou ninguém que roubava o pão para alimentar a si mesmo e a sua família.

Durante todo esse tempo, a habilidade de Vidocq de se disfarçar continuou a melhorar. Seu biógrafo, Joseph Geringer, escreveu:

> Ele se caracterizava de pirata com um dos olhos com uma venda negra, de condenado foragido com cavanhaque de um mês, de ladrão envelhecido com costeletas grisalhas, de batedor de carteiras mancando de muletas, com roupas esfarrapadas, até de pessoas expulsas de seu país – um espadachim alemão com uma cicatriz no

rosto, procurado pela polícia de Berlim por ter matado dois homens em um duelo; o sombrio siciliano Cigano, que tinha matado a esposa em Castelvetrano; o causídico inglês de óculos, procurado por ter cortado a garganta de um advogado rival em Londres. Com dialeto e coloquialismos acompanhando a caricatura, Vidocq desempenhava cada papel com segurança.[10]

Era tão adepto do disfarce que uma vez o procuraram para encomendar uma surra a ser dada nele mesmo.

A mudança de aparência e nome para alterar a própria história, mesmo quando praticada por homens menos importantes que Vidocq, era um problema perene para as forças policiais. Na França, "escravos" das galés – os que tinham sido condenados ao trabalho forçado – eram marcados para evitar a fuga,[11] prática proibida em 1832. Depois disso, a polícia não tinha uma forma concreta de saber se um suspeito era reincidente ou criminoso de carreira, porque era quase impossível determinar se ele já havia sido preso. O próprio Vidocq começou a enfrentar esse problema.

II

A população de Paris cresceu para mais de 1 milhão de pessoas entre 1800 e 1850, e a cidade tornou-se a maior do continente europeu. Vidocq percebeu que o tamanho da metrópole causava dificuldades à polícia, precariamente organizada. Na época, a Chefatura de Polícia de Paris, ainda comandada pelo barão de Pasquier, era composta da Primeira Divisão, ou Departamento Administrativo, e da Segunda Divisão, ou Departamento de Investigação Especial, sob o comando de *monsieur* Henry. A cidade era dividida em vários setores geográficos, cada um sob a jurisdição de um *commissaire* com uma pequena equipe. Os *commissaires* trabalhavam apenas dentro dos próprios domínios e, portanto, criminosos que circulavam livremente por toda a cidade eram difíceis de rastrear. Vidocq vislumbrou nessa confusão uma tarefa possível para si mesmo.

Sugeriu que um pequeno grupo de combate contra o crime fosse formado para operar por toda Paris, com o objetivo de manter em observação a população criminosa e de ex-presos. O grupo poderia deter crimes antes que ocorressem, uma nova ideia para a época.

Henry e De Pasquier tinham ficado impressionados com os serviços anteriores de Vidocq e concordaram em lhe dar quatro assistentes; com o tempo, sua equipe cresceria para 28 membros. Eles eram pagos com fundos secretos, não conhecidos publicamente. No outono de 1812, Vidocq e seus homens foram formalizados como um departamento de policiais à paisana. Assim nasceu a Sûreté, ou polícia de segurança, que se tornaria o departamento oficial de investigação do Judiciário francês.

Vidocq escolhia ex-criminosos e ex-condenados como agentes, considerando que eles eram os únicos com a esperteza e a dureza das ruas para realizar a tarefa que ele tinha em mente. Mesmo nessa época, acreditava que, como ele, esses ex-infratores poderiam se tornar membros úteis da sociedade. Orgulhosamente recordou:

> Eu preferia homens cuja ficha havia lhes dado uma pequena celebridade. Bom! Frequentemente, eu incumbia esses homens das mais delicadas missões. Eles tinham somas consideráveis para entregar à polícia ou aos escritórios das prisões; tomavam parte de operações nas quais poderiam facilmente se apoderar de grandes quantidades [de dinheiro], e nenhum deles, nem um único deles, traiu minha confiança.[12]

Os membros da equipe de Vidocq não tinham salário fixo; em vez disso, recebiam uma remuneração por cada prisão feita. Como resultado, os policiais regulares, que não gostavam da ideia dessas forças irregulares, espalhavam rumores de que esses homens estavam solucionando crimes que eles mesmos haviam organizado. Vidocq negava isso, embora prontamente reconhecesse que ele e seus assistentes se misturavam com os criminosos de Paris:

> Eu não hesitava em me arriscar com esse bando de miseráveis. Associava-me a eles; confraternizava com eles; e logo tinha a vantagem de ser considerado um deles. Era quando eu estava bebendo com esses cavalheiros que ficava sabendo dos crimes que eles haviam cometido ou premeditado. [...] Assim, eu obtinha deles toda a informação de que precisava. Quando eu dava o sinal para uma prisão, era quase certo que o indivíduo seria pego em flagrante, ou com os bens roubados, o que justificaria sua condenação.[13]

No caso de um tiroteio, Vidocq frequentemente fingia ter sido atingido e se fazia levar como morto debaixo de uma manta.

Por experiência própria, sabia que as prisões eram locais de treinamento para criminosos; depois de soltos, muitos deles logo voltavam à vida de crimes. Assim, ele visitava com frequência a prisão Bicêtre, nos arredores de Paris, e fazia os guardas enfileirarem os piores prisioneiros no pátio de exercícios. Caminhava para um lado e para o outro da fila, estudando os rostos e procurando características que os distinguissem, como sinais na pele, tatuagens e cicatrizes, para poder reconhecê-los quando retornassem a Paris. Vidocq provou ter uma memória aguçada para rostos, talvez porque ele mesmo fosse grande adepto do disfarce. Entre os que ele prendeu havia um homem que se passava por nobre;

Vidocq o reconheceu como prisioneiro, condenado por roubar papel-moeda de um banco.

Os superiores de Vidocq aprovavam seu trabalho, e o número de seus assistentes cresceu. Em 1817, creditaram a sua organização mais de oitocentas prisões. Com o tempo, ele profissionalizou seu departamento, tornando-se o primeiro a formalizar o processo de investigação criminal. Compilou um sistema de fichários que identificava todo criminoso que ele conhecia em Paris. Criou um molde de gesso para tirar amostras das pegadas. Tinha obtido patentes de tinta indelével e de papel de carta inalterável. (Alguns de seus juízos eram menos profissionais. Ele acreditava, por exemplo, que ter pernas arqueadas era um sintoma de criminalidade.)

Em 1827, o novo diretor da polícia, Duplessis, por razões políticas, obrigou Vidocq a renunciar, embora o departamento que este criara continuasse a operar sob o comando de um de seus próprios agentes ex-criminosos, Coco Lacour. Depois que a Revolução de Julho de 1830 colocou Luís Filipe, o "Rei Cidadão", no poder, outro diretor da polícia recontratou Vidocq, dando-lhe pela primeira vez o título de *Chef de la Brigade de Sûreté* [Chefe da Brigada de Segurança].

Durante seu breve afastamento, Vidocq escreveu suas memórias, que se tornaram best-seller em ambos os lados do canal da Mancha. Ele as concluiu com a ajuda de escritores profissionais e admitiu que algumas partes poderiam não ser completamente verdadeiras; mesmo assim, afirmava: "Os fatos estão lá".[14]

Vidocq perdeu definitivamente o emprego em 1832. Gisquet, o diretor da polícia responsável por sua recontratação e depois por despedi-lo, escreveu em suas memórias:

> Os métodos de Vidocq eram tão claramente provocativos que decidi demiti-lo e também a todos os tipos suspeitos que ele usava.

Até esse momento, em geral se pensava que era preciso um ladrão para pegar um ladrão. Eu propus utilizar homens honestos como detetives, e os resultados provaram que eu estava certo. [...] Ordenei a demissão imediata de todos os empregados ex-sentenciados e determinei que no futuro todos os membros da polícia regular deveriam ser homens com ficha limpa.[15]

Vidocq, porém, não estava acabado.

III

Em 3 de janeiro de 1834, Vidocq abriu a primeira agência de detetives particulares do mundo, a qual chamava de sua "polícia particular".[16] Ele oferecia aos clientes uma forma de lidar com o crime sem ter de enfrentar a burocracia da polícia regular. Na tabuleta de sua porta estava escrito: *Bureau de Renseignements,* ou Agência de Inteligência. Anunciava nos jornais e inundava as ruas com panfletos entregues por jovens bem-vestidos na entrada dos bancos e corretoras.

O político mais influente do reinado de Luís Filipe foi François Guizot, que expressou o espírito da época quando proclamou a frase famosa: "Enriqueça". Os parisienses responderam entusiasticamente. Banqueiros, comerciantes e fabricantes estavam fazendo fortunas, e, em contrapartida, estelionatários, trapaceiros e falsificadores procuravam extrair deles um pouco desse dinheiro novo. Vidocq especializou-se em casos de irregularidades financeiras. Ainda acreditando que era preciso um ladrão para pegar um ladrão, contratou investigadores que haviam cometido os mesmos crimes que agora eles iam solucionar. Também oferecia placas a seus clientes, as quais diziam que eles estavam sob a proteção da "Agência de Inteligência de Vidocq". A pequena remuneração que cobrava valia a pena, pois nenhum criminoso na França queria roubar um lugar protegido por ele.

Como os modernos detetives particulares, Vidocq também cuidava de problemas domésticos. Maridos e mulheres que suspeitavam da infidelidade do cônjuge contratavam a agência para descobrir se suas suspeitas eram procedentes. Caso um cônjuge ou um funcionário tivesse desaparecido, os homens de Vidocq tentavam encontrar o indivíduo ou determinar se ele ou ela tinha praticado alguma desonestidade. Seu novo escritório incluía um laboratório e os extensos fichários, acessíveis apenas a poucos empregados de confiança.

Vidocq ainda enfrentava dificuldades com a polícia uniformizada; muitos tinham inveja dele. Seus seguidos sucessos na resolução de crimes os enfureciam mais e mais, e eles chegaram ao ponto de plantar objetos e cartas comprometedoras em seu escritório antes de fazer batidas-surpresa. No entanto, Vidocq sempre foi capaz de frustrar esses esquemas e desviar as acusações. Em resposta à insinuação de que seus agentes roubavam pessoas nas ruas, por exemplo, ele ordenou a seus homens que usassem luvas de camurça nas missões para mostrar que seria impossível que batessem carteiras.

No final de novembro de 1839, a polícia invadiu a agência de inteligência e levou seus arquivos. Os jornais noticiaram que mais da metade eram documentos secretos da Sûreté que não deveriam estar em mãos particulares. Vidocq prontamente entrou com um processo contra o diretor da polícia, Gabriel Delessert, um homem novo no posto, com pouca experiência no cumprimento da lei. O chefe da Sûreté reagiu prendendo Vidocq em 23 de dezembro. Ele passou aquele Natal em uma prisão de Paris, embora madame Vidocq tenha tido permissão de levar um ganso assado com guarnições e de jantar com o marido. Em fevereiro, ele foi absolvido de todas as acusações e elogiado pelo tribunal como um homem de honra.

A polícia ficou ainda mais constrangida quando Maurice, irmão de Gabriel Delessert e banqueiro de posses, sofreu um roubo de 75 mil francos. Como a polícia não descobria o ladrão, Maurice, usando um pseudônimo, foi atrás da ajuda de Vidocq. O detetive, que não conseguiu ser enganado sobre a identidade do cliente, responsabilizou-se pessoalmente pelo caso. Por meio de seus informantes do submundo, encontrou o local onde estava o dinheiro roubado e fez um acordo com os ladrões: em troca da soma, não exporia a identidade deles. Setenta e duas horas depois de entrar no caso, Vidocq devolveu o dinheiro a Maurice Delessert e, elegantemente, recusou-se a cobrar pelo trabalho. Enviou uma carta ao diretor Gabriel Delessert, explicando o assunto. A carta "vazou" e apareceu em um jornal, fazendo com que toda a Paris soubesse quem era o maior detetive da cidade.

Em suas duas últimas décadas de vida, Vidocq assumiu uma nova carreira, escrevendo romances baseados – e contendo considerável exagero, se não invenções completas – em suas experiências como investigador. Publicou o primeiro deles, *Les voleurs* [Os ladrões], em 1836. Parece que começou a escrever motivado em parte pelo dinheiro e também para fazer propaganda de sua agência. O sucesso do livro o tornou pioneiro em outro campo: foi o primeiro autor best-seller de romances policiais.

Les voleurs era um manual virtual do crime. Vidocq mostrava como os ladrões arrombavam casas e escritórios usando estiletes do mais fino metal, explicava como os batedores de carteira limavam os dedos para aumentar sua sensibilidade ao toque e alertava os clientes de bordéis de que muitos dos quartos tinham olhos mágicos escondidos e, assim, quando eles estavam entretidos fazendo amor, alguém poderia entrar no quarto e roubar sua carteira. Ele descrevia os pontos quase invisíveis com que os trapaceiros marcavam suas cartas. Também advertia as pessoas quanto a manter correspondência com estranhos que eram de fato falsificadores na expectativa de conseguir um modelo da letra das vítimas.

A idade reduziu a marcha de Vidocq. Aos 75 anos, em 1847, ele fechou sua agência de detetives, embora ainda pegasse casos dos clientes favoritos. Sete anos mais tarde, sofreu um derrame, que o paralisou. Ditou seu testamento e morreu, em 11 de maio de 1854, apenas um mês antes de seu aniversário de 82 anos. Seu epitáfio podia ter sido seu discurso aos legisladores franceses, no qual teceu uma imagem idealizada de si mesmo:

> Tenho o consolo de ter permanecido um homem honesto em meio à perversa escuridão e à atmosfera do crime. Lutei pela defesa da ordem, em nome da justiça, como soldados lutam pela defesa de seu país, sob a bandeira de seu regimento. Não tive dragonas, mas corri tantos riscos como eles, e expus minha vida a cada dia, como eles fazem.[17]

Antes mesmo de seu corpo ser levado de casa, a polícia de Paris chegou para confiscar seus fichários e arquivos.

IV

Pode-se argumentar que toda ficção de detetives deve alguma coisa a Vidocq. Com certeza, sua persona desmesurada intrigou alguns dos maiores e mais populares escritores da França, entre eles Balzac, Alexandre Dumas, Victor Hugo e Eugène Sue. Balzac usou o personagem Vautrin, inspirado em Vidocq, em vários livros de *A comédia humana*. Em certo momento, Vautrin explica o crime e o mundo:

– E que lodaçal! – replicou Vautrin. – Os que se enlameiam em carruagens são honestos, os que se enlameiam a pé são gatunos. Tenha a infelicidade de surrupiar alguma coisa e você ficará exposto na praça do Palácio da Justiça como uma curiosidade. Furte um milhão e será apontado nos salões como um modelo de virtude. Vocês pagam 30 milhões à polícia e à justiça para manter essa moral... Bonito, não é?[18]

Vautrin também oferece a famosa observação de Balzac sobre a riqueza: "O segredo das grandes fortunas sem causa aparente é sempre um crime esquecido, porque foi adequadamente conduzido".[19]

Victor Hugo também conheceu Vidocq pessoalmente, e dizem que ele foi o modelo dos dois personagens principais de seu grande livro *Os miseráveis*: Inspetor Javert, o policial implacável, e sua presa, o ex-sentenciado Jean Valjean, representando os dois lados da natureza e da carreira de Vidocq.

Os livros desses autores faziam sucesso entre um novo tipo de leitor que havia se desenvolvido com o aumento do número de alfabetizados no século XIX na França. Enquanto o público leitor crescia, a circulação em massa de jornais e periódicos deu um salto para satisfazer a demanda por notícias, opiniões e literatura popular. Os jornais imprimiam histórias sensacionalistas de crimes e escândalos; para enriquecer seus casos, os autores de *faits divers* escreviam em um estilo mais próximo da ficção do que do jornalismo. Henry du Roure, jornalista da *Belle Époque*, afirmou que o leitor, ao ler um *fait divers*, lambia os beiços. Acreditava por si mesmo experimentar – e com que arrebatada alegria! – cada uma das emoções de uma infeliz mulher atacada à noite e cortada em pedaços com golpes sucessivos de espada; então, tentando entrar na personalidade do assassino, ele sentia o gosto dos incomparáveis prazeres psicológicos que ele [o leitor], como homem comum, nunca experimentara diretamente.[20]

Vendo a popularidade desse jornalismo vivo, o editor de jornais Émile de Girardin decidiu publicar diretamente ficção e desenvolveu o *feuilleton*, ou folhetim. Em 1836, a primeira edição de seu *La Presse* continha o primeiro capítulo de um romance excitante, com a promessa de capítulos adicionais a seguir. O público francês acolheu os folhetins com tal entusiasmo que eles se tornaram virtualmente obrigatórios para qualquer jornal que tentasse aumentar sua circulação. Obras de importantes autores com frequência apareciam nesse formato antes de serem publicadas em livro. Talvez o mais popular dos *romans feuilletons* tenha sido *Les mystères de Paris* [Os mistérios de Paris], de Eugène Sue, que triplicou a circulação de *Le Journal des Débats*, onde foi publicado entre 1842 e 1843. O autor recebeu uma oferta de 100 mil francos por seu folhetim seguinte, mesmo antes de ter escrito uma palavra, uma soma fantástica para a época, que o tornou um dos escritores mais bem pagos da França.

Faits divers e folhetins eram novidades apenas no formato, pois as pessoas liam histórias sobre crimes desde os tempos antigos. O gênero literário verdadeiramente inovador do século XIX foi o romance policial, em que o crime é apenas um prelúdio. Os romances policiais atraíam um público mais sofisticado ao apresentar um enigma que o leitor procurava resolver antes do herói-policial ou pelo menos ao mesmo tempo que ele.

O primeiro romance policial moderno no qual a importância do personagem central reside em sua habilidade de investigar foi escrito por um norte-americano, Edgar Allan Poe. Ele se inspirou nas memórias de Vidocq para criar o detetive C. Auguste Dupin, que apareceu pela primeira vez no conto "Os crimes da rua Morgue", em 1841.[21] Poe situou a história em Paris e até incluiu uma referência a Vidocq. O personagem Dupin, retratado como um homem de cultura e conhecimento científico, afirma: "Vidocq, por exemplo, era bem perspicaz e perseverante. Mas, sem intelecto educado, equivocava-se continuamente".[22]

Os romances policiais de Poe foram escritos antes de muitas cidades norte-americanas terem qualquer tipo de força policial organizada e antes do estabelecimento da Scotland Yard de Londres. De fato, a própria palavra "detetive" só apareceu dois anos depois da publicação de "Os crimes da rua Morgue", quando *sir* James Graham, ministro do Interior britânico, formou um grupo especial de policiais denominado Detective Police [Policiais detetives]. O próprio Poe chamava seus livros de "histórias de raciocínio".[23]

Poe tinha interesse na ciência assim como na literatura. De fato, a mesma edição da revista que publicou "Os crimes da rua Morgue" também trazia um artigo dele sobre fotografia, que acabara de ser inventada por dois franceses, Nicéphore Niépce e Louis Daguerre. E o detetive de Poe era um herói particularmente moderno, que usava suas faculdades mentais para resolver a crise – o mistério – que enfrentava. Ele podia portar uma arma, mas seu verdadeiro poder vinha de seu intelecto e rigoroso pensamento científico.

Esse não foi o único precedente instaurado por Poe. Como escreve o crítico Julian Symons: "Ele [...] estabeleceu a convenção pela qual a inteligência brilhante do detetive é realçada pela obtusidade de seu amigo que conta a história".[24] Esse amigo obtuso – não

105

um idiota completo, mas alguém incapaz de se comparar ao detetive em termos de dedução brilhante – tornou-se outro padrão do gênero, e o mais conhecido é o dr. John Watson, que servia de contraste a Sherlock Holmes. O criador de ambos, *sir* Arthur Conan Doyle, reconheceu sua dívida para com Poe, astuciosamente fazendo Watson declarar a Holmes: "Você me lembra o Dupin de Edgar Allan Poe". E Conan Doyle escreveria com franqueza em *Through the Magic Door* [Através da porta mágica]: "Poe é, em minha opinião, o supremo, o mais original escritor de contos de todos os tempos".[25]

Embora os contos de Poe se passassem em uma Paris que não existia, logo foram traduzidos na França. Em novembro de 1845, a *Revue Britannique* publicou uma tradução de "O escaravelho de ouro", mas foi apenas no ano seguinte, quando o jornal parisiense *La Quotidienne* lançou uma tradução livre em três partes de "Os crimes da rua Morgue", que o público francês descobriu Poe. O tradutor mudou o nome da rua, de Morgue para de l'Ouest (porque não havia uma rua Morgue) e realçou os detalhes sanguinolentos para o público acostumado com os folhetins. A história – na qual duas mulheres são brutalmente assassinadas por um orangotango em fuga – causou rebuliço, e artigos sobre Poe começaram a aparecer em publicações respeitadas, como a *Revue des Deux Mondes*. Outras traduções de seus contos se seguiram.

O grande poeta francês Charles Baudelaire ficou encantado com Poe, dizendo que havia "experimentado uma estranha comoção" ao lê-lo pela primeira vez.[26] Procurando mais nas revistas norte-americanas e achando contos que ele mesmo considerara "vagos e confusos" de escrever,[27] Baudelaire tornou-se admirador fervoroso do autor. Em 1852, ele publicou traduções de contos de Poe com comentários que aumentaram a reputação literária do escritor norte-americano na França, onde ele se tornou mais conhecido do que em sua terra natal. Os franceses, particularmente, responderam aos elementos góticos de sua literatura, ao lado sombrio da psique que Poe chamaria de *the blackness of darkness* [o negrume da escuridão].[28] Baudelaire, sabendo da misteriosa morte de Poe em Baltimore em 1849, investigou as circunstâncias e declarou: "Essa morte foi quase um suicídio – um suicídio preparado por um longo tempo".[29]

A fascinação francesa por Poe não parou na década de 1850. Pioneiros do modernismo – entre eles os poetas simbolistas Stéphane Mallarmé, Paul Verlaine e Arthur Rimbaud – encontraram inspiração nas obras dele. O mesmo ocorreu com o compositor Claude Debussy, que estava trabalhando em uma ópera baseada em "A queda da casa de Usher", de Poe, quando morreu. Debussy escreveu a um amigo:

> Recentemente tenho vivido na casa de Usher, que não é exatamente o lugar onde alguém pode cuidar dos próprios nervos – justo o oposto. A pessoa desenvolve o curioso hábito de escutar as pedras como se elas estivessem conversando umas com as outras e de esperar a casa ruir em pedaços como se isso fosse não apenas natural, mas também inevitável. [...] Eu não tenho confiança em pessoas normais, bem equilibradas.[30]

V

Não demorou para Poe inspirar imitadores franceses. O primeiro grande detetive de ficção francês (sem contar as invenções de Vidocq) foi Monsieur Lecoq, que inicialmente apareceu em 1865, criado por Émile Gaboriau (1832-1873). No nome, na vaidade pessoal e na reputação atemorizante, Lecoq ecoava Vidocq. Mais ainda, Lecoq também havia sido bandido antes de se tornar detetive. Seus métodos, no entanto, vinham de Dupin: o jovem Gaboriau havia lido a tradução de Poe feita por Baudelaire.

O pai de Gaboriau era um funcionário público da província que desejava que o filho se tornasse advogado. Rebelde, o jovem se alistou no exército e então foi a Paris para se tornar escritor. Começou como *ghost-writer* de Paul Féval, que era editor de jornal, dramaturgo e autor de romances policiais para *feuilletons*. Para fazer pesquisa, Gaboriau ia a julgamentos, visitava prisões e até vagava pelas morgues. Era fascinado por detalhes do trabalho policial, pelas operações da Sûreté e pelos deveres dos *juges d'instruction* [juízes de instrução] – ironicamente encontrando certa satisfação na profissão que seu pai o exortara a seguir.

Gaboriau tinha uma grande coleção de memórias policiais e de literatura sobre o trabalho da polícia. Como resultado, seus detetives, incluindo Lecoq, eram retratados muito realisticamente; o que fez com que Gaboriau fosse considerado o pai dos romances policiais baseados na rotina da profissão e, para alguns, o inventor do romance policial moderno (pois Poe não escreveu romances, apenas contos). Como Poe, Gaboriau usava a ciência de sua época – a química dos venenos, a fotografia e o telégrafo. Não menos influente foi sua ênfase na importância da lógica, o "cálculo das possibilidades",[31] para a resolução de um crime.

Lecoq apareceu pela primeira vez em 1865, em um folhetim que foi publicado no ano seguinte no formato de livro com o título *L'affaire Lerouge*. Inicialmente, ele é descrito como um ex-criminoso, agora um jovem membro da Sûreté, cujo mentor, um velho acamado com o apelido de Tirauclair [nome formado a partir da expressão *tirer au clair*, trazer à luz, esclarecer], o ajuda a resolver o caso. Nesse primeiro livro, Lecoq já se transforma em um mestre do disfarce. Apesar de bonito, com volumoso cabelo negro e "ousados olhos penetrantes",³² ele se faz passar por funcionário público, ostentando colarinho duro, óculos dourados e peruca. Como Dupin, Lecoq é um homem educado, que mais cedo em sua vida fora empregado do barão Moser, um astrônomo. (Em seu tempo livre ele resolve complicados problemas astronômicos.) O barão alertara o jovem Lecoq: "Quando alguém tem a sua disposição e é pobre, será um ladrão famoso ou um grande detetive. Escolha".³³ L'affaire Lerouge vendeu bem, e Gaboriau produziu mais três romances em 1867, todos com Lecoq como personagem central. (Nos livros posteriores, o autor já não se referia a ele como ex--criminoso.) Antes de Sherlock Holmes aparecer, Lecoq já era um mestre da dedução. Em *Le crime d'Orcival*, ele afirma:

> A investigação de um crime não é nada mais, nada menos do que a solução de um problema. Dado o crime, [...] você começa procurando todas as circunstâncias, sejam sérias ou fúteis; os detalhes e as particularidades. Depois que elas foram cuidadosamente reunidas, você as classifica e as coloca em ordem conforme a data (cronologia). Assim fica-se conhecendo a vítima, o crime e as circunstâncias; resta descobrir o terceiro termo do problema, que é X, o desconhecido – quer dizer, o culpado. A tarefa é difícil, mas não tanto como se imagina.³⁴

Esse esforço para classificar e tecer hipóteses revelava a preocupação científica que caracterizava os novos detetives. A descrição feita por Gaboriau dos aposentos de Lecoq torna inconfundível essa inclinação intelectual: "Do outro lado do quarto havia uma estante cheia de obras científicas. Dominavam os livros de física e química".³⁵

Diferentemente de Dupin, Lecoq não é apenas um detetive de sofá. Ele segue ativamente suas pistas e confronta pessoalmente suspeitos e bandidos. Os romances de Gaboriau incluem descrições interessantes da vida parisiense, quando as pistas de criminosos levam a seus ambientes, revelando sua vida social e familiar, sexual e política. Muitos desses vilões são aristocratas que foram para o caminho errado, com frequência grandes trapaceiros das finanças, que são particularmente amedrontadores porque têm autoconfiança, conhecimento e conexões que os tornam mais difíceis de ser pegos. A polícia, de outro lado, é às vezes inescrupulosa em seus métodos – como era na vida real. Refletindo o cinismo de Gaboriau (e dos parisienses) sobre a polícia, ele retrata detetives à paisana provocando brigas com criminosos que não têm autorização para prender, com o objetivo de acusá-los de assalto e segurá-los na cadeia enquanto procuram por evidências de acusações mais sérias.

A ficção de Gaboriau levava em conta as últimas façanhas de Bertillon. Ele descreveu a dificuldade de identificar criminosos, problema que um criminologista da vida real demorava a resolver. Em *Monsieur Lecoq* (1869), Gaboriau escreveu:

> Ferrovias, fotografias e comunicações telegráficas multiplicaram em vão os meios de identificação. Todo dia acontece de malfeitores conseguirem enganar o juiz em relação a sua verdadeira personalidade e assim escapar das consequências de seus crimes anteriores.
>
> Isso é tão frequente que um procurador-geral espirituoso disse uma vez, dando risadas – e talvez estivesse pilheriando só pela metade: "Essa incerteza em relação à identidade só cessará no dia em que a lei prescrever que um número será marcado no ombro de toda criança cujo nascimento for informado às autoridades".[36]

Esse tipo de influência recíproca entre a ficção e a realidade era característica de grande parte da literatura detetivesca. Os escritores eram inspirados pelas últimas técnicas na solução de crimes, enquanto os verdadeiros criminologistas tinham ideias com base na ficção, como um dos contemporâneos de Bertillon, Edmond Locard, admitiria.

Também era comum um detetive fictício se comparar a outro. Em "Um estudo em vermelho" (1887), dr. Watson pergunta a Sherlock Holmes: "Você leu os livros de Gaboriau? Lecoq colaborou com sua ideia de um detetive?".

Holmes "sardonicamente desdenha" a ideia. "Lecoq era um miserável incompetente", diz, irritado. "Tinha apenas uma coisa a recomendá-lo, e não era sua energia. Aquele livro me deixou doente. A questão era como identificar um prisioneiro desconhecido. Eu poderia ter feito isso em 24 horas. Lecoq demorou seis meses ou coisa assim. Deveria haver um manual para detetives, a fim de ensinar-lhes o que evitar."[37]

Isso foi bastante impiedoso da parte de Holmes, pois muitos comentadores acham que a progressão de Vidocq a Lecoq e deste a Sherlock indica o débito literário contraído por *sir* Arthur Conan Doyle. Como Poe, ele queria retratar seu detetive ficcional como um detetive científico. Conan Doyle, que era oftalmologista, tinha criticado Poe por usar o que o autor britânico chamara de "ilusão" do método científico e acreditava que poderia ter sucesso onde o norte-americano falhara. Entre 1880 e 1890, quando Conan Doyle escreveu suas histórias clássicas de Holmes, os detetives da vida real estavam começando a usar tecnologias e práticas emprestadas de seus pares nos campos da química, biologia e física. Como Sherlock Holmes diz a Watson: "A detecção é, ou teria de ser, uma ciência exata e deveria ser tratada da mesma forma fria e sem emoções. Colori-la com romantismo produz muito do mesmo efeito que obteria se você trabalhasse em uma história de amor ou fuga com a quinta proposição de Euclides".[38]

Watson, o narrador das histórias de Conan Doyle, oferece um contraponto conveniente para Holmes poder explicar seu raciocínio, já que não se espera que o leitor possa, sem ajuda, seguir o detetive na solução do caso. Isso também era verdadeiro na ciência, já no século XIX bastante complexa, tanto mais para as pessoas cuja educação não fora além do habitual. O crítico J. K. Van Dover observou: "O detetive, que pretende falar a linguagem do pensamento científico, mas age moralmente na esfera do homem comum, oferece uma ponte imaginativa entre os dois mundos, o do cientista e o do leigo".[39]

VI

"Oh Paris! Oh Paris! És a verdadeira Babilônia, o verdadeiro campo de batalha dos espíritos, o verdadeiro templo onde o mal acolhe seus adoradores e discípulos, e acredito que a respiração do arcanjo das trevas sopra eternamente sobre ti como a brisa sobre o infinito dos mares."[40]

Assim escreveu Pierre Alexis Ponson du Terrail em 1857, em seu romance L'héritage mystérieux [A herança misteriosa], o primeiro de uma série apresentando um novo tipo de personagem fictício. Ponson du Terrail (1829-1871), que havia escrito romances góticos cuja atração principal era o horror, procurava repetir o sucesso de Os mistérios de Paris, de Sue. De fato, os protagonistas de L'héritage mystérieux parecem com os dessa obra. No entanto, o livro teve vida própria, pois os leitores responderam favoravelmente ao personagem chamado Rocambole, que no início da história aparece como um órfão de catorze anos e quase no final tornou-se um jovem robusto, de dezesseis anos, que ajuda a desbaratar o vilão. Rocambole ficou tão popular que, no ano seguinte, ressurgiu como um herói de 21 anos em outro romance e permaneceu como a estrela de uma série de oito livros, publicados de 1857 a 1870, nos quais a ação se encadeia de um volume para o outro.

Rocambole é muito parecido com Vidocq, exceto que a criação de Ponson permanece muito mais do lado do crime. Ele é o que a crítica moderna chamaria de anti-herói, mas, para os franceses, era um trapaceiro irresistível. Motivado por pura ambição, Rocambole torna-se um assassino cínico e cruel. Entre suas vítimas estão sua mãe adotiva (estrangulada pelas próprias mãos de Rocambole) e seu mentor no crime, o lorde irlandês *sir* Williams. Ponson aparentemente sentiu que seu vilão-herói deveria ser punido, porque, no final do segundo livro, Rocambole, com o rosto horrivelmente marcado por ácido, é aprisionado no campo de trabalho forçado de Toulon. Sua amada meia-irmã nem mesmo consegue reconhecê-lo.

Os leitores exigiram mais, no entanto, e, em suas outras aventuras, Rocambole atraiu aliados criminosos pitorescos e combatia malfeitores igualmente fantásticos, como uma quadrilha de sicários vinda da Índia para a França a fim de sequestrar virgens para a deusa Kali. (Nos círculos literários, a palavra "rocambolesca" passou a designar uma aventura repleta de peripécias e elementos fantásticos.) Como seus predecessores, Rocambole era um mestre do disfarce e usava a ciência moderna para alcançar seus objetivos.

As aventuras de Rocambole terminaram quando eclodiu a Guerra Franco-Prussiana, em 1870. Ponson du Terrail fugiu de Paris para sua propriedade rural perto de Orléans, onde reuniu

Pierre Ponson du Terrail, criador do personagem Rocambole, foi um dos primeiros a escrever romances que tinham criminosos como heróis. Gino Starace, o artista que fez esta capa de *A casa dos loucos*, captou o clima de terror que os parisienses adoravam.

seus amigos para travar uma guerra de guerrilha contra os alemães, exatamente como seu personagem de ficção poderia ter feito. Um de seus amigos exclamou antes de morrer: "Ah, se pelo menos Rocambole estivesse aqui para nos salvar!".[41] Não houve nenhum salvador, porém; os alemães queimaram a mansão de Ponson du Terrail e executaram muitos de seus amigos e até seus cachorros. Ele conseguiu fugir, mas morreu logo depois.

A série de Rocambole marcou o início de um tipo de romance de crime que os franceses fizeram particularmente seu. Ele refletia a atitude ambivalente dos parisienses em relação às forças da lei e da ordem. Enquanto Jean Valjean, de *Les misérables*, de Victor Hugo, é um ex-condenado foragido, mas não realmente um criminoso, Rocambole é um malfeitor de verdade, e não um daqueles que às vezes ajuda a polícia ou as donzelas em perigo. Os leitores franceses gostavam dele por sua esperteza, engenhosidade e aventuras elaboradas – e também porque ele vivia fora da lei. A simpatia pelo diabo tinha raízes profundas na literatura francesa, começando com François Villon, o grande poeta e criminoso da Paris medieval, cujas obras celebram os prazeres da vida – vinhos e mulheres –, ao mesmo tempo que lamentam a doença, a pobreza, a velhice e a morte. Foi nesse espírito que outros escritores da *Belle Époque* continuaram desenvolvendo a ideia do criminoso como herói.

Maurice Leblanc (1864-1941) queria ser um escritor sério, mas foi forçado a trabalhar como jornalista; na função de repórter policial, aprendeu os procedimentos dos tribunais e os métodos daqueles que eram levados perante os juízes. Em 1905, o editor da revista *Je Sais Tout* pediu-lhe que escrevesse uma história de crime, e o resultado foi o primeiro conto de Arsène Lupin, *gentleman-cambrioleur* [cavalheiro-ladrão]. Leblanc teve aclamação imediata e escreveria mais 21 histórias com o personagem.

Lupin, seguindo certa tradição francesa, é completamente amoral. Ele rouba para si mesmo, não para o pobre. (Dizem que Leblanc, em sua caracterização, inspirou-se no anarquista Marius Jacob, cujo julgamento havia sido manchete de jornais pouco tempo antes do lançamento da primeira história do escritor.) Lupin é jovem, bonito e ousado – um dândi, frequentemente descrito com cartola de seda e traje de noite, ostentando um monóculo. Difícil de contentar, manda lavar e engomar suas camisas em Londres. Desfruta a companhia de mulheres bonitas, vestidas com o que há de mais atual na *couture* francesa. Ele acha o crime divertido – encenando algumas de suas façanhas apenas para mostrar do que é capaz, razão pela qual os jornais em 1911, em tom de brincadeira, sugeriram que era o único homem que poderia ter roubado a *Mona Lisa*.

Lupin não evita assassinatos e tem momentos de remorso. Ocasionalmente, usa seu conhecimento do submundo para resolver crimes cometidos por marginais menos espertos. Gosta de se disfarçar de personagens diferentes e durante quatro anos, no papel de Lenormand, o chefe da Sûreté, comandou operações contra ele mesmo. No entanto, diferentemente de Vidocq, nada o incentiva a fazer permanentes retratações.

Acima de tudo, Lupin tem prazer em enganar as autoridades, uma das qualidades que mais o tornaram querido dos leitores. Quando soluciona crimes, com frequência escolhe aqueles que confundiram os outros, para que possa exibir seu raciocínio rápido e conhecimento vasto do mundo do crime. Leblanc sentia-se tão confiante nas habilidades de Lupin que até o colocou contra Sherlock Holmes, que aparece em seus romances como Herlock Sholmes. Em um deles, Lupin captura Sholmes e o manda de volta para a Inglaterra de barco. Sholmes engana o capitão e enfrenta Lupin, entregando-o à polícia. Lupin devolve o favor, escapando bem a tempo de dar adeus a Sholmes. Ele foi um detetive francês a respeito de quem Conan Doyle não permitiu que seu personagem fizesse comentários.

VII

Quando a *Mona Lisa* foi roubada, Paris estava fascinada por um novo criminoso da ficção, cujas façanhas vinham aparecendo na imprensa mensalmente, desde fevereiro de 1911. Nos seis meses anteriores, Fantômas, um vilão aristocrático com poderes aparentemente sobrenaturais, emocionou e deliciou os leitores. Mais terrorista que bandido, ele é um assassino impiedoso que decapita as pessoas, explode navios, espalha germes de doenças por Paris, enche vidros de perfume de uma loja de departamentos com ácido e sequestra um trem do metrô – tudo sem razão aparente. É virtualmente impossível capturá-lo ou pará-lo. Sua força vem da própria capacidade de iludir. Como diz um de seus principais adversários:

> Tenho medo, porque Fantômas é um ser contra quem é inútil usar armas comuns; porque tem sido capaz de esconder sua identidade e evitar qualquer perseguição durante anos; porque sua ousadia não tem limites e seu poder é imensurável; porque ele está em todo lugar e em lugar nenhum ao mesmo tempo e... não tenho sequer certeza de que ele não esteja nos escutando agora.[42]

Os crimes de Fantômas muitas vezes pareciam ser cometidos por puro desejo de anarquia e em uma escala muito além do que fora capaz qualquer outro personagem anterior na ficção de crimes. Sua infâmia espectral e o medo que inspirava ficaram claros desde as primeiríssimas frases da série:

> – Fantômas.
> – O que você disse?
> – Eu disse: Fantômas.
> – E o que isso significa?
> – Nada... Tudo!
> – Mas o que é?
> – Ninguém... E, no entanto, sim, é alguém!
> – E o que esse alguém faz?
> – Espalha o terror![43]

Os romances de Fantômas foram publicados pelo editor Arthème Fayard, que se especializara em livros de preço baixo, com o objetivo de atrair um grande número de leitores. Em 1905, Fayard deu início a uma série de livros com capas sensacionalistas em quatro cores, chamada Le Livre Populaire. Eram, na maioria, reimpressões de romances que tinham sido folhetins, incluindo obras de Gaboriau e Ponson du Terrail. Mas, em 1910, Fayard se aproximou de Marcel Allain e Pierre Souvestre, que escreviam para revistas voltadas para fãs de automóveis e esportes, para ver se eles poderiam fazer, mensalmente, um romance inédito de quatrocentas páginas. Souvestre, dez anos mais velho, conhecera Allain quando procurava por um assistente e ficou espantado ao perceber que o auxiliar era capaz de produzir um artigo de dezessete páginas em duas horas a respeito de um novo caminhão sobre o qual ele nada sabia de fato. Assim começou a colaboração entre ambos.

O título da série ocorreu aos dois homens enquanto estavam indo de metrô para encontrar Fayard: *Fantômus*, uma latinização zombeteira da palavra francesa *fantôme*, ou fantasma, sugerida por Souvestre. Fayard, escutando-a no escritório, escreveu-a incorretamente: *Fantômas*. Outra contribuição do editor foi sugerir a arte da capa, baseada em uma propaganda que mostrava um homem mascarado, elegantemente vestido. Um ilustrador italiano, Gino Starace, teve a ideia de pôr uma adaga na mão do homem, cuja imagem pairava sobre Paris. Foram as ilustrações lúgubres e imaginativas de Starace para as capas que muito contribuíram para assegurar a popularidade da série.

A decisão de compor um herói do mal foi inspirada no sucesso de personagens como Arsène Lupin e o mestre do crime Zigomar, criado por Léon Sazie. Zigomar, que usava um capuz e sempre escapava da polícia, tinha aparecido primeiro em um folhetim de

1909, e mais tarde tornou-se o protagonista de uma série de cinema do estúdio Pathé, um sucesso de público. Fayard esperava que a popularidade de Zigomar incentivasse o sucesso de Fantômas, mas imaginava que este ultrapassaria em muito seu antecessor.

Souvestre e Allain seguiam uma programação extenuante de publicação, que os levou a produzir 12 mil páginas de ficção em pouco menos de três anos. Usavam todos os métodos modernos, ditando para secretárias e mesmo gravando as palavras em rolos de cera. Em geral, começavam delineando um complô básico e dividiam a escrita dos capítulos entre si. Durante a última semana de cada mês, trocavam os capítulos e escreviam parágrafos de transição. A trama e suas evoluções fantásticas eram frequentemente mais imaginosas do que realistas – ou mesmo coerentes. Fantômas realiza atos sobre-humanos e troca de identidade à vontade, indo, no processo, bem além das leis da física. Apesar disso, os leitores, transportados pelo espírito do livro, não se importavam. Aquela era uma época em que qualquer coisa parecia possível. Fato ou ficção? Com Fantômas, não havia diferença entre eles.

Um crítico atual, Robin Walz, resumiu assim a inverossimilhança da série:

> Uma das características fundamentais da série *Fantômas* é a habilidade de dar guinadas na história, no espaço e no tempo. A coerência narrativa depende da habilidade do personagem principal de ser qualquer um, em qualquer lugar, a qualquer tempo, para poder sustentar a ação. É uma condição adicional que o leitor deixe de lado a questão sobre o que acontece com uma ou outra de suas identidades quando Fantômas já se tornou outra pessoa. [...] Para desfrutar a história, o leitor tem de aceitar essas incoerências fundamentais de tempo, espaço e personagem.[44]

O maior dos "heróis" criminosos franceses foi Fantômas, criado em 1911 por Marcel Allain e Pierre Souvestre. Capaz de mudar sua aparência à vontade, ele perpetrava incontáveis atos de violência, sempre escapando das garras de seu rival na polícia, o inspetor Juve.

E os leitores aceitavam. Os livros faziam sucesso imediato, sua popularidade atingia todas as classes. Lojistas burgueses, condessas, boêmios e poetas devoravam as histórias de Fantômas assim que elas eram publicadas. O homem mascarado com traje a rigor elevando-se sobre Paris aparecia nos quiosques e quadros de anúncios e nas paredes do metrô. A imagem estava por todo canto, como o próprio Fantômas, mostrando que ninguém estava seguro. Os dois autores no final produziram 32 romances antes da morte de Souvestre, em 1914; Allain então escreveu mais onze livros sozinho e casou-se com a viúva de seu antigo parceiro.

    O leitor sabe sempre que o criminoso será Fantômas. O quebra-cabeça é descobri-lo apesar de seus disfarces e encontrá-lo entre os outros personagens. Ele pode ser uma freira escondendo uma arma sob o hábito ou um médico que se aproxima da cama do paciente não para curá-lo, mas para envená-lo. Às vezes, é o amante de uma linda mulher; outras, um velho trêmulo, ou um professor.

Os muitos disfarces do Fantômas refletiam uma preocupação particular da polícia francesa: estabelecer com certeza a identidade das pessoas que eram presas. Bertillon, nos anos 1880, tinha inventado um método científico que capacitava os policiais no cumprimento da lei a desvendar os disfarces. Com Fantômas, parecia não existir uma pessoa verdadeira por trás do disfarce: ele tinha o mesmo poder de mudança de Vidocq e o estendeu à essência de sua natureza. Parte da atração da série, especialmente para Apollinaire e outros pensadores de vanguarda que a seguiam, era a proposta lançada aos leitores para que explorassem sob a superfície para encontrar a natureza das coisas – um tema do modernismo, tanto na arte quanto na ciência. Assim como Fantômas desconsiderava as convenções da moralidade, também desafiava a lógica comum. Ele entrara na fugidia quarta dimensão que os matemáticos, os cientistas e os artistas estavam então tentando investigar.

Para os personagens dos livros, era mais fácil, é claro, romper velhos padrões e estilhaçar regras, mas os combatentes dos crimes reais de Paris acompanhavam o que suas contrapartes ficcionais (e vilões imaginários) estavam fazendo. Eles também abriam caminho, criando novas ferramentas e métodos. Para melhor ou para pior, logo os policiais de verdade teriam muitas oportunidades para experimentar essas técnicas inovadoras.

Ciência *versus* crime

Vidocq, o primeiro chefe da Sûreté, foi quem iniciou a prática da abordagem científica na solução de crimes, ainda que as principais ferramentas a que recorria fossem sua memória fenomenal e sua capacidade de entender a mentalidade criminosa. Ao longo do século XIX, no entanto, as novas descobertas científicas começaram a ser utilizadas com maior regularidade pela polícia. A química e a física, assim como a estatística, a fisiologia, a biologia, a psicologia, e também a antropologia e a sociologia – as novas ciências sociais –, contribuíram para a luta contra o crime. Desenvolvimentos tecnológicos como o microscópio e a câmera fotográfica deram ainda mais poder aos detetives. Com o tempo, nasceu a ciência da criminologia e surgiu o detetive moderno.

I

A descrição feita por Émile Zola sobre o trabalho do escritor naturalista também pode ser bem utilizada como um padrão para o criminologista:

> O romancista começa buscando uma verdade [...], começa com os fatos conhecidos e então passa a fazer experimentos e expõe [o personagem] a uma série de atribulações, colocando-o em determinado ambiente para mostrar como funciona a complicada máquina de sua

personalidade. [...] O desafio é identificar o que determinada paixão, atuando em determinado meio e sob determinadas circunstâncias produzirá, dos pontos de vista do indivíduo e da sociedade [...]. Por fim, torna-se possível conhecer o homem, ter um conhecimento científico sobre ele, tanto como pessoa quanto em suas relações sociais.[1]

Foi exatamente esse tipo de conhecimento que permitiu que um detetive incansável levasse à justiça o mais celebrado criminoso de seu tempo. "Matar sem remorso é o maior dos prazeres", escreveu Pierre-François Lacenaire. "É impossível destruir meu ódio pela humanidade. Esse ódio é o produto final de uma vida inteira, resultado de cada pensamento meu. Nunca tive pena de ninguém que sofresse, e não quero que tenham pena de mim."[2] Essas foram as palavras – escritas antes de enfrentar a guilhotina – do mais notório criminoso da década que se seguiu à aposentadoria de Vidocq da Sûreté, em 1827. Lacenaire, no fundo um dândi com pretensões literárias, buscou se celebrizar como o maior criminoso de sua geração. Ainda que a maior parte de seus crimes fosse de pouca importância, sua autopromoção era um convite para que outras pessoas tentassem utilizá-lo como porta de entrada para a mente criminosa.

Nascido Pierre-François Gaillard, filho de um rico negociante de aço em Francheville, cresceu com um profundo ressentimento. Em suas memórias, recorda que o irmão mais velho era o filho preferido da família. Quando tinha dezesseis anos, andando com o pai pela praça da cidade, este apontou para a guilhotina lá montada e disse a Pierre: "Olhe bem, se você não tomar jeito, é assim que vai acabar".[3] Lacenaire considerou esse momento o ponto decisivo em sua vida. "A partir de então", escreveu, "um elo invisível passou a existir entre mim e a máquina assustadora".[4]

Na juventude, foi para Paris estudar direito e adotou o nome Lacenaire. Como o dinheiro que o pai lhe enviava não era suficiente para sobreviver, trabalhou em vários lugares, nunca alcançando o sucesso que acreditava merecer. Durante a guerra pela independência da Grécia, Lacenaire se juntou às forças rebeldes. Quando voltou para a França, em 1829, seu pai tinha falido, e ele teve de se virar sozinho.

Segundo suas memórias, foi nesse período que se bateu em duelo com um sobrinho de Benjamin Constant, político e escritor francês. Lacenaire saiu vitorioso, e, embora o resultado do duelo não tenha sido fatal, essa experiência o fez perceber que poderia matar alguém sem remorsos.

Foi também em 1829 que passou sua primeira temporada na prisão, condenado por um esquema de fraude. Logo estava de volta às ruas, e nos três anos seguintes escreveu poemas líricos, canções e ensaios. Como ninguém prestava muita atenção a suas criações literárias, continuou na carreira de pequeno vigarista, o que o levou a uma segunda sentença de prisão. Depois de ser libertado, o editor do *Bon Sens*, um periódico político radical, pediu-lhe que fizesse um relato detalhado sobre a vida nas prisões francesas. Foi a oportunidade de expressar seu desprezo pelas autoridades e conseguir certa fama:

> Nessa atmosfera [...] o jovem desgraçado se vê enrubescer com o último resquício de inocência e decência que ainda tenha preservado ao entrar na prisão; começa a ter vergonha de ser menos canalha que aqueles a sua volta, teme suas zombarias e desprezo; porque, não se iludam, coisas como respeito e desprezo existem até mesmo nas galés, o que explica a razão de certos condenados se sentirem melhor na cadeia do que em uma sociedade que lhes destina apenas o desprezo.[5]

Pierre-François Lacenaire – retratado no momento em que assassina uma velha, enquanto seu cúmplice liquida o filho dela (ao fundo) – tornou-se famoso tanto por seu trabalho literário quanto por seus crimes. "Matar sem remorso é o maior dos prazeres", escreveu.

O trabalho no *Bon Sens* trouxe certa audiência a Lacenaire, mas quase nenhum dinheiro. Como eram poucos os que concordavam com suas fantasias sobre seu talento artístico, embarcou de novo na seara da criminalidade, em 1834. Não foi uma boa escolha de carreira, pois quase sempre ele era incompetente na execução de seus planos criminosos. Nessa época, os bancos enviavam mensageiros às residências e aos escritórios dos clientes para recolher os depósitos. Como os mensageiros frequentemente levavam consigo grandes somas de dinheiro, Lacenaire pensou que seriam boas vítimas.

Juntou-se a um parceiro, Pierre Victor Avril, ex-carpinteiro. "Eu era o cérebro, e Avril, o músculo", escreveu Lacenaire mais tarde.[6] Sob nome falso, pediu que o banco enviasse um mensageiro para determinado endereço. Quando o mensageiro chegou, o porteiro do edifício disse que não havia morador algum com aquele nome. Na segunda tentativa de Lacenaire, ninguém do banco apareceu.

Mudando de plano, ele lembrou-se de um antigo amigo da prisão, um homem chamado Chardon, que agora vivia com a mãe inválida. Insensatamente, ele havia confidenciado a Lacenaire que a mãe tinha bastante dinheiro guardado. Em uma manhã de dezembro, Lacenaire e Avril bateram à porta da casa de Chardon, que, ingenuamente, a abriu para seu antigo companheiro de prisão. Sem dizer uma palavra, Lacenaire o esfaqueou com um punhal, e Avril desferiu o golpe mortal com uma machadinha.

Um gemido no quarto contíguo chamou a atenção de Lacenaire. Era a mãe inválida, que os dois ladrões trataram com a mesma falta de misericórdia. Procurando por objetos de valor escondidos, viraram o colchão em que estava deitada e a sufocaram. Saquearam a casa, levando tudo o que parecia ser valioso. Apesar do que Chardon dissera, o butim não foi maior do que setecentos francos – muito menos do que tinham esperado. Os criminosos, porém, celebraram o que consideravam um "crime perfeito", com uma ida ao banho turco para lavar a evidência do crime e, depois, um jantar em um sofisticado café.

Encorajado por esse sucesso, Lacenaire voltou à ação duas semanas mais tarde, tentando o esquema do mensageiro novamente. Foi ao banco, fazendo-se passar por *monsieur* Mahossier, e providenciou o desconto de um cheque falsificado. O caixa mandou o mensageiro Genevay, jovem de dezoito anos de idade, levar o dinheiro para o endereço fornecido por Lacenaire. Como Avril não estava disponível, o cúmplice de Lacenaire para o golpe foi um homem chamado François, também conhecido como Costeleta Vermelha. Assim que o mensageiro colocou as notas na mesa e se virou para sair, François o atacou por trás com uma lima. Tão incompetente quanto seu parceiro, não conseguiu matar Genevay, que, aos gritos, chamou a atenção dos vizinhos. Os dois candidatos a ladrões conseguiram fugir.

Genevay sobreviveu e descreveu seus atacantes para a polícia, comentando que o tal senhor Mahossier carregava no bolso uma cópia do livro *O contrato social*, de Rousseau. O sucessor de Vidocq na chefia da Sûreté, *monsieur* Allard, nomeou seu inspetor-chefe, Paul-Louis-Alphonse Canler, para comandar as investigações.[7] Canler era conhecido como o melhor detetive da Sûreté tanto por sua impressionante habilidade de ler a mente dos criminosos como por ser incrivelmente persistente. Era, de fato, um daqueles detetives que gostam de gastar a sola dos sapatos, e tinha de ser assim: o cientista social Honoré-Antoine Frégier publicou em 1840 os resultados de um amplo estudo que fez, no qual afirmava que cerca de 63 mil criminosos viviam em Paris – quase 10% da população.[8]

O inspetor não acreditava que Mahossier fosse o nome verdadeiro do homem que procurava, mas também sabia que os criminosos gostam de repetir o mesmo codinome várias vezes. Começou, então, a visitar as hospedarias. Depois de uma busca tediosa, encontrou o nome Mahossier nos registros de um pulgueiro. A descrição feita pela recepcionista era semelhante à do homem que tinha esfaqueado o mensageiro do banco – um sujeito de aspecto distinto, testa alta, bigode sedoso e maneiras suaves. Ela também se lembrou de que ele já tinha se registrado lá uma vez com o nome de Bâton.

Canler entrevistou centenas de pessoas antes de encontrar e prender um ladrão chamado Bâton, porém ele não se enquadrava na descrição de Mahossier. O inspetor continuou com sua teoria de que seguir a trilha dos nomes o levaria ao culpado. E Bâton, a quem serviram conhaque à vontade durante o interrogatório, acabou revelando que conhecia alguém que cabia na descrição da pessoa que o detetive procurava – um homem de testa alta que se vestia elegantemente. Bâton o conhecia como Gaillard, o nome verdadeiro de Lacenaire.

Canler foi conferir de novo os registros das hospedarias suspeitas. Quando encontrou o nome de Gaillard, o dono lembrou-se de que o homem em questão havia deixado alguns papéis quando fora embora. Uma parte desses papéis eram poemas e canções republicanas, o que forneceu uma ligação com a única outra pista que Canler tinha: a cópia do livro de Rousseau que o assaltante carregava.

O inspetor tinha certeza de que havia identificado seu homem; precisava agora descobrir onde ele estava. A oportunidade surgiu quando Avril, o cúmplice de Lacenaire no duplo homicídio, foi preso sob outra acusação. Ele se ofereceu para ajudar Canler, esperando conseguir uma redução de pena. Contou que o homem conhecido como Gaillard tinha uma tia rica que morava na rua Barre-du-Bec. Quando Canler foi visitá-la, ela admitiu que tinha um sobrinho de má reputação que lhe metia medo. Havia até mesmo colocado uma tranca em sua porta receando que um dia ele a matasse. A tia revelou ao detetive o nome atual de sua presa: Lacenaire.

Canler espalhou um alerta geral com a descrição de Lacenaire por toda a França. Em 2 de fevereiro de 1836, a polícia prendeu um homem em Beaune. Era Lacenaire, tentando aplicar um novo golpe: vender ações falsas. Foi levado de volta à Chefatura de Polícia de Paris, onde cumprimentou Canler educadamente. Admitiu que roubara o mensageiro do banco, mas recusou-se a dar o nome de seu cúmplice. Entretanto, ao ser informado de que seu parceiro no duplo homicídio tinha cooperado em sua captura, confessou todos os crimes, vingando-se de Avril e, de quebra, também de Costeleta Vermelha, dando um testemunho incriminador. Quando Canler comentou: "Você sabe, claro, que seu testemunho vai acabar com você", Lacenaire retrucou: "Sei disso. Não me importo, desde que acabe com eles também".[9] Seu ressentimento tinha superado o sentido de autopreservação.

O julgamento dos três criminosos – Lacenaire, Avril e Costeleta Vermelha – começou na Cour d'Assises[10] do Sena, em 12 de novembro de 1836. O ponto alto do julgamento foi o discurso de Lacenaire para o júri. Vestindo um elegante casaco azul, chegou aos píncaros da autodramatização ao se retratar como um gênio alienado, em guerra com a sociedade. A plateia do tribunal ficou fascinada, e os repórteres relataram tudo nos jornais do dia seguinte. Como Lacenaire já havia declarado que estava ansioso para encontrar sua noiva, a guilhotina, a sentença de morte decretada para ele e Avril foi quase um anticlímax.

Lacenaire tornou-se uma celebridade e, enquanto aguardava a execução, atraiu uma multidão a sua cela, onde ele pontificava, como se estivesse em um sarau, em meio a escritores, doutores, cientistas e jornalistas, distribuindo cartões de visita nos quais estava escrito "Pierre-François Lacenaire, noivo da guilhotina".[11] A prisão foi inundada de iguarias e vinhos enviados de presente, assim como de mensagens de solidariedade mandadas por senhoras da mais fina sociedade. Um homem ofereceu um casaco caro a Lacenaire, que o recusou dizendo que não teria uma boa oportunidade para usá--lo. O mundo literário o adulou; Victor Hugo e Théophile Gautier foram visitá-lo e o escutaram declamar sua poesia.

Lacenaire também encontrou tempo para escrever suas memórias, certamente o documento mais notório do gênero na época. Com elas, finalmente, alcançou o sucesso literário que sempre almejara, entremeando o relato de sua vida com seus poemas. Embora afirmasse ter tomado como modelo as memórias de Vidocq, as suas estão marcadas pela autopiedade, com poucas descrições dos crimes e muitas explicações românticas sobre os motivos para ter se tornado um criminoso. Suas racionalizações revelam um homem de muita inteligência que utilizou as injustiças da sociedade – reais ou imaginárias – para justificar seu comportamento. Essa percepção o levou a se ver como vítima e a encarar todo crime como defensável.[12]

Cientistas foram a sua cela para examiná-lo e medi-lo, tentando encontrar a essência do que fazia dele um criminoso. Os adeptos da pseudociência da frenologia afirmavam ser capazes de determinar a personalidade de uma pessoa examinando seu crânio, e, antes de sua execução, um frenologista tirou um molde da cabeça de Lacenaire.

Ele queria que sua execução fosse realizada da maneira correta. Escreveu: "Não faço segredo disso – para mim, seria muito desagradável ser despachado por um carrasco de província".[13] Assim, ficou desapontado quando soube que encontraria seu destino às sete da manhã, pois preferia ser executado ao meio-dia, para atrair uma plateia maior.

Em 9 de janeiro de 1836, um dia frio e nublado, Lacenaire e Avril foram levados para a guilhotina de Saint-Jacques, no lado sul de Paris. As autoridades tentaram manter em segredo a hora e o lugar da execução e montaram a guilhotina durante a noite; mesmo assim, apareceu uma multidão de quinhentas pessoas – como acontecia em quase todas as execuções.

Avril foi o primeiro, e a execução prosseguiu sem incidentes. Então, Lacenaire olhou para o carrasco e disse: "Nada mais simples. Não tenho medo".[14] No entanto, quando colocou a cabeça no cepo, a lâmina só desceu até a metade, ficando presa em um dos lados. O carrasco teve de levantar outra vez a lâmina triangular e, quando o fez, Lacenaire olhou para ela. Foi a última coisa que viu.

Lacenaire ainda tinha uma última contribuição a oferecer. Na véspera de sua morte, conversou com um certo dr. Lelut, da prisão de Bicêtre. Uma das questões científicas em debate na época era se a consciência continuava ou não depois que a cabeça se separava do corpo. A decapitação significava o fim da consciência? Esse era o tipo de assunto que interessava a Lacenaire, e ele prometeu que daria um sinal, piscando – mais especificamente, fecharia o olho esquerdo e deixaria o direito aberto. O dr. Lelut ficou ao lado do cesto que aparou a cabeça decepada do criminoso, mas não conseguiu ver movimento algum das pálpebras.

II

Desde a Antiguidade, o veneno é utilizado como meio de despachar inimigos. Tanto por meio de experimentos como por usos práticos, várias substâncias fatais foram identificadas, entre elas o mercúrio, o antimônio, a cicuta e o meimendro. Contudo, através dos séculos, o veneno mais popular tem sido o arsênico. Da Grécia antiga à Itália do Renascimento, assassinatos com essa substância eram comuns. Na França, durante os séculos XVII e XVIII, o arsênico branco (na forma de pó) chegou até mesmo a ser conhecido como *poudre de succession*, ou "pó da herança", por causa de seu uso por herdeiros apressados.

A vantagem do arsênico como veneno era ser incolor e insípido, o que o tornava imperceptível quando misturado à comida ou bebida. Além disso, os sintomas de envenenamento eram parecidos com os da cólera, doença comum no passado. Era difícil para os juízes e a polícia determinar se a vítima fora envenenada ou morrera por outras razões. A única maneira de condenar alguém era flagrar o culpado ou a culpada no ato de administrar o veneno.

No final do século XVIII, isso começou a mudar. Em 1787, o químico alemão Johann Daniel Metzger descobriu que, quando substâncias contendo arsênico eram aquecidas na brasa com um prato de cobre mantido acima de vapores, o prato ficava coberto por um material branco, o trióxido de arsênio.[15]

Os investigadores puderam então conduzir testes para verificar a incidência do veneno, ainda que seus métodos não funcionassem bem em determinadas condições. Descobriu-se, por exemplo, que traços de arsênico estão naturalmente presentes no corpo humano. Um homem ajudaria a resolver esse problema: Mathieu Joseph Bonaventure Orfila, hoje lembrado como "pai da toxicologia". Nascido na ilha de Minorca, na Espanha, em 1787, o jovem era apaixonado por química e medicina. Em 1811, foi para Paris, onde se formou em medicina e montou o próprio laboratório para estudar venenos. Dois anos mais tarde, publicou um trabalho de dois volumes sobre toxicologia, altamente elogiado em toda a Europa.

Em seu laboratório, Orfila conduzia experimentos com animais para entender a química dos venenos, do arsênico em particular. Observou que o produto passava pelo estômago e pelos intestinos a caminho de outros órgãos, como o fígado, o baço e os rins, e, por fim, impregnava os nervos,[16] demonstrando assim que o veneno deveria aparecer em outras partes do corpo, mesmo que no estômago não permanecesse nem um traço sequer. Descobriu também que o arsênico era mais fácil de ser detectado com a carbonização do tecido animal.

Orfila ainda se debatia com o problema apresentado por elementos-traço como ferro, zinco e iodo, que existem naturalmente no corpo e podem ocultar a presença do arsênico. A resposta foi encontrada por James Marsh, do Royal British Arsenal, que desenvolveu um aparato capaz de detectar o veneno. Sua descoberta baseou-se no princípio de que, quando se mistura ácido sulfúrico ou ácido clorídrico a qualquer líquido contendo arsênico e se acrescenta zinco, acontece uma reação química que produz o gás hidreto de arsênio. O aparato de Marsh consistia em um tubo de vidro em forma de "U" no qual era possível combinar os elementos e verificar a presença do hidreto de arsênio.

Marsh publicou um artigo sobre o equipamento em 1836, e Orfila imediatamente percebeu seu potencial. A essa altura, Orfila havia melhorado seu método de carbonizar a amostra com ácido nítrico para remover a "matéria animal". Ele também tinha demonstrado que os traços de arsênico natural só apareciam nos ossos e, portanto, não interferiam nos testes realizados nos órgãos do corpo. Além disso, descobriu que o terreno onde um corpo foi sepultado poderia conter arsênico, o que deveria ser levado em conta nos casos de exumação a fim de determinar se a causa da morte tinha sido o envenenamento pelo produto.

O trabalho de Orfila era muito respeitado, e ele foi nomeado reitor da Escola de Medicina de Paris em 1831. (Um de seus colegas era Marie-Guillaume-Alphonse Devergie, o primeiro homem a utilizar o microscópio na patologia forense prática.) Orfila passaria para a história como o primeiro especialista a utilizar a ciência da toxicologia para condenar uma pessoa por assassinato.

Marie Lafarge desenvolvera uma mania de grandeza desde pequena. Nascida Marie Capelle, em 1816, era filha de um dos oficiais favoritos de Napoleão. Sua avó materna era filha bastarda do chamado Philippe-Égalité [Philippe-Igualdade], duque de Orléans, cujo filho legítimo Luís Filipe, o Rei Cidadão, reinara na França durante a adolescência de Marie. Embora pudesse afirmar ser de linhagem nobre, ela nunca se estabeleceu de maneira segura na sociedade aristocrática. Depois da morte de seus pais, ainda jovem, viveu entre as casas de duas tias.

Apesar disso, Marie foi educada nas melhores escolas de Paris, onde aprendeu etiqueta e fez amigos de alto nível social. Tornou-se uma jovem bonita, alta e magra, com pele de porcelana e cabelos tão escuros como o azeviche. Embora inteligente, vivia em um mundo fantasioso de amor idealizado, tendo recusado uma proposta de casamento porque considerava impossível unir-se a um "plebeu".

Quando Marie tinha 24 anos, uma de suas tias decidiu que já era hora de casá-la e colocou seu nome na agência matrimonial De Foy, em Paris, especializada na união de homens e mulheres bem-nascidos. Houve uma resposta. O homem, Charles Joseph Pouch Lafarge, dizia ser um rico manufatureiro de metalurgia e dono da grande propriedade Le Glandier, em Corrèze, no sudoeste da França. Apresentou desenhos de um belo castelo instalado numa paisagem esplêndida. Marie se imaginou como senhora de um reino particular.

A realidade começou a se revelar quando ela conheceu Lafarge. Era um homem de 28 anos de idade, grande e rude, com pouca educação e nenhuma cultura. O que Marie não sabia é que ele também era uma fraude. Tinha exagerado na estimativa de sua riqueza, esperando atrair uma mulher com dote suficiente para investir no negócio de aço, e o dote de 100 mil francos de Marie parecia bastante bom para ele.

Marie tentou romper o acordo, mas a tia insistiu, e os dois se casaram em agosto de 1839, duas semanas depois do primeiro encontro. Marie partiu para Le Glandier com seu marido e a criada Clémentine. Durante a viagem, ofendeu-se com os modos de Charles. Ele comia ruidosamente, usando as mãos, ignorando guardanapos e lambendo os dedos. Quando ela tentou iniciar uma conversa, ele exclamou: "Pelo amor de Deus, pare de falar!".[17]

Outro choque aconteceu assim que chegaram ao castelo. Le Glandier não passava de uma construção em ruínas. Na parte interna, as condições eram ainda piores. Ratos corriam pelo assoalho e o cheiro de mofo e excrementos de animais feria o nariz refinado de Marie. A jovem ficou tão horrorizada que se trancou no quarto com Clémentine e se recusou a receber qualquer pessoa. Mandou a criada levar uma carta para Charles, na qual lhe implorava que lhe permitisse ir embora, prometendo deixar para ele o dote e todas as suas posses. Aceitaria até mesmo a culpa pelo fracasso do casamento. Também ameaçou se envenenar com arsênico se ele não a libertasse – ameaça que mais tarde teria um significado sinistro.

A mãe de Charles convenceu o filho a fazer concessões. Ele concordou em deixar que Marie reformasse a propriedade e se engajasse em atividades sociais. Mandaram buscar seu piano e ela fez a assinatura dos jornais parisienses. Para completar, seu marido não exigiria os "privilégios conjugais".[18] Por algum tempo, Marie ficou apaziguada, mas logo descobriu que não havia dinheiro suficiente para arrumar a propriedade nem oportunidades para uma vida social naquele lugar. Começou, então, a planejar outra maneira de escapar do marido: assassinato.

Ela agiu com cuidado e ocultou seu ânimo belicoso. Nas cartas que enviava para as tias em Paris, descrevia uma vida feliz. "Minha nova família é maravilhosa e gentil comigo. Sou admirada. Sou adorada", escreveu.[19]

Em dezembro, ao saber que o marido viajaria para Paris, insistiu para que ambos fizessem testamentos, nomeando um ao outro como beneficiários. Ele concordou, e Marie deu-lhe parte de seu dote para as despesas e escreveu cartas de apresentação para

Para muitos, Marie Lafarge era uma santa, acusada injustamente. O cientista Mathieu Orfila, porém, demonstrou que ela havia envenenado o marido. Foi a primeira vez que se usou a ciência da toxicologia para condenar uma pessoa por assassinato.

amigos poderosos que poderiam vir a investir em seu negócio. No entanto, sem que ela desconfiasse, Charles, além de grosseiro, também era trapaceiro – em segredo fez outro testamento, deixando todos os seus bens para a mãe.

Assim que o marido partiu, Marie encomendou um pouco de arsênico pelo correio para um farmacêutico chamado Eyssartier, de uma cidade próxima. Disse que precisava do veneno para matar os ratos que infestavam o castelo. Então, pediu à sogra que fizesse alguns bolos para mandar para Charles, que passaria os feriados do Natal em Paris. Marie embalou pessoalmente o pacote, incluindo um pequeno retrato seu com uma carta afetuosa.

Quando Charles recebeu o presente em 18 de dezembro, achou um único bolo grande, no lugar dos seis pequenos que sua mãe tinha assado. Sem suspeitar de nada, comeu um pedaço. Em pouco tempo começou a vomitar e a ter cólicas violentas. Os criados o encontraram contorcendo-se de dor no chão de seu quarto de hotel. Chamaram um médico, que não conseguiu interromper o vômito. O diagnóstico foi disenteria grave. Aos poucos, Charles se recuperou, mas não podia viajar antes de 3 de janeiro, quando telegrafou para avisar que estava voltando para casa.

Um dia antes da chegada do marido, Marie encomendou mais arsênico de Eyssartier, reclamando da quantidade de ratos. Quando o médico da família, dr. Bardon, veio examinar Charles, ela também lhe pediu um pouco de arsênico. Embora Marie cuidasse dele pessoalmente, a saúde de Charles não melhorava; na verdade, parecia piorar. Com a piora de sua situação, criados da família Lafarge começaram a suspeitar de Marie. Alguns até afirmaram tê-la visto derramar um pó branco na comida. Quando foi confrontada com a acusação de tentativa de homicídio, ela convocou o criado Alfred, que disse ter pessoalmente misturado todo o arsênico em pasta encomendado por Marie e depois o enfiara pelos cantos e buracos do castelo para matar os ratos.

Em 13 de janeiro, outro médico, chamado Lespinasse, foi chamado até a propriedade para examinar o paciente desesperadamente enfermo. Contaram-lhe que muitas pessoas na casa acreditavam que *monsieur* Lafarge estava sendo envenenado por sua mulher. Depois de examiná-lo, o médico concordou: "Está realmente sendo envenenado, todos os sintomas levam a essa conclusão. Mas é muito tarde para salvá-lo. Ele vai morrer".[20] O diagnóstico estava correto: Charles morreu no dia seguinte.

A mãe de Charles acusou a nora de ter matado seu filho, mas Marie permaneceu calma, respondendo às acusações apenas com um olhar pétreo antes de ir para seu quarto. Algumas horas mais tarde, madame Lafarge chamou a polícia. O juiz local, Moran, chegou no dia 15 e escutou as acusações. Recolheu as evidências coletadas pelos criados – restos de tudo o que Charles ingerira, incluindo gemada, sopa e água açucarada. Os criados estavam tão desconfiados que tinham guardado até mesmo um pouco do vômito de Charles para ser examinado.

 Os médicos que o atenderam em seus últimos dias foram chamados para fazer uma autópsia. Removeram o estômago, juntando os lados de modo a preservar o conteúdo para análise, antes de enterrar o resto do corpo. Depois dos exames, os médicos afirmaram ter encontrado arsênico no estômago do falecido e em tudo o que ele havia ingerido. A única substância que não continha arsênico era a pasta contra ratos que o criado Alfred lhes entregara.

 O juiz Moran considerou que tinha evidências suficientes para acusar Marie de assassinato. Em 25 de janeiro, ela foi detida e levada para a prisão em Brives.

 O crime se tornou uma *cause célèbre*. Marie dizia que estava sendo perseguida por antimonarquistas por suas ligações com a família real. Por todo o país as pessoas tomavam posição, a seu favor ou contra. Algumas a viam como uma santa, uma mártir política, por causa de seu sangue real; outras, como uma mentirosa que assassinara o marido para não fazer sexo com ele. Apenas o julgamento do caso Dreyfus muito mais tarde, nos anos 1890, dividiria o país de tal maneira.

 Marie recebeu mais de 6 mil cartas na prisão, a maioria de apoio. Algumas, com forte cheiro de perfume, continham propostas de casamento. Outras prometiam apoiar sua defesa legal. O dinheiro jorrava também, assim como presentes luxuosos como perfumes, vinhos, lingerie e comidas caras. Marie claramente apreciava seu momento de fama, fantasiando ser a Maria Antonieta de seu tempo. Ao escrever suas memórias na prisão, definiu-se como uma "pobre coitada vilanizada".[21]

Seu julgamento começou em 3 de setembro de 1840, na cidade de Tulle, na região da Dordonha. Policiais foram destacados para controlar a multidão que compareceu mesmo sendo um dia tão quente. As hospedarias das redondezas ficavam lotadas de jornalistas e curiosos de toda a Europa. O promotor deu início ao que pensava ser um caso bastante sólido. Descreveu a infelicidade de Marie no casamento e leu para o júri a carta que tinha escrito para Charles em seu primeiro dia em Le Glandier, enfatizando a referência ao arsênico. Ligou as compras de arsênico feitas por ela às crises da doença de Charles: a primeira encomenda chegara apenas alguns dias antes do envio do bolo para Paris; a segunda, um dia antes de sua volta para casa, onde ele piorara cada vez mais, alimentando-se da comida servida por ela. Uma das evidências mais prejudiciais parecia ser a análise química da tal pasta de rato, que se revelara apenas bicarbonato de sódio. O promotor concluiu que Marie havia substituído o arsênico por bicarbonato antes de dar o material para o criado e utilizou o arsênico de verdade para envenenar o marido. Quando perguntaram a ela por que o "arsênico" dado ao criado era inofensivo, ela respondeu animadamente: "Agora estou entendendo por que os ratos continuavam passeando. Bicarbonato nunca acabaria com eles".[22]

No entanto, Maître Paillet, o poderoso advogado vindo de Paris para defender Marie, estava pronto para refutar a acusação. Ele havia mostrado cópias da autópsia e dos relatórios químicos a Orfila, que apontara a existência de falhas. Os médicos locais de Brives, além de utilizarem métodos ultrapassados, eram incompetentes. Em uma de suas análises, o tubo de teste explodira. Paillet interrogou os médicos, questionando seu conhecimento sobre os últimos avanços em toxicologia e mostrando que estavam terrivelmente atrasados. Perguntou-lhes se já tinham ouvido falar do aparato de

Marsh, desenvolvido havia apenas quatro anos; eles responderam que não.

Paillet chamou seus peritos – três eminentes químicos de Limoges. A eles foi pedido que utilizassem o método de Marsh para medir a quantidade de arsênico no estômago de Charles. Os químicos relataram o resultado de seus testes em 5 de fevereiro, abalando severamente o caso da promotoria. A conclusão foi que "no material a nós entregue nenhum traço de arsênico foi encontrado".[23] A transcrição do tribunal informa: "Essas afirmações finais causaram uma comoção extraordinária [...]. Madame Lafarge, juntando as mãos, levantou os olhos para o céu".[24] Paillet "chorava lágrimas de triunfo".[25] Mensageiros foram despachados às pressas para o telégrafo mais próximo em Bordeaux a fim de espalhar a novidade pela França. As notícias entusiasmaram os defensores de Marie em todos os lugares.

O promotor, contudo, não estava disposto a desistir. Ressaltou que Paillet se referira a Orfila como o maior perito em venenos da França, mas que este não examinara pessoalmente a evidência do caso. Os advogados de defesa haviam alegado que os químicos podiam errar. Isso não se aplicaria igualmente aos peritos de Limoges? O promotor sabia que Orfila afirmava que, nos casos de envenenamento por arsênico, nem sempre o veneno é encontrado no estômago, e sim em outros órgãos, como o fígado. Os químicos de Limoges haviam examinado outro órgão além do estômago? Como se veio a saber, a resposta era negativa. O promotor então insistiu em convocar o próprio Orfila para testemunhar. Talvez essa jogada pudesse ser creditada ao desespero, já que ele não tinha como saber o que Orfila diria.

O advogado de defesa não pôde deixar de concordar. Orfila foi convidado a vir a Tulle e aceitou. O corpo de Lafarge foi exumado e amostras de outros órgãos foram retiradas. (O estômago foi encontrado na gaveta de um funcionário do tribunal, onde tinha se deteriorado consideravelmente.) Orfila montou o aparato de Marsh e começou a trabalhar sob os olhos dos vários outros peritos que haviam testemunhado. Continuou noite adentro em 13 de setembro e, na manhã seguinte, apareceu perante o tribunal em silêncio para dar sua opinião. Orfila declarou: "Foi encontrado arsênico no corpo de Lafarge".[26] Já antecipando as objeções, disse que o veneno não vinha nem dos reagentes utilizados para os testes com o material, nem da terra em volta do caixão, que ele também havia testado. Afirmou, ainda, que o arsênico encontrado não era do composto que naturalmente se acha no corpo. Apenas os ossos, explicou o cientista, contêm quantidades precisas de arsênico. O juiz que presidia fez a pergunta-chave: "O senhor considera que a quantidade de arsênico obtida é suficiente para indicar assassinato por envenenamento?".[27]

Orfila foi além. Declarou que, levando em consideração os sintomas da vítima, não restava dúvida de que ele havia morrido por administração de arsênico. O júri condenou Marie com base na evidência toxicológica. Ela desmaiou e teve de ser carregada até sua cela, onde chorou durante dois dias.

Sem se impressionar com a linhagem nobre de Marie, o juiz a sentenciou à prisão perpétua com trabalhos forçados e exposição pública no pelourinho, em Tulle. O recurso de Marie foi negado, mas o rei Luís Filipe reduziu a sentença de sua prima para prisão perpétua.

Enviada à prisão de Montpellier, Marie manteve correspondência com Alexandre Dumas e escreveu suas memórias e uma tragédia, *A mulher perdida*. Em 1852, depois de contrair tuberculose, foi libertada da prisão por Napoleão III. Morreu seis meses mais tarde, aos 36 anos, em uma clínica nos Pirineus, sem nunca ter confessado o assassinato. Suas memórias vieram fortalecer sua fama de mártir – crença ainda comum na época de sua morte.

O caso Lafarge foi um marco na história da criminologia, estabelecendo padrões para o testemunho dos peritos cientistas. Os químicos posteriormente desenvolveriam testes para outros tipos de veneno, e os advogados de ambos os lados continuariam a chamar peritos para corroborar suas teses, como fazem até hoje.

III

Na época do Natal de 1869, restos humanos começaram a aparecer por toda Paris. Pedaços de corpo embalados em pacotes surgiam em diferentes áreas da cidade – encontraram um fêmur na rua Jacob e pescaram do Sena uma coxa ainda com carne e pele, embrulhada em um suéter. Essas descobertas macabras foram levadas ao necrotério e concluiu-se que pertenciam à mesma pessoa, mas não havia pista alguma sobre a identidade da vítima de crime tão horrível.

Em 19 de dezembro, o proprietário de uma lavanderia à beira do rio, perto do Quai Valmy, contou para a polícia que havia visto um homem tirando pedaços de carne de uma cesta grande e jogando-os no Sena. Quando indagado sobre o que estava fazendo, disse que estava "preparando o rio" para uma pescaria no dia seguinte. O dono da lavanderia só conseguia se lembrar de que o homem era baixo, forte e de bigode, e usava casaco longo e cartola.

Em janeiro, o proprietário do Lampon, pequeno restaurante na rua Princesse, distante apenas algumas quadras do Sena, sentiu um cheiro forte saindo de seu poço. Os fregueses começaram a reclamar que a água estava com gosto ruim. Quando foi investigar, o proprietário pescou um pacote fedido embrulhado em tecido. Ficou horrorizado quando abriu e encontrou a parte inferior de uma perna humana.

Foi até a delegacia local para registrar sua descoberta e encontrou um amigo, o sargento Ringué, que o acompanhou até o restaurante para ver a descoberta medonha. Ela o fez se recordar de um sujeito que ele havia parado e interrogado tarde da noite em 22 de dezembro. O homem carregava uma cesta grande e um pacote que disse ser de presunto. Contara a Ringué que acabara de chegar de Nantes e estava levando a bagagem para seu quarto na rua Princesse. Ringué deixou o homem partir, mas agora se arrependia de não ter verificado o pacote. Além disso, também se lembrou de que o homem era baixo e usava cartola.

O jovem policial foi até seu superior, Gustave Macé, o *commissaire* de polícia do distrito. Até então um desconhecido, Macé já estava no caminho profissional que em dez anos o levaria ao topo da Sûreté. Nesse momento, porém, era apenas um jovem impulsivo, fascinado por seu trabalho e muito ambicioso. Macé foi ao restaurante e descobriu outro pacote no poço, que pescou sem dificuldades. Estava embrulhado do mesmo jeito que o primeiro, em um saco de algodão preto bem costurado. Dentro havia outra parte inferior de perna, enfiada em uma meia simples de algodão, com a inicial B e uma pequena cruz de cada lado bordadas em linha vermelha. Macé observou que o bordado era muito delicado, provavelmente um serviço profissional.

O primeiro patologista a examinar as pernas concluiu que eram de uma mulher e que o assassino não tinha sido muito competente no desmembramento. Ele estimou que as pernas haviam ficado imersas no poço durante cerca de um mês. O poço foi esvaziado, mas nenhum outro pedaço de corpo humano foi encontrado. O passo seguinte de Macé, como fez Canler em sua busca por Lacenaire, foi dedicar-se ao trabalho monótono de checar a lista das 84 mulheres dadas como desaparecidas nos últimos seis meses. Infelizmente não conseguiu encontrar nenhuma que pudesse ser relacionada com a meia bordada.

Então o dr. Auguste Tardieu deu uma olhada nas provas crimininais. Ele tinha sido aluno de Orfila e agora era o mais importante médico forense da França. Depois de um exame rigoroso, declarou que Macé estava perdendo tempo procurando uma mulher:

> Esses restos pertencem a um homem em idade avançada. [...] Os pés são maiores do que os de uma mulher. Foram habilidosamente desmembrados com um cutelo ou machado de açougueiro. Os cortes foram feitos logo após a morte. Houve derramamento de sangue considerável. Observo também que há uma cicatriz bem marcada em uma das pernas, que só recentemente foi curada. No entanto, sem a cabeça não vai ser fácil fazer uma identificação, e o assassino parece ter se esforçado muito para ocultar o pedaço com a prova mais importante.[28]

Essa informação colocou Macé no caminho certo. Agora ele estava convencido de que as outras partes de corpo humano encontradas recentemente em Paris pertenciam à mesma vítima do poço do Lampon. Acreditava que o assassino morava perto da rua Princesse; o homem que Ringué interrogara devia ter se assustado e, em vez de levar sua carga incriminadora até o Sena, resolvera jogá-la no poço, o que revelava familiaridade com a vizinhança. A zeladora do prédio onde ficava o Lampon, uma velha senhora, disse a Macé que um estranho só poderia chegar até o poço se soubesse da existência de um pequeno botão na porta externa que liberava a mola da fechadura.

Macé ainda estava procurando por alguém que sabia costurar. Quando perguntou se algum alfaiate ou alguma costureira já havia morado no prédio, a zeladora falou de *mademoiselle* Dard, que agora cantava nos cafés-concerto. Ela fazia serviços por empreitada para um alfaiate que ia frequentemente ao prédio. Quando Macé localizou Dard, uma linda jovem, ela lhe deu o nome de seu amigo alfaiate, Pierre Voirbo. Ele havia morado ali perto, na rua Mazarine, mas recentemente tinha se casado e mudado. A descrição de Voirbo feita por ela combinava com a do sargento Ringué e da testemunha que tinha visto alguém jogando carne no Sena. Dard sugeriu que talvez madame Bodasse, tia de um dos amigos de Voirbo, soubesse onde ele estava.

O inspetor Macé reparou na coincidência da inicial *B* e foi buscar madame Bodasse para ser interrogada. Ela disse que tinha visto Voirbo pela última vez quando ele saíra para um concerto com seu sobrinho, Désiré Bodasse, que morava na rua Dauphine. Isso fora em 13 de dezembro, havia um mês, e embora ela não tivesse recebido mais notícias de Désiré, não estava preocupada, porque ele era excêntrico e costumava desaparecer de vez em quando. Macé pediu que descrevesse Voirbo. "É baixo", disse ela, "e usava geralmente casaco longo e cartola".[29]

Seguindo sua intuição, Macé levou madame Bodasse até o necrotério, onde lhe mostrou a meia bordada com o *B*. Horrorizada, ela afirmou que pertencia a seu sobrinho. Ela mesma tinha bordado na meia o *B* e as duas cruzes. Identificou a perna do sobrinho pela cicatriz, causada pela queda em cima de um caco de garrafa. Macé agora sabia quem era a vítima e tinha um bom palpite sobre quem era seu assassino.

Macé foi até o apartamento de Bodasse, no número 50 da rua Dauphine. Ninguém atendeu a porta, mas o zelador disse que tinha visto luzes no quarto todas as noites. De fato, quando conseguiu entrar no apartamento, Macé descobriu uma vela bruxuleando, o que o levou a acreditar que alguém queria manter a impressão de que Bodasse ainda morava lá. Faltava também outra coisa: madame Bodasse dissera a Macé que seu sobrinho tinha um cofre com objetos de valor guardado no compartimento secreto de sua velha escrivaninha. Desaparecera. Buscas mais detalhadas revelaram um pedaço de papel escondido na caixa de um relógio de prata, com uma lista de números de apólices italianas. Essas apólices eram ao portador e podiam ser facilmente negociadas.

Macé destacou dois policiais para vigiar o apartamento de Bodasse e seguiu para o antigo apartamento de Voirbo na rua Mazarine. A zeladora do prédio confirmou que Voirbo e Bodasse eram bons amigos, embora tivesse estranhado a ausência deste no casamento de Voirbo. Ela se lembrava de que os dois homens haviam brigado por causa da sovinice de Bodasse. E Voirbo se irritara com a recusa do amigo a lhe emprestar 10 mil francos para as despesas do casamento. A história mais interessante de todas, porém, quem contou foi a ex-empregada de Voirbo. Disse que, ao chegar ao apartamento para fazer a limpeza em 17 de dezembro, viu que já tinha sido feita uma faxina – alguns ladrilhos do chão ainda estavam úmidos. A mulher se surpreendeu, porque Voirbo não era muito asseado e nunca havia limpado nada. Quando ela lhe perguntou por que tinha feito faxina no apartamento, Voirbo respondeu que derramara querosene no chão por acidente. Ainda mais incriminador foi o fato de que, ao se mudar para o novo lugar, pagou o resto de seu aluguel com um certificado de ação italiano. Macé conseguiu confirmar que o número do certificado correspondia a um dos encontrados na lista da caixa de relógio de Bodasse.

Os policiais de plantão no apartamento de Bodasse disseram que nada havia acontecido de especial, a não ser a visita de Voirbo para ver o amigo. Ficou-se sabendo então que Voirbo era um espião da polícia que fingia ser anarquista para comparecer a encontros de radicais e relatar suas atividades. Os policiais, sem saber que era suspeito do assassinato, conversaram com ele normalmente, como um colega, e contaram o que estavam fazendo ali.

Aborrecido por Voirbo provavelmente já imaginar que era considerado suspeito, Macé resolveu chamá-lo à polícia e confrontá-lo. Apareceu diante de si um homem baixo e forte, com casaco longo e cartola. Voirbo estava bem calmo e confiante e respondeu às perguntas com precisão. Explicou que estava preocupado com seu velho amigo e que, como membro da polícia secreta, recorrera a seus contatos para investigar o desaparecimento dele. Seu principal suspeito, disse a Macé, era um açougueiro chamado Rifer, um jogador beberrão que marcava ponto nas casas de má reputação. Macé não se deixou enganar, mas concordou que Voirbo devia continuar a vigiar Rifer. O que Voirbo fazia, na verdade, era estimular o incauto Rifer a beber ainda mais; o açougueiro logo sofreu uma crise de *delirium tremens* e foi levado para um hospício, onde morreu na mesma noite.

Assim que Voirbo ficou sabendo da morte do açougueiro, correu até Macé para dar-lhe a notícia. Ficou pasmo quando o inspetor o colocou sob custódia. Uma revista em seus bolsos mostrou que Macé agiu bem na hora. Voirbo tinha um passaporte falso e um bilhete de navio para os Estados Unidos, marcado para o dia seguinte. Partiria para o porto de Le Havre naquela mesma tarde.

Voirbo manteve-se desafiador ao ser levado perante o *juge d'instruction*. Recusou-se a ser fotografado, fazendo caretas que dificultavam a captura da imagem. Macé sabia que estava lidando com um homem inteligente e foi em busca de mais provas. Visitou a jovem esposa de Voirbo, Adélia, que tinha se casado com um dote de 15 mil francos. Era pálida e delicada, e Macé achou-a ingênua. Antes de encontrar Voirbo, planejava ir para o convento e se tornar freira. Horrorizada com a prisão do marido, disse a Macé que o dote e algumas apólices italianas de Voirbo estavam guardados em um cofre. No entanto, quando o abriu, a pedido de Macé, descobriu que estava vazio. Fazendo uma busca no local, o detetive encontrou na oficina de Voirbo itens que pareciam estranhos para um alfaiate: uma enorme tesoura de poda bem afiada, um malho de metal, um grande cutelo de açougueiro e uma velha colher de aço que fora utilizada para derreter chumbo. Havia, também, pesados ferros de engomar e, por fim, pedaços de corda bem semelhantes aos usados para amarrar os pacotes encontrados no poço do Lampon.

A adega de Voirbo rendeu mais surpresas. Macé reparou que a tampa de um dos dois barris de vinho estava mais alta que a outra. Levantou-a e descobriu um barbante que, ao ser puxado, trouxe à tona um cilindro de metal. Ao arrombá-lo, encontrou as apólices italianas que haviam provocado a morte de Bodasse. Só faltava uma – aquela que Voirbo tinha utilizado para fazer o pagamento final do antigo apartamento.

Macé tinha um bom palpite de onde e como Bodasse havia sido assassinado; o passo seguinte foi recriar a cena do crime para provar sua suspeita. Vasculhar a cena do crime em busca de pistas era uma das ideias de Vidocq. Mais tarde, Bertillon fotografaria exaustivamente esses locais e os mediria cuidadosamente, como fazia com o rosto dos suspeitos. Entretanto, o experimento de Macé produziu um resultado espetacular, fazendo com que os exames na cena do crime se tornassem parte da investigação dos delitos violentos. Levou Voirbo e vários policiais da delegacia para o antigo apartamento do suspeito na rua Mazarine. Com o auxílio da zeladora, colocou tudo exatamente do jeito que era quando Voirbo ainda morava lá. Como o espaço não era grande, compreendeu que o corpo só poderia ter sido desmembrado na mesa que ficava no meio do aposento. Reparou também que o piso de ladrilhos era desnivelado, formando uma descida que terminava debaixo da cama.

Com um gesto teatral, Macé pegou uma jarra de água. "Observei que o piso tem uma inclinação. Bem, se um corpo tiver sido cortado nessa mesa no centro do aposento, a grande quantidade de sangue derramado deve ter escorrido por essa inclinação. Qualquer outro fluido que for jogado daqui deve seguir a mesma direção. Vou esvaziar esta jarra no chão e ver o que acontece!"[30] A seguir, verteu a água nos ladrilhos. Todos os presentes puderam ver a poça que se formou debaixo da cama. Voirbo permaneceu calado quando Macé mandou que os ladrilhos fossem removidos. Manchas de sangue ainda podiam ser vistas claramente nos lados e na parte de baixo de cada um deles.

Compreendendo que o jogo tinha terminado, Voirbo cedeu e confessou. Ele precisava do dinheiro para mostrar a sua noiva que seria um parceiro em pé de igualdade no casamento. Bodasse era um usurário que acumulava dinheiro e se recusara a emprestar certa quantia a Voirbo. Em 13 de dezembro de 1868, Voirbo atraiu Bodasse a seu apartamento, bateu nele com um ferro de engomar até que ficasse inconsciente e lhe cortou a garganta. Então, vestido apenas com sua roupa íntima, cortou o corpo em pedaços, que embrulhou e jogou no Sena, da ponte de la Concorde. Achava que tinha limpado tudo cuidadosamente, mas não percebera o rebaixado sob a cama. Depois de costurar as pernas em sacos de algodão, realmente as jogara no poço da rua Princesse. E, para ter certeza de que a cabeça afundaria, derreteu chumbo e o enfiou pela boca do morto. Logo em seguida, mudou-se para a rua Lamartine e desposou Adélia, em janeiro de 1869.

No final das contas, Voirbo escapou da guilhotina: quando estava preso aguardando o julgamento, cortou a garganta com uma navalha contrabandeada dentro de uma bisnaga de pão. Ninguém soube como foi possível. Talvez um de seus amigos da polícia secreta a tenha enviado como uma sugestão indireta.

Foi o detetive, não o criminoso, a celebridade que surgiu desse caso. Em sua autobiografia, Macé contou que andava à noite sozinho pelos lugares mais perigosos da cidade, satisfazendo seu "desejo de ver tudo e saber de tudo".[31] Acabou montando o próprio *musée criminal* [museu criminal], onde expunha artefatos de crimes reais, entre eles as armas utilizadas em alguns assassinatos.

Sua fama resultou primeiro da brilhante solução do caso Voirbo, e Macé dedicou um livro inteiro ao caso, *Mon premier crime* [Meu primeiro crime], seguindo a tradição iniciada por Vidocq. Os textos de Macé mostram clara influência de Edgar Allan Poe, indicando que os detetives parisienses não desconheciam a ficção policial. Sua descrição sobre o que aconteceu depois de Voirbo bater em Bodasse com o ferro de engomar o faz parecer um personagem de Poe:

> Nenhum som escapava dele. Sua cabeça caiu sobre a mesa, seus braços penderam inertes. Eu estava impressionado e satisfeito com minha força e habilidade.
>
> Então, após ter apagado a luz, abri a janela e fechei as venezianas. Em meio ao silêncio e à escuridão, fiquei escutando para ter

certeza de que ele não se mexia. Mas não escutei nada, a não ser o sangue caindo no chão, gota a gota! Esse pingar monótono me causou arrepios. Mesmo assim, continuei escutando, escutando. De repente ouvi um suspiro profundo e algo parecido com o rangido da cadeira. Désiré estava se mexendo, não estava morto! E se ele começasse a gritar? Esse pensamento me fez recuperar totalmente a presença de espírito. Acendi uma pequena lâmpada e vi que o corpo tinha se movimentado para o lado, então ele ainda vivia. Certamente não tinha condições de se fazer escutar, de pedir socorro, mas essa agonia podia se alongar e eu não queria vê-lo sofrer por muito tempo. Peguei uma navalha e me aproximei por trás, colocando minha mão sob o queixo de meu ex-amigo. Cedendo a minha pressão, a cabeça levantou e depois caiu para trás. A lâmpada iluminava em cheio seu rosto manchado de sangue. Seus olhos redondos ainda não estavam sem vida – fixaram-se por um momento na lâmina da navalha que eu segurava acima dele e, repentinamente, se encheram de tal terror que meu coração começou a bater violentamente. Tinha de acabar logo com aquilo. Da mesma forma que um barbeiro faria, pressionei a lâmina pouco abaixo do pomo de adão, onde a barba começa, e com um movimento vigoroso passei-a da esquerda para a direita. Ela desapareceu completamente em meio à carne e sua cabeça caiu sem vida nas costas da cadeira.[32]

IV

O caso Gouffé começou com um desaparecimento. No sábado, 27 de julho de 1889, um homem registrou o sumiço de seu cunhado, Toussaint-Augustin Gouffé, oficial de justiça de um tribunal parisiense. Viúvo de meia-idade com três filhas, ele tinha sido visto pela última vez no dia 26. O inspetor de plantão não considerou o caso muito preocupante. O desaparecido era um notório namorador e podia estar no meio de alguma aventura amorosa. No entanto, como continuou sem dar notícia até o dia 30, o caso chegou a Marie-François Goron, chefe da Sûreté.

Goron era um bretão pequeno, de pele clara e asmático, que passava cera nas pontas do bigode e usava pincenê. Seus modos costumavam ser bruscos, mas tinha paixão pela caça aos criminosos. Seguindo o exemplo de Vidocq, comandava uma tropa de "batedores" que zanzavam pelos antros do submundo parisiense fazendo-se passar por ex-presidiários. Goron também desenvolveu novas técnicas para o interrogatório de criminosos, colocando os suspeitos alternadamente ora em uma cela escura ora numa cela clara, e intercalando refeições deliciosas com pão e água. (Suas salas de interrogatório eram conhecidas como o "restaurante do *monsieur* Goron".[33]) Chegava ao ponto de oferecer mulheres para os suspeitos, se eles falassem. Essas técnicas tiveram sucesso, e Goron ficou com todo o crédito: era um gênio em atrair publicidade. Os jornais estavam sempre publicando histórias elogiosas sobre ele.

Goron, mais tarde, escreveria suas memórias, que definiu como uma "fotografia social que, sem retoque, transmite a verdade por sua simplicidade e horror".[34] Diferentemente do que dizia, porém, seus relatos chegaram perto de cruzar a linha do voyeurismo, confundindo o literário e popular com a própria realidade – o que não seria motivo de surpresa, já que declarava que suas memórias iam "levantar o telhado das casas da capital" para observar a "perversidade humana lá dentro".[35]

Quando assumiu o caso do meirinho desaparecido, Goron visitou o escritório de Gouffé na rua Montmartre. Encontrou fósforos queimados em frente ao cofre, que não tinha sido arrombado, e a quantia de 14 mil francos escondida atrás de alguns papéis. O porteiro lhe contou que na noite do dia 26, data do desaparecimento de Gauffé, um homem tinha subido até o escritório. Embora tivesse aberto a porta com a chave e ficado por lá durante algum tempo, tratava-se de um estranho, que o porteiro nunca havia visto antes.

Investigando a vida do desaparecido, Goron descobriu que ele tinha uma vida sexual prodigiosa – visitava várias mulheres regularmente e era conhecido por gostar de sexo não convencional. A lista de suspeitos então passou a incluir maridos que poderiam ter motivo para assassiná-lo. Os jornais de Paris regalavam os leitores com as histórias das aventuras de Gouffé.

As finanças do oficial de justiça estavam em ordem, o que eliminava a possibilidade de uma fuga – especialmente deixando para trás 14 mil francos. O suicídio também parecia improvável para alguém com tanto gosto pela vida. Goron enviou descrições de Gouffé para todas as delegacias de polícia da França, na esperança de que alguém pudesse tê-lo visto. Era um homem magro, com 1,75 metro de altura, cabelos castanhos e barba cuidadosamente aparada. O inspetor também pediu a seus auxiliares que procurassem nos jornais de outras cidades notícias sobre corpos não identificados. Sua curiosidade foi despertada quando leu que, em 13 de agosto, um tapador de buracos de Millery, pequena cidade perto de Lyon, encontrara um saco de lona escondido no meio de arbustos quando estava investigando a causa do cheiro forte que sentia. Quase desmaiou com o fedor ao abrir o saco e nele encontrar o corpo de um homem de barba escura. Goron fez algumas perguntas a Lyon, mas foi informado de que as características físicas do morto eram diferentes das de Gouffé, e a polícia local deixou bastante claro que não queria auxílio algum da capital.

Em 14 de agosto, o médico legista de Lyon, dr. Paul Bernard, conduziu a autópsia. O estado avançado de decomposição do corpo dificultou o estudo, mas o dr. Bernard chegou à conclusão de que a vítima tinha morrido estrangulada. Calculou que sua idade estava na faixa entre 35 e 40 anos e que seus cabelos e barba eram pretos.

Dias depois encontraram um baú de viagem nas margens do rio. O cheiro forte que exalava indicava que tinha sido utilizado no transporte do corpo. Duas etiquetas mostravam que o baú tinha sido despachado de Paris para Lyon-Perrache em 27 de julho; o ano estava indistinto, mas supunham que fosse 1888.

Goron, desconfiando das descobertas feitas pelo dr. Bernard, mandou que Landry, cunhado de Gouffé, fosse até Lyon, acompanhado por um oficial da Sûreté, para ver o corpo. O necrotério de Lyon ficava em uma barcaça ancorada no rio Ródano e exalava um cheiro horrível. Landry, levado a bordo, segurou um lenço no nariz e deu apenas uma olhada rápida. Disse que o corpo não era de Gouffé, porque tinha cabelos pretos, muito mais escuros do que os do cunhado.

Goron não se deixou baquear. Continuou sua investigação em Paris. Em setembro, um informante relatou que, em 25 de julho, Gouffé havia sido visto na companhia de um malandro chamado Michel Eyraud e de sua amante, Gabrielle Bompard. O casal tinha sumido de Paris em 27 de julho, o mesmo dia do desaparecimento do oficial de justiça. Goron despachou alguns homens em busca do casal, sem sucesso.

Ele continuou a investigação das etiquetas do baú de Lyon, conferindo todo o registro de despacho de bagagem de 27 de julho, tanto de 1888 como de 1889. No último, havia a anotação de um baú pesando 105 quilos que fora despachado de Paris para Lyon.

Goron estava certo de que o corpo encontrado em Millery estava nesse baú, mas ainda tinha de provar que era Gouffé. Foi a Lyon pessoalmente conversar com o dr. Bernard, legista local, que lhe mostrou um fio de cabelo da vítima. De fato era preto, mas, depois que Goron lhe deu um banho de água destilada e lavou todo o sangue e sujeira, ficou castanho. O inspetor então exigiu que o cadáver fosse exumado e enviado para Jean Alexandre Eugène Lacassagne, professor de medicina forense na Universidade de Lyon.

Quando foi consultado para esse caso, Lacassagne tinha 46 anos e já havia feito várias contribuições no campo da medicina forense. Ele, de fato, seria conhecido como "pai da ciência forense". Servira como médico do exército no Norte da África durante a juventude, o que lhe dera a oportunidade de estudar ferimentos à bala. Também havia percebido a importância das tatuagens na identificação dos corpos.

Lacassagne combinava as habilidades científicas de um médico com a curiosidade de um policial. E faria uso de ambas ao longo da carreira. Em 1880, fundou o Departamento de Ciência Forense na Universidade de Lyon, e gostava de lembrar a seus alunos que "é necessário saber como duvidar".[36]

Dúvida é diferente de ignorância. Quando Lacassagne começou a carreira, era comum encontrar correntes para tocar sinetas nos necrotérios e, às vezes, até mesmo nos cemitérios, para que pessoas dadas como mortas pudessem soar o alarme se ainda estivessem vivas – elas poderiam ter estado apenas em coma profundo. O teste mais comum para determinar a morte era colocar um espelho ou uma pena na frente da boca e conferir se o primeiro ficava embaçado ou se a pena se movia, mas esses métodos estavam longe de ser infalíveis.

Lacassagne estudou a importância das manchas que apareciam no corpo após a morte, deduzindo que o sangue se acumulava nos pontos mais baixos do corpo quando parava de circular. Se o corpo fosse mexido durante certo intervalo de tempo depois da morte, o sangue ainda era capaz de se mover e as manchas podiam mudar de lugar, mas, passadas cerca de vinte horas, a descoloração era permanente. Ele observou, ainda, que o corpo nem sempre esfriava do mesmo jeito; os primeiros estudiosos tinham generalizado que a temperatura do corpo caía um grau centígrado por hora nas primeiras horas após a morte, porém Lacassagne descobriu que existiam variações de acordo com a temperatura do ambiente. Também estudou o início e a duração do *rigor mortis*, o endurecimento e o relaxamento do corpo depois do fim da vida. Essas informações eram valiosas para definir a hora da morte.

Além disso, Lacassagne foi o primeiro cientista forense a mostrar que uma bala podia ser associada a uma arma em particular. Poucos meses antes de ser chamado para o caso Gouffé, tinha estudado no microscópio uma bala removida do corpo de uma vítima de assassinato chamada Echallier. Ele observou que a bala tinha sete linhas, ou estrias, longitudinais e teorizou que era o resultado do estriamento da arma de fogo – as ranhuras existentes dentro do cano da arma fazem com que a bala gire e se mova de um modo específico. No caso Echallier, quando o revólver do suspeito foi disparado, foram produzidas as mesmas sete linhas na bala, e essa foi a base para a condenação do suspeito por homicídio. Nascia a ciência da balística.

Apesar de tudo isso, quando o corpo encontrado em Millery foi exumado e entregue ao laboratório de Lacassagne na Universidade de Lyon, ele não podia estar otimista. Não apenas o corpo estava em estado avançado de decomposição, mas, como disse a seus alunos, "uma autópsia malfeita não pode ser revista".[37] Embora o dr. Bernard tivesse sido aluno de Lacassagne, certamente tinha cometido erros. Lacassagne decidiu concentrar seu exame nos ossos e nos cabelos. O trabalho era repulsivo, pois o patologista não podia se beneficiar da refrigeração ou utilizar luvas de látex. Enfiou as mãos na pele pútrida e cheia de vermes, cortando e raspando até expor os ossos. O esqueleto revelou muitas coisas. Ele encontrou uma deformação no joelho direito, que teria feito com que o homem mancasse. Descobriu que o tornozelo direito também tinha sido machucado. Membros da família confirmaram que Gouffé mancava por causa de um acidente de infância.

    Lacassagne concordou com a conclusão do primeiro patologista sobre a causa da morte; a estrangulação era evidente, por causa do dano observado na cartilagem da tiroide. Entretanto, achava que tinha sido feita manualmente e não por meio de corda ou ligadura. Também discordou da estimativa da idade feita pelo dr. Bernard. Este achava que o homem não tinha mais do que 40 anos, mas Lacassagne estimou uma idade mais próxima dos 50, o que combinava com os 49 anos de Gouffé. A estimativa de Lacassagne foi baseada nos dentes do cadáver. A odontologia forense ainda estava em estado inicial, assim como a odontologia em geral, e o feito de Lacassagne também foi outro divisor de águas: ele avaliou o desgaste da dentina, a quantidade de tártaro e a finura das raízes dos dentes para chegar a sua estimativa.

    Um fio de cabelo de uma das escovas de Gouffé foi o que completou a identificação. Lacassagne comparou no microscópio esse fio com outro retirado do cadáver, procurando por resíduos de tinta de cabelo, o que deu negativo. Mediu então a espessura dos fios e descobriu que eram idênticos. Certo de sua conclusão, Lacassagne dramaticamente disse ao inspetor Goron: "Eu lhe apresento *monsieur* Gouffé!".[38]

O baú em que o cadáver de Toussaint-Augustin Gouffé foi transportado de Paris a Lyon. Os assassinos foram descobertos por Marie-François Goron, chefe da Sûreté. No julgamento, miniaturas do baú eram vendidas por camelôs do lado de fora do tribunal.

"O cadáver foi identificado", anunciou o jornal parisiense *L'Intransigeant* no dia seguinte, 22 de novembro, na primeira página. Havia duas ilustrações lado a lado – uma mostrando a cabeça decomposta do cadáver, e a outra, o rosto de Gouffé vivo. A manchete alardeava: "É ele". Outros jornais deleitaram seus leitores com os detalhes macabros e acentuaram a glória da medicina forense francesa. *Le Petit Journal* exaltou a perícia do dr. Lacassagne e concluiu: "A solução do mistério de Millery demonstra que a medicina francesa pode liderar a criminologia no caminho para o grande progresso do futuro. A identificação do cadáver de Millery é um marco na história".[39]

Goron não se importou em deixar os refletores brilharem temporariamente sobre outra pessoa e concentrou-se na etapa seguinte do caso: achar o assassino de Gouffé. Várias fotos de criminosos foram mostradas ao cunhado, e o inspetor ficou satisfeito quando ele identificou os rostos de Michel Eyraud e Gabrielle Bompard como o casal anteriormente visto com Gouffé. De volta a Paris, Goron ainda encontrou outra testemunha ligando os amantes ao homem assassinado. No entanto, Eyraud e Bompard tinham desaparecido.

Goron foi criativo em sua busca. Contratou um carpinteiro para fazer uma cópia exata do baú apodrecido utilizado para levar o corpo para Lyon. Exibido no necrotério de Paris, o baú atraiu nos três primeiros dias cerca de 35 mil visitantes curiosos. Fotografias foram espalhadas pelo mundo inteiro. A família Gouffé ofereceu uma recompensa pelas informações, e cartas chegaram de toda a França. Logo, um homem em Londres disse a Goron ter alugado aposentos para um francês e sua filha e que estes, antes de partirem, tinham comprado um baú exatamente como aquele mostrado nos jornais.

Um espião da polícia em Paris forneceu mais detalhes importantes. Michel Eyraud era um desertor do exército e vigarista sem importância e, embora fosse casado, tinha se amigado com Gabrielle Bompard, uma prostituta. Os dois operavam um esquema tradicional de chantagem: Bompard levava o cliente para seu apartamento e, depois de algum tempo, Eyraud aparecia repentinamente, fingindo ser seu marido. Ele ameaçava o cliente, que geralmente pagava para escapar da encrenca.

O golpe funcionava bem, mas Eyraud era ganancioso. Um dos clientes de Bompard era Toussaint-Augustin Gouffé, que tolamente tinha lhe revelado que guardava grandes somas de dinheiro em seu escritório. Segundo o espião de Goron, Eyraud resolveu matar Gouffé e pegar o dinheiro.

Apesar da cobertura maciça da imprensa e de fotografias de Eyraud e Bompard terem sido espalhadas para as forças policiais de toda a Europa e América do Norte, eles conseguiram manter-se à frente da lei. Chegaram a San Francisco, onde Bompard conheceu outro homem que se encantou por ela e com quem fugiu depois de lhe contar que Eyraud tinha planejado matá-la. Ciumento, ele perseguiu o casal, rastreando seus passos de cidade em cidade.

Somente em janeiro de 1890, Goron conseguiu uma pista sólida dos culpados – por pura sorte, e não por perícia detetivesca. Eyraud, ressentido, enviou uma carta afirmando ser inocente e colocando toda a culpa "naquela serpente Gabrielle", a quem acusava de homicídio. "O grande problema com ela", escreveu, "é ser muito mentirosa e ter dezenas de amantes a sua volta".[40]

Para surpresa ainda maior, alguns dias mais tarde Gabrielle Bompard em pessoa apareceu no escritório de Goron. Pequena, delicada e bem-vestida, estava acompanhada por seu novo amante, que acreditava que ela era vítima de Eyraud. Contou uma história picante, envolvendo ganância, sexo e homicídio. Gouffé tinha sido assassinado durante um encontro no quarto da rua Tronson du Coudray, ao sul do bulevar Haussmann. Mesmo admitindo ter levado Gouffé até lá, Bompard disse que não estava diretamente envolvida em seu assassinato e que não sabia dos planos de Eyraud para matar o oficial de justiça. Ainda assim, foi colocada sob custódia.

Depois que Bertillon mediu seu rosto e seu corpo para fins de identificação, Bompard foi submetida ao tratamento do "restaurante do *monsieur* Goron" – foi mantida faminta e interrogada dia e noite. Espiãs da polícia foram colocadas na cela para ganhar sua confiança. Finalmente, foi levada à cena do crime, onde o reconhecimento imediato do porteiro fez com que ela confessasse.

Bompard explicou que, em 26 de julho de 1889, tinha levado Gouffé a seu quarto. Durante as preliminares da sessão de sexo, ela, como se brincasse, amarrou o cinto de seu roupão em volta do pescoço dele. Eyraud, escondido atrás das cortinas, entrou em ação. Utilizando uma série de ganchos que havia previamente instalado, levantou o infeliz homem no ar e, quando o cinto se rompeu, liquidou-o, estrangulando-o com as próprias mãos.

Eyraud procurou a chave do escritório nos bolsos da vítima e enfiou o cadáver no baú. Depois foi calmamente para casa, encontrar a esposa, deixando Bompard passar a noite com o defunto. Por curiosidade, Goron perguntou a ela como tinha sido essa experiência e sua resposta foi arrepiante:

> Você nem pode imaginar que ideia curiosa veio a minha cabeça! Eu não conseguia dormir com a proximidade desagradável de um cadáver, e então pensei que seria engraçado voltar para a rua e atrair um respeitável senhor do interior. Ele viria comigo para o quarto e, no momento em que estivesse começando a se divertir, eu perguntaria: "Quer conhecer um oficial de justiça?", abriria rapidamente o baú e, antes que ele pudesse reagir, sairia correndo para a rua em busca de um policial. Imagine só a cara de idiota do cavalheiro respeitável quando a polícia chegasse![41]

Na manhã seguinte, Eyraud foi até o escritório do oficial de justiça e o revistou freneticamente. Mais tarde, a polícia encontraria o dinheiro sem dificuldade alguma, mas Eyraud não foi bem-sucedido. Ao escutar os passos de um guarda no corredor, fugiu pela janela. Voltou ao quarto de Bompard, onde fizeram amor apaixonadamente no chão, ao lado do baú com o cadáver. Ao confessar essa parte, Bompard insistiu que Eyraud a forçara a isso.

No dia seguinte, o casal alugou uma carruagem e foi para Millery, onde jogou o corpo no mato e deixou o baú nas margens do rio Ródano. De lá, eles foram para Marselha e depois para a Inglaterra, embarcando em um navio para Nova York.

A confissão espetacular de Bompard deu início a um frenesi por informações na imprensa de Paris. Os parisienses correram para a rua Tronson du Coudray, onde a proprietária cobrava pela visita à cena do crime. Quando Bompard foi levada de volta a Lyon para reencenar a desova do corpo, havia tanta gente tentando espiar que foi preciso chamar a cavalaria para manter a ordem. Algumas pessoas chegaram a jogar flores na assassina, cuja celebridade superava seus crimes.

Seu cúmplice ainda estava à solta. Dois detetives franceses foram para a América do Norte e seguiram os rastros de Eyraud de Nova York até San Francisco, e de lá até o Canadá. Eyraud, porém, conseguiu escapulir. Nesse meio-tempo, escreveu uma carta para o jornal *L'Intransigeant*, colocando toda a culpa do homicídio em Gabrielle e um homem desconhecido.

A fuga de Eyraud não podia durar para sempre: sua fotografia estava em toda delegacia de polícia da América do Norte e, em 20 de maio de 1890, ele foi preso pela polícia cubana ao sair de um bordel. Detetives franceses partiram para os Estados Unidos para trazê-lo de volta a Paris. Quando o navio aportou em Saint-Nazaire, em 30 de junho, uma multidão os aguardava. Uma das pessoas à espera carregava um papagaio treinado para repetir o nome de Eyraud sem parar. Alguns repórteres mais ousados se penduraram dos lados do trem em que se encontrava o assassino rumo a Paris.

O julgamento começou na Cour d'Assises de Paris, em 16 de dezembro, e atendeu a todas as expectativas dos jornalistas. Os acusados apontavam o dedo um para o outro. Poucas vezes se viu coacusados se comportarem com tanto ódio e acrimônia, e a demanda por lugares no tribunal foi tão grande que o juiz que o presidia distribuiu pessoalmente os bilhetes de admissão entre amigos e pessoas influentes.

Gabrielle Bompard dizia ser uma vítima, declarando ter sofrido ameaças de morte de Eyraud caso se recusasse a cooperar com ele. Seu advogado de defesa, Henri Robert, era brilhante e causou comoção ao afirmar que sua cliente tinha sido hipnotizada e estuprada quando criança e que, por causa disso, tinha se tornado muito sensível a sugestões hipnóticas. Eyraud, afirmava ele, a mantivera como escrava pela hipnose. A nascente ciência da neurologia ainda discutia se a hipnose de fato tinha poder para levar alguém a cometer um crime, mas Robert tornou essa noção o fundamento da defesa de Bompard.

A acusação contra-atacou com o dr. Brouardel, respeitado médico jurista, que declarou não existirem casos conhecidos de crimes cometidos por um perpetrador sob a influência da hipnose. Três médicos designados pelo magistrado investigador chegaram à conclusão de que o principal problema de Bompard era ser moralmente deficiente, fosse ou não sensível à sugestão hipnótica. Robert solicitou que sua cliente fosse colocada sob hipnose no banco das testemunhas para fazer um relato o mais verdadeiro possível do crime. Teria sido uma cena bem dramática, mas os juízes negaram o pedido, com base na falta de precedentes.

O resultado do julgamento não seria colocado em dúvida, já que a evidência contra os réus era avassaladora: somente a severidade da sentença seria passível de discussão. Ao fim de cinco dias, o júri considerou Bompard e Eyraud culpados. Os tribunais franceses tradicionalmente eram lenientes com criminosas, sobretudo as bonitas. Assim, Bompard foi sentenciada a vinte anos de trabalhos forçados. Libertada depois de cumprir apenas treze anos, publicou suas memórias, que venderam bastante bem. Apesar de seu passado criminoso, ela manteve o status de celebridade e era vista com frequência em restaurantes da moda. Alberto Santos Dumont, o pioneiro aviador brasileiro, teria sido um de seus acompanhantes regulares.

As coisas não saíram tão bem para Eyraud. Embora os membros do júri tivessem recomendado que ele não fosse executado, os juízes o sentenciaram à pena de morte, e o pedido de clemência feito ao presidente da França, Sadi Carnot, foi recusado. Em 3 de fevereiro de 1891, Eyraud foi levado à guilhotina. Considerando sua sentença injusta, repetia aos jornalistas: "A ideia foi *dela*, não minha. Por que só eu tenho de perder a vida? Por que não a mulher também?".[42] Pelas ruas de Paris, camelôs vendiam réplicas em miniatura do baú com um corpo dentro. Nos suvenires estava escrito "O caso Gouffé".[43]

V

O dr. Lacassagne teria uma longa e influente carreira como patologista. Era um intelectual de verdade, interessado nas ciências sociais e na filosofia, além da biologia, e trabalhou com o objetivo de tornar a medicina parte da psicologia e da ciência forense, os campos mais avançados naquela época.

Também se opunha fortemente às teorias, então amplamente acatadas, de Cesare Lombroso, um pioneiro criminologista italiano e inventor do polígrafo. Em 1876, em seu livro *O homem delinquente*, defendeu a teoria de que certas pessoas nascem para ser criminosas. Segundo ele, a tendência para o crime surgiria por causa de certas características biológicas que tornavam os criminosos menos desenvolvidos que os outros membros da sociedade. Tais características poderiam ser identificadas por traços físicos que ele chamava de "estigmas". Esses traços incluiriam a testa estreita, as sobrancelhas fartas e os braços longos, que produziriam uma aparência de macaco. Outros indicadores de tendências criminosas seriam as mãos muito grandes ou muito pequenas, o queixo ou as maçãs do rosto muito largas, os lábios cheios e as orelhas de tamanho incomum. Mais um sinal a considerar, ainda que não fosse uma característica biológica, seria a tatuagem, indicadora de instintos primitivos.

Para chegar a tais conclusões, Lombroso estudou mais de 5 mil crânios de criminosos e prisioneiros. Afirmou existirem dois tipos. O primeiro seria o criminoso nato, e ele acreditava que os que tinham essa característica correspondiam a cerca de 40% da população criminosa total. Essas pessoas seriam um caso perdido, biologicamente inferiores e, portanto, condenadas à degeneração. As características físicas do segundo grupo, que Lombroso chamou de "criminaloides", não seriam tão facilmente identificáveis. Estes sofreriam forte influência de fatores externos ao decidirem cometer um crime. Os crimes de paixão, por exemplo, seriam atos criminaloides.

O trabalho de Lombroso levou certas pessoas a concluírem que, se a identificação de criminosos pudesse ser feita por suas características físicas, então eles deveriam ser detectados e aprisionados antes que cometessem um crime. (Para fazer justiça a Lombroso, ele defendia um tratamento mais humano para os prisioneiros e acreditava que a pena de morte tinha de ser bastante limitada.) Lacassagne, entretanto, ressaltaria o importante papel da sociedade no desenvolvimento do comportamento criminoso. Ele considerava que as injustiças e as pressões do dia a dia tinham mais importância na formação do criminoso que suas características inatas, princípio que expressou em seu lema: "*Les sociétés ont les criminel qu'elles méritent*" [As sociedades têm os criminosos que merecem]. Suas ideias puderam ser testadas quando Lacassagne trabalhou no famoso caso do assassino em série Joseph Vacher, a quem foi atribuído o apelido de Estripador Francês. O apelido na verdade atenuava seus feitos: ele matou muito mais pessoas que sua contraparte londrina, Jack, o Estripador.

Joseph Vacher era o décimo quinto filho de um fazendeiro analfabeto. Na juventude, alistou-se no exército e chegou ao nível de oficial não comissionado. Ainda no exército, apaixonou-se por uma jovem que não retribuiu seu afeto. Em 1893, quando terminou o serviço militar, implorou-lhe que se casasse com ele. Ela recusou de um modo que o levou a pensar que estivesse zombando dele. Furioso, Vacher atirou quatro vezes no rosto da jovem, que, apesar dos ferimentos graves, sobreviveu.

Ele então decidiu se matar e deu dois tiros no crânio. Essa tentativa também falhou, embora uma das balas tenha permanecido para sempre em sua cabeça. Como sequela, ele ficou com um dano cerebral que lhe paralisou os músculos do lado direito do rosto e danificou o olho, que vazava pus constantemente, dando-lhe uma aparência grotesca.

Depois de passar um ano no hospital psiquiátrico de Dole, perto das montanhas do Jura, no Leste da França, Vacher foi liberado por estar "totalmente curado", segundo seus médicos. Eles estavam errados.

Aos 25 anos, Vacher era um andarilho que trabalhava como diarista e esmolava comida. No período de três anos, entre 1894 e 1897, cometeu pelo menos onze homicídios. (Pode ser que tenham sido em maior número do que ele confessou.) Entre as vítimas estavam vários garotos e garotas adolescentes – pastores que cuidavam de rebanhos em pastos isolados –, muitos deles esfaqueados repetidamente e às vezes estripados, estuprados ou sodomizados.

Em agosto de 1897, Vacher atacou uma jovem em um campo de Tournon. Seus gritos fizeram com que o irmão e os pais corressem em seu auxílio. Eles subjugaram Vacher e o levaram à polícia local. Diante de um juiz, Vacher chocou os presentes ao admitir que tinha assassinado várias pessoas. Em outubro, escreveu uma confissão completa para o juiz, Émile Forquet, definindo-se como alguém com impulsos que não conseguia controlar. Vacher afirmava que esses impulsos começaram porque seu sangue fora envenenado por uma mordida de cachorro raivoso na infância. O tratamento feito por um médico vigarista piorara seu estado. Confessou que bebia o sangue do pescoço de suas vítimas enquanto elas agonizavam.[44] Argumentou que não poderia ser culpado, porque não era motivado por vingança nem roubo.

O caso tornou-se uma obsessão nacional. A imagem de Vacher com o rosto cheio de cicatrizes e o chapéu branco de pele de coelho que ele mesmo tinha feito, segurando o acordeão que carregava consigo em suas viagens homicidas, apareceu em todos os jornais da França por um ano. Os franceses já temiam os inúmeros desabrigados e vagabundos sem trabalho que andavam pelo país; Vacher proporcionou um rosto assustador para esse medo. Chegaram a escrever canções de ninar sobre ele para assustar as crianças.

Excitado com sua fama crescente, Vacher começou a se considerar um grande homem. Clamava ser um flagelo enviado por Deus para punir a humanidade. "Sou anarquista e contra a sociedade, qualquer que seja o tipo de governo", declarou.[45]

Seu talento para publicidade levou-o a pedir que fosse julgado pelos homicídios separadamente, na região em que cometera cada um deles. Só concordaria em falar sobre seus crimes se o entrevistador fosse publicar suas palavras nos principais jornais franceses.

A história completa de sua orgia homicida nunca será conhecida. Ele começou a se vangloriar de ter cometido ainda mais assassinatos à medida que se lembrava deles. Quando os detetives foram conferir suas novas histórias, encontraram corroboração – e corpos. Descobriram cadáveres jogados em matagais e poços abandonados. Vacher teria dito: "Minhas vítimas nunca sofreram

Ao lado, Joseph Vacher, chamado de "Estripador Francês", que fez ainda mais vítimas que Jack, o assassino inglês. Alexandre Lacassagne, um dos fundadores da criminologia científica, convenceu o júri de que as alegações de insanidade de Vacher eram infundadas.

porque eu usava uma das mãos para sufocá-las, enquanto, com a outra, simplesmente tirava a vida delas com um objeto afiado".[46] De fato, parecia que, depois de atacar e deixar as vítimas sem sentidos, Vacher era tomado por um frenesi e as cortava e mutilava de maneira brutal.

Esses ataques de raiva aparentemente insanos eram seguidos por habilidosas tentativas de enganar a polícia. Em um dos casos, ele matou um pastor e foi embora caminhando. Logo foi parado por um policial de bicicleta, que pediu seus documentos. Vacher mostrou seus papéis de dispensa do exército como oficial não comissionado do regimento Zouave. "Ora, é meu antigo regimento", exclamou o policial. "Estou procurando um homem que acabou de cortar o pescoço de um garoto. Você viu algum tipo suspeito?"

"Ah, sim", respondeu Vacher. "Vi um homem correndo pelos campos rumo ao norte há mais ou menos um quilômetro e meio daqui."[47]

Em janeiro de 1898, ele mostrou que ainda era capaz de ataques homicidas. O carcereiro de sua prisão imprudentemente ficou sozinho com Vacher, que o espancou com uma cadeira até quase matá-lo. Os gritos do carcereiro fizeram com que os outros guardas corressem em seu socorro.

O juiz Forquet manteve a jurisdição sobre o caso e designou uma equipe de médicos, liderada por Alexandre Lacassagne, para examinar o acusado. O júri lhe pediu que avaliasse se Vacher era ou não suficientemente são para ir a julgamento. A temporada passada no hospital psiquiátrico poderia pesar em favor da tese de insanidade. Lacassagne tinha se interessado pelos homicídios do inglês Jack, o Estripador, em 1880, e escrevera um ensaio sobre o que as fotografias da cena do crime podiam revelar. Estudar Vacher agora lhe permitiria aplicar as modernas teorias sobre a mente humana a um assassino em série.

Lacassagne e sua equipe passaram cinco meses examinando o comportamento do acusado, fazendo entrevistas com ele e com aqueles que o conheceram. Vacher tinha uma história de "fala confusa", episódios de delírio e mania de perseguição. Às vezes comportava-se de modo claramente fantasioso e tinha ataques de raiva quando estava sendo examinado pelo grupo. Vizinhos disseram que, quando criança, ele torturava e mutilava animais. Alguns oficiais declararam que, durante o serviço militar, ele tinha mostrado um temperamento violento.

Ao final, os peritos médicos chegaram à conclusão de que os crimes de Vacher indicavam uma personalidade extremamente sádica que, embora fosse bastante rara, não constituía manifestação de insanidade. A razão principal que levou o grupo de médicos a essa avaliação foi o fato de Vacher ser capaz de se lembrar e falar claramente de seus crimes, parecendo consciente o bastante para que fosse declarado apto a enfrentar um julgamento. Lacassagne escreveu:

> Vacher não é nem epilético nem impulsivo. É um homem violento e imoral que foi temporariamente dominado por melancolia delirante com suas ideias de perseguição e suicídio... Vacher, curado, era responsável por seus atos quando deixou o hospício de Wiant-Rokebert. Seus crimes são os de um sádico antissocial e sangrento, que pensava ser invencível [...]. Vacher, no presente momento, não é insano: ele finge loucura. É, portanto, um criminoso e pode ser considerado responsável, responsabilidade essa insuficientemente atenuada por seus problemas psicológicos anteriores.[48]

Vacher, então com 29 anos, foi a julgamento por onze homicídios. Entrou no tribunal gritando: "Glória a Jesus! Glória a Joana d'Arc! A maior mártir de todos os tempos! E glória ao Grande Salvador!".[49] Os advogados de defesa, como esperado, tentaram convencer os jurados de que Vacher era louco e, portanto, não podia ser responsabilizado por seus atos. No entanto, a opinião de Lacassagne e seus peritos foi decisiva, e o criminoso foi condenado e sentenciado à pena de morte em 28 de outubro de 1898.

No último dia daquele ano, Vacher foi executado em Bourg-en-Bresse, capital de Ain, no Leste da França. O magistrado Forquet reproduziu suas últimas palavras ao ser preparado para a guilhotina: "Querem expiar os pecados da França matando-me; não vai adiantar; estão cometendo outro crime; eu sou a grande vítima, *fin de siècle*".[50] Essa seria a última execução de Louis Deibler, o carrasco nacional, e a multidão compareceu em peso. Vacher se recusou a andar e teve de ser meio arrastado, meio carregado até a guilhotina. Seus protestos de inocência e as demonstrações de loucura continuaram até o momento final. Deibler, vestindo fraque e cartola, e portando seu guarda-chuva característico, deixou cair a lâmina enquanto a multidão cantava e aplaudia selvagemente.

O crânio do assassino em série foi estudado depois pelos peritos médicos. Cortaram seu cérebro e enviaram os pedaços para os criminologistas interessados. Um dos contemplados foi Lombroso, que afirmou ter descoberto indícios de criminalidade em sua amostra.

VI

Quando a *Mona Lisa* foi roubada, o diretor da polícia de Paris era *monsieur* Louis Lépine. Figura legendária, Lépine era um homem pequeno de barba branca e andava pelos bulevares de Paris sempre usando um casaco antiquado e um chapéu-coco. Gostava de ver com os próprios olhos como sua polícia estava se comportando, e seus homens sabiam que ele poderia aparecer a qualquer momento, nos lugares mais inesperados. Exigia um desempenho de alto nível de seu pessoal e não tinha simpatia pelos que não se mantinham no padrão.

Jean Berlin, que se juntou à força policial em 1911, escreveu sobre seu chefe:

> Lépine era uma figura memorável: um homem de capacidade inquestionável, ainda que imprevisível, cheio de idiossincrasias e preconceitos, que ninguém conseguia neutralizar. Decretou que ninguém com mais de 1,70 metro podia ser admitido como detetive. Ao mesmo tempo, nenhum policial uniformizado podia patrulhar as ruas se não tivesse pelo menos 1,75 metro. Eu fiquei no meio do caminho. Lépine dizia que um policial comum uniformizado tinha de impres-

sionar por sua altura e boa forma física. Um detetive, no entanto, devia passar despercebido. Era inflexível nesse assunto. E ia ainda mais longe. Insistia em inspecionar pessoalmente os recrutas. O candidato a detetive que tivesse cabelos vermelhos, barriga proeminente ou qualquer outra característica que o distinguisse não teria a menor chance. Era preciso parecer completamente comum em todas as circunstâncias. Uma verruga no rosto ou uma cicatriz na mão já eram suficientes para desqualificar o candidato, sem qualquer consideração de suas qualidades. [...] Cheguei à conclusão de que, com o tempo, ele provavelmente teria razão. Na vida real, um homem com a aparência singular de Sherlock Holmes ou com o bigode de Hercule Poirot jamais conseguiria aproximar-se de sua presa.[51]

Como diretor da polícia, Lépine trabalhou em vários casos famosos, incluindo o roubo da *Mona Lisa* e os assaltos a banco da notória quadrilha de Bonnot. É provável, entretanto, que sua maior preocupação tenha sido a ameaça constante causada pelo crescimento dos apaches, os jovens criminosos de rua que fascinavam os parisienses modernos.

As mulheres apaches, conhecidas como *gigolettes*, eram membros importantes nas quadrilhas. Quando a polícia invadia os salões de baile em busca de armas, as jovens escondiam sob suas roupas as facas, os revólveres e os cassetetes dos companheiros. A mulher conhecida como La Grande Marcelle era uma espécie de rainha apache cujos seguidores seguiam suas ordens sem pestanejar. A quadrilha de Marcelle era suspeita do assassinato de várias zeladoras, motivado pelo dinheiro dos aluguéis que elas cobravam. Seu companheiro era Jacques Liabeuf, considerado um dos apaches mais violentos. Ele ficou famoso por vestir roupas especiais que o tornavam um adversário a ser temido: colete à prova de balas e terno com mangas de metal e punhos terminando em pontas afiadas, que causavam grave dano a qualquer um que tentasse segurá-lo. Liabeuf carregava uma pistola, mas preferia lutar com uma faca enorme.

Em janeiro de 1910, um policial chamado Deray foi morto, supostamente ao tentar prender Liabeuf. Lépine prometeu à beira do túmulo de Deray, na seção do cemitério de Montparnasse reservada aos policiais mortos em serviço, que seu assassino seria levado à justiça. Deu instruções a seus homens para que "não hesitassem em usar armas nos casos em que estivessem em perigo de sofrer ferimentos graves". Paris, afirmou ele, era "o refúgio de muitos bandidos, e a justiça os tratava com muita delicadeza".[52]

Muitos parisienses, especialmente das classes trabalhadoras, não concordavam com Lépine. Uma perspectiva diferente sobre o assassinato do policial saiu da pena de *monsieur* Hervé, editor do *La Guerre Sociale*, o jornal mais socialista de Paris. Ele escreveu:

> Esse apache que recentemente matou Deray não deixa de ter certa beleza, certa grandeza, nem sempre encontradas neste século de vontades fracas e submissão canina. Ele deu uma bela lição de perseverança, força e coragem para nós, revolucionários. Ofereceu um bom exemplo para o trabalhador honesto que todo dia é vítima da brutalidade policial. Você alguma vez já ouviu dizer que um deles se vingou?[53]

O jornalista radical foi condenado a quatro anos de prisão por ter publicado essas palavras.

A polícia finalmente capturou Liabeuf durante uma batida em uma casa de Montmartre. Foi surpreendente ter sido preso com vida, mas ele logo deu um jeito nisso. Dominou um guarda que estava lhe trazendo comida na prisão e conseguiu subir ao telhado.

Um impasse se seguiu e chamaram seus advogados para convencê-lo a descer. Apesar das súplicas, Liabeuf permaneceu no telhado até que uma brigada de bombeiros chegou para retirá-lo. Gritando "Ao inferno com a polícia e viva a anarquia!", jogou-se do alto para a morte.⁵⁴

VII

Edmond Locard, o maior de todos os criminologistas franceses, nascido em 1877, foi um dos que tentaram descobrir as raízes da raiva e do comportamento criminoso dos apaches. Depois de estudar medicina e direito, Locard trabalhou como assistente de Lacassagne até montar o próprio laboratório em Lyon, em 1910. Ele foi pioneiro em vários campos da ciência forense e tornou-se especialmente bom em análise grafológica, identificação de falsificações e comparações dentárias.

Em seu estudo sobre os apaches, foi influenciado pela noção defendida por Lacassagne de que os crimes urbanos eram diferentes dos rurais. Também procurou compreender os apaches por meio de sua arte, que ele colecionava. Quadros com temas retratando homicídios e guilhotinas eram comuns em sua coleção.

Locard achava que a ficção podia ser fonte de inspiração para a vida real. Escreveu:

> Acredito que um perito da polícia ou um juiz de investigação empregariam bem seu tempo se lessem os romances de [Arthur Conan] Doyle. Pois, nas aventuras de Sherlock Holmes, o detetive é constantemente solicitado a diagnosticar a origem de um traço de lama, que não é nada mais que pó umedecido. A presença de

um grão no sapato ou nas calças imediatamente indica a Holmes o lugar específico em Londres de onde seu visitante chegara ou as estradas por onde viajara nos subúrbios. Uma mancha de argila e giz foi originada em Horsham; determinada lama avermelhada só existe na entrada dos correios de Wigmore Street. [...] Holmes também insiste no interesse e fascínio que podem ser encontrados ao colecionar cinzas de tabaco, sobre as quais diz: "Escrevi um pequeno ensaio sobre 140 variedades". Devo confessar que, se no laboratório de Lyon nós nos interessamos de modo pouco comum pelas questões que surgem dos resíduos de pó, é por ter absorvido as ideias encontradas em Gross[55] e Conan Doyle.[56]

A solução de um dos casos de Locard deixa claro que ele também tinha lido Poe, além de Conan Doyle. A polícia não sabia como lidar com uma série de roubos de joias em casas de ricos. Os crimes aconteciam em plena luz do dia, e não havia sinais de arrombamento. O intruso entrava por uma janela do andar superior e pegava apenas uma peça de joia, mesmo quando várias outras podiam ser encontradas no cômodo. As suspeitas recaíram sobre alguns garotos, mas não havia provas.

Locard assumiu o caso. Ele já havia adotado o sistema de impressões digitais enquanto outros ainda se agarravam aos métodos de identificação tradicionais. Pediu então para ver as fotografias dos parapeitos das janelas por onde aparentemente o intruso havia entrado. Examinando com cuidado as impressões, ficou convencido de que não pertenciam a um ser humano. O grande detetive chegou à conclusão de que o ladrão era um macaco. O passo seguinte seria encontrá-lo. Locard mandou que os tocadores de realejo, que habitualmente usavam macacos, fossem levados com seus animais à delegacia dali a três dias. Assim que chegaram, foram tiradas as impressões digitais de todos os macacos, e Locard as comparou com aquelas encontradas nas cenas de crime. O macaco culpado foi encaminhado para um zoológico, e seu dono, preso.

A mais importante de suas inúmeras contribuições à criminologia foi o chamado princípio da troca de Locard, que continua a ser o fundamento da ciência forense moderna. O princípio estabelece que o criminoso sempre leva alguma coisa da cena do crime e deixa alguma coisa para trás. O que Locard afirmou, em essência, é que todo contato deixa um vestígio, tanto da vítima como do perpetrador:

> Onde quer que pise, o que quer que toque ou deixe para trás, mesmo sem perceber, vai servir como testemunha silenciosa contra ele. Não são apenas suas impressões digitais ou pegadas, mas seus cabelos, as fibras de suas roupas, o vidro que ele quebra, as marcas de ferramenta que deixa, a tinta que arranha, o sangue ou sêmen que deposita ou coleta. Tudo isso, e mais, presta um testemunho mudo contra ele. É evidência que não esquece. Não fica confusa com a excitação do momento. Não deixa de aparecer, como as testemunhas humanas. É evidência factual. A evidência física não pode estar errada, não pode cometer perjúrio, não pode desaparecer totalmente. Só perde seu valor quando há falha humana ao encontrá-la, estudá-la e compreendê-la.[57]

Embora a tecnologia tenha tido grandes avanços desde o tempo de Locard, o princípio por ele elaborado ainda é o ponto inicial para toda investigação da cena de um crime.

O próprio Locard com certeza fez bom uso dele em 1912, quando o corpo de uma jovem, Marie Latelle, foi encontrado estrangulado. Os investigadores descobriram que ela tinha um namorado muito ciumento, Émile Gourbin. Supostamente, ela gostava de provocá-lo flertando com outros homens. Seria possível que tivesse ido longe demais?

Gourbin, no entanto, parecia ter um álibi perfeito. Exames do corpo de Marie indicavam que sua morte ocorrera por volta da meia-noite. Ele estava jogando cartas com amigos quando o relógio bateu doze vezes. Durante o interrogatório, Locard tirou suas impressões digitais e raspou os resíduos debaixo de suas unhas. Ao examiná-los no microscópio, encontrou um pó rosado. Outros testes comprovaram que era pó de arroz. A busca conduzida pela polícia no quarto de Marie encontrou o mesmo tipo de maquiagem. O pó tinha passado para Gourbin no momento em que estrangulou sua vítima e depois foi levado por ele da cena do crime.

Ao ser confrontado com essa evidência, Gourbin confessou. Contou a Locard que estabeleceu seu álibi mudando as horas no relógio do lugar onde estava jogando cartas. Desse modo, os outros jogadores acreditavam que a partida tinha terminado à meia-noite, mas o horário correto era meia hora antes.

Locard, que se dedicou à carreira até sua morte, em 1966, reconheceu sua dívida com dois *maîtres*. Um era Lacassagne; o outro, Alphonse Bertillon, considerado até pelo criador de Sherlock Holmes a maior autoridade em crime da Europa. Bertillon era filho de uma família brilhante, cujos membros eram tão devotados ao desenvolvimento intelectual que doaram seus corpos para dissecação e exames depois da morte, em prol dos avanços científicos. Se alguém poderia usar os avanços tecnológicos mais recentes para encontrar a *Mona Lisa*, Bertillon seria esse indivíduo torturado e imperfeito.

O homem que media as pessoas

Émile Forquet, o juiz que ouviu a confissão de Joseph Vacher, havia ele mesmo feito um pouco de trabalho detetivesco para levar o assassino em série aos tribunais. Forquet gostava de reunir e revisar os arquivos de casos não resolvidos. Depois os arrumava segundo as categorias de crimes e os tipos de ferimentos, juntamente com relatórios de informações sobre pessoas vistas na vizinhança do local do delito. Ao notar um padrão, percebeu que os relatos das testemunhas pareciam apontar para uma única pessoa. Forquet fez circular cópias de uma ficha que usava um sistema de identificação conhecido como bertillonagem para descrever as orelhas, o nariz, as cicatrizes e os olhos desse homem. As respostas recebidas o ajudaram a identificar Vacher e, quando o homem finalmente foi levado a sua presença, Forquet o pressionou para que confessasse.

Em 1920, o método de identificação de Alphonse Bertillon, que ele havia batizado de antropometria, ou "medição do homem", era de uso geral nos departamentos de polícia em toda a Europa e nos Estados Unidos. A fama de Bertillon era tão grande que Conan Doyle o mencionou como um rival de Sherlock Holmes. Em *O cão dos Baskervilles* (1902), um potencial cliente chega para consultar Holmes. Como seu amigo Watson descreve, o cliente disse:

— Vi-me subitamente confrontado com um problema muito sério e extraordinário. Reconhecendo, como faço, que o senhor é o segundo maior especialista da Europa...

— Realmente, senhor! Posso perguntar-lhe quem tem a honra de ser o primeiro? — perguntou Holmes com alguma aspereza.

— A um homem de raciocínio certamente científico, o trabalho de *monsieur* Bertillon deve ter um apelo particularmente forte.

— Então não seria melhor consultá-lo?

— Eu disse, senhor, raciocínio precisamente científico. Mas, como homem prático, o senhor é reconhecidamente o único. Espero, senhor, não ter inadvertidamente...

— Só um pouco — afirmou Holmes.[1]

I

Bertillon vinha de uma família famosa pelas conquistas intelectuais. Seu avô materno, Achille Guillard, foi o médico e estatístico que cunhou o termo "demografia" em 1855 e escreveu um dos primeiros livros sobre o assunto. Nos anos iniciais do Segundo Império, uma época de tanta repressão política que era ilegal os cidadãos se reunirem em grupos de mais de três, Guillard teve problemas com as autoridades e foi atirado na prisão. Ali compartilhou a cela com um jovem médico chamado Louis-Adolphe Bertillon, detido por prestar assistência aos feridos de ambos os lados durante um combate de rua. Não ficou muito tempo na cadeia e, quando foi solto, apresentou o dr. Bertillon a sua filha, Zoe. Os dois logo se casaram. Zoe Bertillon era uma mulher brilhante que discutia os méritos dos sistemas filosóficos de Spinoza e Comte com Jules Michelet, amigo da família e o mais importante historiador francês daquele tempo. Magra e graciosa, mais alta que o marido, ela mantinha o lar com um simples bom gosto republicano. Em 1862, Zoe e uma amiga fundaram uma escola chamada Sociedade Livre para Formação Profissional de Jovens Mulheres, que enfatizava os assuntos intelectuais.

Seu marido, Louis-Adolphe, foi um dos primeiros membros da Sociedade Antropológica de Paris, fundada em 1859 pelo brilhante cirurgião Paul Broca, seu amigo. Broca queria criar uma "sociedade científica na qual qualquer um teria o direito de tirar todas as consequências filosóficas de suas observações".[2] Quando Louis-Adolphe foi convidado a participar, expressou sua preocupação por não ter conhecimentos nesse campo. "Eu não seria capaz de contribuir com nada", disse, "já que não conheço nem uma palavra de antropologia". Broca não se intimidou. "Nem eu", respondeu. "Maior razão para aprendê-la ou, melhor dizendo, criá-la, porque, na verdade, ela não existe!"[3]

Apesar de os fundadores da sociedade terem pouco conhecimento do assunto, eles se tornariam pioneiros da área na França. Viam a antropologia como um meio de expressar suas ideias progressistas sobre a humanidade e identificar "tudo o que de selvagem e bárbaro ainda esteja presente em nossa civilização moderna".[4] Entre as coisas que desejavam eliminar estavam o clero, o militarismo, o culto da autoridade e a subjugação das mulheres.

Louis-Adolphe foi também o fundador, em 1876, da Société d'autopsie mutuelle [Sociedade de autópsia mútua], cujos membros se comprometiam a doar e dissecar o cérebro uns dos outros para promover o avanço da ciência. Quinze anos antes, em 1861, Broca havia demonstrado, por meio de uma autópsia, que o lobo frontal esquerdo do cérebro controla a fala. Quando está danificado, a fala é prejudicada, sintoma conhecido como "afasia de Broca".[5] Mais

O criminologista francês Alphonse Bertillon (1853-1914), o homem cheio de conflitos que desenvolveu o primeiro sistema eficaz de identificação de criminosos no mundo.

tarde, ele desenvolveu vários instrumentos para medir e classificar crânios,[6] em que a classificação mais alta era "braquicéfalo". Conan Doyle usou a terminologia de Broca em seus escritos. Tal como Holmes, o arquivilão Professor Moriarty é braquicéfalo e, no primeiro encontro dos dois, ele cumprimenta Holmes com o comentário: "Você tem menos desenvolvimento frontal do que eu esperava".[7] (A despeito do progressismo proclamado por Broca, mulheres e pessoas de culturas não europeias supostamente teriam cérebro menor e, portanto, inferior.)

Foi nessa comunidade intelectual que Alphonse Bertillon nasceu, em 24 de abril de 1853. Não é de surpreender, portanto, que técnicas antropométricas e medições fizessem parte de sua vida desde o nascimento. Quando Alphonse era muito jovem, seu pai fez com que um biólogo amigo medisse a cabeça de seus dois filhos. O doutor proclamou que ambos tinham mente "metódica e precisa" e seriam capazes de desenvolver trabalhos acadêmicos. Quando Alphonse tinha três anos, ele e o irmão imitavam os mais velhos medindo com fitas tudo o que conseguissem pegar.

As famílias Guillard e Bertillon eram especialistas no novo estudo de estatísticas, particularmente as relacionadas com assuntos humanos. Louis-Adolphe ficou satisfeito quando seu filho mais velho, Jacques, seguiu a tradição familiar e se tornou um renomado estatístico. Era provável que Alphonse também se encaminhasse nessa direção. Ele tinha especial predileção por citar uma frase da obra do pai, que dizia que o objetivo da ciência era descobrir a ordem onde aparentemente só havia o caos.

Infelizmente, Alphonse logo descobriu que não gostava de escolas. Aos seis anos, foi expulso da primeira que frequentou, por indisciplina. Seu tutor particular também percebeu o problema que era aquele garoto; ele se escondia em um armário na hora das lições, pegava os óculos e importunava tão terrivelmente o professor, que ele pediu demissão. Enviado para o Institut Rossat, em Charleville, uma escola para crianças-problema, Alphonse também foi expulso dali, aos onze anos. Matriculou-se no liceu em Versalhes na adolescência e, acidentalmente, incendiou sua carteira quando usava uma lamparina a álcool para fazer chocolate quente. Quando o professor foi investigar a fonte da fumaça, Alphonse trancou a tampa da carteira, impedindo-o de abri-la, e, para completar, bateu na cabeça do mestre com o dicionário de grego. Foi mais uma vez mandado de volta para casa.

Depois que a França sofreu sua ignominiosa derrota nas mãos da Prússia, em 1870, Alphonse, com dezoito anos, foi convocado para o serviço militar obrigatório, possivelmente para alívio de seu pai sofredor. O jovem tinha mais de 1,80 metro de altura – muito acima da média da época – e seu físico lhe angariou o respeito dos companheiros conscritos e dos oficiais. Foi promovido a cabo, provavelmente a primeira distinção que conseguia na vida. Mesmo assim, a carreira militar não era para ele, que sofria de muitos tiques e problemas de saúde, entre eles enxaqueca e sangramento do nariz. Era tão pouco dado à música que o único modo de distinguir os sinais de corneta para despertar e entrar em forma era contando as notas. Depois de dar baixa, contraiu febre tifoide. Talvez essas dificuldades físicas fossem a razão para sua disposição amarga diante da vida, que se manifestava em sarcasmo e insociabilidade, assim como em uma habitual desconfiança sobre as razões alheias.

Dois anos mais tarde, entretanto, depois de estudar por conta própria, passou no exame nacional, o *baccalauréat*, em ciências e literatura. Evidentemente, Bertillon tinha uma bela mente, mas não queria saber de educação formal. Todavia, fracassou em demonstrar as qualidades necessárias para continuar empregado – primeiro como escriturário em um banco e em seguida como professor de francês em uma escola inglesa. Era sarcástico com os companheiros de trabalho e tinha mau temperamento; para manter as emoções sob controle, aparentemente precisava fazer tudo em ritmo lento e constante. Em 1879, conheceu uma sueca de classe alta e se apaixonou loucamente. Por razões desconhecidas, o casamento era impossível, porém os dois trocavam cartas e retratos. Parece ter sido uma obsessão que durou a vida inteira. Bertillon jamais revelou o nome dela para a família e os amigos, mas guardou sua fotografia e suas cartas até a morte. O jovem se dedicou a sua lembrança e usou isso como estímulo para conseguir algum tipo de sucesso no mundo. Começou essa busca pedindo ajuda ao pai para achar um emprego.

11

Parecia não haver chance de Alphonse seguir a carreira acadêmica como seu pai e seu irmão. O pai, contudo, havia feito trabalhos estatísticos para a municipalidade de Paris e usou sua influência para conseguir-lhe uma posição como funcionário na Chefatura de Polícia. Alphonse começou a trabalhar em março de 1879, pouco antes de completar 26 anos, no canto de um porão de depósito que fervia no verão e era tão frio no inverno que seus dedos enluvados mal conseguiam segurar a pena. Ganhando uma miséria, Bertillon mergulhou na cansativa tarefa de copiar os formulários de identificação que obrigatoriamente eram preenchidos para cada preso.

Desde que a marcação dos criminosos com ferro em brasa havia sido colocada fora da lei, em 1832, não havia uma forma segura de saber se o acusado de um crime estivera em custódia policial antes.[8] Alguém esperto podia conseguir uma nova certidão de nascimento se soubesse a data e o lugar de nascimento de uma pessoa cuja identidade pretendesse roubar. Na época de Bertillon, ainda cabia à polícia determinar se já havia visto tal prisioneiro. De fato, era oferecida uma recompensa de cinco francos para o policial que conseguisse identificar alguém (prática que, segundo uma autoridade, levava o policial a dar metade dos cinco francos ao prisioneiro que admitisse ter sido preso antes – fosse isso verdade ou não). E, claro, as identificações feitas simplesmente com a ajuda da memória sempre estavam sujeitas a contestações.

Vidocq se gabava de sua memória prodigiosa para rostos e nomes para reconhecer criminosos, seja lá qual fosse o nome com que se apresentassem. Ele havia iniciado o primeiro registro documentado com a descrição de criminosos com palavras e desenhos. Depois de sua aposentadoria, os registros continuaram a se expandir. Na teoria, esses formulários seriam úteis quando comparados com outros registros na busca de coincidências. Entretanto, como os novos detidos frequentemente davam nomes falsos e as descrições fornecidas pelos policiais que faziam as detenções eram desanimadoramente vagas ("alto, cabelos escuros, compleição média"), na prática os registros não tinham serventia alguma. Nos anos 1860, a polícia começou a usar fotografias de criminosos conhecidos. Estas, porém, muitas vezes eram apreendidas com a família ou amigos dos suspeitos e podiam ter qualquer pose. Mais ainda, era preciso pesquisar uma a uma. Esse era o grande problema com os registros de identificação: quanto mais aumentava a coleção, mais difícil se tornava manejá-la.

Em 1871, os *communards*, em uma de suas últimas ações, destruíram muitos dos documentos e fotografias da polícia de Paris, que, subsequentemente, teve de reconstruir seus registros fotográficos do nada. No final da década, a chefatura tinha cerca de 60 mil imagens em seu poder. A qualidade delas variava conforme a habilidade dos fotógrafos, e não havia como classificar os registros pela imagem que continham, de modo que apenas por acaso – e sem certeza – dois registros feitos em diferentes momentos combinariam um com o outro.

Bertillon logo compreendeu que, além do esforço de passar dez horas copiando automaticamente, cada minuto de seu tempo era desperdiçado em uma atividade que não tinha utilidade alguma. Reapareceu nele o estudante que se recusava a perder tempo em assuntos de que não gostava. Se não fosse pelo olhar desaprovador do pai (e pelo fato de precisar fazer alguma coisa para ganhar a vida), Bertillon poderia ter simplesmente pedido demissão. Em vez disso, recorreu a seus conhecimentos de estatística, campo em que seu avô, seu pai e seu irmão brilhavam.

Em 1840, um belga chamado Lambert Adolphe Jacques Quetelet, que frequentemente é mencionado como "pai da estatística moderna", declarou que não havia no mundo duas pessoas que tivessem exatamente as mesmas dimensões físicas. Outros estatísticos aceitaram isso como dado, e Bertillon começou a desenvolver uma série de medidas do corpo humano que poderiam ser usadas com o propósito de identificação. Conseguiu com a permissão do chefe da carceragem um local para medir os prisioneiros e, em agosto de 1879, acreditou ser possível criar tal sistema. Enviou um relatório ao diretor da polícia, Louis Andrieux, que não respondeu. Quando Bertillon foi promovido a escriturário assistente, em outubro daquele ano, mandou-lhe uma segunda carta. Explicou que o sistema que propunha era baseado no estudo que Quetelet fizera das estatísticas criminais francesas em *Sur l'homme et le développement de ses facultés* [Sobre o homem e o desenvolvimento de suas faculdades], que incluía medidas do corpo humano.

Andrieux não teve muita paciência com o jovem presunçoso que tentava provocar uma revolução nos métodos do departamento – mesmo sabendo, por experiência pessoal, que muitas das informações dos registros eram incorretas: quando foi nomeado chefe, havia verificado o próprio dossiê e descobrira que estava cheio de falsas informações e acusações sem fundamentos, o tipo de material que a polícia geralmente recolhe de informantes e espiões.

Ainda assim, Andrieux enviou a proposta de Bertillon para o chefe da Sûreté, Gustave Macé, que também não se impressionou. Macé tinha considerável experiência como policial e alcançara a fama ao solucionar o caso Voirbo. Em sua trajetória de policial de rua a chefe da Sûreté, havia se convencido de que os instintos e as habilidades práticas eram superiores aos métodos científicos. O "nariz" do detetive e sua memória (*à la* Vidocq) eram para ele as ferramentas mais importantes. Não ajudava nada o fato de Bertillon, mesmo nos informes mais simpáticos, ser considerado uma pessoa pouco interessante. Era visto por alguns como um pedante pomposo, dado a aplicar lições aos demais, até a seus superiores, de um modo que provocava rancores. Isso certamente era verdade no caso de Andrieux, que, depois de receber uma reação negativa de Macé, não apenas rejeitou a proposta de Bertillon, como escreveu uma carta para o pai do rapaz, sugerindo que Alphonse podia ser mentalmente perturbado e que, se continuasse a fazer sugestões bizarras, seu emprego estaria em risco.

Sem dúvida, Andrieux estava bem ciente de que o dr. Bertillon mexera os pauzinhos para conseguir o emprego para o filho imprestável, e podia haver certa dose de ressentimento por trás da carta. Entristecido, Louis-Adolphe mostrou a carta para o filho, que respondeu com sua única peça de defesa, a "prova" de sua perturbação: o relatório que havia escrito para Andrieux.

O dr. Bertillon leu o documento com mente aberta e o achou impressionante; até admitiu que o filho poderia estar percebendo algo novo. No entanto, Louis-Adolphe também sabia que a política desempenhava um papel maior na mudança dos métodos das agências governamentais que as ideias brilhantes. Seria melhor esperar, disse ao filho. Os mandatos de chefes de polícia tendiam a ser curtos. Algum dia, Andrieux se aposentaria ou seria removido para outro posto. Alphonse podia se preparar para esse dia desenvolvendo mais seu sistema de identificação, aperfeiçoando-o.

E assim fez Bertillon, selecionando, para medir, as partes do corpo que achava que eram menos prováveis de mudar conforme a pessoa envelhecia. Na versão final do que ele denominou de antropometria, mas que se tornou mais conhecido como bertillonagem, são usadas onze medidas, que se situam em três categorias:

1. Corpo: altura, envergadura dos braços e altura sentado.
2. Cabeça: comprimento da cabeça, largura da cabeça, diâmetro bizigomático e comprimento da orelha esquerda.
3. Membros: comprimento do pé esquerdo, comprimento do dedo médio esquerdo e do dedo mínimo esquerdo, e comprimento do braço esquerdo desde o cotovelo até a ponta do dedo médio estendido. Bertillon preferia fazer as medidas do lado esquerdo porque este lado era o menos provável de ser afetado pelo trabalho.

Bertillon calculou que a chance de todos os onze pontos serem idênticos em dois indivíduos era de 268.433.456 para um. Segundo ele, essa razão ainda não era suficientemente certa, de modo que acrescentou mais três pontos – descritivos, e não como os onze primeiros, que podiam ser obtidos por instrumentos científicos. Eram a cor dos olhos, a do cabelo e a da pigmentação da pele.

Nessa época, Bertillon conheceu uma atraente mulher que lhe pediu ajuda para atravessar a rua. Há um momento na vida da maioria dos homens no qual eles conseguem, ainda que momentaneamente, abandonar o embaraço natural e a inépcia social. Esse foi o momento de Bertillon. Ele comentou sobre o sotaque da mulher e soube que nascera na Áustria. Ela disse que havia chegado recentemente a Paris e ganhava a vida dando aulas de alemão. Bertillon respondeu que havia muito queria aprender alemão. Assim...

O nome da jovem era Amélie Notar. No transcorrer de suas aulas de alemão, Alphonse notou que a caligrafia dela era incomumente pequena e clara. A de Bertillon refletia sua falta de jeito, dificultando ainda mais a tarefa de preencher as fichas no departamento. Quando Amélie soube da esperança de Bertillon de um dia introduzir seu sistema nos arquivos da polícia, ofereceu-lhe ajuda. Suas fichas claramente escritas tornaram possível a etapa seguinte da bertillonagem: achar uma maneira de classificá-las de modo que pudessem ser facilmente consultadas. A sobrinha de Bertillon, que escreveu uma biografia dele, comentou sobre a colaboração dos dois: "Para ele, o pensamento; para ela, a ação".[9] Agora ele estava capacitado a resolver o problema da classificação. O arquivamento aleatório não traria benefícios quando crescesse o número de fichas, é claro, de maneira que Bertillon teve de imaginar um sistema de opções em cascata. Começou com o comprimento da cabeça, cujas medidas resultantes (como as de todas as onze dimensões físicas de seu método) dividiam-se em três grupos: pequena, média e grande. O processo se repetia com a largura da cabeça, produzindo nove grupos (três ao quadrado) – e assim sucessivamente com sete das onze medidas. As fichas eram depois divididas em sete gradações de cor dos olhos, definidas por Bertillon. Isso tudo pode parecer demasiado, mas na prática era um processo bem rápido para encontrar a ficha de um indivíduo, presumindo-se que ele fora medido antes. "Um criminoso pode ser medido, pesquisado e identificado em questão de minutos", segundo uma autoridade moderna.[10]

Cada vez mais impaciente, Bertillon ocupava seu tempo livre tomando as medidas dos prisioneiros e registrando-as, preparando-se para o dia em que lhe fosse permitido demonstrar o que podia fazer pela polícia. Começou por melhorar as fichas que ainda fazia (usando o já testado e consagrado método descritivo), afixando nelas fotografias dos prisioneiros. Isso havia sido feito antes em base irregular, e Bertillon, percebendo que era preciso padronizar as poses, deu origem às fotografias em close-up de frente e de perfil, que seriam adotadas pelos fotógrafos de polícia de toda parte. Insatisfeito com o trabalho desleixado dos outros, aprendeu a fotografar, iluminando cuidadosamente os rostos, de modo a conseguir uma imagem mais clara e precisa.

Finalmente, um novo chefe de polícia assumiu o lugar de Andrieux, e o pai de Bertillon mais uma vez usou seus contatos para apresentar os planos do filho. O chefe, um sujeito chamado Jean Camecasse, ouviu as explicações de Alphonse. Infelizmente, Bertillon não conseguiu evitar entrar em detalhes sobre demografia e classificações etimológicas e sua importância na identificação dos reincidentes. Como costumava fazer, o discurso foi se alongando e se tornando complexo.

Camecasse sacudiu os ombros. O pai do rapaz tinha contatos, de modo que era melhor atendê-lo. "Temos de ser práticos aqui", lembrou Camecasse a Alphonse. "Não somos cientistas, que podem se dar ao luxo de experimentar sem resultados."[11] Bertillon deve ter mordido a língua. Ainda assim, Camecasse deu-lhe três meses para provar que seu sistema de fato podia identificar um prisioneiro que houvesse sido previamente detido. Camecasse não queria parecer injusto e designou dois escriturários para ajudar Bertillon a tomar as medidas e registrá-las nas novas fichas. (Aparentemente, também fez vista grossa quando Bertillon acrescentou uma voluntária a sua pequena equipe: Amélie.)

Três meses não era muito tempo. Para provar o valor de seu sistema, Bertillon tinha de esperar que algum malfeitor fosse preso não apenas uma, mas duas vezes, nesse período de noventa dias. Amélie o encorajava a não perder as esperanças, tinha confiança no sucesso.

Ainda assim, seu ânimo estava sombrio no final de uma tarde de fevereiro de 1883. Dois meses haviam transcorrido, mais de mil homens e mulheres haviam sido medidos depois de presos, porém, até onde Bertillon podia determinar, nenhum apareceu duas vezes em suas fichas. Como se fosse zombaria, sete dos homens detidos naquele dia haviam declarado chamar-se Dupont – por alguma razão esse pseudônimo estava em moda na época em Paris. Depois de medir o sétimo homem, entretanto, a sua memória clicou: o prisioneiro parecia familiar. Claro, ele podia ter visto o homem em qualquer lugar, mas até mesmo suas medidas tocaram uma campainha na mente de Bertillon. "Comprimento da cabeça: 187 milímetros; largura: 156 milímetros..." Ele foi até o arquivo das fichas e começou a pesquisar, finalmente chegando a uma gaveta com umas cinquenta fichas, todas com aproximadamente as mesmas medidas do Dupont nº 7. Bertillon as folheou até encontrar uma com as medidas exatamente iguais. Na ficha original o prisioneiro declarou chamar-se Martin, mas inegavelmente era o mesmo que se passava pelo Dupont agora detido.

Confrontado, Dupont começou negando ter sido detido antes. (A razão pela qual estava novamente nas ruas era o fato de a acusação anterior ser tão trivial que não fora condenado à prisão: havia sido preso roubando garrafas vazias.) Ele esperava evitar mais uma vez ir para a cadeia, tal como acontecia quase sempre com os infratores primários. Bertillon apontou que suas medidas eram idênticas às do homem preso por roubar garrafas. Dupont disse que era coincidência, e então Bertillon mostrou-lhe a foto da ficha anterior. Não havia como negar *essa* semelhança, e Dupont/Martin confessou.

Era o sucesso imaginado por Bertillon. Mal podia esperar para contar àqueles que haviam acreditado nele: Amélie e seu pai, que agora vivia no campo, perto de Neuilly. Quando Bertillon o visitou, verificou que a saúde do pai estava decaindo rapidamente. Louis-Adolphe reanimou-se um pouco quando soube que seu obstinado filho havia afinal conseguido algo, mas a recuperação completa já não era possível, e o velho morreu com os dois filhos à sua cabeceira. Antes disso, Louis-Adolphe disse a eles: "Sempre estive em busca da verdade. Vocês, queridos filhos, devem fazer o mesmo".[12]

Na Chefatura de Polícia de Paris, os céticos argumentavam que o sucesso proclamado por Bertillon poderia simplesmente ser fruto do acaso. Entretanto, quando Camecasse estendeu o período de teste do sistema, mais reincidentes começaram a aparecer. No final de 1883, Bertillon descobria um a cada três dias, e não havia dúvida de que a bertillonagem viera para ficar. Amélie, que havia preenchido 7.336 fichas no decorrer do ano, recebeu seu prêmio ao se tornar madame Bertillon. Era um casamento que deu continuidade à parceria entre os dois.

III

A despeito do sucesso, muitos no departamento de polícia se ressentiam com o novo sistema, tal como antes haviam desprezado os métodos de Vidocq. Sempre que possível, tentavam perturbar Bertillon fazendo-o ir ao necrotério para identificar cadáveres destroçados, tarefa que ele detestava. Apesar de essas viagens o deixarem quase doente, finalmente ganhou o respeito de seus críticos. Certo dia, um detetive que não conseguia identificar um cadáver apodrecido com uma cabeça muito grande mencionou o problema a Bertillon. As circunstâncias – o cadáver havia sido pescado do rio Marne – levavam à suspeita de que o morto tivesse um passado criminoso, de modo que Bertillon foi medi-lo. Apesar de as condições do cadáver tornarem impossível fazer todas as onze medições críticas, havia o suficiente para obter uma identificação: os arquivos de Bertillon mostraram que o homem fora acusado de assalto um ano antes. Isso fez a polícia interrogar os envolvidos e descobrir que a vítima havia sido assassinada por vingança pelo incidente anterior. Depois disso, a identificação de cadáveres desconhecidos se tornou uma tarefa regular para Bertillon e seus assistentes.

A imprensa, como sempre, era fascinada por histórias de crimes, e a publicidade decorrente favoreceu o programa de Bertillon. Em novembro de 1887, *L'Illustration* mandou um repórter a seu laboratório. O jornalista escreveu sobre homens em pedestais, inclinados sobre mesas de aço calibradas e sentados em cadeiras aparafusadas enquanto usavam paquímetros, fitas métricas e câmeras. A tecnologia da medição precisa, deixou claro o repórter, estava complementando e substituindo o sistema que confiava tão somente na memória dos policiais.

Pouco a pouco, os superiores de Bertillon perceberam quão valioso era seu trabalho. Em 1º de fevereiro de 1888, seis anos depois de seu primeiro sucesso, ele foi nomeado chefe do recém-estabelecido Serviço de Identificação Judiciária. Seu escritório ficava no último andar do Palais de Justice. Provavelmente Bertillon gostava do fato de ser necessário subir uma escada longa e íngreme para chegar até ali, o que desencorajava os visitantes ocasionais e os que não tinham algo importante a reportar. Nessa época, seu sistema já era tão conhecido que forças policiais da Europa e da América começaram a adotá-lo. Conforme se estendia seu uso, alguns se queixavam de que tomar onze medidas era muito difícil para escrivães de polícia mal pagos e que nem todos eram suficientemente hábeis para fazer as medições de modo tão preciso quanto o próprio Bertillon. O fundador do sistema desprezava essas objeções, dizendo que "qualquer um que não fosse imbecil podia aprender a fazer as medições em cinco minutos e jamais esquecer o procedimento".[13] Apenas em Paris, no final da primeira década de uso, o sistema de medidas de Bertillon havia levado à captura e identificação de 3.500 criminosos.[14]

Bertillon pesquisava continuamente novas maneiras de empregar métodos científicos na solução de crimes. Em determinado momento, aumentou sua reputação ao fazer cópias das fotos de identificação e recortá-las em pedaços. Dividiu esses pedaços em grupos de acordo com as partes do rosto – nariz, orelhas, olhos e assim por diante – e compilou quadros para mostrar os vários tipos existentes de cada uma dessas partes. Com isso, ele tentava achar um modo de ajudar os policiais a fazerem descrições mais precisas dos suspeitos detidos. Bertillon provou, em uma série de experiências, que os detetives que haviam fracassado em identificar suspeitos com base nas fotografias comuns muitas vezes conseguiam reconhecer seu alvo se apenas um dos traços fosse isolado. Era habilidade do detetive "analisar separadamente cada um desses traços e, consequentemente, comparar cada traço isolado com o traço correspondente de outro rosto".[15] Bertillon colocava ênfase especial nas orelhas dos criminosos para fazer uma identificação, pois acreditava que elas eram ao mesmo tempo difíceis de disfarçar e fáceis de lembrar. No final, seus esforços produziram o que foi chamado de *portrait parlé*, ou retrato falado. Cursos e palestras treinavam os policiais na técnica de observação e memorização de orelhas, narizes e outras características, segundo uma escala gradual.

Como escreveu o historiador Matt Matsuda:

> O nariz, por exemplo, estava dividido em três características distintas, sua altura, largura e projeção, cada parte precisamente designada e numerada. [...] Bertillon afirmava que, enquanto determinado traço anatômico não recebesse "um nome que permitisse que a forma e o valor descritivo pudessem ser guardados na memória", permaneceria "despercebido", como se de fato "não existisse".

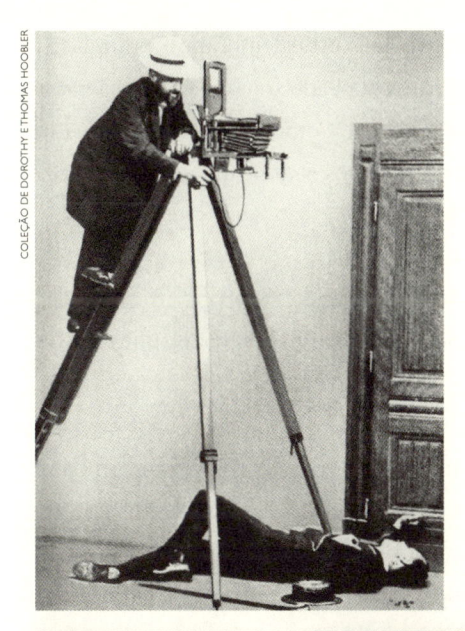

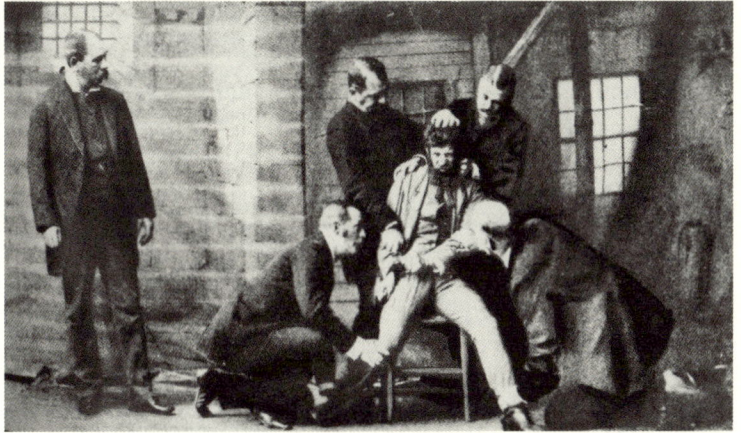

Bertillon foi o primeiro a fotografar detalhadamente cenas de crime como referência para a investigação da polícia (no alto). Na mesma época, a polícia também passou a usar um sistema de identificação fotográfica dos criminosos, que, ao compreenderem que as imagens poderiam ligá-los a outros crimes, começaram a resistir a posar para a câmera (acima). Já que o tempo de exposição era longo na época, frequentemente era preciso amarrar o prisioneiro para obter uma foto nítida.

Observar um rosto era ótimo, mas essas lembranças eram facilmente enganosas. Era melhor se concentrar nas identificações das lembranças na forma de linguagem. Como colocava Bertillon, "já foi dito há muito tempo: só pensamos naquilo que somos capazes de expressar em palavras".[16]

Similarmente, artistas e cientistas, usando os próprios métodos, estavam descobrindo vocabulários, visuais e verbais, para novas concepções do mundo. Os artistas em particular compartilhavam com Bertillon a exigência de que os observadores deviam eles mesmos juntar as peças, formando uma imagem com base em elementos discretos. Pode-se observar esse processo em filmes, no impressionismo, no cubismo e na estatística, a ciência subjacente aos métodos de Bertillon. Sua filosofia, que facilmente poderia ser adotada por Picasso, estava escrita em letras garrafais na sala em que treinava recrutas: "Os olhos veem em cada coisa apenas o que estão buscando e buscam apenas o que já é uma ideia na mente".[17]

Assim como a base da antropometria era a ideia de proporcionar medidas precisas do corpo humano, Bertillon também esperava desenvolver outras ferramentas de medida que ajudassem na detecção de crimes. Depois de aperfeiçoar suas habilidades fotográficas para produzir as fotos de identificação, ele começou a levar a câmera para as cenas de crime. Os policiais acabaram se acostumando com suas instruções de não tocar em nada até que ele pudesse fazer um registro fotográfico, muitas vezes de vários ângulos, de um cadáver ou de um arrombamento. Bertillon colava suas fotografias em fichas que mostravam uma escala precisa de medição nas bordas. Hoje os investigadores de cenas de crime podem usar polaroides ou câmeras digitais para obter imagens instantâneas, mas seguem o mesmo procedimento usado pioneiramente por Bertillon há mais de um século.

Outra de suas invenções foi a caixa de Bertillon, uma espécie de unidade forense portátil, pequena o suficiente para caber no bolso de um casaco. Já se havia usado gesso para fazer moldes de pegadas. Bertillon foi além e fez cópias metálicas, mais duráveis e fáceis de serem exibidas para jurados.

Bertillon também descobriu que a borracha pura, similar à utilizada pelos dentistas, era uma valiosa ferramenta nas cenas de crime. Por exemplo, se quisesse copiar as marcas em maçanetas ou caixilhos de janelas feitas por uma alavanca ou pé de cabra, ele colocava uma borracha amolecida sobre a superfície. Quando pressionava a borracha, ela penetrava em todos os sulcos. Depois que o material endurecia, Bertillon cuidadosamente o removia para mostrar todos os padrões de fibras e ranhuras da madeira. Empregando isso como molde negativo, ele então fazia um modelo de gesso e podia usá-lo para identificar o pé de cabra específico que fora usado.

O instrumento do qual mais se orgulhava, entretanto, era o dinamômetro, projetado para medir a força aplicada por um arrombador de casas para quebrar travas em portas ou janelas. Não era, como até os biógrafos de Bertillon admitem, um instrumento particularmente útil – ele simplesmente satisfazia sua fome de quantificar todos os aspectos de uma cena de crime. De toda maneira, foi um sucesso na época, tendo sido mencionado até mesmo em uma das histórias de Fantômas.

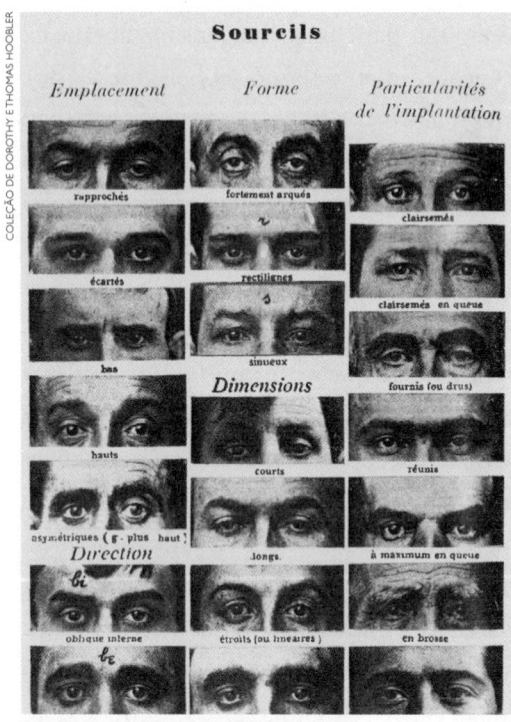

Reprodução, feita na época, de três das fichas que Bertillon preparou para categorizar partes do rosto: tipos de olhos, orelhas e nariz. O criminologista acreditava que dar nomes às diferentes formas de partes do corpo capacitaria a polícia a criar um *portrait parlé*, ou retrato falado, dos suspeitos.

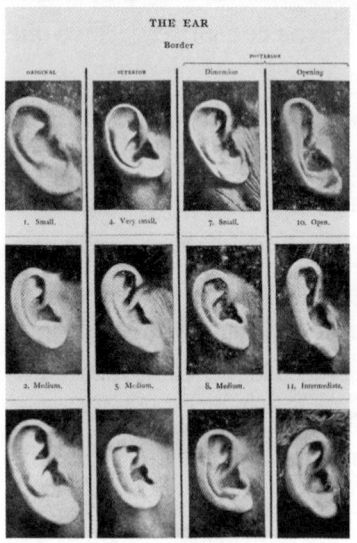

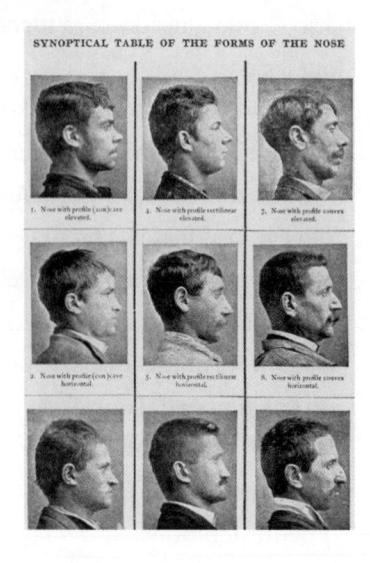

IV

Bertillon não teria alcançado a fama que teve se seu sistema não produzisse resultados tangíveis. Um de seus maiores sucessos aconteceu em março de 1892, depois que uma bomba explodiu no bulevar Saint-Germain, do lado de fora da casa de um juiz que presidira o julgamento de um grupo de anarquistas no ano anterior. Para descobrir quem havia plantado a bomba, a polícia inicialmente empregou o já testado método de usar informantes. Uma mulher identificada nos arquivos da polícia como X2S1 denunciou Chaumartin, professor de uma escola técnica no subúrbio de Saint-Denis. A informante soube pela esposa fofoqueira de Chaumartin que ele havia planejado colocar a bomba, apesar de o ato ter sido levado a efeito por um homem chamado Léon Léger. Sob custódia, Chaumartin confessou ter mostrado a Léger como construir a bomba, mas disse que este havia roubado a dinamite e elaborado o plano. Contou onde estava Léger e o descreveu como um homem de cerca de 1,65 metro, de barba escura e compleição amarelada. Chaumartin informou, ainda, que o verdadeiro nome de Léger era Ravachol. No entanto, este também era um pseudônimo, embora fosse mais conhecido por ele.

Ravachol já havia fugido quando a polícia chegou ao local em que estava alojado, e por toda Paris e áreas adjacentes homens baixos de barba escura eram detidos e interrogados – sem resultados. Os jornais berravam pela solução do ultraje. "A França está nas mãos de impotentes que não sabem o que fazer com os bárbaros em nossa sociedade", queixava-se um articulista no *Le Gaulois*.[18] O novo diretor da polícia, Henri Lozet, chamou Bertillon e lhe apresentou a única pista que aparecera: a polícia na cidade de Saint-Étienne lembrava-se de haver detido, por suspeita de furto, um homem que dizia se chamar Ravachol. Aparentemente, Ravachol era um criminoso de carreira: contrabando, arrombamento, assassinato e até roubo de túmulos estavam entre os crimes de que era suspeito. Felizmente, a polícia de Saint-Étienne havia registrado suas medidas e descrição segundo o método de Bertillon. Em 24 de março, Bertillon recebeu os dados da ficha preenchida em Saint-Étienne: "Claudius François Koenigstein, pseudônimo Ravachol; altura: 1,663; abertura de braços: 1,780; peito: 0,877; comprimento da cabeça: 0,186; largura da cabeça: 0,162; comprimento do pé esquerdo: 0,279; dedo médio esquerdo: 0,122; orelha esquerda: 0,098; cor da íris esquerda: amarelada com tom de verde".[19] Bertillon tinha certeza de que esses dados precisos, circulando pelos *arrondissements* de Paris, levariam Ravachol perante a justiça.

Antes que Ravachol fosse preso, entretanto, houve mais um ataque. Duas semanas depois da primeira bomba, outra explodiu no porão de uma casa, na rua de Clichy, 35, residência do promotor que processava os anarquistas. Parecia não haver dúvida de que era trabalho do mesmo homem que plantara o primeiro aparato.

Os anarquistas não eram nem um pouco reservados em declarar sua lealdade, e vários de seus jornais proclamaram o bombardeador como um novo herói do movimento. A polícia respondeu detendo todos os anarquistas conhecidos, mas nenhum deles tinha as medidas físicas que batessem com as do elusivo Ravachol. Alguém, no entanto, revelou um detalhe físico adicional do procurado: uma cicatriz na mão esquerda. Alguns dias depois de tal descrição ter circulado, o proprietário de um restaurante no bulevar Magenta notou um freguês com uma cicatriz desse tipo e alertou imediatamente a polícia. Quando os policiais uniformizados chegaram, o homem sacou uma pistola. Felizmente não conseguiu disparar e, depois de lutar, foi algemado e levado pela polícia. A caminho da delegacia local, ele tentou se livrar, gritando e pedindo ajuda aos transeuntes: "Sigam-me, irmãos! *Vive l'anarchie! Vive la dynamite!*".[20] Mais tarde nesse mesmo dia, o suspeito foi conduzido à sede da Sûreté, onde Bertillon se preparou para fotografá-lo e medi-lo. Novamente o homem resistiu, ressaltando que seu rosto estava machucado e sangrando; em sua tentativa de fuga, a polícia o espancara. Bertillon cortesmente ofereceu adiar a fotografia se o sujeito permitisse que suas medidas fossem tomadas. Impressionado, ele concordou. Para Bertillon, a fotografia era secundária em relação a seu adorado sistema de medições, as quais nunca se modificavam depois que o indivíduo alcançava a idade adulta. Quando as medidas do suspeito confirmaram ser as mesmas tomadas pela polícia em Saint-Étienne, Bertillon soube que tinha Ravachol em custódia.

No entanto, as evidências contra Ravachol nos dois atentados de Paris eram frágeis. Ele negou tudo o que fora dito por Chaumartin, a única pessoa que confessara ter tido um papel no atentado. Mais ainda, outra bomba foi detonada enquanto Ravachol estava na cadeia – no mesmo restaurante onde ele havia sido preso, matando o proprietário que o denunciara.

Nervosos, os juízes mandaram Ravachol de volta a Saint-Étienne, onde as acusações pendentes contra ele pareciam oferecer um caso mais consistente. Ali, de fato, confrontado com as evidências, Ravachol desistiu de tentar negar seus crimes e se proclamou como o anarquista detonador de bombas. Defendeu-se alegando que sua violência visava ao término dos sofrimentos dos mais fracos. "Meu objetivo", declarou, "foi aterrorizar a sociedade para forçá-la a olhar com mais atenção para os que sofrem".[21]

Sentenciado à guilhotina, foi transferido para Paris para execução em 10 de julho de 1892. Enquanto era desfilado pelas ruas de Paris, cantou: "Se quiserem ser felizes, enforquem seus mestres e cortem os padres em pedaços". Suas palavras finais – "Porcos, viva a Revolução!" – foram cortadas quando a lâmina da guilhotina caiu sobre seu pescoço.[22]

Bertillon foi louvado como salvador de Paris. A captura de Ravachol lhe garantiu a Legião de Honra e uma nova posição, a de chefe do Serviço de Identificação, a qual manteria até morrer. O sentimento geral era de que seu sistema proporcionara estabelecer a única ligação entre o criminoso de Saint-Étienne e o bombardeador de Paris, e sem essa identificação Ravachol poderia ter continuado sua mortífera carreira. A publicidade fez muito para encorajar a polícia de outros países a adotar os sistemas de identificação antropométricos.

V

Depois do caso Ravachol, a reputação de Bertillon estava segura, e a aplicação de seu sistema tornou-se procedimento rotineiro, tal como é hoje a tomada de impressões digitais. Um caso notável foi resolvido pessoalmente por Marie-François Goron, chefe da Sûreté e um dos admiradores de Bertillon. Famoso com a solução do caso Gouffé, Goron recebeu solicitação do governo belga para tentar encontrar um vigarista, Karslake, que supostamente estaria em Paris. De imediato, procurou questionar pessoas que poderiam ter feito negócios com Karslake. Um homem em particular, Charles Vernet, chamou sua atenção por lhe parecer familiar – algo em sua atitude e modos despertou suspeita. Vernet, porém, era um cavalheiro endinheirado que havia feito fortuna na bolsa de Paris. Seus modos com Goron foram abertos e indicavam o desejo de ajudar a polícia. Ainda assim, o detetive não conseguia afastar a suspeita.

Goron começou a pesquisar nos registros da polícia desde a época em que havia ingressado na corporação. Finalmente achou o que procurava. Quando foi comissário no bairro de Pantin, zona norte de Paris, uns doze anos antes, um jovem escriturário chamado Moulin foi esfaqueado e morreu, depois de uma luta feroz em sua casa. Os ruídos da luta despertaram um inquilino do andar de baixo, que abriu a porta a tempo de ver um homem descer correndo as escadas. No dia seguinte a polícia deteve um sujeito chamado Simon, que foi identificado pelo vizinho. Como as evidências eram poucas, ele escapou da guilhotina, porém foi condenado a passar vinte anos na colônia penal de Caiena, na Guiana Francesa.

Goron sentia que Vernet, o ricaço da bolsa de valores, era esse mesmo homem, mas Simon ainda deveria estar cumprindo sua pena na prisão insular terrivelmente quente. Aprofundando sua pesquisa, Goron descobriu que Simon tentara escapar de Caiena, acompanhado de um prisioneiro chamado Aymard. Os perseguidores, contudo, descobriram o cadáver de Simon. Aymard havia desaparecido, mas presumia-se que também estivesse morto. Prosseguindo em sua leitura, Goron descobriu que o rosto do homem morto fora espancado para além da possibilidade de reconhecimento e que ele havia sido identificado apenas por seu casaco, marcado com o número designado para Simon em sua chegada a Caiena.

Goron não se convenceu. Tinha certeza de que, se o método de Bertillon fosse usado, mostraria Simon vivo e prosperando em Paris com o pseudônimo Vernet. O prisioneiro fugitivo poderia facilmente ter trocado de casaco com Aymard, depois de esmigalhar o rosto do homem de modo que ele ficasse irreconhecível. No entanto, a riqueza de Vernet e seus amigos influentes o tornavam suficientemente poderoso para que Goron não pudesse fazê-lo simplesmente marchar até o laboratório de Bertillon para medi-lo – o que era uma das falhas do método. Mais ainda, como Simon estava legalmente morto, o detetive enfrentaria a inércia da burocracia policial tentando provar que ele estava livre e ainda ativo. Goron contava com pouco mais do que a própria intuição para prosseguir.

Vernet aparecia frequentemente em eventos sociais, consolidando sua reputação de cavalheiro culto. O próprio Goron era um homem com gostos literários e artísticos e sentia-se confortável circulando pelas camadas superiores da sociedade. Por intermédio de um amigo, arranjou que Vernet fosse convidado para uma recepção promovida por uma conhecida e distinta escultora na qual algumas das mais recentes descobertas científicas seriam demonstradas. Goron e um "sobrinho" – na verdade um jovem detetive – também compareceriam. Quando chegaram, Goron trazia um pacote, que deixou de lado. Vernet, com trajes formais, fez-lhe uma educada reverência. As luzes foram desligadas enquanto os convidados assistiam à demonstração da novidade que era então o cinematógrafo. No final da exibição, um cientista mostrou alguns usos do eletrômetro, que media cargas elétricas. Nessa época, a eletricidade ainda era uma força estranha e poderosa, cujas muitas utilidades estavam por ser descobertas, e a audiência ficou fascinada. Então a anfitriã chamou Goron para que apresentasse sua parte nas diversões da noite.

O detetive-chefe levantou-se e fez um pequeno discurso sobre a evolução da investigação criminal:

> Anos atrás, o homem cujo dever consistia em lutar contra os inimigos da sociedade só podia confiar nos próprios poderes. Entre ele e o criminoso, era habilidade contra habilidade, arte contra arte. Chegaram então as invenções modernas – ferrovias, barcos a vapor, telégrafo, telefone – e as coisas ficaram mais difíceis para o detetive. Que fazer! Eram os assassinos, os falsificadores, que levavam

vantagem em termos de tempo, desde que, fazendo com que seus cúmplices usassem o telégrafo e o telefone em seu benefício, saíssem à frente da polícia.

A questão, portanto, era descobrir um sistema por meio do qual a sociedade, e não seus inimigos, pudesse se aproveitar dessas vantagens. Senhoras e senhores, esse sistema foi descoberto, e o homem a quem devemos isso, e cujo nome irá para a posteridade, é *monsieur* Bertillon.[23]

O "sobrinho" de Goron lhe entregou o pacote, que ele abriu. Ali, explicou Goron, estavam os instrumentos usados na nova ciência da bertillonagem, "para identificação daqueles que, tendo previamente caído nas mãos da polícia, esperavam escapar da detenção trocando o nome ou alterando, como pensavam, sua aparência".[24]

O nome de Bertillon provocou um frêmito de excitação na audiência. Quando Goron perguntou quem gostaria de ser medido, várias jovens foram as primeiras a se apresentar como voluntárias. Alphonse Daudet, um escritor bem conhecido, também se ofereceu para as medidas. Enquanto Goron trabalhava, notou Vernet aproximando-se da porta.

"Ah, lá está *monsieur* Vernet", bradou. "Não se vá. Venha e seja medido."

O financista balançou a cabeça com um sorriso. "Não, obrigado", respondeu. "Já vi isso antes."

Em tom de aparente brincadeira, Goron apelou para duas jovens norte-americanas que estavam perto da porta: "Agarrem-no, senhoras. Não deixem que ele escape".

A essa altura, todos os olhares estavam voltados para Vernet, e lhe seria impossível sair sem provocar uma cena. "É uma piada de mau gosto", disse a Goron.

"Oh, é parte da diversão", replicou o detetive.

Vernet se viu compelido a enfrentar a situação. Deu de ombros e permitiu que Goron tomasse suas medidas. Goron registrou tudo em uma ficha Bertillon em branco e a entregou ao "sobrinho", que tinha no bolso outra ficha, com as medidas de Simon, o condenado supostamente morto. Depois de brevemente comparar as duas, acenou para Goron, que pegou Vernet pelo braço e o levou a outra sala.

"Advirto-o de que não faça uma cena", avisou Goron. "Sei que você é Simon, um condenado fugitivo e suspeito de assassinar Aymard. Terá de ir comigo. Meu 'sobrinho' ali é detetive, e posso chamar rapidamente mais três. Despeça-se da anfitriã e siga-me."

O sangue-frio de Vernet o havia tirado de Caiena e o levado a Paris, e ele tentou blefar para se safar também dessa situação. Empertigou-se e disse com frieza a Goron: "É um engano, e farei você se arrepender disso".[25]

Depois de o próprio Bertillon confirmar as medidas de Goron, Vernet confessou. Foi enviado à prisão para aguardar o transporte de volta a Caiena. Era um destino que ele não podia suportar, e enforcou-se em sua cela.

VI

Harry Ashton-Wolfe, cidadão britânico que trabalhou com Bertillon por vários anos, escreveu vários livros sobre suas experiências. Ele era amigo de Conan Doyle e retratou Bertillon com base no modelo do detetive fictício mais famoso do mundo.[26] Em "The Clue of the Blind Beetles" [A pista dos besouros cegos], ele descreve como um pacote contendo o cadáver de um homem foi achado no Bois de Boulogne, no limite ocidental de Paris. Havia indicações de que a cabeça da vítima tinha sido golpeada por trás, com um martelo ou cassetete. Vestia apenas camisa e calças, mas outros itens de vestuário foram encontrados no pacote.

Apesar de o solo estar macio por causa de chuvas recentes, não havia traços de pegadas ou rodas. O pacote era pesado e difícil de manusear e, se tivesse sido deixado ali por um único homem, este deveria ser extraordinariamente forte. Bertillon saiu caminhando na direção do Sena, que faz curvas ao redor do Bois, e descobriu marcas de um barco na margem. Saindo dali, havia impressões disformes feitas, deduziu ele, por um homem que havia amarrado um pano grosso por cima das botas para disfarçar seus rastros. Como o papel do embrulho estava seco, tinha de ter sido deixado ali depois da meia-noite, quando a chuva parou.

Usando um cabo ligado à bateria de seu automóvel, Bertillon ativou um novo aparelho que havia montado recentemente. "Um arco curto, enormemente ampliado por lentes e refletores complexos, que produzia um feixe de luz de radiante luminosidade, capaz de focar qualquer ângulo", escreveu Ashton-Wolfe. Enquanto segurava a lâmpada, Bertillon amarrou no rosto uma máscara com lentes de aumento e examinou o cadáver. Notando algo na camisa da vítima, solicitou uma placa de colódio, feita de vidro espesso e usada para recolher provas minúsculas – nesse caso, o que pareciam ser insetos. O cadáver foi então levado para autópsia, e as roupas, enviadas para o laboratório de Bertillon.

Ashton-Wolfe descreve os resultados:

> Nos cabelos, que, embora escuros nas raízes, eram grisalhos nas pontas, havia fragmentos de carvão, areia e serragem. O microscópio determinou que o carvão era antracito; a areia, silicato, silicato ferruginoso e quartzo; e a serragem, quando separada por um

micrótomo, revelou ser composta de carvalho e pinho. As manchas na camisa também eram de carvão, misturadas com traços de mofo. Quando levei o relatório a meu chefe, encontrei-o trabalhando na placa de colódio.[27]

Bertillon informou:

Os dois minúsculos insetos que descobrimos na camisa são *Anophthalmi*, uma espécie de besouro cego. Mais ainda, são incolores, totalmente desprovidos de pigmento, resultado de gerações criadas na escuridão. Considerando também o carvão e a areia, diria que isso prova que o cadáver esteve um tempo escondido em um porão ou, mais precisamente, em uma adega. Só precisamos descobrir onde.[28]

Ashton-Wolfe comentou que, se tivessem de revistar todos os porões de Paris, o processo seria demorado. Bertillon franziu o cenho e lhe disse: "Percebo que esqueceu a fórmula aplicável a todo crime premeditado: 'Quem lucra com o crime?' e 'Procure a mulher'. Um ou outro nos levará a essa adega".[29]

A análise química das roupas do morto proporcionou outra pista. O sobretudo e o paletó estavam cobertos com *Saccharomyces cerevisiae*, bactéria usada para fermentar álcool. Bertillon conjeturou que a adega que buscavam podia muito bem estar em um café. Como havia sido necessário um barco para transportar o corpo, o café devia ficar próximo ao Sena. A serragem de carvalho e pinho indicava que provavelmente a mesma adega era usada para serrar lenha.

Os técnicos do laboratório de fotografia de Bertillon produziram uma foto do rosto reconstruído da vítima, e os detetives começaram a mostrá-la pelos cafés da cidade. Bertillon instruiu Ashton-Wolfe sobre como proceder: "Diga que está procurando um parente... Cuidado para não deixar transparecer que você receia que algo tenha acontecido com ele".[30] Bertillon achava que o homem era contador ou escriturário. Suas botas e mãos não mostravam sinais de trabalho manual, e a manga direita parecia mais bem conservada que a esquerda. Isso indicava que, como muitos que trabalhavam em escrituração, a vítima utilizava lustrina* para proteger a camisa do lado em que escrevia. Um datilógrafo, por sua vez, usaria lustrina nas duas mangas.[31]

As suposições de Bertillon logo se comprovaram, quando alguém reconheceu o homem da fotografia: era um contador de quarenta anos chamado Charles Tellier. Ele havia desaparecido dez dias antes, mas avisara a sua locadora que sairia de férias, de modo que ela não registrou seu desaparecimento. Os vizinhos disseram que Tellier era muito mulherengo e eventualmente tinha problemas quando as damas eram casadas. Também era conhecido por frequentar casas de apostas ilegais. Uma busca em seu quarto revelou numerosos comprovantes de apostas e algumas cartas de amor assinadas por "Marcelle".

A locadora contou que Tellier fazia suas refeições em uma taberna no Quartier Latin chamada La Cloche de Bois. Vestido como estudante de arte ("calças pregueadas de cintura alta e jaqueta de belbutina, com chapéu de abas largas e gravata florida"),[32] Ashton-Wolfe foi para lá investigar. Descobriu que o proprietário era um tipo corpulento chamado Jacques Cabassou, "rubicundo, jovial e generoso". Menos simpática era sua esposa, que trabalhava no bar e no caixa, evitando que Cabassou deixasse de cobrar muitas bebidas e refeições dos estudantes necessitados que frequentavam

---

* Punho removível usado no século XIX para evitar que as tintas sujassem a manga das camisas. [N.E.]

o lugar. Ashton-Wolfe ficou mais interessado quando soube que o nome dela era Marcelle e pescou uma das contas que ela havia escrito. Comparou a caligrafia com a das cartas de amor do quarto de Tellier. Coincidiam.

Antes que Ashton-Wolfe pudesse ir mais a fundo no La Cloche de Bois, outro detetive, chamado Rousseau, descobriu nova pista. Um dos colegas de trabalho de Tellier, chamado Guillaume, pedira licença do emprego na mesma época do desaparecimento de Tellier. Guillaume era conhecido por ter uma considerável dívida de jogo com Cabassou. Rousseau seguiu a pista de Guillaume até Antuérpia, onde ele havia vendido alguns diamantes. Sua locadora dissera que ele frequentemente usava anéis e prendedores de gravata com diamantes. A conclusão a que Rousseau chegou foi que Guillaume havia matado Tellier para pegar os diamantes e pagar sua dívida.

Bertillon expressou algumas dúvidas, mas mandou Ashton-Wolfe e Rousseau prenderem Guillaume, que tinha regressado ao trabalho. Os detetives levaram-no de volta a seu apartamento e revistaram o local. Encontraram dois anéis e um prendedor de gravatas, dos quais as pedras haviam sido retiradas. Guillaume empalideceu quando viu as provas e disse que alguém as havia plantado. Os detetives já conheciam esse tipo de desculpa e o apresentaram ao *juge d'instruction*.

A história de Guillaume era que ele havia perdido todo o seu dinheiro no jogo, e Cabassou lhe deu uma oportunidade para recuperá-lo. Entregou-lhe uma carta de apresentação para um homem que precisava de um portador para levar alguns diamantes à Antuérpia, na Bélgica, e vendê-los no mercado da cidade. Em troca, Cabassou pediu um favor: uma prova de que Tellier e sua esposa eram amantes. "Quando Cabassou disse isso", declarou

Guillaume, "ele deixou de ser o sujeito sorridente e jovial que eu conhecia e seu rosto se transformou no de um monstro".[33] Agora estava claro que Cabassou tinha motivos para assassinar Tellier, embora Guillaume insistisse que não havia descoberto as provas de infidelidade que ele exigira.

Ashton-Wolfe e Rousseau voltaram ao La Cloche de Bois, ainda disfarçados como estudantes meio embriagados. Estavam relutantes em deter Cabassou sem outras provas. Assim, fingindo se interessar por vinhos melhores do que o que bebiam, persuadiram o taberneiro a levá-los até o porão. Ali, Ashton-Wolfe descobriu o que pareciam ser manchas de sangue. Os dois prenderam Cabassou e chamaram Bertillon para examinar a cena.

Bertillon apontou todos os sinais que esperava encontrar, salvo os insetos cegos. "Vejam, aí está a areia, a serragem, o carvão e, em um lugar cheio de barris e garrafas de vinho, temos bacilos de fermentação de álcool em abundância." Bertillon insistiu que deveria haver outra adega, e uma busca revelou "um recesso minúsculo e completamente às escuras, acessível por uma porta sob as escadas". A teoria de Bertillon estava comprovada: por fim estávamos no lugar onde o assassinato foi cometido. Havia sangue salpicado no chão e nas paredes, e o teto estava lotado de *Anophthalmi* [os besouros cegos]".[34] Depois de assassinar Tellier, Cabassou havia removido os diamantes e mandado Guillaume vendê-los, esperando lançar suspeitas sobre ele. Não fossem os métodos científicos e a aguda observação de Bertillon, Guillaume poderia ter sido condenado. Com uma nota de triunfo, Bertillon assinalou a Ashton-Wolfe que o ciúme estava no centro do caso. *Cherchez la femme*, como ele previra, foi a chave para solucionar o caso.

VII

Relatos como esse, e outros cujos detalhes são tão fantásticos quanto os de qualquer ficção, transformaram Bertillon em uma lenda em Paris – e mesmo na Europa e na América. Apesar de ele ostensivamente se esquivar da publicidade, esse tipo de adulação mexe com a cabeça de quase todo mundo, e, no auge de sua carreira, Bertillon cometeu uma estupidez na investigação mais controvertida de toda a sua vida – o que mancharia sua reputação dali em diante.

Ele foi imprudente, ou infeliz, ao entrar no caso Dreyfus logo no começo. Uma vez que dera sua opinião sobre a caligrafia no *bordereau* incriminador – dizendo que o capitão Dreyfus era o autor –, achou impossível se retratar.

Alguns escritores qualificaram Bertillon como "notório antissemita" e sugeriram que fora o racismo que o levara a esse apressado – e, no final das contas, falso – parecer. No entanto, não há outros casos na vida de Bertillon nos quais ele pareça ter manifestado antissemitismo, e seu irmão, Jacques, era casado com uma judia.[35] Além disso, quando Bertillon pronunciou sua opinião sobre a caligrafia, talvez nem soubesse o nome da pessoa que supostamente teria escrito o *bordereau*, tampouco que o suspeito fosse judeu. Tudo o que sabia era que militares de alta patente acreditavam que quem escrevera era culpado. Mas, apesar de Bertillon provavelmente não ter agido no início por antissemitismo, ele se recusou a mudar de opinião quando surgiram fatos para contestar suas afirmativas e começou a falar dos "judeus" como parte de uma tentativa de minar os militares franceses e a autoridade governamental.[36] O resultado foi que o caso Dreyfus dividiu os Bertillons, uma família anticlerical e que defendia o igualitarismo, e Jacques tornou-se um *dreyfusard* apaixonado, que não deixaria de falar com o irmão por vários anos.

Sem dúvida, Bertillon era culpado – e isso era bem característico dele em toda a sua carreira – de ser obstinadamente incapaz de admitir, depois de ter emitido um parecer, que poderia ter errado. Ele foi chamado a testemunhar nos vários julgamentos e cortes marciais que se sucederam nos cinco anos seguintes. Ao ter a oportunidade de mudar de opinião e ampliar seu alerta inicial de que uma falsificação poderia ter sido tentada, Bertillon disse que o falsificador seria... o próprio Dreyfus! Seu raciocínio para essa conclusão surpreendente se tornou cada vez mais intrincado. Bertillon afirmou que Dreyfus adotara a formação de certas letras com base na caligrafia do irmão e da esposa, em uma tentativa de disfarçar a própria escrita. Para apoiar essa alegação confusa, produziu um gráfico esquemático que não fez sentido para quem o viu. O general Auguste Mercier, o ministro da Guerra que havia colocado a reputação em risco na condenação de Dreyfus, levou Bertillon à presença do presidente da República, Jean Casimir-Périer, para que explicasse seu raciocínio. O presidente disse a um confidente que Bertillon estava "tomado por uma loucura extraordinária e cabalística. [...] Pensei que tinha um fugitivo [dos hospícios] de La Salpêtrière ou de Villejuif diante de mim". A palavra que Casimir-Périer usou para descrever o detetive foi "maluco".[37]

Os oficiais que pressionavam pela condenação de Dreyfus, porém, apresentaram o parecer de Bertillon como uma certeza científica. O próprio Bertillon, entusiasmado pela bajulação, declarou: "A prova está ali, e é irrefutável. Desde o primeiro dia, vocês conheciam minha opinião. Ela é agora absoluta, completa e não admite ressalvas".[38] Ele jamais suavizou essa afirmação autoconfiante, a despeito das evidências posteriores que esmagadoramente a contradiziam.

Vários outros julgamentos com enorme publicidade marcaram o andamento do caso, e Bertillon testemunhou em todos eles. Em cada um violou o princípio que tentou instilar nos que adotaram seu sistema: observar do modo mais verdadeiro e objetivo possível. Ao abandonar isso, sujeitou-se ainda mais ao ridículo. No julgamento de 1898, no qual Émile Zola foi processado por calúnia por acusar o ministro da Guerra de ter forjado a incriminação de Dreyfus, o desempenho de Bertillon provocou acessos de risos entre os apoiadores de Zola. Ali, também, ele levou como parte de suas provas os diagramas, cartazes e fotografias ampliadas para defender seu sistema, mas aquilo tudo apenas confundiu todos os presentes.

Um observador do julgamento, funcionário do Ministério das Relações Exteriores, escreveu em seu diário as impressões dos participantes:

> Quase esqueci os *peritos em caligrafia*, criaturas absurdas, incapazes de concordar com as deduções mais elementares, jogando suas teorias extraordinárias na cara uns dos outros, andando de lá para cá e insultando-se entre si como os médicos de Molière. Um deles porém, merece menção especial – Bertillon, que é um maluco, maníaco, armado com uma dialética elaborada, obstinada e poderosa que é característica da psicose interpretativa.[39]

Os advogados de defesa de Zola zombaram tão cruelmente de Bertillon que ele ficou mudo. O juiz saiu em sua salvação, declarando: "Digamos que a testemunha não deseja falar".[40]

Na segunda corte marcial de Dreyfus, Bertillon novamente espantou os observadores mais objetivos com suas apresentações labirínticas. Quando o advogado de defesa o interrogou, destruiu a autossegurança de Bertillon, provocando risadas nos espectadores. Um repórter inglês descreveu a cena:

Uma e outra vez a voz do senhor Bertillon se levantava com gritos de ódio. Houve interlúdios nos quais ele apertou os punhos e bateu na mesa, declarando que Dreyfus era um traidor. A voz soava cheia de paixão e excitação. Observava-se nele o vaidoso até a loucura, confiante em suas atrozes fantasias. Ele estava por fim se vingando de todos os insultos lançados pelos que o haviam apontado como alguém pronto para ser internado em um asilo de insanos.[41]

Em abril de 1904, na Cour de Cassation, três dos mais eminentes cientistas franceses revisaram o trabalho de Bertillon. Usando os instrumentos científicos mais avançados da época, examinaram novamente o *bordereau*. Testaram o argumento de Bertillon de que a escrita tinha de vir de uma pessoa que usava o tipo de grade de desenho empregado nos mapas militares e utilizaram um macromicrômetro, desenvolvido para a astronomia e o mapeamento dos céus, para verificar a caligrafia e medir as distâncias entre as letras e o interior delas. Seus instrumentos eram muito mais exatos e tecnologicamente avançados que os de Bertillon e, em certo sentido, ele foi ultrapassado. Declarando que suas conclusões eram baseadas em probabilidades estatísticas, demoliram o argumento e concluíram que seu trabalho estava destituído de qualquer valor científico.

O testemunho dos cientistas foi crucial para inocentar Dreyfus de todas as acusações. Talvez fosse de surpreender, então, que Bertillon não sofresse desgraça e descrédito correspondentes, como alguns dos outros oficiais militares que haviam fabricado provas falsas contra Dreyfus. De fato, ele manteve seu emprego, e seu prestígio não pareceu ter declinado significativamente.

VIII

Por mais impressionante que fosse, o sistema de identificação de Bertillon apresentava duas falhas. Primeiro, tinha pouca utilidade na própria cena do crime: os criminosos não deixavam ali suas medidas. Segundo, sua eficácia dependia de acuidade e diligência. Os detratores do sistema provaram estar corretos ao afirmar que os policiais precisavam de um treinamento muito cuidadoso para fazer medições suficientemente precisas para que fossem efetivas. Essas duas deficiências passaram a ser resolvidas em um novo sistema que começou a se desenvolver logo depois do de Bertillon: o das impressões digitais.

Talvez tenha sido a humilhação que sofreu quando se aventurou para além das questões estritamente científicas que levou Bertillon a seu outro grande fracasso – sua recusa em reconhecer a importância das impressões digitais. Isso foi particularmente doloroso, pois, se ele houvesse reagido de modo diferente, poderia ter transformado esse fracasso em seu maior sucesso.

Desde a Antiguidade sabe-se que os padrões da ponta dos dedos podem ser usados como identificação. Alguns antigos documentos chineses eram assinados com impressões do polegar, e Mark Twain menciona a identificação de um criminoso pela impressão do polegar em *Life on the Mississippi* [A vida no Mississippi], escrito em 1883. No entanto, diz-se que o uso moderno de impressões digitais data de uma carta escrita por Henry Faulds, médico inglês que trabalhava no Japão, para o periódico *Nature* em outubro de 1880. Faulds baseava suas observações no exame da cerâmica japonesa, na qual os artesãos deixavam impressões digitais. Ele sugeriu que elas não se modificavam durante a vida das pessoas e também deu o primeiro passo na classificação das impressões digitais ao descrever as três categorias de espirais, arcos e laços. Essa sugestão provocou uma resposta de sir William Herschel, um funcionário britânico na Índia, que desde 1858 usava impressões digitais em papel como meio de identificação dos residentes em Bengala, o território onde servia. Sir Francis Galton, um antropólogo britânico, tomou conhecimento do trabalho de Herschel e começou a aprofundar a pesquisa. Seus livros, publicados no início dos anos 1890, popularizaram o tema da identificação por meio das impressões digitais. Galton, um adepto da bertillonagem, percebeu que as impressões digitais poderiam ser importantes como instrumento de identificação, mas não se deu conta de todo o alcance disso: elas podiam ligar um criminoso à cena do crime.

O primeiro país no qual impressões digitais foram usadas para solucionar um crime foi a Argentina, por influência de Juan Vucetich. Nascido na Croácia, Vucetich imigrou para a Argentina em 1881. Foi trabalhar no Departamento Central de Polícia de La Plata, onde impressionou seus superiores com sua inteligência e trabalho duro. Dois anos mais tarde, tornou-se chefe do Escritório de Estatísticas e recebeu a incumbência de organizar o Departamento de Identificação. O país usava o sistema antropométrico desde 1889, de modo que Vucetich teve de aplicar a bertillonagem aos prisioneiros e suspeitos. Quando leu sobre impressões digitais, imediatamente percebeu que isso revolucionaria o trabalho policial. As impressões digitais, compreendeu, eram mais fáceis de obter e mais precisas que as medidas de Bertillon – mas seus superiores mandaram que ele se ativesse à antropometria.

Seguindo um caminho duplo, Vucetich desenvolveu o próprio sistema de classificação de impressões digitais, ao mesmo tempo que preenchia as fichas antropométricas. Identificou quatro traços comuns das impressões digitais: arcos, impressões com padrão triangular do lado direito, impressões com padrão triangular do lado esquerdo e impressões com triângulos dos dois lados. Vucetich representou esses traços com as primeiras quatro letras do alfabeto e denominou o sistema de datiloscopia.[42]

Em 1892, um caso sórdido de assassinato proporcionou a Vucetich a oportunidade de mostrar o valor de seu sistema. Em Necochea, cidade litorânea a quatrocentos quilômetros ao sul de La Plata, Francisca Rojas informou à polícia que um homem chamado Valázquez assassinara seus dois filhos em um ataque de ciúme. Levado em custódia, Valázquez admitiu que amava Francisca e até que a havia ameaçado, mas negou ter matado seus filhos. Mesmo quando a polícia tentou extorquir uma confissão, ele não mudou a história. As autoridades locais o amarraram e o deitaram ao lado dos cadáveres das crianças durante uma noite, na esperança de que a culpa o fizesse confessar. Na manhã seguinte, porém, o suspeito ainda alegava inocência.

Um informante contou à polícia que Francisca, a mãe das crianças, estava envolvida com um amante mais jovem que lhe dissera que se casaria com ela se não fosse pelas crianças. Focada agora nela, a polícia local passou a noite do lado de fora de sua casa sacudindo janelas e produzindo ruídos fantasmagóricos, supostamente para imitar um anjo vingador. (Tal era o estado avançado da investigação policial da época na Argentina.) Isso tampouco surtiu efeito. A polícia então pediu ajuda ao quartel regional de La Plata. Vucetich enviou Carlos Álvarez, um de seus homens de maior confiança, para tentar solucionar o caso.

O inspetor Álvarez examinou a cena do crime e viu uma mancha na porta do quarto, iluminada pelo sol da tarde. Olhando mais de perto, descobriu ser uma impressão digital de sangue. Ele recortou a marca com um serrote e levou a peça até a delegacia.

Convocou Francisca e passou seu polegar direito em uma almofada de tinta; depois, pressionou-o em uma folha de papel. Estudando as duas impressões com uma lupa, percebeu que eram as mesmas. Quando interrogou a mulher novamente, ela cedeu e confessou. Foi julgada por assassinato e condenada.

Vucetich acompanhou o caso e percebeu que ele provava seu argumento sobre a superioridade das impressões digitais. Escreveu a um amigo: "Mal ouso acreditar, mas minha teoria provou seu valor... Tenho um trunfo nas mãos, e espero logo ter mais".[43] Ele conseguiu, e em poucos anos a Argentina se tornou o primeiro país a trocar a bertillonagem pelas impressões digitais. Com esse sucesso, o prestígio de Vucetich – e de seu método – se espalhou pela América do Sul.

Cético, Bertillon viu as impressões digitais como ameaça a seu sistema, o qual, entre outras coisas, havia proporcionado o respeito que ele tanto ansiava. Em 1893, escreveu em seu *Manual de antropometria*: "Marcas na pele têm graduações insuficientemente distintas para servir de base para os arquivos".[44] No ano seguinte, porém, ele começou a incluir impressões digitais em suas fichas, tirando as do polegar e dos três dedos maiores da mão direita, apesar de as fichas ainda serem preenchidas segundo o sistema antropométrico.

Dois fracassos deixaram clara a necessidade das impressões digitais. Em 1901, descobriu-se que os irmãos gêmeos curiosamente chamados Albert Ebenezer Fox e Ebenezer Albert Fox – criminosos ingleses que providenciavam álibis um para o outro – só podiam ser diferenciados pelas impressões digitais, não pela bertillonagem. (Gêmeos idênticos não possuem as mesmas impressões digitais.) Dois anos mais tarde, nos Estados Unidos, outro caso mostrou as limitações da bertillonagem. Verificou-se que dois condenados que estavam na penitenciária de Leavenworth, no Kansas, tinham as mesmas medidas. Apesar de não serem parentes, os homens pareciam inacreditavelmente semelhantes e tinham até o mesmo nome, Will West. A única maneira de distinguir um do outro era pelas impressões digitais.

Por ironia, no entanto, Bertillon com frequência recebe o crédito por ter sido o primeiro detetive europeu a prender um criminoso baseado exclusivamente nas provas das impressões digitais. Em 17 de outubro de 1902, ele foi até a rua do Faubourg Saint-Honoré para fotografar uma cena de crime. Joseph Reibel, empregado de um dentista chamado Alaux, fora assassinado no consultório do patrão. Uma escrivaninha e um armário com prateleiras de vidro haviam sido arrombados, mas na verdade tão pouco foi levado que Bertillon imediatamente adivinhou que a morte não havia sido o resultado de um roubo. Enquanto fotografava a cena, achou uma prateleira de vidro com impressões digitais. Levou o vidro ao laboratório para ver se era possível fotografar as impressões. Como esperado, ao colocar o vidro contra um pano de fundo escuro e usar uma lâmpada de arco, conseguiu uma excelente reprodução.

Então, já que ele tinha impressões digitais nos arquivos, pois as recolhia havia oito anos, mandou seus assistentes procurarem alguma combinação. Sem dúvida, era um processo laborioso, porque os arquivos de Bertillon ainda estavam organizados pelas medidas físicas, e, na busca da identificação pelas impressões digitais, cada ficha devia ser examinada. Notavelmente, foi encontrada uma ficha com as mesmas impressões digitais (por sorte, o assassino de Reibel usara a mão direita na prateleira de vidro; Bertillon não guardava as impressões da mão esquerda) – as de um ex-condenado chamado Henri-Léon Scheffer, que logo foi localizado em Marselha. Ele confessou e foi sentenciado à prisão perpétua. A suposição de Bertillon de que o crime não fora motivado por roubo se comprovou. Reibel e Scheffer eram amantes, e, quando Reibel deixou de se interessar por Scheffer, este o matou em um arroubo de paixão.

Essa última façanha de dedução provocou novos elogios a Bertillon. O jornal parisiense *L'Assiette au Beurre* até publicou uma caricatura de Bertillon olhando com uma lupa algumas impressões digitais deixadas na parede encardida de um banheiro público. Dessa vez, porém, Bertillon se aborreceu com a publicidade. Não conseguiu perceber que o caso ilustrava perfeitamente o valor das impressões digitais: deixadas na cena do crime, podiam identificar o perpetrador com tanta certeza como se este tivesse deixado um cartão de visitas. Mesmo assim, como resultado do caso, uma outra lenda (frequentemente repetida) foi criada e cresceu, apontando Bertillon como o inventor da identificação por impressões digitais.

Para Bertillon, o caso era um mero episódio. Não dava atenção a seus colegas franceses, como Lacassagne e Locard, que já reconheciam a importância das impressões digitais. De fato, Locard desde o começo ficou fascinado pelo novo método e passou a fazer dolorosas experiências em si mesmo – queimando os dedos com ferros quente e gelado – para verificar se as impressões mudariam, constatando que não. Bertillon, no entanto, tratou a nova descoberta como um complemento menor à antropometria. Jamais repudiou esta sua declaração: "Minhas medidas são mais acuradas do que qualquer padrão de impressões digitais"[45] – e, em 1910, a França era o único país da Europa que não usava impressões digitais como seu sistema de identificação primário.

IX

Com ou sem impressões digitais, Bertillon ainda era bem-sucedido na solução de muitos crimes, e suas façanhas eram reconhecidas em toda a Europa e nos Estados Unidos. Entre as condecorações que recebera, havia uma medalha da rainha Vitória, concedida por ele ter ajudado a identificar os corpos recuperados do naufrágio do navio Drummond Castle, em 1896; apesar de haver pouco material comparativo com que trabalhar, a habilidade de Bertillon de medir com precisão permitiu que alguns parentes reclamassem seus mortos.

A jornalista norte-americana Ida Tarbell entrevistou Bertillon em 1894. Ela escreveu, admirada:

> O prisioneiro que passa por suas mãos está sujeito a medições e descrições que o deixam para sempre "visível". Pode apagar suas tatuagens, comprimir o tórax, pintar os cabelos, extrair os dentes, escarificar o corpo, dissimular a altura. É inútil. O registro contra ele é infalível. Ele não consegue passar pelos arquivos de Bertillon sem reconhecimento. E, se estiver em fuga, o registro implacável pode segui-lo por todos os cantos do globo onde houver uma prensa, e cada homem que o ler pode se tornar um detetive armado com informação que comprovará a identidade do prisioneiro. Ele jamais estará novamente a salvo.[46]

Tarbell contou que o submundo parisiense havia inventado uma nova gíria: ser detido era dar *un sourire pour le studio Bertillon* ("um sorriso para o estúdio Bertillon").[47] E, na mesma entrevista, perguntou a Bertillon se seu sistema de medições provava ou negava as teorias de Cesare Lombroso e muitos outros criminologistas, que acreditavam que certas características físicas fossem sinais de criminalidade. Ele desprezou essas teorias, muitas das quais eram baseadas em puro racismo. "Não, não me sinto convencido de que é a falta de simetria no rosto, ou o tamanho da órbita ocular, ou a forma do queixo que faz um homem ser bandido", respondeu e continuou:

> Determinada característica pode incapacitá-lo para cumprir com seus deveres, dessa maneira diminuindo suas chances na luta pela vida, e ele se torna criminoso porque está por baixo. Lombroso, por exemplo, pode dizer que, já que existe uma mancha no olho da maioria dos criminosos, uma mancha no olho indicaria, portanto, uma tendência ao crime. De modo algum. A mancha é sinal de visão defeituosa, e o homem que não enxerga bem é um trabalhador pior do que aquele que tem visão perfeita, aguda. Assim, fica para trás em sua profissão, perde a esperança, adquire maus hábitos e ingressa nas fileiras do crime. Não foi a mancha no olho que o transformou em criminoso; ela só impediu que tivesse oportunidades iguais às de seus camaradas. A mesma coisa é verdadeira acerca de outros ditos sinais de criminalidade. É necessário ter um grande discernimento para fazer deduções antropológicas.[48]

A antropometria levou a uma mudança significativa no modo como os países viam suas populações. Uma lei francesa aprovada em julho de 1912 exigia que "nômades e itinerantes" – pessoas como mascates e semelhantes – andassem com "cartões de identidade antropométricos".[49] Esses cartões, que incluíam nome do portador, data e local de nascimento, nome dos pais, fotografia e impressões digitais, foram os antecessores da carteira de identidade.

Significativamente, *não* portar uma prova de quem se era transformou-se em crime. Nem criminosos nem cidadãos tementes da lei podiam desaparecer na multidão ou no anonimato ao se movimentarem de um lugar para outro. Desde que as exigências de exibir provas de identidade se tornaram mais fortes, as pessoas passaram a estar ligadas a seu passado por meio de registros.

É claro que, em certos lugares, alguns resistiram a essa intromissão em sua privacidade e lamentaram por não terem direito de permanecer anônimos. Isso pode explicar a popularidade de criminosos fictícios, particularmente aqueles que, como Fantômas, eram capazes de mudar facilmente sua identidade e aparência.

Em 1922, pouco tempo depois do roubo da *Mona Lisa*, outra repórter, Katherine Blackford, entrevistou Bertillon sobre seu sistema. Ele mostrou vários tipos de equipamentos para medição e fotografia. Sobre o final da conversa, ela escreveu: "Subimos ao telhado do Palais de Justice [onde ele trabalhava], de onde podíamos ver o Panthéon e as torres de Notre-Dame e Sainte-Chapelle. Apenas alguns dias atrás, por causa do roubo da *Joconde* do Louvre, ele havia fotografado essa vista".[50]

Bertillon, então com 58 anos, alcançara reputação mundial. Sobre seu longo tempo de serviço, Robert Heindl, comissário de polícia em Dresden, comentou: "Paris se transformou na meca da polícia, e Bertillon, em seu profeta".[51] Conseguir solucionar o roubo da obra-prima de Da Vinci seria o ápice de sua carreira. Uma decisão que parecia promissora fez com que dois suspeitos logo fossem colocados em custódia. Entretanto, eles levariam Bertillon e a Sûreté a uma pista falsa no mundo da arte, que estava no meio de uma crise de identidade: debatendo-se para definir a realidade e redescobrir como retratá-la.

Os suspeitos

A notícia de que o *Paris-Journal* oferecia o prêmio de 50 mil francos pela informação que levasse à devolução da *Mona Lisa* rendeu, naturalmente, numerosas respostas que não passavam de alarmes falsos ou logros. Uma delas, no entanto, acarretou a prisão de duas pessoas bem conhecidas no meio da vanguarda artística de Paris: Pablo Picasso e Guillaume Apollinaire.

A carta que deu início a essa sequência de acontecimentos foi endereçada ao editor do *Paris-Journal*, que a publicou na primeira página da edição de 29 de agosto de 1911, omitindo a soma precisa e a data:

> Senhor,
> Em 7 de maio de 1911, eu roubei uma estatueta fenícia de uma das galerias do Louvre. Ela estará a sua disposição em troca da soma de ___ francos. Confiando que o senhor respeitará meu segredo, terei prazer em encontrá-lo em [tal lugar], entre ___ e ___ horas.[1]

Como o editor comentou, embora o jornal tivesse oferecido um prêmio pela *Mona Lisa*, "nunca foi sua intenção resgatar todas as obras de arte roubadas do Louvre". De toda maneira, essa "era uma oportunidade de averiguar um detalhe que seria interessante se fosse genuíno"; portanto, um de seus repórteres foi se encontrar com "um jovem com idade entre 20 e 25 anos, muito bem-educado,

[...] cujo rosto, aparência e comportamento transmitiam ao mesmo tempo um bom coração e certa falta de escrúpulos".[2]

Esse era de fato o ladrão, e ele mostrou o que havia tirado do Louvre. O repórter descreveu a peça como "um busto um tanto tosco, um exemplo da arte um pouco rudimentar dos fenícios".[3] Quando um curador do museu examinou a peça, confirmou que pertencia à coleção do Louvre (ninguém sequer havia notado que estava desaparecida), mas disse que não era uma escultura fenícia, e sim ibérica, encontrada recentemente nos trabalhos de escavação em Cerro de los Santos, perto de Osuna, na Espanha. Tais detalhes não interessaram ao *Paris-Journal*, que jubilosamente expôs o objeto em sua vitrine e pagou ao jovem ladrão, que aconteceu de ser um escritor, para que contasse a seus leitores como havia roubado a peça:

> Foi em março de 1907 que entrei no Louvre pela primeira vez – eu era um jovem com muito tempo para matar e sem dinheiro para gastar... [Outros jornais tinham insistido que a causa do roubo da *Mona Lisa* fora a permissão de que o público entrasse gratuitamente no museu. Essa carta confirmava isso, e tal prática logo acabou.]
> Era por volta de uma hora. Eu me encontrava na galeria de antiguidades asiáticas. Havia ali um único guarda, sentado, imóvel. Eu estava prestes a subir as escadas que levavam ao piso de cima quando reparei em uma porta meio aberta dando para um espaço cheio de hieróglifos e estátuas egípcias [...] em todo caso, o lugar me impressionou profundamente, por causa do grande silêncio e da ausência de outro ser humano. Caminhei por várias salas adjacentes, parando uma vez ou outra em um canto escuro para afagar uma nuca larga ou um rosto bem torneado.

Foi nesse momento que subitamente compreendi como seria fácil pegar e levar comigo quase qualquer objeto de tamanho médio. [...] Eu estava então em uma pequena sala, de cerca de dois metros por dois, na galeria de antiguidades fenícias.

Absolutamente sozinho e no mais completo silêncio, aproveitei o tempo para examinar as cerca de cinquenta cabeças que estavam ali e escolhi uma feminina, a qual, conforme me lembro, tinha formas retorcidas, cônicas, de cada um dos lados. Coloquei a estátua debaixo do braço, ergui a gola de meu sobretudo com a mão esquerda e saí tranquilamente, perguntando a direção para o guarda, que permanecia completamente imóvel.

Vendi a estátua para um pintor parisiense amigo meu. Ele me pagou pouco – cinquenta francos, acho, que perdi na mesma noite em um bilhar.

"E daí?", eu disse a mim mesmo. "Toda a Fenícia está lá para ser pega."[4]

O ladrão continua descrevendo como roubou e vendeu várias peças antes de deixar a cidade. Voltou em maio de 1911 e retomou sua carreira de pilhagem de objetos do Louvre. Notou que a coleção da sala fenícia, seu terreno de caça favorito, estava muito diminuída e colocou a culpa em seus "imitadores".[5]

Infelizmente, escreveu o ladrão, o que prometera ser uma estável fonte de renda fora arruinado por "esse estardalhaço na ala de pinturas [o roubo da *Mona Lisa*]. Isso é lamentável, pois existe um estranho encanto, quase voluptuoso, em roubar obras de arte, e provavelmente terei de aguardar muitos anos antes de retomar minhas atividades".[6]

I

Como era de esperar, o artigo causou sensação. O *Paris-Journal* encorajou seus leitores a pensarem que o ladrão sem nome podia bem ser o culpado no caso da *Mona Lisa*. O subsecretário de Estado para as Belas-Artes, Étienne Dujardin-Beaumetz, sob pressão, por ser o responsável máximo pelo Louvre, registrou uma queixa perante o promotor público contra "uma pessoa ou pessoas desconhecidas", na tentativa de obrigar o jornal a revelar o nome de quem roubara as cabeças "fenícias".

No entanto, em nenhum outro lugar a consternação foi maior do que no número 11 do bulevar de Clichy, em Montmartre, local da residência e do estúdio de Pablo Picasso e sua amante Fernande Olivier: ele era o artista que havia comprado as estatuetas "fenícias" do ladrão do Louvre. O apartamento era confortável, muito diferente do sótão que faz parte do mito do "artista morto de fome" — fase da qual Picasso saíra dois anos antes, ao se mudar da residência anterior, onde não havia gás nem eletricidade e o único aquecimento vinha de um fogão de ferro enferrujado.

Naquela época, Picasso tinha de segurar uma vela perto da tela quando trabalhava à noite, sua hora favorita de pintar. Agora, ele vendia seus quadros regularmente a admiradores como Gertrude Stein e seu irmão Leo, norte-americanos ricos que haviam se estabelecido em Paris. Picasso também dispunha de um marchand, Daniel-Henry Kahnweiler, que desobrigou o artista da necessidade de batalhar por um espaço nas galerias ou, até pior, de submeter suas pinturas ao júri do Salon des Indépendants anual. Os Picassos (como Fernande gostava de chamar o casal, tomando equivocadamente a afeição de Pablo como sinal de uma ligação duradoura) tinham até mesmo uma empregada, uma marca da burguesia parisiense. A empregada gostava bastante de seu trabalho, pois o casal com frequência dormia tarde, dispensando-a das tarefas matutinas.

Na primeira visita a Paris, em 1900, pouco antes de seu aniversário de dezenove anos, Picasso e o amigo poeta Carlos Casagemas ficaram em quartos em Montmartre cuja atmosfera era chocantemente mais livre comparada com a de Barcelona, a cidade de onde tinham vindo. Pablo descobriu que jovens bonitas estavam ansiosas para posarem nuas para ele (e dormir com ele) e muitas vezes, com Carlos, passava a noite toda nos cafés, onde arte e literatura e sexo e política eram temas de discussões que entravam pela madrugada. Eles levavam as namoradas para dançar no Moulin de la Galette, um salão iluminado a gás, perto de um dos poucos moinhos ainda em atividade em Montmartre. Picasso se sentia inspirado a pintar o local, capturando brilhantemente o ambiente vulgar e próximo ao submundo. Ele e Carlos visitaram o Louvre e postaram-se, sem dúvida, como qualquer outro turista, na frente da *Mona Lisa*, bem como o Museu de Luxembourg, onde as obras dos artistas da época, como os impressionistas, estavam em exibição. Quando Pablo deixou Paris, cumprindo a promessa feita aos pais de voltar para passar o Natal em casa, disse a si mesmo que retornaria.

No início de 1901, Picasso começou a fazer uma revista de arte de vanguarda em Madri, e Carlos regressou a Paris, tentando reacender sua relação com uma mulher pela qual se apaixonara. Quando ela o rejeitou, Carlos atirou em si mesmo (depois de tentar matá-la e não conseguir). A notícia chocou Picasso, que se entregou totalmente à arte. Esse foi o começo de sua "fase azul", assim denominada não apenas pela cor predominante em suas telas, mas pelos traços melancólicos que ele deu aos indivíduos. Mais tarde, naquele ano, mudou para o apartamento que Carlos tinha ocupado em Paris e encontrou financiadores para uma bem recebida exposição de seu trabalho. Também conheceu um vizinho chamado Max Jacob, poeta homossexual e suposto pintor, que se tornaria um de seus amigos mais próximos. (Picasso, vendo as pinturas de Jacob, o aconselhou a se fixar na poesia.)[7]

Depois de uma ida a Barcelona, Picasso fixou residência em Paris, em abril de 1904, alugando um apartamento desmantelado em um prédio de forma estranha no alto de Montmartre, na rua Ravignan, número 13. Max Jacob o chamava de Bateau-Lavoir, porque parecia uma das barcaças-lavanderia atracadas no Sena.

O lugar era um paraíso para artistas e outros boêmios, e discussões, cantorias, choradeiras e gritos de paixão podiam ser escutados a qualquer hora através das paredes finas. Picasso, que amava animais, tinha dois cachorros e, em uma gaveta, um pequeno rato branco. Em agosto, durante uma tempestade, encontrou um gatinho encharcado na rua e o pegou. Chegando ao Bateau-Lavoir, deparou com uma jovem que entrara para se abrigar da chuva. Ele lhe ofereceu o gatinho e, quando ela riu, convidou-a para ver seu estúdio.

O nome dela era Fernande Olivier (o sobrenome era invenção própria) e, embora fosse apenas alguns meses mais velha que Picasso, já havia se casado e tido um filho. Achava que Fernande era uma mulher do mundo, a primeira que conhecia além das prostitutas. Pedir a ela que se mudasse para seu apartamento, como fez alguns meses mais tarde, foi um rito de passagem para ele.

Já para ela, "à primeira vista, não havia nada de especialmente atraente nele", recordaria. Afinal, tinha pouco mais de um metro e sessenta de altura, cabelos grossos e despenteados e rosto parecido com o de um gnomo. "Mas seu brilho, um fogo interno que se sentia nele, lhe dava um tipo de magnetismo ao qual fui incapaz de resistir."[8] Essa energia vulcânica se fazia sentir nos penetrantes olhos escuros, que brilham em toda fotografia de Picasso, olhando a câmera com desafio.

Picasso era possessivo em relação a Fernande, evitando até que ela fosse às compras sozinha, por temer que algum homem a visse e a levasse embora. Ele a proibiu de arrumar a casa, pois gostava do caos no local onde trabalhava (mesmo mais tarde, quando tiveram uma empregada, a mulher foi instruída a não mexer em seu ateliê), e Fernande sentia-se perfeitamente bem por lhe servir como companheira sexual. Cada vez mais ela aparecia em suas pinturas, que agora tinham um matiz rosado. O sentido de segurança de Fernande deve ter aumentado pelo fato de ele às vezes pintá-la com um marido e uma criança.

De braços dados com ela, Picasso circulava pelos cabarés e bares de Montmartre, encontrando outros que aspiravam, como ele, a se tornar artistas de um tipo ou outro. O mais importante deles para sua carreira foi Guillaume Apollinaire, apenas dois anos mais velho, mas já um homem do mundo que aprendera a inestimável habilidade de aparentar saber muito mais do que sabia.

A história de como Apollinaire e Picasso se conheceram tem muitas versões. Nem o ano é certo, e mesmo eles tinham lembranças diferentes. De todo modo, foi um momento notável na história da arte. Apollinaire serviria como arauto e propagandista de Picasso, tarefa que também acentuaria a reputação do poeta. Picasso não sabia falar sobre os temas de sua arte, e Apollinaire sabia falar sobre qualquer coisa. Eles eram como dois elementos que, quando combinados, criavam uma explosão.

Max Jacob ofereceu uma versão do primeiro encontro entre os dois, em um bar na rua d'Amsterdam:

Apollinaire estava fumando um cachimbo de haste curta e pontificando sobre Petrônio e Nero para algumas pessoas de aparência bem comum. [...] Ele usava um terno tingido de cor clara e um pequeno chapéu de palha empoleirado em sua famosa cabeça em forma de pera. Tinha olhos castanho-claros, terríveis e brilhantes, um pouco de seus cabelos louros cacheados caía-lhe sobre a testa, a boca parecia um pequeno pimentão; tinha membros fortes, o peito largo atravessado por uma corrente de relógio de platina e um rubi no dedo. O pobre rapaz sempre era tomado por um homem rico, porque sua mãe – uma aventureira, para dizer educadamente – o vestia da cabeça aos pés [Apollinaire estava vivendo em um subúrbio de Paris com a mãe]. [...] Sem interromper a conversa, ele estendeu sua mão, que era como a pata de um tigre, sobre a mesa de tampo de mármore. Permaneceu sentado até terminar. Então nós três saímos e começamos a vida de amizade com três vértices que durou quase até a guerra, nunca nos separando um do outro, seja para trabalho, refeições ou diversão.[9]

Não demorou muito para Apollinaire visitar o ateliê de Picasso. Como recordaria mais tarde, o local estava "atravancado com telas representando arlequins místicos e desenhos entre os quais as pessoas passavam e que todo mundo estava autorizado a levar".[10] Ao ver os trabalhos da fase azul, Apollinaire reconheceu o gênio do jovem e imediatamente tomou para si mesmo a tarefa de interpretar e tornar conhecida a obra dele. Antes disso, as pinturas de Picasso tinham interessado a um círculo limitado, mas agora Apollinaire, na imprensa, começava a dar vida às sombrias figuras de suas telas:

Essas crianças, que não têm ninguém para acariciá-las, entendem tudo. Essas mulheres, que agora ninguém ama, estão recordando.

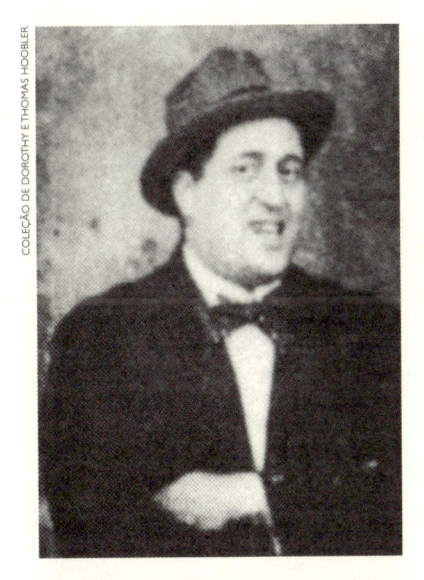

Guillaume Apollinaire (à esquerda) consagrou-se como poeta, mas sua contribuição para as artes foi muito além: é um dos pais do modernismo. À direita, Pablo Picasso, Fernande Olivier e os dois cães do casal.

> Elas se encolhem dentro das sombras como se dentro de alguma igreja antiga. Elas desaparecem ao raiar do dia, tendo obtido consolo no silêncio. Homens idosos estão parados perto, envolvidos pela neblina gelada. Esses velhos têm o direito de pedir esmolas sem humilhação.[11]

Descrições como essas despertavam em alguns a curiosidade pela arte de Picasso e os levavam ao Bateau-Lavoir para vê-la.

Como Picasso habitualmente trabalhava à noite e dormia de manhã, o ateliê tornou-se um lugar de encontro para muitos artistas e escritores que moravam no prédio ou perto dali. Picasso, incentivando-os, pintou um lema em sua porta: *Au rendez-vous des poètes* [ponto de encontro de poetas].[12] Apollinaire costumava trazer pessoas com novas ideias que ele achava que Picasso deveria ouvir. Roger Shattuck, em seu influente livro *The Banquet Years*, o chamou de "mestre do picadeiro das artes".[13]

II

Um dos grandes talentos de Apollinaire era a habilidade de, rapidamente, absorver as correntes intelectuais que fervilhavam em volta dele. Paris na virada do século XX era um fermento de ideias e teorias – não meramente artísticas, mas científicas, e com frequência os dois mundos se imbricavam. Shattuck chamou a Montmartre dessa época de "laboratório central",[14] onde da colaboração nasciam formas de arte radicalmente novas. A experimentação estava na ordem do dia, parte de uma mudança no pensamento que anunciava o verdadeiro começo do século XX. O espírito intelectual dominante do século XIX tinha sido o positivismo, a filosofia que postulava que a única realidade conhecível era a que podia ser observada. No entanto, mesmo antes de o velho século chegar a seu fecho, um número crescente de pessoas se rebelava contra essa noção. O poeta Paul Claudel escreveu: "Finalmente estamos deixando aquele mundo execrável [...] do século XIX, aquele campo de prisioneiros, aquele mecanismo nefando governado por leis completamente inflexíveis e, pior que tudo, conhecíveis e ensináveis".[15]

Na ciência, a nova tendência se manifestava pelo trabalho de homens como Max Planck, que em 1900 formulou a teoria quântica, e Albert Einstein, que em 1905 ampliou a percepção de Planck em uma série de artigos revolucionários, em um dos quais (sua tese de doutorado) ofereceu uma prova para a realidade dos átomos e moléculas.¹⁶ Essa e outras descobertas revolucionaram a física, estabelecendo o fato de que havia um mundo inteiro de partículas não visíveis a olho nu. O conhecimento de tais teorias não ficou confinado a um círculo estreito. Henri Poincaré, grande cientista francês, dava palestras públicas e escrevia panfletos com a intenção de tornar acessíveis às pessoas comuns a matemática e a ciência. Essas ideias, mesmo não completamente entendidas, abriram caminho até os cafés em que Picasso e seus amigos se encontravam. Poincaré escreveu: "Um cientista digno do nome, sobretudo um matemático, experimenta em seu trabalho a mesma impressão que um artista: seu prazer é igualmente grande e da mesma natureza".¹⁷

Isso era verdadeiro, ao reverso, para muitos dos artistas da *avant-garde* que moravam em Paris no início do século xx. A grande realização da arte do Renascimento tinha sido a descoberta da perspectiva, que permitira aos pintores retratarem realisticamente cenas e objetos. No entanto, a invenção da fotografia, para a qual contribuíram dois franceses, Nicéphore Niépce e Louis Daguerre, por volta de 1840, tornou possível a qualquer um conseguir isso com perfeição. Embora os artistas acadêmicos continuassem a trabalhar segundo a velha tradição, outros começaram a buscar um novo tipo de arte que revelasse mais do que a fotografia. Manuel "Manolo" Hugué, escultor espanhol que conhecia Picasso havia muitos anos, disse: "Picasso na época costumava falar muito sobre a quarta dimensão e levava para todo lado os livros de Henri Poincaré".¹⁸ (Esses trabalhos não eram manuais, mas livros que Poincaré havia escrito com uma abordagem acessível para qualquer pessoa.)

Picasso não estava sozinho em seu fascínio pela quarta dimensão. Invenções como o telefone, a comunicação sem fio e o aeroplano tinham revolucionado a percepção de tempo e espaço dos indivíduos. Eles podiam estar ali sem estar. (Em Paris, as pessoas às vezes conectavam telefones a uma linha que lhes permitia escutar apresentações na ópera sem sair de casa.) Agora, especulava-se sobre a possibilidade de viajar no tempo de maneira tão fácil como se mover pelo espaço. Se o tempo era apenas uma dimensão, como alguns cientistas afirmavam, então seria possível viajar por ele. A publicação do romance de H. G. Wells *A máquina do tempo*, em 1895, acentuou ainda mais essa ideia na consciência do público.

Como proposta originalmente, a quarta dimensão não foi meramente identificada com o tempo; ela era parte de uma nova geometria, não euclidiana, e na verdade ocupava uma região superior, não visível, do espaço. Poincaré argumentava:

> A propriedade característica do espaço, a de ter três dimensões, é apenas uma propriedade de nossa tabela de distribuição, uma propriedade interna da inteligência humana, por assim dizer. Bastaria destruir uma dessas conexões, isto é, a associação de ideias, para obter uma tabela de distribuição diferente, e isso poderia ser o suficiente para que o espaço adquirisse uma quarta dimensão.[19]

Era esse significado mais técnico do termo "quarta dimensão" que interessava escritores como Apollinaire, que tentava encontrar formas literárias para expressar isso. Ele começou a abandonar o método tradicional de imprimir poemas na página em linhas horizontais, criando, em vez disso, os chamados caligramas, arranjos de palavras cuja intenção era ser tão expressivo quanto as próprias palavras. Um deles era sobre o tempo, e as palavras formavam um relógio de bolso. Outro tinha a forma da Torre Eiffel, com uma antena de rádio no topo para transmitir mensagens.

Em alguns de seus textos em prosa, Apollinaire inventou personagens que se moviam pelo tempo e espaço simultaneamente (conceito que mais tarde receberia o nome de *simultaneísmo*). Ele aconselhava os outros a ler os romances de Fantômas tão rapidamente quanto possível, para aumentar a impressão de simultaneísmo. Na sua história *Le Roi-Lune* [O Rei-Lua], o herói usa um cinto que o capacita a fazer amor com todas as mulheres de todas as épocas. Um outro livro, *L'hérésiarque et compagnie* [*O heresiarca e cia.*], tem como personagem central o barão d'Ormesan, cujo *toucher à distance* o habilita a aparecer simultaneamente em muitos lugares do mundo.[20] Não por coincidência, o barão era diretor de cinema; Apollinaire, como Picasso, era um grande admirador dessa nova forma de arte. (Apollinaire uma vez escreveu que a própria tipografia estava "brilhantemente terminando sua carreira, na aurora de uma era de novos modos de reprodução, que são o cinema e a fotografia".[21]) Os cineastas franceses já tinham descoberto os efeitos especiais, e o público de Paris via o tempo se tornar mais veloz e as pessoas desaparecerem de um lugar para reaparecerem em outro um instante mais tarde, exatamente como os personagens de Apollinaire. Uma razão pela qual ele admirava os romances policiais de Fantômas era devido à habilidade do anti-herói de criar infinitas identidades para si mesmo, mudando de acordo com seu entorno.

Desempenhando o papel de "mestre do picadeiro das artes", Apollinaire apresentou Picasso a Alfred Jarry, o dramaturgo que chocara e enraivecera Paris, em 1896, com sua peça *Ubu rei* – não tanto pelo diálogo escatológico, mas pela zombaria feroz da vida burguesa e seus valores. Jarry era conhecido por suas excentricidades – mesmo em Montmartre, um ambiente no qual a excentricidade era lugar-comum. Às vezes, sentava-se em um café e monotonamente proferia uma enfiada infinita de frases sem sentido. Gostava de carregar duas pistolas, exibindo-as abertamente e às vezes disparando-as no ar. As pessoas gostavam de recordar a ocasião em que um estranho pediu fogo a Jarry e ele atirou na ponta do cigarro do homem.

O estilo pessoal de Jarry, assim como sua visão artística, estava enraizado em seu apaixonado anarquismo. Ele via a sociedade como corrupta e aproveitava toda oportunidade para ridicularizá-la. Picasso também teve ligações com o anarquismo tanto na Espanha como na França, e provavelmente por essa razão a polícia francesa o vigiava. (O dossiê da polícia sobre ele permanecerá vedado até o ano 2033.) O poeta André Salmon, outro membro do que as pessoas chamavam de *la bande à Picasso* [a quadrilha de Picasso], passava por círculos anarquistas e tinha até conhecido Jules Bonnot, que ficaria famoso como chefe de uma quadrilha que executava crimes espetaculares em nome da anarquia. Quando Picasso e Salmon se conheceram, Picasso recomendou-lhe um livro de poesia anarquista, que incluía chamados à violência como:

> Mas nossa missão é grande.
> Se matarmos, se morrermos,
> É pelo porco ricaço
> Adormecido em seu chiqueiro de grana.[22]

Apollinaire também abraçou a anarquia, porém ele era mais do tipo literário, expressando-se melhor em poesias e ensaios. Promoveu Picasso e outros pintores de vanguarda, em parte porque atacavam a ordem estabelecida, à qual ele – *outsider* que era – se opunha. Era necessário, acreditava, romper não apenas com o sistema político, mas também com o *establishment* artístico. Um amigo recordou que Apollinaire o levou à galeria de antiguidades do Louvre:

Falou com grande verve contra o *Antínoo*, não por estar tentando destruir a escultura clássica, e sim por seu amor por uma nova arte, pela necessidade de ultrapassar tudo o que era conhecido como arte; ele estava atacando as fundações, impecáveis em si mesmas, mas cujas consequências levavam ao estilo acadêmico.[23]

Jarry, vendo em Picasso um espírito semelhante, deu-lhe uma pistola automática Browning (do mesmo tipo que a quadrilha de Bonnot mais tarde usaria). Max Jacob considerou esse presente a transferência de um símbolo sagrado para encorajar Picasso a abrir caminho no novo território artístico, o reconhecimento, por um anarquista, de seu sucessor. (Dizem que Picasso disparava a pistola sempre que alguém lhe perguntava o que suas pinturas significavam.)

Jarry também mostrou a Picasso a direção que a nova arte deveria tomar. Numerosos países europeus ainda usavam seu poder militar para colonizar e controlar nações na África e Ásia. No caso da França, isso era justificado como "missão civilizatória". Jarry satirizava essa pretensão, contando a história de um africano que havia saído de um bar parisiense sem pagar. Na verdade, dizia, ele era um explorador da África investigando a cultura da França e tinha simplesmente descuidado de munir-se de moeda "nativa".[24]

III

No verão de 1905, Clovis Sagot, ex-palhaço de circo, abriu uma galeria de arte na rua Laffitte, 46, no nono *arrondissement*, e Picasso providenciou alguns trabalhos para colocar em suas paredes. Ao visitar o estabelecimento de Sagot, o pintor ficou impressionado com a aparência de uma mulher que fora ver as pinturas. Mais tarde, sua amante Fernande descreveria a visitante como "masculina na voz, em todo o modo de andar. Gorda, baixa, maciça, cabeça bonita, forte, com traços nobres, olhos salientes e inteligentes".[25] Era uma expatriada dos Estados Unidos de 32 anos chamada Gertrude Stein. Ela e o irmão, Leo, viviam de uma herança e colecionavam arte em seu apartamento na rua de Fleurus, 27. O que aconteceu foi que Leo gostou de um quadro de Picasso, *Menina com uma cesta de flores*, mas Gertrude não. Foram os pés da menina que ela detestou, a ponto de perguntar se eles podiam cortar a pintura. Seu irmão, mais receptivo, comprou o quadro por 150 francos – com os pés intactos.

Picasso pintava seu endereço nos quadros que fazia, e os Steins foram visitá-lo no ateliê. Depois, convidaram ele e Fernande a participar das *soirées* em seu apartamento. Em uma delas, Picasso conheceu Henri Matisse, que era sociável e charmoso, diferentemente dele, com seu costumeiro comportamento de silêncio mal-humorado (talvez pelo fato de o francês não ser sua língua materna). Matisse era uma das principais figuras de um grupo de pintores chamados de *fauves* [feras], ou fauvistas, porque usavam a cor de modo extravagante – outra vez em contraste com o estilo quase monocromático de Picasso. Naquela primavera de 1906, no apartamento dos Steins, Matisse mostrou uma imensa pintura intitulada *Le bonheur de vivre* [A alegria de viver], que representava um passo adiante não apenas em seu desenvolvimento artístico, mas na solução de um problema que vinha preocupando os pintores modernos: encontrar uma nova maneira de representar a realidade na tela. Matisse havia de fato começado a descartar a perspectiva, a grande conquista da arte da Renascença, utilizando, em vez disso, a cor e as formas para sugerir o movimento das figuras humanas. Picasso, cuja ambição era ilimitada, certamente via a pintura como um desafio – e Matisse como um rival. (Salmon, amigo de Picasso, lealmente escrevia nas paredes de Montmartre slogans como "Matisse é louco!", "Matisse é mais perigoso que o álcool!" e "Matisse fez mais mal que a guerra". Isso irritou Matisse, que, a despeito de sua arte revolucionária, procurava respeitabilidade na vida privada.)

Entre os primeiros que procuraram um estilo artístico que revelasse mais do que as fotografias estavam os impressionistas, desde cerca de 1880. Muito dos seus trabalhos explora efeitos luminosos, especialmente em paisagens, que artistas de outrora considerariam distorções. Um dos artistas que sucedeu aos impressionistas foi Paul Cézanne (que, originalmente, havia exposto com eles). Não muito conhecido até o final da vida, sua obra foi apresentada em importantes exposições em 1905 e 1907, o ano seguinte ao de sua morte. Cézanne acreditava que todos os objetos poderiam ser expressos como esferas, cubos ou cilindros, o que pode ser visto em seus últimos trabalhos, embora ele ainda os representasse de maneira reconhecível. Cézanne também deu os primeiros passos em direção à pintura de objetos vistos de perspectivas diferentes em um mesmo quadro. Todas essas técnicas impressionaram Picasso, que estava à procura de um novo caminho próprio.

Picasso se ofereceu, ou lhe pediram, para pintar os retratos de Leo e Gertrude Stein. O de Leo foi feito logo, mas o de Gertrude parecia mais problemático. Ela deve ter tido paciência fora do comum, pois, apesar de ir oitenta vezes a seu ateliê para posar, ele declarava não ter terminado. Em geral um pintor que trabalhava rapidamente, Picasso acabou deixando um lugar vazio na cabeça de Gertrude. "Não consigo mais ver você quando olho", disse a ela.[26]

Sentindo talvez pela primeira vez que Paris não lhe oferecia inspiração suficiente, quem sabe infeliz por Matisse parecer ter mais sucesso, Picasso pensou em ir embora. Apollinaire subitamente veio em seu socorro, levando o importante comerciante de arte Ambroise Vollard ao ateliê Bateau-Lavoir. Vollard, antes, rejeitara um dos trabalhos de Picasso que Max Jacob tentara lhe vender e até chamara o pintor de louco. Agora, no entanto, mostrava-se ansioso por comprar quase tudo o que via. Foi embora de táxi com trinta quadros arrumados no banco de trás, pelos quais pagou a Picasso 2 mil francos. Embora essa fosse, na verdade, uma das maiores pechinchas da história da arte, foi muito bem-vinda para Picasso, que sobrevivia com menos de mil francos por ano.

Para celebrar, Picasso levou Fernande a Barcelona para apresentá-la a seus pais, exibindo não apenas a bela mulher que havia conquistado, mas um pouco de sua repentina fortuna também. Resolveu passar o verão em Gosol, pequena aldeia nos Pireneus aonde só se podia chegar montado em uma mula. Era um lugar selvagem, aninhado entre a Espanha e a França, não parecendo pertencer a nenhum dos dois países. Fernande lembrou: "Naquele amplo, vazio e magnífico campo [...] ele já não parecia, como em Paris, estar fora da sociedade".[27]

Ali, naquele verão, Picasso encontrou a inspiração que estava procurando: as cabeças ibéricas do Louvre vieram à sua mente no local desolado, imutável. Quando retornou a Paris, pegou o retrato não terminado de Gertrude Stein e pintou um rosto como uma máscara, de olhos amendoados e boca severa. Com as mãos da retratada em primeiro plano, ela é a *Mona Lisa* de Picasso. Quando mostrou a pintura a Gertrude, ela ficou encantada e a colocou em sua parede. Se alguém se queixava de que ela não era assim, Picasso respondia calmamente: "Ela será".[28]

Mais tarde, naquele ano de 1906, ele fez um autorretrato com o rosto claramente inspirado na mesma fonte. "Depois de Gosol, não mais usei modelos", explicou. "Porque só então passei a trabalhar para além de qualquer modelo. O que eu estava procurando era outra coisa."[29]

Picasso ficou interessado não apenas nas cabeças ibéricas que o levaram a finalizar o retrato de Gertrude Stein, mas também na arte africana, particularmente nas máscaras angulosas. A *bande à Picasso*, talvez inspirada por seu líder, começou a procurar e mesmo comprar cópias das máscaras e estátuas "primitivas" em pequenas lojas. André Derain, pintor que visitava o ateliê Bateau-Lavoir com frequência, contou:

> Na rua de Rennes, muitas vezes passei pela loja do Père Sauvage. Havia estatuetas negras na vitrine. Fiquei impressionado com a personalidade delas, a pureza das linhas. [...] Então, comprei uma e mostrei para Gertrude Stein, a quem eu estava visitando nesse dia. E aí Picasso chegou. Ele se encantou imediatamente.[30]

Anos mais tarde, em uma das poucas ocasiões em que Picasso falou sobre suas influências, ele recordou aqueles dias, quando foi ao Palácio do Trocadéro, onde havia uma exposição de máscaras africanas:

> Eu percebi que aquilo era muito importante: alguma coisa estava acontecendo comigo, certo? As máscaras não eram como nenhuma das outras peças de escultura. Absolutamente. Eram coisas mágicas. [...] As peças negras eram *intercesseurs*, mediadoras; foi quando conheci a palavra em francês. Elas eram contra tudo – contra o desconhecido, espíritos ameaçadores. [...] Eu entendi; também sou contra tudo. Também acredito que tudo é desconhecido, que tudo é um inimigo. Tudo! [...] Entendi por que os negros usavam suas esculturas. [...] Elas eram armas. Para ajudar as pessoas a evitar cair

outra vez sob a influência dos espíritos, para ajudá-las a se tornar independentes. [...] Se dermos uma forma aos espíritos, tornamo-nos independentes. [...] Eu entendi por que era um pintor.[31]

IV

No começo de 1907, Apollinaire conheceu um jovem belga chamado Géry Pieret; os dois estavam trabalhando para uma revista que oferecia conselhos a investidores. (Evidentemente, os conselhos não eram inteiramente objetivos, pois a polícia apareceu um dia e fechou a publicação.) No ano anterior, Apollinaire tinha se mudado para um apartamento próprio na rua Henner, perto da base de Montmartre. Picasso o apresentara a Marie Laurencin, uma jovem que aspirava a ser pintora, e os dois foram morar juntos. Marie recordou que eles faziam amor em um sofá porque Apollinaire não gostava de desarrumar a cama.

Pieret precisou de um lugar para ficar, e Apollinaire imprudentemente o deixou usar o sofá para dormir. Segundo Marie Laurencin, ele tentava se mostrar útil. Um dia, Pieret lhe disse: "Marie, esta tarde vou ao Louvre: posso lhe trazer alguma coisa de que você precisa?".[32] Ela supôs que ele se referia aos Magasins du Louvre, uma loja de departamentos. Em vez disso, ele voltou com uma estatueta de pedra que, quatro anos mais tarde, em sua carta ao *Paris-Journal*, admitiria ter roubado do museu. A pessoa a quem ele a vendeu foi Picasso, que comprou também a outra que Pieret furtou do museu no dia seguinte. O roubo dessas duas estatuetas teria um impacto muito maior na história da arte do que o próprio desaparecimento da *Mona Lisa*.

No inverno anterior, Picasso tinha encomendado uma enorme tela esticada e montada. Estava se preparando para pintar uma obra com várias figuras, algo que rivalizaria com Le bonheur de vivre, de Matisse, e mesmo com o quadro inacabado de Cézanne, Baigneuses [Banhistas]. Esses dois trabalhos tinham nus pintados em uma paisagem. Como Picasso quase nunca trabalhava ao ar livre, escolheu um cenário para seus nus que, por si só, garantia chocar: um bordel.

Ele frequentara bordéis no quarteirão das prostitutas em Barcelona antes de chegar a seu décimo quinto aniversário[33] e fez esse quadro completamente de memória. Seus primeiros esboços para a pintura planejada mostravam quatro prostitutas com dois clientes, um marinheiro e um homem carregando uma caveira. No final, ele abandonou o simbolismo cru da caveira e eliminou completamente os homens, acrescentando uma quinta prostituta. Os "clientes" agora seriam os que observassem o quadro.

Picasso continuou a desenhar estudos para sua obra, experimentando, tentando novas formas. Ninguém tem certeza de quanto tempo demorou, mas finalmente ele executou a pintura em sua enorme tela, terminando-a, segundo alguns, em maio de 1908. Nela há cinco figuras, todas aparentemente mulheres nuas cobertas apenas por pequenos pedaços de pano. Os rostos das três à esquerda refletem a escultura ibérica que já havia contribuído para o retrato de Gertrude Stein e para o autorretrato de Picasso em 1906. Os rostos das duas figuras à direita são mais fora do comum – grotescos, alguns diriam. Eles lembram muito as máscaras de bronze do Congo Francês, como as que estavam sendo expostas na época no museu etnológico do Palácio do Trocadéro. As máscaras congolesas com frequência eram cobertas de estriamentos e linhas entalhadas, mas Picasso distorceu essas características, entortando-as e moldando-as à sua maneira, e assim elas são definitivamente suas, não africanas.

Não só os rostos são um elemento formidavelmente diferente da pintura. Picasso abandonou a perspectiva por completo, achatando as imagens e mostrando as mulheres em poses contorcidas. Uma, agachada no canto direito, deixa o observador ver-lhe as costas, a frente e os lados – tudo ao mesmo tempo. Diferentemente dos nus delicados, carnosos dos pintores anteriores, esses são de arestas recortadas e triângulos, linhas e superfícies planas. O único outro objeto reconhecível na pintura é um amontoado de frutas na parte inferior, como se Picasso estivesse torcendo o nariz para todas as naturezas-mortas e fruteiras carinhosamente pintadas pelos artistas de outrora. Muito mais tarde, Picasso diria: "Quando o pintor cubista pensava 'vou pintar uma fruteira', ele se punha a trabalhar sabendo que uma fruteira na arte e uma fruteira na vida nada tinham em comum".[34]

Como obra de um artista sério, o quadro foi uma inovação de proporções devastadoras. Era como se Picasso tivesse pegado a pistola que Jarry[35] lhe dera e atirado em toda a arte do passado. Ele cometera o que os anarquistas chamavam de "propaganda pelo ato" – colocara a ideologia em ação. Embora as figuras fossem estáticas, o impacto total foi violento.

Ninguém exceto Fernande tinha visto a pintura sendo feita. Agora, Picasso permitia aos mais íntimos, aqueles que mais respeitava, que a vissem. Ninguém a entendeu. Max Jacob achou que o melhor que um amigo poderia fazer era permanecer em silêncio. André Derain receava que um dia descobrissem "que Picasso se enforcou atrás de sua grande tela".[36] Apollinaire, o arauto e promotor de Picasso, murmurou: "Revolução", mas foi completamente incapaz de expressar algo sobre o quadro na imprensa. Mais tarde, escrevendo sobre o roubo das duas estatuetas, ele diria que havia tentado persuadir Picasso "a devolver as estatuetas para o Louvre, mas o pintor estava absorvido em seus estudos estéticos, e na verdade o cubismo nasceu delas. Disse que havia causado danos às estatuetas na tentativa de descobrir certos segredos da arte clássica, ainda que rudimentar, à qual elas pertenciam".[37] No entanto, não foi o cubismo que essas estatuetas inspiraram: foi essa estranha pintura, que até então não tinha nome e que os amigos apelidaram de *O bordel filosófico*. Só mais tarde ela receberia o título pelo qual é conhecida hoje: *Les demoiselles d'Avignon* [As senhoritas de Avignon].

Outros observadores falaram sem rodeios. Matisse interpretou o quadro como um ataque à arte moderna, uma zombaria, e jurou vingança.[38] Leo Stein gargalhou quando o viu, pensando que o quadro era uma brincadeira, porém chegou mais perto do que todos em sua compreensão quando comentou: "Você está tentando pintar a quarta dimensão. Que divertido!".[39] Foi, de fato, uma nova dimensão que Picasso descobriu, abrindo um caminho que outros pintores seguiriam. Assim como a geometria não euclidiana postulava um campo desconhecido para os que viam apenas com os olhos, e a física quântica lidava com coisas que não podiam ser vistas, o mesmo fez Picasso, que uma vez disse: "Pinto os objetos como penso neles, não como os vejo".[40]

Poucos foram capazes de ver claramente sua proeza, no começo. O marchand Vollard, que vinha comprando praticamente todas as telas que Picasso tinha a oferecer, pronunciou então uma sentença de morte virtual em relação ao jovem espanhol, dizendo que ele não tinha futuro como pintor.[41] Entretanto, no mesmo momento em que Vollard saía do ateliê de Picasso, entrava Daniel-Henry Kahnweiler, um alemão que se tornara banqueiro em Londres antes de decidir que sua verdadeira vocação era ser proprietário de uma galeria de arte em Paris. Naquele dia no Bateau-Lavoir, ele comprou a maior parte dos esboços que Picasso tinha feito para o surpreendente novo trabalho – um golpe de sorte para Picasso, que costumava deixar os visitantes levarem coisas por nada – e disse que também queria comprar a pintura. Picasso deve ter compreendido, pela reação dos outros, que ainda não era o momento de sua visão ser mostrada e se recusou a vendê-la. Um ano mais tarde, ele a tirou de seu bastidor, enrolou-a e a deixou de lado. Kahnweiler, porém, continuaria como o marchand de Picasso o resto da vida.

V

Um dos que viram o quadro e ficaram impressionados foi Georges Braque, ex-pintor de casa na Normandia que, em Paris, frequentara cursos noturnos de arte. Suas primeiras pinturas foram no estilo fauvista, do qual Matisse era o mestre. Como talvez estivesse com segundas intenções em relação a *Les demoiselles d'Avignon*, Matisse levou Braque ao ateliê de Picasso para que visse o quadro. Timidamente, Braque mencionou que os narizes estavam errados. Picasso retrucou: "Narizes são assim". Braque argumentou que Picasso estava pedindo que o observador aceitasse algo muito difícil: "É como se você quisesse que nós [...] bebêssemos querosene e cuspíssemos fogo".[42]

No entanto, Braque foi o primeiro a assimilar a ideia. Naquele inverno, ele pintou um grande nu que tinha os traços estriados característicos das duas figuras de *Les demoiselles* inspiradas na arte africana. Ele passou o verão de 1908 em L'Estaque, uma aldeia de pescadores na Provença, onde Cézanne tinha trabalhado em seus últimos anos. As paisagens e cenas do local pintado por Braque deram outro passo em direção às formas geométricas simples. Ao mesmo tempo, Picasso estava trabalhando em La Rue des Bois, perto de Paris. *Les demoiselles* o havia fatigado e então – depois de, na verdade, ter descoberto no Bateau-Lavoir o corpo de outro pintor dependurado em uma viga, vítima das drogas e desespero – ele fugira da cidade, procurando inspiração em Gosol, como tinha feito antes. Também começou a colocar tudo o que via em formas geométricas – não tão espetaculares como os nus de Avignon, porém de maneira mais severa e rigorosa. Pegando a mais radical das cinco mulheres, a do canto direito, ele desenvolveu mais amplamente as ideias que o levaram a pintá-la como se tentasse ver de todos os lados de uma vez.

    Quando Picasso e Braque se reencontraram, compararam o que haviam produzido no verão e descobriram que estavam indo na mesma direção. Decidiram trabalhar juntos, no que se tornou uma parceria artística singular que Braque descreveu como dois montanhistas subindo pelas cordas juntos. Eles tiraram das paletas quase todas as cores, exceto algumas – marrom, branco, cinza, preto –, pois o importante agora era apenas a forma. Esse novo estilo ainda se baseava na representação: se o observador olhar bem, pode discernir o tema da pintura. No entanto, a perspectiva e a tridimensionalidade desapareceram completamente. O que Picasso e Braque faziam era quebrar seus temas em superfícies planas que refletiam todos os ângulos de visão e depois as rearranjavam na tela, onde elas brigavam pela atenção do observador. Se tivessem de ser colocadas juntas, essa tarefa deveria ser feita pelo observador.

    Supostamente, quando Braque submeteu seu trabalho a uma exposição, Matisse, um dos membros do júri, disse de modo depreciativo que as telas estavam cheias de "pequenos cubos".[43] Um resenhista, Louis Vauxcelles, recebeu o crédito por cunhar o termo "cubismo" para descrever o trabalho. Ele não esperava que o cubismo durasse e se tornasse um dos movimentos artísticos mais influentes do século.

Mais tarde, alguns críticos declararam que o cubismo era outro reflexo das correntes científicas da época. William R. Everdell, em seu livro *The First Moderns*, diz: "Com efeito, Picasso fez pela arte em 1907 quase exatamente o que Einstein fez pela física com seu artigo 'Eletrodinâmica', em 1905".[44] Einstein tinha dito que era impossível para um único observador, parado em um lugar fixo, perceber a realidade. Agora, Picasso e Braque estavam tentando capturar a realidade pintando um objeto de muitos pontos de vista ao mesmo tempo.

Embora seja duvidoso que Picasso ou Braque tenham alguma vez lido o trabalho de Einstein, ideias como essa eram parte da atmosfera intelectual que fazia de Paris um local tão estimulante. Qualquer pessoa podia assistir, de graça, às palestras de Henri Poincaré na Universidade de Paris ou às de Bergson no Collège de France. Anarquistas, socialistas e outros grupos patrocinavam programas educacionais gratuitos para seus membros. E, claro, qualquer um que entrasse em um café em Montmartre podia escutar pessoas como Apollinaire discorrendo sobre esses tópicos. Os cubistas (logo haveria mais deles) procuravam, como os cientistas, encontrar uma realidade mais profunda sob a realidade superficial que qualquer um era capaz de ver. O artista precisava, como um detetive, descobrir essa realidade oculta.

Kahnweiler exibiu em sua galeria pinturas cubistas, que atraíam a atenção de compradores e outros artistas. Alguns destes, como Juan Gris, assumiram entusiasticamente o novo estilo, contribuindo para ele com suas visões e mostrando a que ponto os conceitos por trás do cubismo eram parte da atmosfera intelectual de Paris. Albert Gleizes e Jean Metzinger, que expuseram seus trabalhos no Salon des Indépendants, até reivindicaram terem sido cubistas antes de Picasso e Braque, que responderam chamando-os de *les horribles serre-files* [os horríveis cerra-filas].[45]

Kahnweiler teve sucesso na promoção e venda da arte cubista, o que, consequentemente, beneficiou Picasso. Em 1909, o artista deixou o Bateau-Lavoir e foi morar em um apartamento no bulevar de Clichy. Essa era uma casa verdadeira, com sala de estar, sala de jantar, quarto, despensa e também um ateliê. Em contraste, a mobília que Picasso e Fernande trouxeram com eles estava tão gasta que os carregadores acharam que o jovem casal havia ganhado na loteria para poder viver ali.

Era com certeza um bairro mais elegante. Paul Poiret, estilista que também fazia roupas para a dançarina Isadora Duncan e as atrizes Eleonora Duse e Sarah Bernhardt, morava perto, como também Frank Haviland, um fabricante de porcelana que admirava escultura africana. Poiret era famoso pelas festas que dava para suas clientes e pelo cuidado com que escolhia objetos artísticos que refletissem seu gosto refinado. Ele visitou o ateliê de Picasso, elogiou seus quadros, mas não comprou nenhum.

Picasso recebia numerosos convites de pessoas como Poiret e Haviland e muitas vezes aceitava, porém se sentia desconfortável na companhia delas. Mais tarde, Fernande explicou: "Artistas odeiam envelhecer. Quando deixam a pobreza para trás, eles também estão se despedindo de uma pureza e dedicação que tentarão em vão encontrar outra vez".[46] Mesmo ir às festas regulares de sábado no apartamento dos Steins perdeu um pouco de sua atração. Segundo Fernande, as pessoas pediam a Picasso que explicasse sua pintura, e ele achava difícil responder, em parte porque seu francês era ruim, mas também porque pensava que seu trabalho não precisava de explicação. Ele "ficava mal-humorado e desanimado a maior parte do tempo".[47] Aos amigos antigos, admitia que passava por momentos de dúvida sobre si mesmo, como se tivesse deparado com um muro em sua exploração de até onde a pintura poderia levá-lo.

VI

Como havia feito antes, quando sua inspiração refluiu, Picasso saiu de Paris para um lugar mais simples. Passou o verão de 1911 em Céret, pequena aldeia nos Pireneus Orientais. Fernande, que evidentemente gostava dos confortos da cidade mais do que ele, veio depois que ele alugou uma casa. Assim também fez Braque. Na atmosfera bucólica, com Kahnweiler em Paris vendendo seus quadros e providenciando-lhe uma renda, tudo parecia bem.

Chegou então um exemplar do *Paris-Journal*, trazendo a história escrita pelo ladrão que havia roubado as duas cabeças de pedra do Louvre em 1907. Picasso sabia onde estavam essas estatuetas: em seu apartamento no bulevar de Clichy. Correu de volta a Paris, onde encontrou Apollinaire em pânico. As notícias do roubo da *Mona Lisa* tinham significado mais para ele do que para Picasso. Apollinaire sabia que Géry Pieret tinha retornado a Paris – estava de fato vivendo no apartamento dele. Apollinaire escreveu mais tarde:

> Ele veio me ver, [...] os bolsos cheios de dinheiro, que logo perdeu nas corridas. Sem recursos, roubou outra estátua. Eu tinha de ajudá-lo – ele estava arrasado e sem teto –, então o trouxe para meu apartamento e tentei fazê-lo devolver a estátua; como ele se recusou a fazê-lo, fui obrigado a botá-lo para fora, junto com a estátua. Poucos dias depois, a *Mona Lisa* foi roubada. Pensei, como a polícia pensou mais tarde, que ele era o ladrão.[48]

A situação piorou quando os editores do *Paris-Journal* anunciaram que o ladrão tinha lhes trazido uma estatueta que havia roubado do Louvre. André Salmon era então o crítico de arte do *Paris-Journal*. Se soubesse que Pieret era o ladrão anônimo, certamente faria a conexão entre ele e Apollinaire. Salmon e Apollinaire estavam com as relações rompidas naquele momento, não se falando desde uma discussão três meses antes, portanto o poeta não poderia apelar a ele. Quando Pieret apareceu outra vez, levou-o para a estação de trem, comprou-lhe um bilhete para Marselha e lhe deu 160 francos. A polícia mais tarde consideraria essas ações incriminadoras.

Nem Picasso nem Apollinaire eram cidadãos franceses, e, assim, sua expectativa era de um tratamento duro da parte das autoridades. Fernande escreveu:

> Posso ver os dois agora, um par de crianças contritas, aterrorizadas, pensando em fugir para o exterior. Foi graças a mim que eles não cederam ao pânico; decidiram ficar em Paris e se livrar das estatuetas comprometedoras tão rápido quanto possível. Mas como? Finalmente, decidiram colocá-las em uma mala e jogá-las no Sena à noite.[49]

Fernande achou que muito disso era encenação. Os dois jantaram e depois se sentaram por ali nervosos, não querendo se aventurar a sair com as estatuetas antes de as ruas ficarem desertas. Passaram o tempo jogando baralho, mas, como escreveu Fernande, "nenhum deles sabia jogar".[50] Só pensavam que era isso que os gângsteres fariam, então fizeram o mesmo para tomar coragem.

Por fim, à meia-noite, eles saíram, levando as estatuetas em uma mala. Entretanto, ao caminharem pelas ruas silenciosas, seus nervos começaram a falhar. Temiam que estivessem sendo seguidos, "e a imaginação dos dois conjurou milhares de possibilidades, cada uma mais fantástica que a outra".[51] Se fossem vistos atirando as estatuetas no rio, a penalidade seria pior do que se tentassem simplesmente devolvê-las. Finalmente, decidiram que entregar as estatuetas seria o melhor a fazer, depois de tudo. Então, voltaram para o apartamento às duas da manhã, exaustos e ainda com a mala.

Apollinaire passou a noite no apartamento de Picasso e de manhã levou as estatuetas para o *Paris-Journal*, que, a essa altura, parecia o lugar adequado para devolver os objetos roubados. A notícia dessa última recuperação saiu com a seguinte manchete:

> ENQUANTO ESPERA MONA LISA,
> LOUVRE RECUPERA SEUS TESOUROS

Esse era justamente o tipo de publicidade que Apollinaire e Picasso não desejavam, mas pelo menos o jornal não mencionou o nome deles. De fato, o "visitante misterioso" que devolvera os objetos de pedra era descrito como "um artista amador, muito bem de vida, [cujo] maior prazer é colecionar obras de arte".[52] Isso, acreditavam eles, com certeza seria suficiente para manter a polícia longe da pista dos dois. Além disso, um curador do Louvre havia examinado as estatuetas e declarado que eram genuínas. Se Picasso havia feito algum estrago ao estudá-las, isso não foi percebido. Ele e Apollinaire esperavam que o caso agora se encerraria, sobretudo porque Pieret havia deixado Paris – embora não sem antes enviar uma carta zombeteira de despedida ao *Paris-Journal*:

> Espero de todo coração que a *Mona Lisa* lhes seja devolvida. Não estou contando muito com isso. No entanto, vamos esperar que, se seu possuidor atual se permitir ser seduzido pelo pensamento do lucro, ele confiará no jornal de vocês, cuja equipe me tratou com tão louvável grau de discrição e honra. Só posso recomendar enfaticamente à pessoa que no momento está com a obra-prima de Da Vinci que ela se coloque inteiramente em suas mãos.[53]

Lamentavelmente, os comentários de Pieret fizeram parecer que era muito provável que ele sabia algo sobre o roubo da *Mona Lisa*, e a polícia intensificou a procura por aqueles que haviam comprado os bens roubados. Ninguém soube como Apollinaire foi identificado, mas, na noite de 7 de setembro de 1911, dois detetives da Sûreté bateram à sua porta. Uma busca no apartamento revelou algumas cartas de Pieret, nas quais ele aparentemente mencionava o roubo das estatuetas. A polícia levou Apollinaire em custódia e o entregou a Henri Drioux, o juiz de instrução responsável pelo caso da *Mona Lisa*. Drioux lhe disse que o escritório do promotor havia recebido "denúncias anônimas [...] afirmando que ele tivera contato com o ladrão das estatuetas fenícias e que também era receptador de bens roubados".[54] O juiz ordenou que Apollinaire ficasse preso aguardando os resultados de uma investigação.

Dois dias mais tarde, em 9 de setembro, *Le Matin* deu uma notícia sensacionalista:

> Não foi sem emoção e surpresa que Paris soube, na noite passada, da prisão feita pela Sûreté relacionada à recente restituição das estatuetas fenícias roubadas do Louvre em 1907.
> O mero nome da pessoa detida é suficiente para provocar essas reações. Ele é *monsieur* Guillaume Kostrowky (*sic*), conhecido na literatura e na arte como Guillaume Apollinaire [...].
> Quais são exatamente as denúncias contra ele? Tanto o promotor público como a polícia estão fazendo um mistério considerável sobre o caso.[55]

Mistério ou não, a polícia insinuou que se tratava de um caso muito maior do que o de algumas estatuetas desaparecidas. Segundo os editores do *Le Matin*, os policiais lhes disseram:

Nós estamos na pista de uma quadrilha de ladrões internacionais que vieram para a França com o propósito de pilhar nossos museus. *Monsieur* Guillaume Apollinaire cometeu o erro de dar abrigo a um desses criminosos. Ele estava consciente do que fazia? É isso que precisamos determinar. De todo modo, temos certeza de que logo saberemos de todos os segredos da quadrilha internacional.[56]

Apollinaire ficou encarcerado por 24 horas, mesmo antes de a polícia anunciar sua prisão. Mais tarde, ele escreveu um relato de sua detenção:

> Assim que a pesada porta da Santé se fechou atrás de mim, tive uma sensação de morte. No entanto, era uma noite clara e eu podia ver que as paredes do pátio no qual me encontrava estavam cobertas de trepadeiras. Então passei por uma segunda porta; e, quando esta se fechou, soube que a zona com vegetação ficara para trás e senti que estava agora em um lugar além dos limites da Terra, onde ficaria inteiramente perdido.[57]

Depois de mais interrogatórios, Apollinaire admitiu que o autor do roubo das estatuetas era Pieret, apenas confirmando o que a polícia já sabia. Os investigadores queriam o nome da pessoa para quem Pieret vendera as estatuetas, mas Apollinaire não revelou isso. Foi mandado de volta à Santé e inspecionou sua cela vazia com olhos de literato:

> Como material de leitura, eles me deram uma tradução francesa de *The Quadroon*, do capitão Mayne Reid, cujos romances de aventuras eu me lembrava de ter lido quando estudante. Durante

meu confinamento, li duas vezes *The Quadroon* e, apesar de algumas improbabilidades chocantes, considerei-o um livro que não deveria ser desdenhado."[58]

Géry Pieret, a salvo fora de Paris, enviou uma nota ambígua para o *Paris-Journal*, lamentando a prisão de Apollinaire e chamando-o de "gentil, honesto e escrupuloso". Pieret assinou como "Baron Ignace d'Ormesan", uma referência ao personagem principal de um romance de Apollinaire, que tinha o poder de aparecer em muitos lugares ao mesmo tempo. Artistas e escritores assinaram petições em protesto contra a prisão do poeta, mas a polícia ainda queria saber quem era o terceiro homem no caso. Por fim, Apollinaire revelou o nome de Picasso. "Eu não descrevi sua parte verdadeira no negócio; simplesmente disse que ele havia sido enganado e que nunca soube que as antiguidades que comprara vieram do Louvre."[59]

Na manhã do dia seguinte, 12 de setembro, Fernande atendeu a campainha do apartamento e ali encontrou um detetive. Tremendo, Picasso se vestiu apressadamente. "Eu tive de ajudá-lo", escreveu Fernande, "pois ele estava quase fora de si de medo". Picasso foi levado ao escritório do juiz de instrução e "viu Apollinaire – pálido, desgrenhado e não barbeado, com o colarinho torto, a camisa desabotoada, sem gravata, parecendo magro e destroçado: um lamentável espantalho".[60]

Há diferentes versões do que aconteceu a seguir. Fernande, escrevendo muito depois de ela e Picasso terem se separado, afirmou:

> Picasso ficou completamente desesperado: seu coração lhe faltou. [...] Ele também só podia dizer o que o juiz lhe perguntava. Ademais, Guillaume havia admitido tantas coisas, verdadeiras e falsas, que havia comprometido Picasso totalmente. [...]

Disseram que Picasso renegou seu amigo e fingiu não conhecê-lo. Isso é totalmente falso. Longe de traí-lo, aquele momento revelou a força real de sua amizade por Apollinaire.[61]

Fernande, no entanto, soube da história apenas como a escutou de Picasso.

Parece significativo que, depois do interrogatório, o juiz Drioux tenha permitido que Picasso voltasse a sua casa e enviado Apollinaire de volta à Santé. Rumores de que Picasso negara tudo se espalharam, fazendo de Apollinaire um mentiroso. Quase meio século depois, Picasso contou a um jornalista uma versão do acontecido:

[Apollinaire] havia sido preso. Naturalmente, eles nos confrontaram. Posso vê-lo ali agora, com suas algemas e seu olhar de um plácido meninão. Ele sorriu para mim quando entrei, mas eu não fiz sinal algum.

Quando o juiz me perguntou: "O senhor conhece esse cavalheiro?", de súbito fiquei terrivelmente amedrontado e, sem saber o que dizia, respondi: "Nunca vi esse homem".

Percebi a expressão de Guillaume mudar. O sangue sumiu de seu rosto. Eu ainda me envergonho...[62]

VII

Depois de outra noite na prisão, durante a qual se consolou compondo poesias, Apollinaire foi levado novamente ao tribunal. Embora dessa vez contasse com a presença de um advogado, temia que o juiz Drioux o julgasse culpado de cumplicidade no roubo.

Ele estava na Ratoeira, apelido para as "celas estreitas e fedorentas" onde os prisioneiros aguardavam o julgamento. Quando um guarda o conduziu, algemado, pelo corredor até o tribunal, os repórteres e fotógrafos precipitaram-se.

Que surpresa me ver de repente observado como uma besta estranha! De uma só vez, cinquenta câmeras estavam apontadas para mim; os flashes de magnésio davam um aspecto dramático a essa cena na qual eu estava desempenhando um papel. Logo reconheci alguns amigos e conhecidos. [...] Acho que devo ter rido e chorado ao mesmo tempo.[63]

Era humilhante para ele ser levado algemado por entre a multidão – e sem gravata.

Os promotores tinham aumentado a aposta: Apollinaire era agora acusado de ser não apenas cúmplice, mas o chefe da quadrilha internacional de criminosos que havia vindo a Paris para saquear os museus. O juiz Drioux, no entanto, pareceu cético e o interrogou minuciosamente sobre sua relação com Pieret, a quem Apollinaire agora estava chamando de seu "secretário". Admitiu ter deixado Pieret morar com ele em 1911, embora soubesse que havia roubado antes, em 1907, e que estava então retomando sua carreira criminosa. O juiz demonstrou surpresa com esse "grau de indulgência".

"Eis uma parte de meu motivo", explicou Apollinaire. "Pieret é um pouco criação minha. Ele é muito bizarro, muito estranho, e, depois de estudá-lo, fiz dele o herói de uma das últimas histórias de meu O heresiarca e cia. Portanto, teria sido um tipo de ingratidão literária deixá-lo morrer de fome."[64]

Os amigos de Apollinaire no tribunal devem ter prendido a respiração, pois ninguém sabia se o juiz Drioux tinha senso de humor ou se a saída do escritor o havia ofendido. Abrindo o dossiê que a Sûreté preparara, Drioux começou a ler as acusações. Havia algumas mensagens anônimas que ele parecia considerar absurdas.

"O senhor comprou, muito recentemente, como alegado aqui", disse Drioux, "um castelo no *départment* do Drôme?".

Apollinaire não resistiu a dar outra resposta jocosa: "O senhor deve estar se referindo a um castelo na Espanha. Vi muitos desses evaporarem".

"Tenho uma carta", continuou Drioux, aparentemente assumindo o espírito das declarações de Apollinaire, "de alguém dizendo que o senhor tomou emprestados dois livros e que um deles... nunca foi devolvido".

"Imagino que a razão de ele me emprestar os livros foi para que eu os lesse", argumentou Apollinaire. "Eu ainda não os li. Vou devolvê-los tão logo possa."[65]

O juiz Drioux por fim declarou que estava deferindo a petição do advogado de Apollinaire para a libertação de seu cliente.

Ironicamente, o incidente deu a Apollinaire a fama que seus escritos ainda não lhe haviam trazido. Como a história de sua prisão estava tão enredada no roubo da *Mona Lisa*, foi noticiada no mundo todo. *The New York Times* o chamou de "um literato russo"[66] muito conhecido que vive em Paris [e que] passou por uma investigação acusado de, contra a lei, ter dado abrigo a Pieret".[67] Independentemente de que tipo fosse, a publicidade foi benéfica para sua carreira: depois disso, os textos de Apollinaire alcançaram um público maior.

Além do mais, a prisão ofereceu inspiração para aquele que talvez seja seu trabalho mais duradouro, o livro de poemas *Álcoois*, publicado dois anos mais tarde. Um dos poemas é dedicado "À la Santé":

I

Antes de entrar em minha cela
Sou obrigado a me despir
E que voz sinistra vocifera
Guillaume como foste sucumbir

E penetrar tão fundo em tua tumba
Invés de como Lázaro sair
Eu me despeço de ti alegre ronda
Moças adeus e adeus porvir
[...]

V

Como passam lentamente as horas
Passam como um funeral sem fim

Lamentarás a hora em que tu choras
E ela velozmente chegará ao fim
Assim como ocorre com todas as horas

VI

Escuto da cidade o ruído febril
Sem horizonte e preso ao chão
Nada mais tenho além do céu hostil
E as paredes nuas da prisão

O dia acaba e eis que se revela
Uma lâmpada brilhando na prisão
Estamos sós em minha cela
Bela claridade Amada razão.*

Enquanto Apollinaire buscava conforto na claridade e na razão em sua cela, em outro lugar da cidade muitos procuravam criar o caos e a desordem. Em breve, alguns desses anarquistas confessos – e não apenas aqueles que meramente disparavam pistolas no ar, como Picasso – roubariam a atenção que a cidade dedicava à *Mona Lisa* desaparecida. Criminosos verdadeiros estavam tramando um crime modernista.

---

* "Avant d'entrer dans ma cellule/ Il a fallu me mettre nu/ Et quelle voix sinistre ulule/ Guillaume qu'es-tu devenu// Le Lazare entrant dans la tombe/ Au lieu d'en sortir comme il fit/ Adieu adieu chantante ronde/ Ô mes années ô jeunes filles [...]// Que lentement passent les heures/ Comme passe un enterrement// Tu pleureras l'heure où tu pleures/ Qui passera trop vitement/ Comme passent toutes les heures// J'écoute les bruits de la ville/ Et prisonnier sans horizon/ Je ne vois rien qu'un ciel hostile/ Et les murs nus de ma prison// Le jour s'en va voici que brûle/ Une lampe dans la prison/ Nous sommes seuls dans ma cellule/ Belle clarté Chère raison."

Os bandidos motorizados

Na noite de 13 de dezembro de 1911, três homens foram de trem para o elegante subúrbio parisiense de Boulogne-sur-Seine. Compraram apenas os bilhetes de ida, porque o plano era voltar de automóvel. Mas não seria em um automóvel qualquer. Passaram o dia fazendo o reconhecimento da área, observando os brilhantes carros novos estacionados do lado de fora das casas suntuosas, antes de escolher o da família Normand. Era um Delaunay-Belleville, considerado por muitos o melhor automóvel do mundo. No showroom da avenida Champs-Élysées, vendia-se somente o chassi, com o motor de seis cilindros e as rodas. Cada comprador tinha de providenciar a construção do corpo do carro com empresas especializadas nesse serviço sob medida. Mesmo assim, todo Delaunay-Belleville era facilmente reconhecível pelo imponente radiador circular, lembrança da origem da companhia como fabricante de aquecedores.

Comprar um Delaunay-Belleville não era um ato casual. Apenas o chassi custava 15 mil francos, o equivalente a cinco anos de salários do operário habilitado para produzi-lo. Era o carro favorito de Nicolau II, o czar da Rússia (que supostamente possuía vinte modelos), e o meio de transporte obrigatório do presidente da França, com o objetivo de ratificar a superioridade da indústria automobilística francesa.

Os três homens esperaram até que todas as luzes da casa se apagassem e ainda um pouco mais, para garantir que todos estivessem adormecidos. Então, forçaram a porta lateral da garagem, uma tarefa nem um pouco difícil, já que todos tinham familiaridade com as ferramentas de arrombamento. Dentro da garagem, examinaram o carro com o auxílio de lanternas. Um dos homens, Jules Bonnot, era motorista profissional e mecânico experiente.

Abriram a grande porta da garagem e empurraram o carro para fora. Ligá-lo seria um procedimento muito barulhento, mas um dos homens ficou na frente do radiador e girou a manivela que movimentava o cabo da direção, enquanto Bonnot, sentado no lugar do motorista, mexia a alavanca de ignição.

Nada aconteceu. Uma luz se acendeu em um dos quartos do andar de cima da casa, e os três homens cochicharam rapidamente. Decididos a não abandonar o plano, empurraram o automóvel pela rua até dobrar a esquina. Bonnot examinou os controles com sua lanterna e descobriu o que estava fazendo errado. Na segunda tentativa, o motor pegou, rugindo. Bonnot, que viria a ser conhecido como o "Chofer Demônio", arrepiou de prazer ao acelerar e sentir a potência da máquina na ponta dos dedos. Tinha grandes planos para esse carro. Ia utilizá-lo para algo que nunca havia sido feito com um automóvel.

I

O grupo que os jornais mais tarde chamariam de quadrilha de Bonnot tinha começado bem antes de o próprio Bonnot entrar em cena. Em agosto de 1909, Victor-Napoleon Lvovich Kibalchich, que depois ficaria conhecido como Victor Serge, chegou a Paris com dezenove anos. Algum tempo antes seu pai tinha fugido da Rússia, perseguido por suas atividades revolucionárias, e se estabelecera na Bélgica. A família era tão pobre que um dos irmãos de Victor aparentemente morreu de fome porque o pai não tinha recursos para comprar comida suficiente. A casa era decorada com retratos de revolucionários executados, e muitas noites, com o jovem Victor escutando, aprendizes de revolucionários lá se encontravam para discutir ideias e planos. Ainda adolescente, ele começou a escrever artigos para o jornal anarquista *Le Révolté*, sob o pseudônimo Le Rétif ["o Indomável"].

Os anarquistas não se entendiam sobre o rumo da ação escolhida para alcançar seus objetivos. Um dos pontos em discussão era a prática ou não da *reprise individuelle* ("expropriação individual", o que um burguês chamaria de roubo). Em teoria, a *reprise individuelle* tinha o objetivo de equilibrar a desigualdade entre ricos e pobres. Um conceito ainda mais radical era o *illégalisme* [ilegalismo], que, embora à primeira vista parecesse ser a mesma coisa, de fato considerava justa *toda* ação a que os anarquistas tivessem de recorrer para financiar a causa do anarquismo ou prover o próprio sustento.

Victor estava entre os extremistas. Dois marinheiros anarquistas da Letônia roubaram o pagamento dos empregados de uma fábrica no norte de Londres e atiraram em 22 pessoas, matando três, entre elas um menino de dez anos, na tentativa de fuga. No final, encurralados, os dois marinheiros cometeram suicídio. O incidente foi bastante discutido. No *Le Révolté*, Serge elogiou os bandidos por mostrarem que "anarquistas não se rendem". E as pessoas inocentes que morreram? "Inimigos!", declarou. "Para nós, qualquer um que nos impeça de viver é inimigo. Nós estamos sob ataque e nos defenderemos."[1]

Serge nunca participou dos assaltos da quadrilha de Bonnot, mas suas ideias forneceram base intelectual e motivação para seus membros. Quando chegou a Paris, começou a escrever para um jornal chamado *L'Anarchie*. Apesar do nome, a publicação defendia pontos de vista diferentes, e nem toda matéria era sobre política; fazia campanha contra o fumo, a bebida e o consumo de carne. Seus colaboradores se posicionavam firmemente contra o trabalho, o casamento, a religião, o serviço militar e o voto. O editor, André Roulot, que tinha 25 anos de idade e escrevia sob o pseudônimo Lorulot, acolheu Serge como um colega. Este também renovou sua amizade com Henriette "Rirette" Maîtrejean, jovem anarquista que tinha conhecido na Bélgica. Ela era dois ou três anos mais velha que ele e parecia uma adolescente, mas tinha dois filhos com um marido com quem se casara apenas por ser anarquista. Não demorou muito para que Rirette e os filhos se mudassem para a casa de Serge, e ela também começasse a trabalhar no *L'Anarchie*.

Os artigos inflamados de Serge eram populares e aumentaram a circulação do *L'Anarchie*, mas também criaram problemas para Lorulot, que não queria abraçar o ilegalismo. A atividade anarquista em Paris tinha avançado, levando ao endurecimento da polícia. Um jovem operário foi preso, acusado de ser gigolô, ainda que a mulher em questão fosse sua amante e ele quisesse afastá-la da prostituição. Depois de cumprir sua sentença, o operário conseguiu um revólver e atirou em quatro policiais. A pedido de Lépine, diretor da polícia, foi condenado à morte. No dia programado para a execução, com a intenção de impedi-la, uma multidão se reuniu na frente da prisão de La Santé. Uma desordem violenta se seguiu, entrando pela noite, e a cavalaria teve de ser chamada para garantir a montagem da guilhotina. Serge e Rirette estavam entre os manifestantes. "Na alvorada, a exaustão aquietou a multidão", contou Victor, "e no momento em que a lâmina caiu... uma perplexidade frenética tomou conta dos 20 ou 30 mil manifestantes e acabou em um grito prolongado: 'Assassinos!'".[2]

Publicações como *L'Anarchie* tinham de tomar cuidado para evitar acusações de promover a violência, ou seriam fechadas ou invadidas pela polícia. O jornal também estava sendo atacado por outras facções do movimento anarquista. Suas janelas foram quebradas por membros de um jornal rival que achavam que o ilegalismo defendido por Victor prejudicava o movimento. As brigas aconteciam até mesmo entre o próprio pessoal de *L'Anarchie*: certa noite, Lorulot flagrou um ex-editor tentando roubar o equipamento de impressão do edifício em Montmartre, onde ficava a redação. Alguém chamou a polícia, que, ao chegar, viu que os dois lados em disputa exigiam a prisão um do outro. Pouco depois, Lorulot recebeu uma ameaça de bomba, o que fez com que o proprietário do edifício exigisse a saída do jornal dali.

Lorulot decidiu então mudar toda a operação de Paris para um subúrbio da região nordeste chamado Romainville. Lá, alugou uma casa com um grande jardim onde cresciam árvores frutíferas e lilases. O acesso fácil a Paris estava garantido pela estação de trem, e a atmosfera bucólica logo atraiu outras pessoas para o que acabou se transformando em uma comunidade. Esta foi também a semente da quadrilha de Bonnot.

Um dos primeiros a se mudar para a casa de Romainville foi Raymond Callemin, velho amigo de Victor Serge. Os dois se conheciam desde a infância (na adolescência viveram em uma comunidade no sul de Bruxelas) e seguiram juntos no caminho do anarquismo. O pai de Raymond era um socialista desiludido que consertava sapatos para suprir com dificuldade as necessidades básicas. Raymond e Serge evitaram as escolas e se educaram como autodidatas, estudando livros radicais como *Paris*, de Émile Zola, e *A história da Revolução Francesa*, de Louis Blanc. No início eram socialistas, mas, como

Victor contou em suas memórias, "o anarquismo nos conquistou completamente, porque exigia tudo de nós e nos oferecia tudo".[3]

Raymond não se encaixaria na descrição física do criminoso feita por Lombroso. Era míope, bonito, vegetariano e gostava de pontuar suas conversas com a frase *La science dit...* [A ciência diz...], o que deu origem ao apelido "Raymond-la-Science". Depois de sair da Bélgica, ele andou pela França e pela Suíça. Como Serge, escrevia artigos para jornais socialistas e anarquistas e frequentemente entrava em conflito com a polícia, não apenas por causa de seus escritos (publicar artigos antimilitaristas era crime na França), mas também por sua participação em manifestações, nas quais costumava brigar com policiais.

Parece que Raymond-la-Science deu o tom da comunidade de Romainville, pelo menos nos primeiros tempos. Os que viviam ali partilhavam uma dieta "científica" – arroz integral, vegetais crus, mingau e macarrão com queijo. Sal, pimenta-do-reino e vinagre foram banidos porque não eram "científicos", mas ervas eram permitidas. Tabaco, álcool e café também foram proibidos. Os membros eram estimulados a praticar ginástica sueca para se manter em forma. Muitos deles iam de bicicleta até o rio Marne, que ficava próximo, e lá alugavam um barco e passavam a tarde remando.

Esse estilo de vida aparentemente idílico, no entanto, camuflava atividades suspeitas, pois havia membros do grupo mais sinistros que Raymond-la-Science. Octave Garnier, também em seus vinte anos, reconheceu que desde muito jovem desafiava as autoridades, mesmo sem saber bem por quê. Aos treze anos, começou a fazer seu caminho no mundo e suas ideias se cristalizaram:

> Comecei a compreender o que eram a vida e a injustiça social. Via os indivíduos maus e dizia para mim mesmo: "Preciso achar um jeito

de sair do meio dessa sujeirada de patrões, trabalhadores, burgueses, juízes, policiais e o resto". Eu desprezava todas essas pessoas, algumas delas apenas porque aceitavam e participavam de toda essa porcaria.[4]

Começou a fazer pequenos roubos em lojas, foi pego e passou três meses na cadeia. Depois disso, ficou difícil conseguir emprego, já que era necessário apresentar atestados de bom comportamento. Garnier aprendeu a falsificá-los, mas o pagamento pela jornada de trabalho de dezesseis ou dezoito horas diárias em uma padaria mal cobria as despesas básicas. Ele sabia que precisava estudar, "para aprender mais sobre as coisas e desenvolver minha mente e meu corpo".[5] Frequentava as reuniões de operários e participava de manifestações e greves, porém começou a achar que os líderes sindicais cediam aos patrões com muita facilidade.

Então, aos dezoito anos, descobriu o anarquismo. Mais tarde, escreveu:

> Nesse meio, conheci indivíduos íntegros que faziam todo o possível para se livrar dos preconceitos que fizeram deste um mundo de barbárie e ignorância. Eram homens com os quais tinha prazer em conversar, porque, em vez de utopias, me mostravam coisas que era possível ver e tocar.[6]

Uma dessas coisas era a *reprise individuelle*, e Garnier logo a colocou em prática. Pego em meio a uma de suas tentativas de assalto, foi preso outra vez. Continuou seguindo esse tipo de vida por cerca de dois anos. Ao se aproximar de seu vigésimo aniversário, quando seria obrigado a enfrentar o serviço militar (mesmo tendo ficha criminal), conseguiu permanecer em um emprego tempo suficiente para poupar algum dinheiro e trocar a França pela Bélgica. Lá, juntou-se com Marie Vuillemin, uma jovem que, casada havia apenas um mês, já estava pronta para abandonar o marido.

Segundo estimativas, cerca de 70 mil jovens franceses saíram da França para não fazer o serviço militar, e a maior parte foi para a Bélgica, que também era um porto seguro para refugiados políticos. Era natural que também lá Garnier gravitasse pelas reuniões anarquistas, e em uma delas conheceu Raymond Callemin. Assim aconteceu a aproximação do homem de ideias com o homem de ação.

Garnier também aprimorou sua educação criminosa quando começou a andar com Édouard Carouy, arrombador profissional e simpatizante da causa anarquista. Um ano mais tarde – possivelmente atendendo a um convite de Raymond – Carouy, Garnier e sua amante, Marie, voltaram para Paris e se mudaram para a casa de Romainville. Foram bem-vindos, porque contribuíram financeiramente para a comunidade com o resultado dos assaltos que faziam de tempos em tempos. Garnier e Carouy, agora portando automáticas Browning de nove milímetros, facilmente encontradas na Bélgica, perturbavam a atmosfera pastoril praticando tiro ao alvo no jardim.

A presença dos recém-chegados alterou o conteúdo apenas teórico das discussões noturnas sobre o ilegalismo. Lembrando-se daqueles dias, Victor Serge escreveu:

> Eles já eram, ou estavam se tornando, foras da lei, influenciados sobretudo por Octave Garnier, um sujeito bonito, moreno e silencioso, com olhos escuros incrivelmente duros e febris. Pequeno, proveniente da classe operária, Octave tinha sido brutalmente espancado no terreno de uma construção durante uma greve. Ele debochava das discussões com os "intelectuais". "Falação, falação!",

sussurrava docemente, e seguia rumo a alguma perigosa tarefa noturna, levando pelo braço uma voluptuosa loura de Flandres.⁷

Lorulot, que nunca tinha sido grande entusiasta do ilegalismo, não achava bom ser o chefe nominal de um grupo que de fato o praticasse. Decidiu abandonar Romainville e começar uma nova publicação em Paris. Serge foi promovido a editor do *L'Anarchie*, mas o nome que aparecia no expediente era o de Rirette, sua companheira. Talvez fosse uma concessão ao feminismo ou uma forma de desviar de Victor a atenção da polícia.

As comunidades são coisas delicadas, mantidas por relacionamentos que podem romper por motivos aparentemente triviais. Nesse caso, parece que Serge e Rirette sonhavam com café (proibido por lá) e estavam cansados da comida sem graça. Agora que eram os líderes do grupo, começaram a comer sozinhos, escolhendo uma dieta "não científica", e ainda violaram a política editorial de total liberdade do jornal quando recusaram a publicação de um artigo de Garnier intitulado "Sal é veneno". No final de agosto de 1911, todo mundo, com exceção de Serge, Rirette e seus filhos, havia abandonado a comunidade. Essa saída talvez tenha sido parcialmente motivada pelo cerco que a polícia então estava fazendo a Carouy, por causa de um de seus assaltos recentes. Fazendo-se passar por Maurice Leblanc, autor das histórias de Arsène Lupin, Carouy alugou um novo lugar mais abaixo da comunidade, seguindo o Marne. Os anarquistas acreditavam que Lupin tinha sido inspirado em Marius Jacob, um de seus camaradas.

Os outros voltaram para Paris. Garnier e sua amante foram morar na casa da mãe dele em Vincennes, subúrbio na região leste da capital. Nos três meses seguintes, ele continuou sua carreira de ladrão com sucesso (comprovado pelo fato de nunca ter sido preso).

No entanto, já que dava boa parte de seus ganhos criminosos aos camaradas em necessidade, não prosperou muito. Ele mantinha contato com outros membros da comunidade, entre os quais Raymond, que o levava a concertos de Chopin para alargar seus horizontes. Em suas conversas, concordavam que era necessário ter mais foco em seus esforços, porém não conseguiam elaborar um plano coerente. Raymond, como era seu costume, insistia que o caminho haveria de ser encontrado na ciência. Era fascinado pelos carros rápidos que via nas ruas de Paris, mas, infelizmente, nem ele nem Garnier sabiam dirigir. E então Bonnot entrou na vida dos dois.

II

Jules Bonnot era pelo menos dez anos mais velho que a maioria dos que se juntariam a ele. Não era um jovem idealista em seus vinte e poucos anos, tentando se encontrar; tinha uma visão mais madura do mundo e era ao mesmo tempo mais ousado e mais furioso que os outros. Nascido em 1876, em uma pequena aldeia das montanhas do Jura, cresceu na mesma região que Proudhon, o fundador do anarquismo francês, e foi impregnado pelo espírito de rebelião que ainda prosperava ali. Sua vida familiar também foi anárquica. A mãe morreu quando ele tinha cinco anos, e o pai era alcoólatra. Aos quinze anos, o irmão mais velho se jogou de uma ponte devido a uma rejeição amorosa. As fichas policiais mostravam que o jovem Jules foi várias vezes detido por causa de brigas e cumpriu duas sentenças de três meses.

Em 1897, convocado para o serviço militar obrigatório, foi, por sorte, designado para uma companhia de engenheiros que acabara de receber caminhões motorizados. Bonnot tinha jeito para consertá-los e logo aprendeu também a dirigi-los. Deu-se muito bem no exército e manteve-se longe de confusões. Tinha talento natural para atirar com rifle e foi campeão de tiro de sua companhia durante os três anos de carreira militar. O exército até lhe trouxe uma esposa, pois, ao ser aquartelado em uma fazenda, apaixonou--se pela filha da família, Sophie-Louise Burdet, de dezoito anos. Quando foi dispensado, voltou para pedir sua mão e casaram-se em agosto de 1901. Foi trabalhar em uma fábrica de Bellegarde e logo Sophie descobriu que estava grávida. O futuro de Bonnot parecia tranquilo ou, pelo menos, convencionalmente burguês.

No entanto, sua antiga atitude em relação a figuras de autoridade voltou a aparecer, e Bonnot perdeu o emprego por ser encrenqueiro. Com essa pecha, ele teve dificuldades para achar novo trabalho. Isso fez com que o casal se mudasse para a casa da mãe de Sophie, certamente uma humilhação para Bonnot. Quando Sophie deu à luz, sobreveio uma tragédia: a menina recém-nascida viveu apenas quatro dias.

Nos quatro anos que se seguiram, Bonnot vagou com Sophie pela Suíça e pela França, atrás de trabalhos dos quais era logo demitido. Sophie engravidou outra vez e, em fevereiro de 1904, nasceu um menino. Por sugestão dela, Bonnot foi procurar Besson, secretário do sindicato dos mecânicos, com quem conseguiu um emprego. A pequena família, então, se estabeleceu na cidade de Lyon. Bonnot, porém, não teve sorte: contraiu tuberculose e foi internado em um sanatório. Quando ainda estava lá, soube que Sophie havia fugido com Besson, o prestativo líder sindical. Ao receber alta, tentou ganhar a guarda do filho, mas não teve sucesso.

Conseguiu um emprego como mecânico na fábrica de automóveis Berliet, em Lyon. Ali conheceu alguns anarquistas que lhe apresentaram a noção de *reprise individuelle*. Um deles era um italiano chamado Platano, que também ensinou a Bonnot as técnicas de arrombamento. E, já que Bonnot sabia consertar e dirigir automóveis, os dois se especializaram em roubar carros. Tiveram tanto sucesso que abriram uma garagem, onde podiam depenar ou esconder o resultado de seus roubos em segredo.

Com a prosperidade, Bonnot desenvolveu uma predileção por roupas finas e pela toalete meticulosa. Seus amigos brincavam com ele chamando-o de Le Bourgeois [o burguês]. Encontrou nova namorada, uma mulher casada chamada Judith Thollon. O marido dela era vigia de cemitério e, à noite, Bonnot e Judith se deitavam para fazer amor no meio dos túmulos.

Tentando a sorte, Bonnot e Platano foram atrás de uma bela soma e assaltaram a casa de um rico advogado. No cofre que Bonnot conseguiu abrir, encontraram 36 mil francos. Dividiram a bolada e decidiram ficar afastados de Lyon por um tempo, para evitar a prisão. Bonnot deixou a maior parte de seu quinhão com Judith, prometendo voltar para buscá-la.

No final de 1910, partiu para a Inglaterra, onde contam que foi chofer de sir Arthur Conan Doyle. Não há certeza sobre isso. Um amigo de Conan Doyle, Harry Ashton-Wolfe, que com frequência trabalhava com Alphonse Bertillon na Sûreté, supostamente reconheceu Bonnot quando este se tornou um criminoso famoso e, em um de seus livros, afirmou que Bonnot tinha sido motorista *dele*, e não do criador de Sherlock Holmes.

De todo modo, assim que achou que o perigo tinha passado, Bonnot voltou para Lyon e montou de novo uma garagem para esconder os carros que roubava. Negociar carros roubados, especialmente os modelos de luxo que Bonnot preferia, era tarefa difícil, já que seu número era relativamente pequeno, e eles poderiam ser reconhecidos com facilidade. Certa ocasião, Bonnot levou sua última presa para a garagem do anarquista Jean Dubois, em Choisy-le-Roi, bem perto de Paris. Eles se entenderam de imediato, e os dois trabalharam juntos por um tempo, roubando carros que Dubois negociava. Mais tarde, quando Bonnot se tornasse o homem mais procurado da França, voltaria a Choisy-le-Roi em busca de refúgio.

Pouco depois do retorno de Bonnot a Lyon, a polícia deu uma batida em sua garagem. Ele teve a sorte de não estar lá no momento e, logo que soube da notícia, pegou um carro em outro lugar e fugiu para Paris. Encontrou Platano, seu antigo cúmplice, que estava com muito dinheiro, o qual ele dizia ter recebido de herança. Os dois passavam as noites rodando pelos bares de Montmartre, onde Platano apresentou Bonnot a Octave Garnier.

Bonnot se correspondia com Judith e resolveu voltar a Lyon para visitá-la. Platano foi com ele por alguma razão; é possível que tenha ficado de vigia enquanto Judith e Bonnot faziam amor no cemitério pela última vez.[8] Era final de novembro, e o encontro provavelmente não demorou muito.

No caminho de volta a Paris, aconteceu um acidente que nunca foi devidamente esclarecido. Sua consequência, no entanto, era evidente: o corpo de Platano foi encontrado na estrada com dois buracos de bala na cabeça e, não muito longe dali, perto de uma estação de trem, o carro que Bonnot havia roubado, sem gasolina. Ao saber da história, um dos amigos italianos de Platano que morava em Lyon foi até a polícia e contou que o morto costumava andar com Bonnot. Em sua busca, a polícia chegou à casa de Judith Thollon. Ali descobriram objetos roubados, o dinheiro escondido de Bonnot e alguns livros, entre eles o *Manual revolucionário para a fabricação de bombas*. Judith e seu infeliz marido foram levados sob custódia e foi expedido um mandato de prisão para Bonnot, por assassinato.

Bonnot estava em Paris, a salvo da polícia de Lyon. No entanto, os amigos anarquistas de Platano na capital, ao saberem de sua morte misteriosa, exigiram explicações. Bonnot se apresentou em uma reunião de anarquistas convocada para julgá-lo. A história que contou foi que, quando pararam para consertar um pneu furado, Platano começou a exibir sua nova Browning automática. Ela disparou por acidente e o fez tombar mortalmente ferido. Com medo de que alguém aparecesse, Bonnot deu-lhe o golpe de misericórdia para acabar com seu sofrimento. Negou veementemente ter ficado com o resto da herança de Platano, lembrando a todos que a polícia tinha sequestrado seus recursos na casa de sua amante.

A explicação não era nada convincente, mas Garnier, presente na reunião, ficou impressionado o bastante para fazer a Bonnot uma proposta atraente. Com Raymond "La Science" Callemin, os três começaram a planejar seu grande golpe.

O primeiro passo foi roubar o Delaunay-Belleville, com o qual atravessaram as ruas escuras de Paris a caminho de Bobigny, subúrbio na região nordeste, onde Édouard Carouy, amigo de Bonnot, estava morando com uma família chamada Dettweiler. Simpatizante do anarquismo, Dettweiler era também um pequeno homem de negócios; tinha aberto uma garagem e, naquela noite, numa decisão da qual se arrependeria amargamente, deixou que os ladrões escondessem ali o carro roubado. O primeiro passo do plano de Bonnot fora executado.

Uma semana se passou, tempo durante o qual os conspiradores procuraram um alvo. O escolhido foi a filial do banco Société Générale na rua Ordener, em Montmartre, um território familiar dos anarquistas parisienses. Todos os dias da semana, pontualmente às nove horas, um mensageiro a pé chegava da matriz do banco levando dinheiro e valores para depositar na filial. Estavam em plena temporada natalina, e a valise de couro que ele carregava devia estar tão cheia quanto o saco do Papai Noel. O mensageiro podia ser facilmente reconhecido pelo uniforme e não parecia estar armado. Um guarda-costas saía do banco para encontrá-lo no ponto do bonde e, com certeza, se aparecesse alguém suficientemente desesperado para assaltá-lo, logo seria agarrado pelos pedestres daquela que era uma das ruas mais movimentadas do décimo oitavo *arrondissement*.

É difícil imaginar isso hoje, após termos visto inúmeras vezes perseguições de carro em filmes, mas ninguém até então havia tido a ideia de escapar de um assalto em um automóvel.

Na manhã de 21 de dezembro de 1911, Bonnot, Garnier e Raymond estavam na rua Ordener, sentados no Delaunay-Belleville com o motor desligado, esperando o mensageiro aparecer. Pode ser que algum curioso tenha parado para admirar o carro, mas estava frio e chovia, e ninguém demorou muito. Tampouco parecia que alguma pessoa tivesse lido ou se lembrado do anúncio publicado naquela manhã no *L'Auto*, jornal dedicado aos entusiastas de automóveis. Uma recompensa de quinhentos francos era oferecida para quem achasse a limusine Delaunay-Belleville verde e preta, modelo 1910, motor nº 2.679v, roubada de *monsieur* Normand havia uma semana. (O experiente Bonnot já tinha trocado as placas.)

Os ladrões estavam preparados para todo tipo de surpresa. "Estávamos perigosamente armados", escreveu Garnier.[9] Ele carregava seis revólveres, e cada um de seus companheiros, mais três – no total tinham munição para quatrocentos tiros.

Pouco antes das nove horas, o açougueiro do outro lado da rua reparou no automóvel espetacular parado no mesmo lugar desde as oito da manhã. Saiu para dar uma olhada nele, e então o motorista, de casaco, boné cinza e usando óculos para dirigir, ligou o carro e movimentou-se lentamente até parar de novo alguns metros à frente. O açougueiro depois se lembraria de que as cortinas do compartimento traseiro estavam fechadas, não permitindo ver se havia passageiros ou não.

O mensageiro naquele dia chamava-se Caby. Assim que saiu do bonde, o guarda-costas foi encontrá-lo e apertou sua mão. Saíram andando na direção do banco – diretamente para as mãos dos assaltantes. Garnier e Raymond desceram do carro com as mãos nos bolsos. Ao se aproximarem da presa, sacaram as automáticas nove milímetros e ordenaram a Caby que entregasse a valise. O guarda-costas, aparentemente despreparado para reagir a qualquer tipo de demonstração de força, colocou as mãos no rosto, deu meia-volta e saiu correndo. Caby não foi tão cooperativo, seja por medo, seja por descabida bravura. Recusou-se a entregar a valise, mesmo depois de Callemin o arrastar pela calçada. Garnier, sempre impaciente, atirou duas vezes no peito de Caby, que tombou no chão, sangrando.

Bonnot acompanhava a movimentação dos dois companheiros, que pularam para dentro do carro. Alguns passantes horrorizados tentaram impedi-los, mas uma saraivada de tiros fez com que se afastassem. Bonnot, demonstrando a habilidade que lhe daria o apelido de Chofer Demônio, fez uma curva fechada e desceu pela rua des Cloys, quase batendo de frente em um ônibus que se aproximava. Deu uma guinada repentina, por pouco não pegando um táxi. O tempo todo Garnier e Raymond não paravam de atirar pelas janelas, espalhando o pânico pelas ruas.

Os bulevares retos e largos criados pelo barão Haussmann eram ideais para um motorista como Bonnot, que pisava fundo no acelerador, sem nunca afrouxar. Vivendo a fantasia de inúmeros futuros motoristas, Bonnot evitava os obstáculos atravessando o meio-fio e voando pela calçada, enquanto os pedestres, desesperados, pulavam para fora de seu caminho. Qualquer um que tentasse perseguir os bandidos logo ficaria para trás.

Após fazer mais uma curva fechada, o Delaunay-Belleville chegou à rua Vauvenargues e seguiu rapidamente na direção norte, rumo à saída da cidade, em Clichy. Alguns minutos depois, os funcionários da alfândega que controlavam o tráfego ali foram dispersados pelas balas atiradas no veículo que atravessou os portões em alta velocidade. O carro de fuga (expressão que até então nunca tinha sido usada) logo desapareceu, seguindo para o norte debaixo da chuva.

III

Os jornais parisienses fizeram a festa com o crime sensacional e – como *La Presse* os chamou – com *les bandits en auto* [os bandidos motorizados]. Apesar de Paris ter 20 mil policiais para 3 milhões de habitantes, com os novos acontecimentos os jornalistas sugeriram que a força policial precisava de mais homens. O mais fascinante, claro, era o método de fuga dos ladrões; a polícia só saía com os veículos motorizados para transporte de altos funcionários e, portanto, foi considerada incapaz de fazer frente a essa nova forma de crime. Os cineastas perceberam imediatamente o potencial dramático. Um estúdio fez a reconstituição do assalto assim que a notícia se espalhou e, dias depois, o filme estreava nos cinemas de toda Paris. Embora popular, ele também atraiu manifestantes, que consideraram a fita uma exaltação ao crime.

A caça aos ladrões logo extrapolou as fronteiras nacionais. No dia seguinte, a limusine Delaunay-Belleville foi encontrada

O Delaunay-Belleville que Bonnot e seus cúmplices usaram para fugir da cena de seu primeiro crime, em 1911. Essa marca francesa de automóveis era considerada uma das melhores do mundo. Os compradores adquiriam somente o chassi, com o motor de seis cilindros e as rodas, e tinham que providenciar por conta própria o resto.

abandonada em Dieppe, cidade portuária na costa norte. Acharam que os criminosos tinham fugido para a Inglaterra e pediram à Scotland Yard que verificasse todos os passageiros desembarcados em Southampton.

Na verdade, àquela altura, Bonnot e seus amigos estavam de volta a Paris, tendo deliberadamente embarcado, em Dieppe, no trem para a capital, onde tinham certeza de que ninguém os procuraria. Entretanto, os três ainda não estavam prontos para celebrações, pois ficaram decepcionados com seu ganho. Na valise do mensageiro, a maior parte do conteúdo era de títulos e cheques que dificilmente seriam descontados, e as notas e moedas de ouro chegavam a apenas 5,5 mil francos. Bonnot conhecia um sujeito em Amsterdã que talvez aceitasse os títulos com desconto. Então, sem desanimar, roubaram outro carro e seguiram para a Holanda. A viagem não foi produtiva: o amigo de Bonnot lhes disse que os números de série de títulos roubados já tinham sido transmitidos por todos os bancos da Europa; era muito arriscado tentar negociá-los.

Enquanto isso, depois de encontrar o Delaunay-Belleville e localizar seu dono, a polícia começou a investigar onde o automóvel poderia ter ficado escondido no período entre seu desaparecimento e o dia do roubo. Alguns vizinhos de Georges Dettweiler em Bobigny tinham reclamado do barulho vindo de sua garagem altas horas da noite, e um deles achava que tinha visto o famoso carro lá dentro. Como a maioria dos franceses, o vizinho desconfiava da Sûreté e falou da sua suspeita somente com um funcionário da prefeitura da cidade. Este achou por bem faturar algum dinheiro vendendo a história para o tabloide *Le Petit Parisien*. Depois de ler o jornal, o próprio chefe da Sûreté, Octave Hamard, conduziu pessoalmente a batida policial à garagem e prendeu Dettweiler, sua mulher e a namorada de Carouy, que conseguiu escapar. Apesar disso, Bertillon encontrou a foto do rosto dele em seu volumoso arquivo de fichas, juntamente com os vários codinomes que utilizava e uma anotação dizendo que era anarquista.

Os editores dos jornais não podiam imaginar presente melhor do que acrescentar a temida palavra "ANARQUISTAS!" às manchetes. Melhor ainda, quando Caby viu a foto de Carouy, equivocadamente afirmou que era o homem que havia atirado nele. Carouy foi imediatamente considerado pela Sûreté o chefe da quadrilha dos "bandidos motorizados" e o cérebro por trás do escândalo da rua Ordener.

O próprio Carouy, quando viu sua foto na primeira página de todos os jornais parisienses, ficou um tanto preocupado, pois, quando Bonnot o convidara para participar da ação, ele se recusou exatamente por achar que seria muito arriscada. Agora, ele precisava de dinheiro para deixar o país e não tinha como conseguir algo com os três verdadeiros ladrões.

Carouy não quis participar do assalto ao banco, mas continuava a ter a reação de um criminoso habitual: se precisava de dinheiro, ele o roubava. Com o amigo Marius Medge, companheiro de antigos roubos, planejou o que parecia ser um trabalho fácil. Medge conhecia no subúrbio de Thiais, ao sul, um velho que vivia de aluguéis de imóveis e que supostamente guardava grandes somas de dinheiro em casa. Ele vivia apenas em companhia de sua governanta, de 72 anos. Na noite de 2 de janeiro de 1912, Medge e Carouy arrombaram a casa, porém as coisas não se passaram como imaginavam. O velho imprudentemente resistiu e os bandidos bateram nele com um martelo até que morresse. Para eliminar qualquer testemunha, estrangularam também a governanta.

O laboratório de Bertillon encontrou impressões digitais na cena do crime que identificaram Carouy como um dos perpetradores do crime. Isso veio comprovar, para os editores e para a Sûreté, que a quadrilha anarquista agora não era formada apenas por meros ladrões, mas por assassinos brutais engajados em uma onda de crimes.

Apesar de tudo, Carouy continuou a escapar da prisão. Segundo Ashton-Wolfe, ele foi a extremos para alterar a aparência. Seus olhos eram peculiarmente pequenos e redondos, e todo policial sabia disso. Carouy pediu a um amigo que comprasse uma lanceta, um pouco de cocaína e uma seringa hipodérmica. Quando sua pele estava suficientemente anestesiada pela injeção da droga, cortou os cantos externos e internos dos olhos e os manteve separados com um esparadrapo até que a pele cicatrizasse. O efeito foi extraordinário. Seus olhos redondos agora pareciam compridos e estreitos.¹⁰

Os jornais não paravam de pedir providências e finalmente foram atendidos: dez dias depois dos homicídios em Thiais, Hamard foi designado para outro cargo. Seu substituto na chefia da Sûreté foi Xavier Guichard, bastante conhecido por ser um policial duro e intransigente. (Muitas pessoas também o achavam um tanto bronco, em parte porque nunca fora além do ensino fundamental.) Guichard ordenou uma série de batidas nos lugares onde os anarquistas se reuniam, incluindo os escritórios dos jornais e clubes sociais. Pouca informação útil surgiu daí, mas ele podia apresentar "sucessos" como a batida em um baile de Belleville: 29 dentre as 50 pessoas presentes no salão foram presas por porte ilegal de armas de fogo. Nenhuma delas, entretanto, estava ligada aos assaltos e homicídios.

Guichard conseguiu uma pista quando obrigou o mensageiro Caby, ainda hospitalizado, a olhar as fotografias de alguns dos anarquistas nos arquivos de Bertillon. Caby quase desmaiou quando o investigador mostrou a foto de Garnier. "Foi esse", gritou ele, "foi esse" – o homem que havia atirado. Mas ele já não tinha identificado Carouy como esse homem? "É verdade", disse Caby, mas reconheceu estar errado.

Sorte de Guichard, pois Marie Vuillemin, a namorada de Garnier, fora presa na batida nos escritórios da nova revista anarquista fundada por Lorulot, *L'Idée Libre*. Seu apartamento foi revistado e surgiram indícios de que Garnier tinha morado lá, mas ele mesmo não foi encontrado em lugar algum. Juntamente com Bonnot e Raymond, tinha ido para a Bélgica, onde roubaram outro carro, que levaram para Amsterdã e venderam por 8 mil francos. Até aquele momento o roubo de carros era muito mais lucrativo que assaltar bancos. Contudo, eles não desanimavam.

De volta a Paris, onde Bonnot se registrou em um hotel com o nome de Lecoq (em homenagem ao bandido e detetive de ficção que Émile Gaboriau tornou famoso), os três viram por todo lado os cartazes de "Procura-se" com a foto de Garnier. Em vez de sair da cidade, no entanto, ele resolveu ir morar com um amigo chamado René Valet, no sexto andar de um prédio sem elevador, justo na rua Ordener, perto da cena do primeiro crime, como se estivesse se exibindo no nariz da polícia. Valet também era amigo de Victor Serge, que se recordava de encontrá-lo nos pequenos bares do bulevar Saint-Michel para discutir literatura e poesia. "Consigo vê-lo nesse instante lá mesmo", recordou Serge trinta anos depois, "de pé, como um jovem Siegfried... belo rosto quadrado com cabeleira vermelha, queixo pronunciado, olhos verdes, mãos fortes e postura de atleta".[11] Valet era dono de uma serralheria, mas tinha o espírito anarquista. Seria inexoravelmente atraído para a órbita da quadrilha por intermédio de Garnier – e morreria por causa disso.

IV

Bonnot continuava com saudade da amante Judith Thollon, ainda na prisão, e foi até Lyon com sua parte do roubo do carro para ver se conseguia contratar um advogado para libertá-la. O advogado lhe disse que as acusações contra ela eram graves (posse de propriedade roubada) e também o informou de que a Sûreté – aparentemente pelas dicas dadas por um amigo de Platano, a vítima do "assassinato por misericórdia" de Bonnot – agora suspeitava que ele era um dos

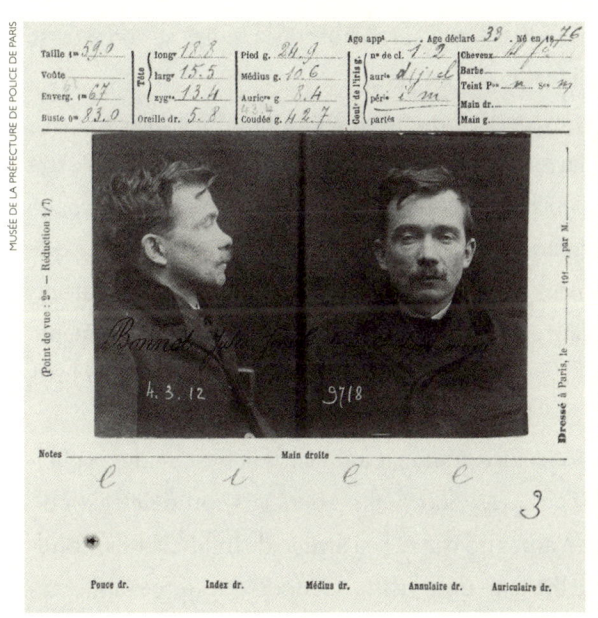

Ficha criminal do anarquista Jules Bonnot, líder da quadrilha que levava seu nome. A imprensa o apelidou de "Chofer Demônio" por suas façanhas ao volante do primeiro carro usado no mundo para fuga após um roubo.

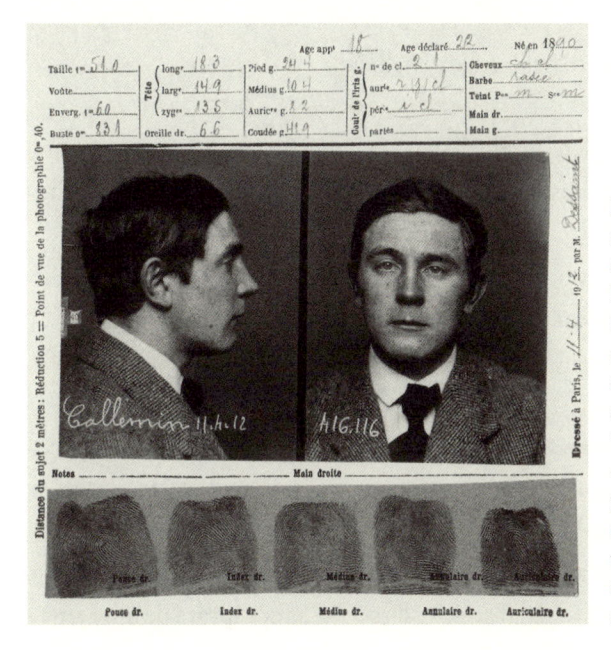

Ficha criminal do anarquista e bandido Raymond Callemin, conhecido entre seus amigos como "Raymond-la-Science", por sempre encontrar um respaldo científico para suas crenças.

bandidos motorizados. A polícia só libertaria Judith se acreditasse que ela poderia levá-la até Bonnot.

Em vez de se esconder, porém, ele continuou viajando e roubando carros com Garnier. Uma ocasião, quando o motorista se recusou a entregar o automóvel, Garnier bateu no homem com um pedaço de madeira e o matou. Os dois também atiraram em um vigia, que sobreviveu e depois pôde identificá-los por fotografias. Os jornais não se intimidavam em comparar, para seus leitores, a atuação inepta da polícia diante dos anarquistas com a impotência do inspetor Juve, o policial da ficção, diante de Fantômas, livro após livro.

Como se isso não fosse suficiente, Victor Serge decidiu explicitar suas simpatias e apresentar suas credenciais como defensor do ilegalismo. Pouco antes do Natal, seu amigo de infância Raymond-la-Science tinha lhe feito uma visita, de modo que Serge sabia exatamente quem havia cometido o roubo da rua Ordener. No início do Ano-Novo, ele publicou no *L'Anarchie* um artigo assinado com seu pseudônimo, Le Rétif, onde dizia:

> Atirar em plena luz do dia em um pobre funcionário de banco provou que certos homens compreenderam pelo menos as virtudes da audácia.
>
> Não tenho receio em assumir: estou com os bandidos. Acho que cumprem um papel importante; vejo neles os Homens. [...] Gosto daqueles que aceitam o risco de uma grande luta. É varonil.[12]

Publicar opiniões como essa serviu apenas para colocar Serge e o jornal na linha de frente da atenção policial. No final de janeiro, a Sûreté deu uma batida no escritório do *L'Anarchie* e prendeu as onze pessoas que estavam ali, apreendendo duas automáticas Browning roubadas de um arsenal. Rirette disse que as comprara de um camarada para sua proteção pessoal, mas a polícia acreditava que essa era uma prova importante, pois os bandidos motorizados eram os principais suspeitos pelo roubo dessas armas.

Serge foi interrogado por Louis Jouin, segundo na hierarquia da Sûreté e chefe nominal da força-tarefa que rastreava os bandidos motorizados. Descreveu Jouin como "um cavalheiro magro, de rosto afilado e soturno, educado e quase simpático".[13] Ele disse a Serge que se identificava com sua causa porque também era um homem do povo. Até citou Sébastien Faure, um escritor anarquista. Embora afirmasse admirar os ideais de muitos anarquistas, Jouin argumentou que os atos brutais dos bandidos motorizados acabavam desacreditando seus camaradas. Como explicar o crime contra o velho e sua governanta em Thiais, assassinados em suas camas? Os anarquistas se orgulhavam disso? Jouin prometeu a Serge que, caso resolvesse dar informações sobre os bandidos, ninguém jamais precisaria saber. Em suas memórias, Serge disse ter ficado "constrangido" pela oferta. Foi mandado de volta para sua cela na prisão de La Santé para pensar melhor sobre a proposta. Lá permaneceria durante quinze meses, antes do início do julgamento.

Os bandidos motorizados, enquanto isso, estavam planejando outros crimes. Raymond-la-Science conseguiu um pouco de nitrato de prata, que os ladrões usaram para clarear os cabelos. Bonnot e Garnier rasparam o bigode e o primeiro comprou ternos novos e chapéus-coco para todos, o que lhes daria uma aparência respeitável. O companheiro anarquista Élie Monier, que usava o codinome Simentoff, propôs que se juntassem a ele para roubar o pagamento dos funcionários de uma empresa em Nîmes, sul da França. Em 26 de fevereiro de 1912, os três bandidos roubaram outro Delaunay-Belleville (claramente o carro favorito de Bonnot). O proprietário tinha planejado dirigi-lo no próximo Tour de France, e no compartimento dos passageiros o trio encontrou um bônus adicional: um capote forrado com pele de raposa, um sobretudo com gola de astracã, cronômetros e mapas.[14] Com essas novas peças no guarda-roupa, os criminosos agora realmente pareciam as pessoas ricas e elegantes que desprezavam – como o próprio Fantômas.

Infelizmente, no caminho para o sul o carro precisou de consertos, que demoraram várias horas. Naquele tempo não era fácil encontrar na estrada um lugar no qual ficar, e Bonnot, com receio de chamar a atenção se estacionassem e dormissem nele, decidiu retornar a Paris. Após atravessar uma barreira da alfândega, dessa vez na Porte d'Italie, atravessou a Île de la Cité, diante do quartel-general da polícia, entrou à esquerda na rua de Rivoli, passou pelo Louvre e pelo Jardim das Tulherias e seguiu pelo oitavo *arrondissement*, rumo ao norte. Bonnot aumentou a velocidade na descida e quase bateu em um ônibus que estava saindo de um recuo na Gare Saint-Lazare.

Evitou a colisão, mas o carro atravessou o meio-fio até a calçada e parou. Garnier acabara de sair para girar a manivela que daria a partida no motor quando um policial de trânsito chegou para repreender o motorista pela velocidade imprudente. Segundo as testemunhas, Bonnot nem sequer olhou para o policial: permanecendo de olhos fixos à frente, o rosto pétreo, à espera de que o motor pegasse. Assim que ele pegou, Bonnot pôs o carro em movimento e Garnier teve de se apressar para entrar de volta. O policial, naturalmente irritado com a falta de respeito a sua autoridade, pisou no estribo do automóvel e segurou a direção. Garnier não hesitou: atirou três vezes no policial, que caiu morto na calçada, enquanto Bonnot acelerava o carro e fugia.

O carro agora estava visado, mas os bandidos relutaram em abandoná-lo e de alguma forma conseguiram escondê-lo por dois dias, quando foi utilizado em outra tentativa de assalto. À meia-

-noite, chegaram a Pontoise, cidade a noroeste de Paris, no endereço de um rico advogado. Arrombaram uma porta lateral e encontraram o cofre. O barulho feito para removê-lo – aparentemente queriam levá-lo para o carro – acordou o advogado e sua esposa. Olhando pela janela do andar de cima, o advogado, por sorte, viu um padeiro que seguia para o trabalho e pediu-lhe que verificasse se a porta estava trancada. Quando ele se aproximou, Raymond e Garnier saíram atirando para o alto, correndo na direção do carro, onde Bonnot esperava por eles. O advogado tinha uma pistola e atirou de volta até que desaparecessem. Chateados, os três homens que tinham aterrorizado toda Paris incendiaram e abandonaram o magnífico automóvel.

O que havia sido uma comédia de erros dos bandidos foi retratado pelos jornais como um triunfo dos fora da lei sobre a ordem. A quadrilha anarquista, cujo contingente agora era estimado em dúzias de bandidos, tinha assassinado um policial a tiros no coração de Paris e escapado sem problemas. Os políticos não estavam imunes às críticas, e o ministro do Interior exigiu resultados imediatos do diretor da polícia, Louis Lépine, superior de Guichard. Todo suspeito de qualquer tipo de tendência anarquista estava em perigo. O mais importante era fazer prisões.

Era de imaginar que o endurecimento da polícia acabaria por aumentar a suspeita dos parisienses de que uma quadrilha grande e organizada estava à solta pelas ruas da cidade, atacando qualquer pessoa a qualquer hora. Um jornal direitista afirmou que existiam 200 mil criminosos na cidade, uma horda de indivíduos fora da lei, contra os quais a polícia nada conseguia fazer. Esses comentários repercutiram no funeral do policial morto por Garnier, quando o diretor da polícia advertiu que "os criminosos de Paris estão na casa dos milhares".[15]

O escritório de Lorulot continuava sob estreita vigilância policial, apesar de seus esforços para se distanciar da onda de crimes, tendo até mesmo acrescentado ao expediente de sua nova revista um dúbio slogan: "Nem pelo ilegalismo, nem pela honestidade". Alguns de seus empregados foram presos acusados de porte de armas, dentre eles Eugène Dieudonné, que viria a ter um papel desastroso no caso.

Os bandidos motorizados, que ainda tentavam vender os títulos roubados, entraram em contato com dois falsários conhecidos de Bonnot. Eles, por sua vez, encontraram um corretor desonesto que ofereceu 5% do valor de face dos títulos. Bonnot concordou com relutância e mandou os falsários até Amsterdã, onde a quadrilha tinha escondido os papéis. De volta a Paris, eles guardaram o pacote temporariamente em um armário da Gare du Nord. Um informante avisou a polícia e, quando retornaram ao armário, os dois homens foram presos. Um deles, Alphonse Rodriguez, concordou em contar tudo o que sabia sobre a quadrilha em troca de clemência. Ao perceber astutamente quem a polícia gostaria que fosse incriminado, ele identificou Dieudonné, preso durante a batida na publicação de Lorulot, como um dos homens envolvidos no assalto da rua Ordener.

Confiantes, os policiais decidiram checar seu depoimento com Caby, o mensageiro do banco, já liberado do hospital. Mostraram-lhe Dieudonné algemado e sozinho na sala de interrogatório. Caby prontamente confirmou que *esse* era o homem que tinha atirado nele – um testemunho que deve ter envergonhado a polícia, já que era o terceiro suspeito que o mensageiro identificava positivamente como seu agressor. Apesar disso, a identificação, é claro, permitiria que a polícia finalmente anunciasse ter um dos ladrões sob custódia. E assim, no dia seguinte, as manchetes trombetearam o anúncio da Sûreté sobre a prisão de um dos membros da quadrilha.

Se os três verdadeiros ladrões fossem apenas assassinos inescrupulosos, ficariam deliciados com as últimas notícias. Mas não eram. Garnier e Bonnot tinham uma coleção de recortes de jornais com suas aventuras e ficaram aborrecidos por outra pessoa receber os créditos devidos a eles. Garnier então enviou ao jornal *Le Matin* uma carta aberta endereçada a Guichard, o chefe da Sûreté. Na missiva, tanto solene como ominosamente presciente, escreveu:

> Sua incompetência para exercer o nobre cargo que ocupa é tão óbvia que poucos dias atrás eu quase fui a seu escritório prestar informações e corrigir alguns dos erros cometidos, de propósito ou não.
> Afirmo que Dieudonné é inocente do crime que você sabe muito bem que fui eu quem cometeu. Refuto as alegações de Rodriguez: eu sozinho sou o culpado. [...]
> Sei que haverá um fim para essa luta que começou entre mim e o formidável arsenal à disposição da Sociedade. Sei que serei derrotado; sou o lado mais fraco. Mas sinceramente espero que você pague muito caro por sua vitória.
> Terei prazer em conhecê-lo,
> Garnier[16]

Para provar que a carta não era falsa, Garnier juntou a ela uma folha de papel na qual cuidadosamente colocou suas impressões digitais e uma inscrição desafiando Bertillon a pôr seus óculos e "tomar cuidado". Bertillon comparou meticulosamente as impressões e confirmou que eram mesmo de Garnier.

O último bastião de resistência de Octave Garnier e René Valet, membros da quadrilha de Bonnot, em versão feita por um ilustrador para o *Le Petit Journal*. Os dois homens mantiveram setecentos policiais e soldados à distância durante um dia inteiro. Abaixo, dois retratos de Garnier. A mudança de aparência que ele conseguiu indica como os métodos de identificação de Bertillon eram importantes para a polícia.

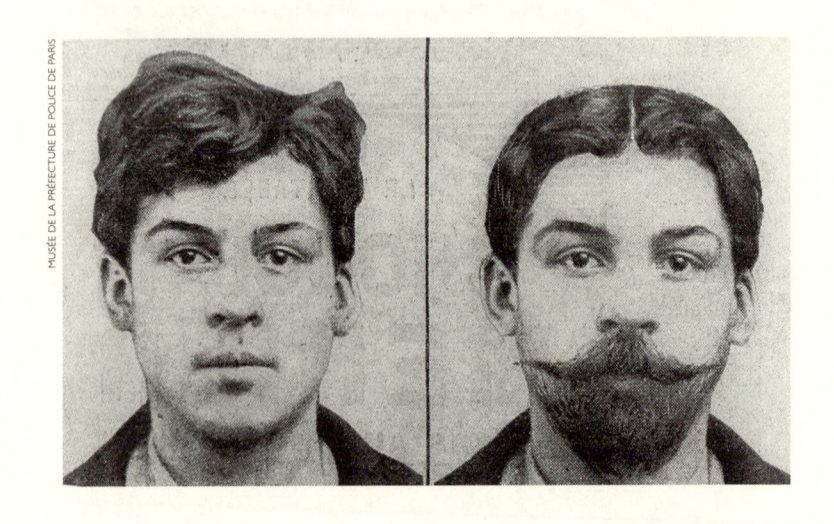

Como se já não fosse ousadia suficiente, Bonnot foi ao escritório de um grande jornal, *Le Petit Parisien*, reclamar de erros em uma das histórias que tinham publicado sobre a quadrilha. Não foi reconhecido, a princípio – estava louro, sem barba nem bigode –, até que se sentou à frente de um repórter chamado Charles Sauerwein e colocou em sua mesa a automática Browning nove milímetros. Bonnot afirmou: "Vamos gastar o resto de nossa munição com os policiais e, se eles não vierem, nós certamente saberemos onde estão".[17] (O Chofer Demônio pretendia cumprir sua promessa. Havia arranjado quatro rifles de repetição Winchester, precisos e mortais. A polícia francesa, por seu lado, só tinha revólveres de cavalaria.)

Bonnot saiu do edifício tão calmamente quanto entrou, sem problema algum. Sauerwein disse que a ética jornalística o impedia de notificar a polícia – ou ele talvez esperasse obter outro furo sensacional. Demonstrando sua gratidão, Sauerwein e *Le Petit Parisien* passaram, daí em diante, a chamar os criminosos de *la bande à Bonnot* [a quadrilha de Bonnot], provavelmente para irritação de Garnier.

Outros acontecimentos devem ter convencido a quadrilha de que seu sonho de derrubar o governo estava prestes a se tornar realidade. Os motoristas de táxi estavam em greve havia mais de quatro meses. As companhias trouxeram fura-greves da Córsega (que, obviamente, não conheciam bem o traçado urbano de Paris), e os grevistas começaram a bombardear os táxis. Ao sair de uma reunião sindical, um grevista foi morto por um dos fura-greves, aumentando ainda mais as tensões em uma cidade já apreensiva por causa dos assassinos anarquistas, aparentemente capazes de cometer crimes e continuar impunes.

Embora os jornais dissessem que a quadrilha de Bonnot tinha um grande número de membros, ela era na verdade bem pequena.

Para seu próximo golpe, no entanto, contaria também com René Valet, Élie Monier e André Soudy, um rapaz de dezoito anos, tímido e tuberculoso, que, julgando-se próximo da morte, pois não podia pagar o tratamento de sua doença, resolveu se despedir da vida fazendo barulho. Soudy ostentava desafiadoramente o apelido *Pas de Chance* [Sem Sorte]. A publicidade dos feitos da quadrilha assustou os parisienses, mas também tornou mais difícil encontrar automóveis desprotegidos do lado de fora da casa dos ricos.

A quadrilha ainda sonhava realizar seu primeiro objetivo, roubar um banco, e desenvolveu uma nova técnica: o assalto a carros em movimento. Os seis integrantes esperaram uma noite inteira na floresta de Sénart, no caminho entre Paris e Lyon, por sua nova presa: uma limusine azul e amarela De Dion-Bouton, recém-saída da loja da Champs-Élysées. Por volta das sete da manhã de 25 de março, um funcionário da De Dion estava levando o carro para a Côte d'Azur, onde seu novo proprietário, o conde de Rouge, passava as férias. O único passageiro era o secretário do conde, que fora a Paris finalizar a compra do automóvel de 18 mil francos. A companhia De Dion era conhecida pela qualidade de seu motor; Bonnot de alguma forma ficou sabendo dessa entrega e escolheu esse carro de propósito, possivelmente por causa de seu aborrecimento com o mau desempenho do último Delaunay-Belleville.

A quadrilha parou duas carroças a cavalo e obrigou seus condutores a bloquearem a estrada. Garnier acenou com os braços quando o De Dion-Bouton se aproximava, para indicar ao motorista que tinha acontecido um acidente. Quando o carro parou, ele, Bonnot e Raymond, todos armados com pistolas automáticas, gritaram: "Só queremos o carro". Garnier levantou a arma para mostrar que deveriam se render. O motorista, entretanto, estava preparado para essa contingência e sacou a própria pistola, mas foi baleado por

Bonnot antes de poder usá-la. O secretário, que estava desarmado, levantou as mãos para render-se, porém Garnier atirou nele mesmo assim. Os bandidos empurraram os dois homens para uma vala ao lado da estrada; o secretário, sem que eles então soubessem, estava apenas ferido e mais tarde seria capaz de identificar suas fotografias.

Os bandidos fizeram a volta e se encaminharam para Paris. Contente com a sensação de poder que sempre tinha ao dirigir, Bonnot começou a cantar "Le temps des cerises" [O tempo das cerejeiras] e foi prontamente acompanhado por seus camaradas. Essa canção, que tinha sido um hino dos *communards*, tem uma beleza sombria, com seus versos que dizem serem os tempos felizes sempre tão curtos como o das cerejeiras, que florescem na primavera e logo fenecem.

Bonnot contornou a capital e pegou a principal estrada para o norte. Por volta das dez horas da manhã, o bando chegou a Chantilly, uma pacata cidade, famosa pela produção de renda. Os bandidos não estavam lá para comprar tecido; o que lhes interessava era a filial do banco Société Générale. O carro parou na praça central, e Garnier, Raymond, Valet e Monier entraram no banco. Soudy ficou de guarda na calçada com um dos rifles Winchester, e Bonnot, no carro, fumando como uma chaminé.

Os funcionários do banco ficaram surpresos com a aparição dos quatro homens armados. Raymond gritou: "Senhores, silêncio", mas um dos empregados escorregou para o chão, e Garnier, nervoso e rápido no gatilho, atirou seis vezes no caixa. Raymond baleou outro funcionário, seguido por Valet, que, ruim de mira, acertou no ombro de outro. Garnier pulou o balcão e correu para o cofre. Dessa vez, ele tinha dito, pegariam apenas o dinheiro, deixando de lado os títulos inúteis.

O gerente do banco, pouco antes, tinha ido tomar um café no outro lado da rua. Quando ouviu os tiros, voltou para o banco, e Soudy atirou nele repetidas vezes, não conseguindo acertar o alvo, mas com certeza chamando a atenção de todo mundo que estava perto da praça. As pessoas saíram das lojas e restaurantes e começaram a se juntar do lado de fora, permanecendo a uma distância segura, com os olhos grudados no automóvel parado e no homem sobrenaturalmente calmo ao volante.

O escritor Maurice Leblanc, criador de Arsène Lupin, escreveu um artigo descrevendo o episódio para um jornal norte-americano:

> Mas onde está Bonnot? Ao volante. Todo o perigo está em volta dele, que permanece só no meio da rua, no meio de uma multidão cada vez maior. [...] Não se move nem um centímetro. Minhas fontes me disseram que era terrível olhar para ele. Todo o seu corpo estava contraído pelo tremendo esforço de seus músculos, enrijecidos pela tensão do momento. Seu rosto estava distorcido, quase desfigurado. [...] Seus sentidos de visão e audição estavam concentrados no mais alto grau. E ele continuou ali, colado na direção, com o pé na embreagem, a mão direita na marcha, cada tendão de seu corpo esticado, pronto para entrar em ação – o bandido tigre![18]

Os quatro ladrões saíram do banco com sacos cheios de dinheiro e se amontoaram no carro. Soudy, que, em seu primeiro trabalho, possivelmente estava ainda mais tenso do que Bonnot, desmaiou na rua, e seus companheiros tiveram de carregá-lo para o carro. Bonnot saiu cantando os pneus em uma das curvas fechadas, o que era sua assinatura, deixando atônitos todos os espectadores.

Seguiram para o sul, uma vez mais atirando a esmo para dispersar qualquer aventureiro que tentasse impedir a passagem do carro. Alguém de Chantilly telefonou para a polícia da cidade mais próxima, mas, como uma bicicleta e um cavalo eram seus únicos meios de transporte, os policiais não puderam fazer nada que pudesse parar o poderoso De Dion-Bouton. O automóvel foi finalmente encontrado, abandonado, ao lado da estação ferroviária de Asnières, ao nordeste de Paris. Como estava perto de uma estação, a polícia local supôs que os bandidos tinham embarcado em um trem. Assim que recebeu essa informação, a Sûreté despachou agentes para a Gare du Nord, esperando encontrar a quadrilha em sua chegada a Paris. No entanto, para infelicidade da polícia, os ladrões decidiram seguir a pé. Andando, entraram calmamente no subúrbio de Lavallois-Perret, que estava repleto de policiais, porque era o local da sede do sindicato dos motoristas de táxi. Os bandidos logo desapareceram em meio aos manifestantes, cerca de 50 mil francos mais ricos, a maior bolada que já tinham conseguido.

V

Esse foi o ponto alto da carreira dos bandidos motorizados. Suas aventuras estremeceram o governo e espalharam o pânico pela população. O primeiro-ministro Raymond Poincaré (primo do famoso matemático) convocou uma reunião ministerial de emergência para discutir o que fazer. Depois de se encontrar com o presidente Armand Fallières, Poincaré anunciou que a polícia passaria a ter mais poderes e melhores equipamentos. Pela primeira vez, teriam uma unidade motorizada: oito automóveis armados com pistolas automáticas e rifles de repetição. Duzentos homens foram contratados pela Sûreté e mais seiscentos vieram reforçar a polícia parisiense – todos com a missão de caçar a quadrilha que, na verdade, não passava de meia dúzia de homens. Com os endereços dos anarquistas conhecidos na mão, mesmo os mais pacíficos, a polícia varreu os bairros operários, arrebanhando suspeitos. O banco Société Générale ofereceu 100 mil francos de recompensa por informações que levassem à captura do bando. Centenas de pistas chegaram à Sûreté, vindas de Paris e do interior. A polícia, obrigada a conferir todas elas, estava constantemente procurando fantasmas. Como no caso da *Mona Lisa*, tinha suspeitos demais.

Ciente da intensa caçada humana, a quadrilha se separou. Cada um dos membros se escondeu em um lugar diferente, alguns deles chegavam a mudar-se todas as noites. Apesar da enorme recompensa oferecida por suas cabeças, não faltaram simpatizantes e camaradas para abrigá-los. Mas, com certeza, a probabilidade de traição crescia proporcionalmente ao número de pessoas que conheciam seu esconderijo.

André Soudy, que estivera apenas nesse último assalto da quadrilha, fugiu para a cidade costeira de Berck. Lá encontrou refúgio no chalé isolado de Barthélemy Baraille, um trabalhador idoso, demitido da rede ferroviária por ter participado da greve de 1910. As simpatias anarquistas de Baraille não eram segredo na comunidade local – ele assinava o *L'Anarchie* – e, aparentemente, alguém contou à Sûreté sobre seu hóspede. (A descrição de Soudy, recolhida das inúmeras pessoas que o tinham visto com o rifle na praça principal de Chantilly, foi bem divulgada.) O inspetor Jouin, acompanhado por alguns de seus colegas, chegou de Paris e ficou vigiando o chalé. Quando Soudy saiu, foi seguido até a estação de trem. Esperaram que comprasse o bilhete e então lhe deram voz de prisão. Ele se entregou sem resistência, embora estivesse armado com uma Browning automática carregada e levasse consigo um frasco de cianureto de potássio e mil francos, supostamente do assalto em Chantilly. Contudo, recusou-se a dar, ou talvez não soubesse, qualquer informação à polícia sobre o paradeiro dos outros membros da quadrilha.

André Soudy, posando para uma fotografia da polícia, na reconstrução da cena do assalto a banco em Chantilly. Apesar de Soudy nunca ter matado ninguém, foi mais tarde guilhotinado por seu envolvimento com a quadrilha de Bonnot.

Nesse meio-tempo, Raymond Callemin escondeu-se no pequeno apartamento de dois amigos no décimo nono *arrondissement*. Fizera 22 anos no dia seguinte ao do golpe e deu-se um presente, com sua parte do butim, uma bicicleta nova, especial para corridas, e um traje de ciclista de acordo com seu gosto elegante.

Jean Belin, jovem detetive na Sûreté (que um dia seria chefe da agência), mais tarde escreveu com admiração sobre o inspetor Jouin, o comandante das forças encarregadas de encontrar os bandidos:

Jouin [...] era muito charmoso – particularmente para as mulheres. [...] Talvez tenha sido sua atração por um rabo de saia bonito que o fez tropeçar na pista do nefasto Callemin.

Jouin teve sua atenção despertada por uma jovem muito atraente que estava namorando, à sombra das árvores dos bulevares, um homem bastante comum e, certamente, não merecedor dos óbvios encantos dela. O homem era Callemin, e a moça, sua amante do momento.[19]

Jouin os seguiu até o apartamento e depois chamou um esquadrão de detetives para vigiar o lugar. Assim que Raymond Callemin saiu com sua bicicleta nova, foi rapidamente cercado e algemado por Jouin e seus detetives. Embora a polícia tenha encontrado duas automáticas Browning e 95 balas em seu alforje, ele não conseguiu disparar um tiro sequer, o que não o impediu de provocar seus captores: "Minha cabeça vale 100 mil francos e a de vocês não passa de sete centavos, o preço de uma bala".[20]

Garnier também tinha se refugiado em Paris, abrigado por um velho camarada no décimo oitavo *arrondissement*, local da insurreição operária de 1871. Obrigado a permanecer dentro de casa, começou a colocar no papel a justificativa de seus atos. "Se me tornei um anarquista", escreveu, "foi porque odeio o trabalho, que é apenas uma forma de exploração".

Em resposta às críticas de certos círculos anarquistas que condenavam a quadrilha por ter assassinado simples funcionários, potenciais camaradas da luta, Garnier escreveu: "Por que matar trabalhadores? Porque são escravos vis, e sem eles não existiriam os burgueses e os ricos. A escravidão só será destruída com a morte desses escravos desprezíveis".[21]

Bonnot, cuja fotografia aparecia praticamente todos os dias nos jornais como o cérebro da quadrilha, estava hibernando nos fundos de uma loja de roupas de segunda mão. Assim como Garnier, lia avidamente o *L'Anarchie*, que continuava publicando matérias provocantes. Na edição de 4 de abril, um dos redatores repreendia os burgueses: "Se continuarem a aplicar leis ruins, pior para vocês; a violência social legitima toda revanche sangrenta, e vocês ouvirão uma voz ainda mais poderosa que a voz abafada das Brownings: a da dinamite!".[22]

Em resposta a esse tipo de sentimento, Bonnot escreveu uma carta, refletindo sobre o que a vida lhe trouxera:

> Sou um homem famoso. Meu nome foi trombeteado pelos quatro cantos do globo. Todos aqueles que se esforçam tanto para ficar em evidência e não conseguem devem estar com muita inveja da publicidade que a imprensa tem dado a minha modesta pessoa. Não sou apreciado nessa sociedade. Tenho o direito de viver, e, enquanto sua imbecil sociedade criminosa insistir em tentar me impedir, bem, pior será para ela, pior será para vocês!

Ele recordou alguns momentos felizes de sua vida, os tempos em que fazia amor com Judith no cemitério de Lyon: "Eu não queria muita coisa. Caminhava com ela sob a luz da lua. [...] Foi ali que encontrei a felicidade com que sonhei toda a minha vida, a felicidade que sempre busquei e que sempre me foi roubada".

Diferentemente de Garnier, seu parceiro no crime, Bonnot tinha arrependimentos:

> Não queria matar o motorista Mathillet em Montgeron, apenas tomar seu carro. Infelizmente, quando o forçamos a parar, ele levantou sua arma na nossa direção e isso foi seu fim. Lamento a morte de Mathillet porque ele era um proleta como nós, um escravo da sociedade burguesa. Seu gesto é que foi fatal. Será que deveria me arrepender do que fiz? É possível que sim, mas vou continuar...[23]

VI

A polícia lentamente fechava o cerco aos fugitivos. Élie Monier, identificado pelos funcionários do banco como um dos participantes do assalto em Chantilly, cometeu a imprudência de se encontrar com um dos editores de *L'Anarchie* para jantar. Como os membros da equipe do jornal radical estavam sob vigilância contínua, Monier foi identificado. Em vez de prendê-lo imediatamente, o policial que o vigiava o seguiu até seu esconderijo – o Hôtel de Lozère, no bulevar Menilmontant, perto do Cemitério Père Lachaise.

Jouin, o segundo na hierarquia da agência, agora era também chefe da "brigada voadora", que empregava as mesmas táticas dos bandidos motorizados. Ele não demorou para prender Monier. Junto com seu esquadrão, foi até o hotel na madrugada e arrombou o quarto do bandido, que estava dormindo. Na mesa de cabeceira estavam duas Brownings carregadas, que Monier não conseguiu alcançar. Triunfante, Jouin divulgou a notícia da prisão de mais um membro da quadrilha.

Entre os pertences de Monier havia algumas cartas com endereços de outros prováveis esconderijos, entre eles o da loja de roupas de segunda mão em Ivry, onde Bonnot se entocara. Era, como recordou Belin, "uma região abandonada da cidade [...], cheia de barracos mal-ajambrados onde viviam criminosos, excluídos e todo tipo de gente desagradável. Nessa região melancólica de choças e casas arruinadas [...] havia uma miserável loja de roupas de segunda mão".[24]

Antoine Gauzy, o proprietário da loja, era um anarquista bastante insuspeito: de meia-idade, com mulher e três filhos para alimentar. Suas inclinações políticas apareciam no nome de seu filho caçula, Germinal, uma homenagem à novela de Zola sobre a greve dos mineiros. Para sua infelicidade, seu irmão era amigo de Monier e foi por isso que Bonnot acabou escondido em um dos quartos minúsculos em cima de sua loja. Gauzy mandara sua mulher e filhos para o campo, uma sábia precaução, embora Bonnot tivesse dito que logo iria se mudar.

Os quatro homens de chapéu coco, sinal seguro de que eram policiais à paisana, chegaram no momento em que Gauzy conversava com um amigo na loja. Jouin, chefiando o grupo, disse que tinham vindo revistar o local em busca de bens roubados. Deixando um de seus homens com o visitante, Jouin passou à frente e foi para o andar superior. Mandou que Gauzy abrisse a porta trancada do quarto. As persianas da única janela estavam cerradas e Jouin, o primeiro a entrar, viu na escuridão apenas um contorno difuso, que subitamente se levantou mostrando ser um homem. Jouin partiu para o ataque com o cassetete que carregava, aparentemente conseguindo atordoar Bonnot. Mas, quando o segundo policial, o inspetor Colmar, entrou no quarto, Bonnot conseguiu sacar um pequeno revólver do seu bolso. À queima-roupa, atirou três vezes em Jouin, matando-o com um tiro no pescoço. Virou, então, sua arma para Colmar que conseguiu gritar "Cuidado, é Bonnot", antes de ser também derrubado.[25]

O terceiro policial correu para o quarto e, como testemunhou mais tarde, viu três corpos no chão. Apenas um deles se movia: Colmar. Puxou Colmar para fora do quarto e o carregou pelas escadas estreitas, gritando por socorro.

Bonnot estava deitado debaixo do corpo de Jouin e levantou-se titubeante, com sangue jorrando de seu braço. Seguiu pelo corredor até o apartamento de uma velha senhora que dividia a casa com Gauzy. Bonnot pediu um lençol, com planos de descer pela janela, mas ela disse que não tinha nenhum. Ameaçando-a

– "Cala a boca ou passo fogo em você" –, abriu a janela, que dava para um pequeno depósito. Pulou no telhado, escorregou para o quintal e saiu correndo para um beco, deixando um rastro de sangue.[26]

A notícia eletrizou Paris. Xavier Guichard, chefe de Jouin, ficou furioso. Ao chegar à cena do crime, esmurrou Gauzy e fez ameaças terríveis ao lojista, caso ele não revelasse o paradeiro de Bonnot, o que, mesmo se quisesse, ele não podia fazer. De todo modo, Guichard agora tinha total apoio do governo – e da imprensa – para propor qualquer plano de perseguição dos membros da quadrilha ainda em liberdade. O primeiro-ministro Poincaré visitou Colmar no hospital e autorizou um funeral com honras de Estado para Jouin, proclamado como um dos grandes heróis franceses. Os editoriais dos jornais instavam a polícia a "atirar primeiro", e foram dadas ordens para que todos os detetives portassem armas no serviço, algo raramente autorizado na França.

Guichard começou a própria campanha de terror, detendo qualquer pessoa suspeita de simpatizar com os anarquistas. Sua esperança era encontrar alguém que entregasse os fugitivos restantes. Até a pobre madame Gauzy, que tinha regressado do interior com os filhos, foi levada diretamente da estação ferroviária para o quartel-general da polícia, onde Guichard, pelo que contam, lhe teria dito que seu marido estava destinado à guilhotina e que a polícia faria tudo para garantir que ela, no futuro, só conseguisse ganhar a vida como prostituta.

Por três dias Bonnot conseguiu evitar ser capturado. Desceu o Sena até Choisy-le-Roi, onde o filantropo milionário Alfred Fromentin tinha doado terras para servir de refúgio a pacifistas, anarquistas e outros vagamente descritos como libertários. Jean Dubois, que havia abrigado Bonnot e roubado carros com ele no verão de 1911, ainda estava morando na casa que os vizinhos chamavam de Le Nid Rouge ("O Ninho Vermelho"). Sua garagem, usada para depenar carros roubados, já tinha sido revistada duas vezes pela polícia em busca de pistas da quadrilha de Bonnot. A garagem ainda estava sob vigilância 24 horas por dia, e a informação da chegada de um homem na noite de 27 de abril, sem que o cachorro de Dubois latisse, levantou as suspeitas de Guichard (vestígios de Conan Doyle e "o cão que não ladrava à noite"). Então, na manhã do dia 28, ele foi ao local com dezesseis detetives armados. Não seria suficiente. Dubois costumava acordar cedo e estava trabalhando em uma motocicleta do lado de fora da garagem. Um garoto de cerca de seis anos estava a seu lado, e a polícia se aproximou cuidadosamente, sem abrir fogo. Ao vê-los, Dubois empurrou o garoto e sacou a pistola. Um dos policiais tinha colocado seu revólver no automático, mas esqueceu de destravar o gatilho. Dubois atirou em seu braço e correu para a garagem.

O rosto de Bonnot – supostamente com um "sorriso de ódio" –, apareceu em uma janela do andar superior.[27] Dubois foi obrigado a se proteger atrás de um automóvel, e Bonnot disparou uma saraivada de balas na polícia, para que o amigo tivesse a chance de alcançar a casa. Guichard gritou: "Saia com as mãos para o alto. Não vamos machucar você", ao que Dubois retrucou: "Assassinos! Assassinos!".[28] Deixando seu abrigo, correu para a porta da casa, mas foi atingido no pescoço pouco antes de alcançá-la.

Bonnot tinha reunido um substancial arsenal de armas e munição e estava determinado a não cair sem lutar. Respondeu ao fogo tão persistentemente que Guichard foi obrigado a pedir reforços, que não demoraram a aparecer. A guarda republicana local, uma organização paramilitar, chegou com os bombeiros e o prefeito. A notícia do tiroteio se espalhou e, com o avançar da manhã, civis se aproximaram para ver melhor a cena, alguns com cestas de piquenique e outros com forcados. Lépine, o diretor da polícia, veio com o juiz de instrução e o promotor público responsáveis pelo caso. Todos queriam presenciar o confronto final. A greve dos motoristas de táxi finalmente tinha acabado e estes começaram a chegar, trazendo curiosos vindos até de Paris. Segundo os jornais, havia uma multidão de cerca de 10 mil pessoas. Equipes de filmagem estavam ali para gravar tudo.

Bonnot saciava a sede de sensação aparecendo periodicamente no balcão e atirando em qualquer pessoa que se aproximasse. Quando policiais armados com rifles chegaram à cena (por alguma razão a força original só estava com pistolas), conseguiram forçar Bonnot a permanecer do lado de dentro. Uma testemunha contou que a parede externa da casa tinha tantos buracos que parecia uma peneira.

O acontecimento foi tratado como um caso de segurança nacional. Lépine solicitou o apoio da artilharia do forte de Vincennes, mas antes que ela chegasse alguém apareceu com uma caixa de dinamite. Fontan, tenente da guarda republicana, disse que sabia como armar os explosivos, e os outros deixaram que tomasse a frente, sem discussões.

Surpreendentemente, Bonnot estava encontrando tempo para escrever um pouco mais em seu caderno. Fez uma lista com o nome dos homens que os jornais tinham citado como membros da quadrilha e declarou que eram todos inocentes de qualquer envolvimento. É parte de sua lenda contar que, quando a tinta acabou, ele completou seu testamento com o próprio sangue. Esse único homem, um clássico perdedor antes de se tornar o Chofer Demônio, agora mantinha à distância uma força de mais de cem homens.

O tenente Fontan pediu que fosse providenciada uma carroça cheia de colchões para protegê-lo enquanto ele se aproximava da casa. Os colchões eram tão pesados que foram substituídos por palha. Bonnot, alertado pelo barulho da carroça que Fontan empurrava, soltou o cachorro de Dubois, que saiu correndo e atacou o oficial. Fontan sacou a pistola e atirou no animal. Quando finalmente chegou junto à parede da casa, o tenente colocou a carga de dinamite, acendeu o pavio e se afastou. Do lado de dentro, Bonnot tinha preparado a própria barreira de colchões e aguardava o inevitável – dolorosamente adiado. O primeiro pavio se apagou antes de alcançar a carga. Fontan voltou a se aproximar da casa e acendeu outro pavio. Dessa vez a explosão aconteceu, mas o resultado não foi o esperado. Conseguiram mais dinamite e Fontan repetiu seus passos. Por fim, para delírio dos espectadores, uma enorme explosão destruiu a parte central da casa e o fogo tomou conta do resto.

Mesmo assim, ninguém ousava se aproximar do esconderijo de Bonnot, embora a multidão repetisse À *mort!* [Morte!] para encorajar os policiais e militares reunidos. A carroça cheia de palha foi mais uma vez colocada em ação, agora para proteger Guichard, Lépine e mais uma dúzia de homens armados. Arrastaram o corpo de Dubois para longe da casa e cuidadosamente subiram para o andar superior. Bonnot, inacreditavelmente, ainda estava vivo. Tinha uma automática Browning nas mãos, mas não conseguiu atirar. Enquanto ele gritava "Bastardos!",[29] os detetives da Sûreté dispararam os fuzis contra ele. Guichard, sentindo-se seguro, chegou até o corpo e deu o tiro de misericórdia no bandido motorizado.

Bonnot ainda se agarrou à vida por mais uma hora, agonizando no banco traseiro do carro da polícia que o levava a um

FIN D'UNE TERREUR — LA TRAGÉDIE DE CHOISY-LE-ROI
La Fusillade

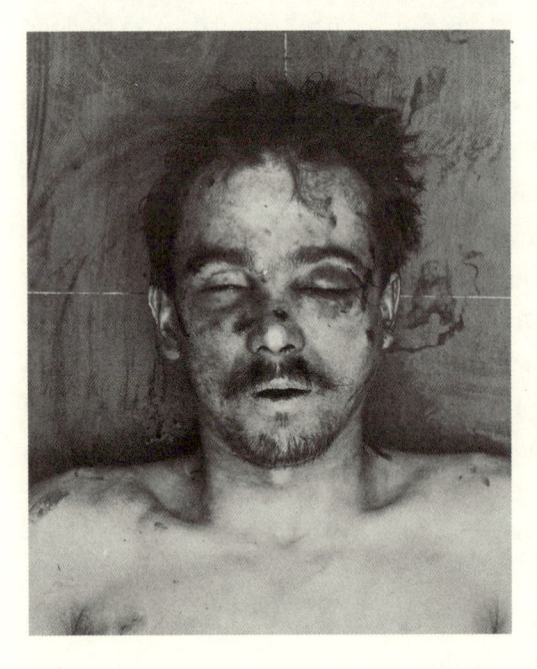

Cartões-postais como o do alto mostravam o cerco em Choisy-le-Roi, onde Bonnot, sozinho, resistiu a uma força policial de pelo menos cem homens. Nos cinemas, quando os noticiários mostravam o episódio, o público sempre aplaudia o bandido. Ao lado, o corpo de Bonnot fotografado pela polícia, em 1912. Reconhecendo que se tornara famoso, o anarquista escreveu um testamento, em que justificava seus crimes e indicava quais os homens que haviam sido acusados injustamente.

hospital de Paris, enquanto os policiais vasculhavam seus bolsos em busca de pistas sobre o paradeiro do resto da quadrilha. A multidão que cercava a casa teve de se contentar em pisotear no cadáver de Dubois.

Dois dias mais tarde, os dois foram enterrados em uma sepultura sem identificação, pois mesmo mortos eram capazes de assustar a polícia – e, talvez, servir de inspiração a outros. Guichard se recusou a liberar o conteúdo do caderno de Bonnot para a imprensa, argumentando que continha "justificativas para os atos criminosos".[30]

O enterro anônimo dos dois anarquistas foi o oposto do funeral com honras de Estado do inspetor Louis Jouin, celebrado um dia antes na Catedral de Notre-Dame. Várias dúzias de coroas de flores foram depositadas no catafalco puxado por cavalos pelas ruas, em tributo ao bravo homem morto na ação para levar à justiça o temido Bonnot.

Nos dias seguintes, uma grande multidão se acotovelou para ver a casa destruída em Choisy. Alguns foram por curiosidade, mas outros demonstraram seus sentimentos gritando "Viva Bonnot!". (Cidadãos ultrajados denunciaram esses manifestantes e alguns deles chegaram a ser sentenciados a um mês de prisão.) Nos cinemas, onde o jornal na tela exibia imagens do cerco, parte da plateia gritava "vivas" quando a figura de Bonnot aparecia no balcão da casa. O novo editor do *L'Anarchie* não deu muito espaço para a morte do mais famoso anarquista da França, porém um artigo (assinado com o pseudônimo "Lionel") afirmou: "Vocês não compreendem que, se existissem centenas de Bonnots, milhares de Bonnots, o mundo burguês seria apenas um capítulo na história?".[31]

VII

Todo mundo sabia que membros ativos da quadrilha continuavam à solta, sobretudo Octave Garnier e seu amigo René Valet, que tinham participado do assalto ao banco de Chantilly. Guichard queria muito prender o homem que zombara dele em público. Em maio, os dois bandidos e Marie, amante de Garnier, haviam alugado uma casa em Nogent-sur-Marne, cidade a leste de Paris, à margem do rio Marne. Embora Garnier tivesse tingido o cabelo de louro e raspado o bigode, alguém o reconheceu em um ônibus e informou à polícia o lugar onde descera. No dia seguinte, Guichard, Lépine e cinquenta homens armados foram para Nogent. Passaram a manhã e quase toda a tarde tentando localizar os fugitivos, e, ao se aproximarem da casa, Marie e Garnier estavam preparando o jantar enquanto Valet cuidava da horta que tinham plantado (os três seguiam uma dieta vegetariana). Guichard, usando a faixa vermelha, branca e azul que indicava seu posto, apareceu subitamente no portão e falou para Valet se render. Ele não o fez e preferiu atirar contra Guichard enquanto entrava na casa. O último enfrentamento dos bandidos motorizados estava começando.

Lépine tinha deplorado o tamanho da força utilizada na captura de Bonnot. Naquela ocasião, dois detetives haviam sido feridos e tudo se transformara em um espetáculo público. Assim, ele ofereceu à dupla a chance de se render. A resposta deles foi mandar Marie sair em segurança, sinal de que pretendiam lutar até a morte. E, para reafirmar seu desprezo pela sociedade, colocaram fogo em uma pequena pilha de cédulas do banco.

Marie disse à polícia que os dois homens tinham muitas armas e munição (nove pistolas e mais de mil balas), o que fez com que Guichard e Lépine pedissem reforços mais uma vez – uma surpreendente admissão da incompetência de cinquenta policiais para dominar dois bandidos. Por volta das nove da noite, eles estavam comandando o que era, virtualmente, um exército: chegaram mais 250 policiais com cachorros, brigadas da guarda republicana local, 400 militares de elite zuavos (soldados de infantaria, em sua maioria recrutados na Argélia e na Tunísia) vestindo seu colorido uniforme, composto de calção vermelho, casaco azul bordado e barrete cônico, e, para finalizar, uma companhia de cavalaria. Nogent era uma cidade de veraneio, com cassino e praias, e de novo uma enorme multidão de civis se reuniu para ver o cerco policial. Para sorte deles, a cena foi iluminada por um holofote de busca, várias tochas e faróis acesos dos veículos da polícia direcionados para a casa.

Dessa vez a dinamite não estava imediatamente à mão, mas os zuavos tinham outra arma assustadora: metralhadoras. Mal começaram a atirar, eles varreram à bala a fachada da casa, do telhado ao chão. A munição de alto calibre furou as paredes, obrigando Garnier e Valet a se abrigarem no celeiro, ainda em uma boa posição e de onde podiam impedir quem ousasse se aproximar. Na tentativa de acabar com o cerco mais rapidamente que da última vez, Guichard equipou alguns de seus homens com escudos de placa de metal, que, infelizmente, foram ineficazes contra os tiros das pistolas dos anarquistas.

As horas se passavam, e um carregamento de um tipo mais antigo de explosivo, a melinita (à base de acido pícrico), chegou da base militar de Vincennes. Homens treinados para lidar com material inflamável armaram uma explosão que demoliu o esconderijo dos bandidos. Os zuavos e policiais, protegidos pelo fogo das metralhadoras, correram até a casa – e toda aquela cena de batalha transformou-se numa sinistra antevisão da guerra de trincheiras que dois anos mais tarde, em 1914, tomaria conta da Europa. Os fugitivos estavam atordoados e sangravam com vários ferimentos. Por ordem de Guichard, foram sumariamente executados com um tiro de pistola na cabeça. Enquanto os corpos eram retirados da casa, a multidão – ainda reunida ali apesar do avançado da hora – tentou agarrá-los e linchá-los. Depois, os caçadores de suvenires entraram na toca dos bandidos e molharam seus lenços no sangue derramado.

Quando a família de Valet tentou liberar seu corpo, a polícia disse que ele era agora propriedade do Estado. Ambos foram sepultados anonimamente no cemitério de indigentes, perto de seus camaradas.

VIII

A morte de Bonnot, Garnier e Valet não encerrou o caso dos bandidos motorizados. Outros dezoito homens e três mulheres foram acusados de cumplicidade nos crimes da quadrilha. Raymond "La Science" Callemin e André Soudy eram, claro, os principais membros do bando sob custódia, mas a polícia também aprisionou aqueles que tinham armado, escondido ou simplesmente escrito artigos que encorajaram as atividades da gangue – como foi o caso de Victor Serge e sua amante, Rirette Maîtrejean. Além das várias acusações específicas, todos foram julgados por "conspiração criminosa" com base em uma das chamadas Leis Celeradas, promulgadas em 1894 em resposta a outra famosa ação anarquista: a bomba que Auguste Vaillant jogou no plenário da Câmara dos Deputados.

Serge, que antes escrevera tão entusiasticamente sobre os usos da violência, escolheu enfatizar, em sua defesa, suas posições mais moderadas. Como as provas de conspiração contra ele eram fortes, já que participara da comunidade que abrigara dois dos principais bandidos, Raymond e Garnier, Serge teve de procurar se afastar deles e também dos outros acusados de ajudar os ladrões. Em carta ao editor de *L'Anarchie* que lhe sucedeu, escreveu:

> Eu estou, nós estamos [sua defesa também incluía Rirette] enojados, profundamente magoados, ao ver que *camaradas* – camaradas por quem tive afeto desde suas primeiras e mais puras paixões – foram capazes de cometer atos tão deploráveis como a carnificina de Thiais. Fico de coração partido ao perceber que os outros, todos eles, loucamente desperdiçaram e perderam suas vidas em uma luta sem sentido, tão trágica que, afora essa fachada de coragem desesperada, eles nem mesmo conseguem se defender com dignidade.[32]

Com tantos réus, o julgamento prometia ser bastante longo. Havia centenas de pessoas na lista de testemunhas e cerca de setecentas provas, incluindo todas as armas recuperadas, que, exibidas nas mesas durante todo o julgamento, constituíam uma visão sinistra para o júri. No primeiro dia, o juiz avisou que as questões políticas não deveriam fazer parte das deliberações. Mas é claro que praticamente todo mundo em Paris sabia sobre os crimes em que os réus estavam envolvidos.

Marius Medge, um dos réus, foi acusado do assassinato do velho e sua governanta em Thiais, mas as impressões digitais recolhidas na cena do crime aparentemente não eram claras o bastante para incriminá-lo. Bertillon em pessoa foi convocado ao banco das testemunhas para interpretá-las. Ele apontou irregularidades nas impressões e, com seu típico raciocínio intrincado, afirmou que o homem que as deixara era um cozinheiro. Infelizmente para Medge, a promotoria podia provar que ele já trabalhara como cozinheiro.

O júri, apenas em parte convencido, votou pela condenação, mas pediu que o juiz fosse clemente. Em consequência, Medge foi sentenciado à prisão perpétua com trabalhos forçados (*la guillotine sèche*, "a guilhotina seca").

Raymond, Soudy, Monier e o infeliz Dieudonné (identificado pelo mensageiro do banco como o homem que realmente tinha atirado nele) foram condenados à guilhotina. A maioria dos outros réus recebeu penas de prisão, e muitos foram enviados para a Ilha do Diabo, a famosa colônia penal na Guiana Francesa.

Carouy (que fora condenado juntamente com Medge pelos assassinatos em Thiais com base na frágil análise das impressões digitais feita por Bertillon) preferiu ingerir uma cápsula de cianureto que lhe foi passada no tribunal a enfrentar a Ilha do Diabo. Deixou um bilhete:

> Não tendo conhecido os prazeres da existência, deixo sem remorsos esse reino de átomos. Quando sinto meus músculos, quando sinto minha força, é difícil imaginar que tudo isso pode desaparecer para sempre pela força de uma única afirmação de minha culpa. Não posso acreditar que *monsieur* Bertillon pode realmente, a sangue-frio, ousar me mandar para a morte, apenas porque é obstinado e não quer admitir seu erro. A ciência está jogando sujo comigo.[33]

Essa não era a primeira vez que Bertillon incriminava um homem por não conseguir admitir que estava errado.

Os recursos a favor dos condenados apresentados à corte foram devidamente negados. A única esperança que restava era o perdão que Raymond Poincaré, o novo presidente da França, poderia conceder. Considerando o intenso clamor jornalístico contra os crimes da quadrilha, é mesmo surpreendente que Poincaré tenha de fato atenuado a condenação à prisão perpétua na Ilha do Diabo imposta a Dieudonné.[34] Raymond, Soudy e Monier foram guilhotinados em 21 de abril de 1913. Embora fossem quatro e meia da manhã e caísse uma chuva fina, uma multidão de espectadores fora ver a execução – alguns já estavam lá desde a meia-noite. Um dos presentes era Gabriel Astruc, o empresário de Serge Diaghilev e os Ballets Russes:

> Fui com um magistrado amigo meu assistir à execução da quadrilha de Bonnot. [...] Primeiro prisioneiro. Dois passos à frente. Cai a lâmina. Clique. O corpo desaparece. Três baldes de água. Tudo acabado. Segundo prisioneiro: a mesma coisa. Terceiro prisioneiro: a mesma coisa. Um jornalista norte-americano que ficou consultando seu relógio durante a tripla execução disse a meu amigo: "Senhor procurador, sabe quanto tempo a coisa toda demorou? Exatos quarenta segundos: é o novo recorde!".[35]

Mais uma vitória da velocidade.

Raymond-la-Science provou ser digno de seu apelido ao registrar que seu último desejo era doar o próprio corpo para a Faculdade de Medicina da Universidade de Paris. Foi atendido. O pai de Bertillon e a Sociedade de Autópsia Mútua teriam aprovado tal decisão.

O ladrão

Um ano depois do desaparecimento da *Mona Lisa*, os funcionários do Louvre foram obrigados a enfrentar o impensável: que ela jamais retornaria. O espaço vazio na parede do Salon Carré fora preenchido com uma reprodução colorida da pintura. Esta, porém, começou a desbotar e enrolar, e as pessoas agora desviavam o olhar do local, como se quisessem evitar a lembrança de uma morte trágica.

Então, um dia, quando as portas do museu se abriram, os visitantes encontraram outro quadro dependurado ali: também um retrato, mas de um homem, *Baldassare Castiglione*, de Rafael. Embora Rafael, alguns anos mais novo que Leonardo da Vinci, tivesse aprendido pintura com o trabalho do artista mais velho, esse retrato é marcantemente distinto da *Mona Lisa* em espírito. O homem que posa é sombrio, parece cansado, dando a impressão de que não sorri há tempos. A obra-prima de Rafael talvez tenha refletido o sentimento dos curadores de que, mesmo que o espaço na parede estivesse agora preenchido, haveria para sempre um vácuo na alma do museu.

I

Mas a *Mona Lisa* estaria mesmo desaparecida para sempre? Ocasionalmente, apareciam histórias de pessoas que diziam ter visto o quadro. James Duveen, sobrinho de Henry J. Duveen, um dos maiores comerciantes de arte de Londres, relatou algum tempo depois que seu tio realmente teve a chance de comprar a *Mona Lisa*. O tio estava convencido de que a oferta era genuína, um palpite que se comprovou mais tarde:

Uma manhã, Henry J. Duveen estava nas galerias da Bond Street [...] quando ouviu um homem discutindo com um assistente.
"Não vou me retirar", dizia o sujeito. "Vim ver o chefe da firma, e vou vê-lo."
O homem estava fazendo uma cena, então meu tio se aproximou.
"Qual é o problema?", perguntou.
"Preciso vê-lo sozinho e imediatamente. É sobre um assunto muito importante."
Como não gostou do jeito do homem, Henry J. Duveen não o levou para seu escritório particular, e sim para a parte afastada da grande entrada da galeria.
"Sim?"
"O senhor me dará sua palavra de honra de que nunca revelará o que vou lhe dizer?"
Meu tio começou a pensar que o estrangeiro andrajoso estivesse maluco e tentou tranquilizá-lo.
"Claro, claro", murmurou.
"Senão", rosnou o italiano, "eu e meus amigos saberemos como lidar com você. É melhor ter cuidado! Agora, escute: eu tenho a *Gioconda* aqui comigo em Londres. Está interessado em comprá-la?"
Meu tio olhou para ele boquiaberto. Era uma coisa demasiado inacreditável para ser apreendida rapidamente. Que esse sujeito com cara de anarquista pudesse...
"Bom, o que me diz? Quanto me dará?"

Henry J. Duveen de repente compreendeu que o homem não estava maluco. Seu cérebro trabalhou como um raio. Ele tomou a única saída possível: explodiu em uma gargalhada, como se pensasse que a coisa toda fosse uma piada e se afastou. Como meu tio me disse depois: "Eu acreditei no sujeito; ele não tinha nada a ganhar mentindo; mas eu faria melhor se passeasse com uma banana de dinamite no bolso para o resto da vida do que se tivesse qualquer conhecimento desse caso!".[1]

II

Outro comerciante não foi tão cauteloso. Alfredo Geri, proprietário da Galeria Borgognissanti, em Florença, era um ativo negociante de arte e antiguidades. Frequentemente, anunciava em jornais de várias cidades europeias, incluindo Paris, dispondo-se a comprar antigos trabalhos de arte. No entanto, dificilmente poderia imaginar o que lhe ofereciam em uma carta que recebeu em novembro de 1913. O remetente, que assinava "Leonard", declarava estar de posse da *Mona Lisa*.

No começo, Geri pensou que seu correspondente era um biruta ou um farsante. Leonard, porém, disse que era um italiano que tinha sido "repentinamente tomado pelo desejo de devolver a seu país pelo menos um dos muitos tesouros que, especialmente na época de Napoleão, haviam sido roubados da Itália".[2] Ele também mencionou que, embora não estivesse fixando um preço, como não era um homem rico, não recusaria uma indenização se seu país natal quisesse recompensá-lo.

Isso tocou algum ponto no coração de Geri. Ele olhou o endereço do remetente no envelope: uma caixa postal em Paris. Provavelmente, pensou Geri, o quadro havia muito tempo fora retirado de Paris, mas suponha que... Embora Geri fosse um homem de negócios, também era um colecionador, e colecionadores sempre vivem com a esperança de encontrar um tesouro em meio ao lixo.

Geri levou a carta para o perito em arte mais prestigiado de Florença: Giovanni Poggi, diretor da Galeria Uffizi (em cuja coleção havia outro importante Da Vinci: A *adoração dos magos*). Poggi considerou que valia a pena dar prosseguimento à oferta, mas sugeriu que Geri pedisse a Leonard que trouxesse o quadro para Florença, onde poderia inspecioná-lo. Poggi tinha um documento do Louvre que detalhava algumas marcas presentes no verso da pintura original; nenhum falsificador saberia disso.

Geri fez o que Poggi sugeriu, mas Leonard era um sujeito ardiloso. Mais de uma vez, marcou uma data para sua chegada a Florença e depois enviou uma carta cancelando o encontro. Geri supôs que, afinal, ele era um trapaceiro, até que, em 9 de dezembro, recebeu um telegrama dizendo que Leonard se encontrava em Milão e estaria em Florença no dia seguinte. O que seria inoportuno, já que Poggi tinha viajado para Bolonha. Geri enviou a Poggi um telegrama urgente, usando uma linguagem oblíqua, caso alguém mais o lesse: "NOSSO SÓCIO VINDO DE MILÃO ESTARÁ AQUI COM OBJETO AMANHÃ. PRECISO VOCÊ AQUI. FAVOR RESPONDER. GERI".[3] Poggi respondeu que não poderia chegar no dia seguinte, mas estaria em Florença um dia depois, uma quinta-feira.

Geri se preparou para protelar. Sabia bem que muitas pessoas tinham afirmado estar ou saber quem estava com a *Mona Lisa* e que todas essas declarações se revelaram falsas. Contudo, por algum motivo, suspeitava que Leonard era diferente. Por isso, quando um jovem magricela de terno e gravata, exibindo um bigode elegante, chegou à galeria no dia seguinte, Geri o levou até o escritório e abaixou as persianas, para enfatizar a natureza secreta da conversa.

Ansioso – talvez demais –, Geri perguntou onde o quadro estava. Leonard respondeu que estava no hotel onde se hospedara. Talvez porque não conseguisse acreditar que alguém deixasse um objeto de tal valor em um quarto de hotel, Geri lhe mostrou uma reprodução fotográfica da *Mona Lisa* e lhe perguntou se era esse o quadro.

Leonard assentiu, com um olhar zombeteiro. Todos não sabiam como era a *Mona Lisa*? Geri pressionou mais. "O original", disse ele. "Você está com o original?"

Segundo o relato de Geri, Leonard retrucou: "Eu repito: nós estamos negociando a *Gioconda* verdadeira. Eu tenho boas razões para ter certeza".[4] Leonard friamente declarou que tinha certeza porque ele mesmo havia tirado o quadro do Louvre. Então, fez um relato abreviado do roubo. Curiosamente, alguns dos detalhes que ele deu eram diferentes dos que a polícia francesa sabia serem verdadeiros. Ele disse, por exemplo, que tinha entrado no museu na manhã da segunda-feira, com outros trabalhadores; se isso fosse verdade, teria sido parado, pois o nome de todos que entravam era conferido em uma listagem. Além disso, a polícia tinha encontrado provas de que alguém passara a noite no quartinho de depósito.

Geri não sabia dessas discrepâncias, porém ficou curioso sobre algo. Leonard estava sozinho quando roubou o quadro? Ele "não foi muito claro sobre esse ponto. Pareceu dizer que sim, mas não o disse completamente [e sua resposta foi] mais 'sim' que 'não'".[5]

No final, a discussão concentrou-se no preço – embora aqui os dois homens divirjam em seus relatos posteriores. Leonard afirmou: "Quando cheguei a Florença e fiquei diante de Geri, estas foram minhas palavras exatas: 'Eu não quero nada; não dou um preço pela restituição que estou fazendo à Itália...'. Então Geri me disse: 'Faremos as coisas de modo que todos fiquem contentes'".[6]

Geri, de outro lado, disse que, quando perguntou a Leonard que tipo de remuneração tinha em mente, o ladrão respondeu com ousadia: 500 mil liras. Era uma grande fortuna naquela época, embora certamente o quadro tivesse um valor muito maior. Geri, segurando a respiração, decidiu que seria melhor concordar: "Está bem. Isso não é alto demais".[7] O importante era recuperar a pintura, e ele prometeria a Leonard o Sol e a Lua se fosse preciso.

Naturalmente, Geri estava ansioso para ver o quadro, mas temia não ser capaz de determinar se era genuíno sem a ajuda de Poggi; portanto, pediu que Leonard voltasse no dia seguinte às três horas. Geri acompanhou o homem até a saída e tentou segui-lo, sem saber se o veria outra vez.

Na tarde seguinte, com Poggi presente, Geri ficou ansioso quando Leonard não apareceu na hora marcada. Teria ficado amedrontado por alguma coisa? Os minutos passaram e por fim a campainha tocou. Ali estava Leonard, quinze minutos atrasado para o encontro que poderia lhe render meio milhão de liras!

Geri apresentou Poggi e, para seu alívio, os dois homens "apertaram-se as mãos com entusiasmo, Leonard dizendo como estava contente de poder apertar a mão do homem a quem estava confiado o patrimônio artístico de Florença".[8] Os três deixaram a galeria. "Poggi e eu estávamos nervosos", recordou Geri. "Leonard, ao contrário, parecia indiferente."[9]

Leonard os levou ao Hotel Tripoli-Italia, na rua dei Panzani, a apenas alguns quarteirões do Duomo, a magnífica basílica cujo domo se assomava sobre a cidade mesmo antes de Da Vinci viver ali. O pequeno quarto de Leonard ficava no terceiro andar. Depois que entraram, ele tirou de sob a cama um pequeno baú de madeira branca. Quando abriu a tampa, Geri ficou desalentado: o baú estava cheio de "objetos em mau estado: sapatos velhos, um chapéu amassado, um alicate, ferramentas para reboco, um guarda-pó, algumas brochas de pintura e até um bandolim".[10] Com calma, Leonard tirou os itens um por um e os jogou no chão. Com certeza, pensou Geri, não era ali que a *Mona Lisa* estivera escondida durante os últimos 27 meses. Ele espiou dentro do baú e não viu mais nada.

Então, Leonard levantou o que parecia ser o fundo. Por baixo havia um objeto enrolado em seda vermelha. Geri prendeu a respiração enquanto Leonard o colocava sobre a cama e removia o invólucro. Geri contou:

> Diante de nossos olhos assombrados, apareceu a divina *Gioconda*, intacta e maravilhosamente preservada. Nós a levamos até a janela para compará-la com a fotografia que tínhamos trazido. Poggi a examinou e não houve dúvida de que a pintura era autêntica. O número do catálogo do Louvre e o carimbo no verso eram iguais aos da fotografia.[11]

O coração de Geri batia forte, mas ele tentou manter a calma, pois a parte mais difícil da transação precisava ser realizada. Ele e Poggi explicaram que o quadro teria de ser levado à Galeria Uffizi para outros testes. Leonard pareceu contente, pois sabia que a Uffizi era uma instituição quase tão prestigiada quanto o próprio Louvre. Claramente, esperava ir com eles.

A *Mona Lisa* foi reembrulhada na seda vermelha, e os três homens desceram as escadas. Quando estavam passando pelo saguão, no entanto, o recepcionista os parou. Desconfiado, apontou para o pacote e perguntou o que era. Obviamente, pensava que fosse uma propriedade do hotel, mas Geri e Poggi, mostrando suas credenciais, garantiram que não, e o funcionário os deixou passar. Geri comentou mais tarde que tinha sido mais fácil roubar o quadro do Louvre do que tirá-lo do hotel. "Se os guardiões do Louvre tivessem tido a mesma curiosidade, a *Gioconda* nunca teria chegado a Florença."[12]

Na Uffizi, Poggi comparou partes da pintura com fotos de detalhes da obra que tinham sido tiradas no Louvre. Havia uma fissura vertical na parte superior esquerda do quadro, igual à da foto. Mais revelador de tudo era o padrão de *craquelure*, rachaduras na pintura que tinham aparecido enquanto a superfície secava e envelhecia. Um falsificador poderia fazer uma *craquelure* aparecer em um objeto recém-pintado, mas não duplicar o padrão exato do original.

Não havia mais dúvida: a *Mona Lisa* fora recuperada.

Poggi e Geri explicaram a Leonard que seria melhor deixar o quadro na Uffizi. Eles teriam de obter instruções do governo; com certeza eles próprios não poderiam autorizar o pagamento que ele merecia.

A Uffizi era um lugar impressionante, e Leonard sentiu-se dominado pelos argumentos dos dois. Como poderia duvidar de dois homens de tal posição e integridade? Ele mencionou que estava achando um tanto caro permanecer em Florença. Sim, eles entendiam, disseram os dois peritos. Ele seria bem recompensado, e logo. Deram-se as mãos calorosamente e o parabenizaram por seu patriotismo.

Assim que ele saiu, Geri e Poggi notificaram as autoridades. Não muito depois de retornar a seu hotel, Leonard atendeu uma batida na porta e encontrou ali dois policiais para prendê-lo. Ele ficou, disseram eles, completamente atônito.

III

Quando a notícia de que a *Mona Lisa* tinha sido descoberta se espalhou, a primeira reação foi de descrença. Depois de escutar a notícia, Corrado Ricci, diretor do Instituto de Arqueologia e Belas-Artes da Itália, em Roma, imediatamente se dirigiu a Florença para realizar testes com a pintura. Outros peritos de arte convergiram para a Uffizi, ansiosos para ver a obra. Evidentemente, a simples presença no exame era sinal da importância de alguém, e assim Poggi tinha mais solicitações do que podia controlar.

Quando um repórter telefonou ao curador do Louvre para lhe contar a novidade, o francês estava jantando e terminantemente se recusou a acreditar. Disse que era impossível e desligou. O próprio museu teve um posicionamento cauteloso: "Os curadores do Louvre [...] nada desejam dizer até que tenham visto a pintura. Algumas descrições de detalhes e características despertam algumas dúvidas".[13]

Ricci, no entanto, confirmou o julgamento prévio de Poggi de que a pintura era autêntica, e o governo italiano fez um anúncio oficial sobre isso. O embaixador francês em Roma deu telefonemas pessoais para o primeiro-ministro e para o ministro do Exterior da Itália, demonstrando a gratidão de seu governo. Naquele momento se supunha – mas evidentemente não se tinha absoluta certeza – que o quadro seria devolvido ao Louvre.

Quando a notícia chegou ao Parlamento italiano, interrompeu uma briga no recinto da Câmara dos Deputados. O ministro da Educação brandiu o telegrama sobre o retorno da *Mona Lisa*, e os deputados que brigavam o cercaram, pedindo-lhe detalhes. Quando ele informou que o ladrão tinha furtado o quadro com o propósito de recuperar um dos tesouros roubados da Itália por

Napoleão, alguns deputados concordaram. Mesmo aqueles que sabiam que o próprio Da Vinci havia levado seu quadro para a França acreditavam que o exército francês tinha capturado algumas obras de arte durante as Guerras Napoleônicas, pelas quais nenhuma reparação fora paga. Parecia justo que agora a Itália ficasse com a pintura feita por um de seus filhos mais notáveis.

As cabeças mais frias prevaleceram, e o ministro anunciou:

> A *Mona Lisa* será devolvida ao embaixador da França com uma solenidade digna de Leonardo da Vinci e um espírito de regozijo digno do sorriso da Mona Lisa. Embora a obra-prima seja cara a todos os italianos por ser uma das melhores produções do gênio de sua raça, nós a devolveremos de boa vontade a seu país de adoção [...] como um penhor de amizade e fraternidade entre as duas grandes nações latinas.[14]

A ideia de dois países estarem unidos pela herança comum era significativa, pois a Itália, formalmente, era aliada da Alemanha (não falante do latim), eterna inimiga da França. Em 1915, depois da deflagração da Primeira Guerra Mundial, a Itália entrou na luta ao lado da França, em parte por causa dos sentimentos fraternais engendrados pelo caso da *Mona Lisa*.

IV

Enquanto isso, o homem que se deu o nome de Leonard estava sendo intensamente interrogado pela polícia. Ele falava livremente, pois ainda estava com a impressão de que seria aclamado pelos italianos quando descobrissem seus motivos para o roubo. Admitiu que seu nome verdadeiro era Vincenzo Peruggia[15] e que havia nascido em 1881, na vila de Dumenza, perto do lago Como. Tendo saído dali quando jovem porque não havia trabalho disponível, ele foi para a França, onde se tornou pintor de parede e carpinteiro ("*pittore*", respondeu ele quando perguntaram sua ocupação – usando a palavra que também designa um artista, não apenas um pintor de parede). Sim, ele havia trabalhado no Louvre – tinha, de fato, sido um dos que haviam feito o estojo com vidro que cobria a *Mona Lisa* e confessou que tinha se deixado fascinar pela imagem:

> Muitas vezes, enquanto trabalhava no Louvre, eu parava na frente do quadro de Da Vinci e me sentia humilhado ao vê-lo em solo estrangeiro. Não fiquei muito tempo no Louvre, mas continuei amigo dos meus antigos companheiros de trabalho e com frequência visitava o museu, onde era bem conhecido. Pensei que seria uma grande coisa para a Itália se eu lhe presenteasse com a maravilhosa obra-prima, e assim planejei o roubo.[16]

Essa notícia desviou o holofote de novo para a Sûreté e trouxe perguntas desconfortáveis para Lépine e Bertillon. Descobriu-se que os sólidos arquivos de Bertillon de fato continham um cartão de registro de Peruggia, com impressões digitais. Ele havia sido preso duas vezes antes: uma por tentativa de roubo e outra por estar com uma faca. No entanto, a insistência de Bertillon de que seu sistema era superior às impressões digitais constituiu um erro crucial. Ele não pudera comparar a impressão do polegar na moldura da *Mona Lisa* com a ficha de prisão de Peruggia porque seu arquivo não era arrumado de acordo com os padrões das impressões digitais, e sim pelo sistema de medidas físicas, a bertillonagem. E, já que a polícia não tinha suspeitos para medir, não foi possível determinar a identidade de Peruggia.

Alguns repórteres lembraram que, na época do roubo, todos os empregados do Louvre, antigos e recentes, tinham sido chamados para interrogatório. Foi esse o caso de Peruggia? Os registros foram checados, produzindo mais informações constrangedoras: Peruggia havia de fato trabalhado no Louvre entre outubro de 1910 e janeiro de 1911, mas ninguém podia dizer com certeza se ele tinha ajudado a construir o estojo da *Mona Lisa*. Pior ainda, quando ele não respondeu a uma carta pedindo que se encaminhasse à polícia para ser interrogado, um detetive chamado Brunet foi até seu quarto, lhe fez algumas perguntas e até revistou o local, nada encontrando. Se Peruggia falava a verdade, a *Mona Lisa* estava mesmo lá, no baú de fundo falso, durante a visita do detetive. Brunet tinha anotado zelosamente em seu relatório que Peruggia estava trabalhando em outro lugar no dia em que o quadro foi roubado. No entanto, quando os repórteres foram atrás do empregador de Peruggia, descobriram que sua ficha mostrava que tinha se atrasado duas horas na manhã do roubo. Peruggia confirmou isso, dizendo que, depois de roubar o quadro, ele o levou para seu quarto antes de ir para o trabalho.

Para deixar as coisas ainda piores para a polícia francesa, a insistência de Peruggia em querer ser um herói encontrou simpatizantes, pelo menos na Itália. Todos os dias, as pessoas se juntavam do lado de fora da cadeia em Florença para lhe dar vivas. Ele era presenteado com comida caseira, vinhos, queijos, cigarros e até dinheiro. No hotel onde tinha ficado, o conteúdo do agora famoso baú estava sendo cobiçado. Pessoas se ofereciam para comprar as coisas de Peruggia como suvenir – até os trapos sujos de tinta que ele tinha usado para limpar as mãos. Um repórter do jornal *La Nazione* entrevistou-o na prisão e ouviu seu protesto: "Eu prestei um serviço notável à Itália. Trouxe de volta à nação um tesouro de inestimável valor, e, em vez de me agradecerem, me jogaram na prisão. É o cúmulo da ingratidão".[17]

Depois de uma viagem triunfal através da Itália, com milhares de pessoas fazendo fila para admirá-la, a *Mona Lisa* reassumiu seu antigo lugar na parede do Salon Carré em 4 de janeiro de 1914. Ela havia ficado fora por dois anos e quatro meses e meio. Nos dois dias seguintes, mais de 100 mil pessoas passaram diante dela, dando as boas-vindas a um dos ícones de Paris. Do lado de fora, mascates vendiam cartões, incluindo um que mostrava La Joconde em uma pose parecida com a da Madona, segurando um bebê. De pé atrás dela, como se fosse um novo papa orgulhoso, aparecia Peruggia.

V

Quase como um pai, o homem que havia raptado a *Mona Lisa* floreava sua própria história e desfrutava da notoriedade que ela lhe trouxera, dizendo:

> Meu trabalho como pintor de paredes me colocou em contato com muitos artistas. Sempre senti que no fundo de minha alma eu era um deles. [...] Jamais esquecerei a noite seguinte à que levei o quadro para casa. Eu me tranquei em meu quarto em Paris e tirei a pintura de uma gaveta. Fiquei enfeitiçado diante de *La Gioconda*. Eu me sentia uma vítima de seu sorriso e, toda noite, deleitava meus olhos com meu tesouro, a cada vez descobrindo nela uma nova beleza e perversidade. Eu me apaixonei por ela.[18]

A polícia considerava as declarações românticas e patrióticas de Peruggia pura invenção. Em Paris, detetives revisitaram o quarto de pensão onde ele morava, dessa vez vasculhando-o mais detidamente. Encontraram algumas coisas interessantes. Primeiro, duas cadernetas nas quais Peruggia mantinha um tipo de diário. Sob uma data em 1910, ele fez uma lista de colecionadores e comerciantes de arte nos Estados Unidos, na Alemanha, Itália e Inglaterra. Entre eles estavam John D. Rockefeller, J. P. Morgan e Andrew Carnegie. Geri era um dos italianos listados. Muito claramente, Peruggia pensava em dinheiro na época em que estava ajudando a colocar a *Mona Lisa* dentro de um estojo de proteção – quase um ano antes do roubo. Ele tentou desviar a atenção da nova prova – e do relato de Geri sobre a discussão deles quanto ao pagamento –, alegando que era um filho zeloso: "Eu estava ansioso para garantir uma velhice confortável para meus pais".[19]

Os policiais, no entanto, encontraram outra coisa no quarto de Peruggia, que também aumentava seu apelo romântico. Era um maço de 93 cartas de amor, enlaçadas com uma fita vermelha, enviadas a ele por uma mulher que assinava como "Mathilde". De alguma forma, a polícia – ou algum repórter empenhado (nunca ficou muito claro) – revelou a história de que Peruggia frequentara um salão de danças em que Mathilde tinha sido esfaqueada pelo homem que a trouxera ao baile. Peruggia a carregou até a casa de uma velha, que cuidou dela até que se recuperasse. Depois disso, Mathilde e Peruggia ficaram muito apaixonados. A cereja do bolo, para os jornais, foi dizerem que Mathilde portava uma semelhança notável com a Mona Lisa.

Iniciou-se uma intensa caçada para descobrir a jovem misteriosa. Uma análise das cartas mostrava que seu francês não era muito bom. Apenas por causa disso, cresceu a especulação de que ela devia ser alemã, o que deu corda à ideia, nunca abandonada em alguns meios, de que o roubo tinha sido, desde o começo, um complô alemão para envergonhar a França.

Enquanto isso, dois detetives da Sûreté chegavam a Florença para interrogar Peruggia. Sua situação legal era incerta, pois o governo francês não tinha feito movimento algum para sua extradição – e jamais faria. Parecia possível que o governo italiano, reconhecendo a popularidade de Peruggia, de bom grado devolvesse a pintura em troca da concordância da França em permitir que Peruggia continuasse em seu país. De toda maneira, uma vez que ele confessara espontaneamente seu crime, os detetives franceses estavam mais interessados em identificar algum cúmplice que pudesse ter tido.

Tentando aparentemente convencer seus interrogadores de que tomara todo o cuidado com a pintura, Peruggia disse que, com receio de que seu quarto fosse muito frio, ele a guardara com um amigo chamado Vincenzo Lancelotti. Isso pôs a polícia francesa no encalço de Lancelotti, outro italiano que tinha vindo a Paris atrás de trabalho. E mais outras informações embaraçosas para as autoridades francesas foram descobertas. Logo depois do roubo, Lancelotti fora de fato interrogado pelo juiz Drioux, e este, por causa de uma pista, tinha ordenado uma busca nos aposentos dele. Como nada fosse encontrado, soltaram Lancelotti.

Agora a polícia retornava a seu apartamento na rua Bichat, em frente ao hospital Saint-Louis, no décimo *arrondissement*. A amante de Lancelotti, Françoise Séguenot, atendeu a porta e disse que ele não estava. Quando lhe perguntaram a que horas voltaria, ela gritou "Vocês não vão começar essa chatice outra vez",[20] e afirmou que Vincent já havia sido inocentado de qualquer envolvimento com o roubo. A polícia foi embora, mas ficou de tocaia perto do prédio; foi recompensada poucos minutos depois, quando um homem com o colarinho dobrado para cima e o boné puxado sobre os olhos saiu de lá. Um dos detetives o reconheceu como Michele Lancelotti, irmão de Vincenzo. Ele aparentemente não era o cérebro da

O italiano Vincenzo Peruggia, que confessou ter roubado a *Mona Lisa*. Em 1913, quando ele tentou vendê-la a um galerista de Florença, foi preso. Alegou que roubara a obra-prima para devolvê-la ao seu país de origem.

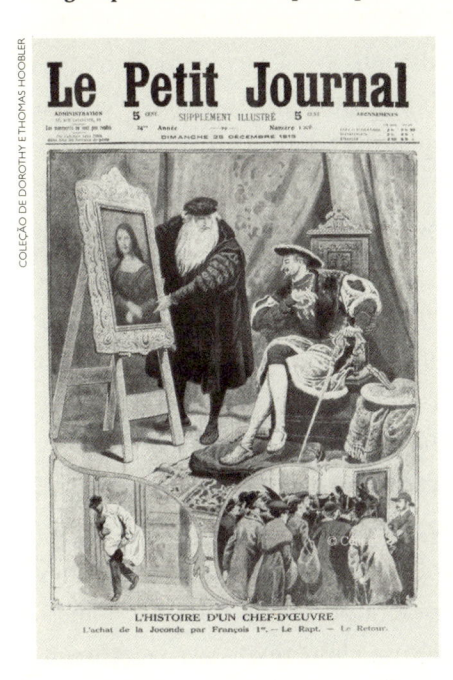

Quando a *Mona Lisa* voltou ao Louvre, *Le Petit Journal*, o mais popular dos jornais ilustrados parisienses, decidiu contar ao leitor a história do quadro, desde o tempo em que Leonardo da Vinci o dera de presente ao rei Francisco I.

família, pois, quando a polícia o parou, deixou escapar que estava indo para a Escola Prática de Hipnotismo e Massagem, onde seu irmão estudava. Françoise havia mandado Michele dar noventa francos a Vincenzo e lhe dizer que pegasse imediatamente o trem para a Bélgica.

A polícia levou Séguenot e os Lancelottis para interrogatório. Quando Vincenzo soube que Peruggia o acusara de esconder a *Mona Lisa*, negou com veemência. Admitiu que conhecia Peruggia e também que ele e seu irmão o acompanharam à estação de trem quando foi para a Itália, mas isso não tinha sido mais do que um gesto de amizade para com um companheiro italiano.

Séguenot também foi enfática. "Eu trabalho em casa como lavadeira", disse ela. "Nada, mesmo pequeno, poderia ser guardado em nosso quartinho miserável sem que eu notasse imediatamente. [...] Se eu tivesse visto [o quadro] com Peruggia, eu o teria tirado de suas mãos e levado rapidamente de volta ao Louvre."[21] De fato, acrescentou ela depois de mais perguntas, "foi só quando Peruggia foi preso que eu soube que o quadro *existia*". O policial que a interrogou ficou surpreso com isso, como certamente qualquer um ficaria, porque parecia improvável que alguém em Paris pudesse desconhecer aquele roubo.

Apesar das negativas, o juiz Drioux ordenou que os três suspeitos fossem denunciados por receber e esconder objetos de arte roubados de um museu público. Liberou Séguenot e Michele, ordenando que apenas Vincenzo ficasse detido na prisão de La Santé.

Para os que acreditavam que Peruggia não agira sozinho, os irmãos Lancelotti haviam feito mais do que apenas esconder o quadro. Sugeriram que eles pudessem ter sido cúmplices na remoção física da pintura, com sua moldura pesada, da parede do museu. O argumento contra essa hipótese, claro, se baseava no testemunho das únicas duas pessoas que se sabia terem visto o ladrão – o encanador que abriu a porta da escada para ele e o pedestre que o viu jogar a maçaneta do lado de fora do museu. Conforme elas contaram à polícia, havia apenas um homem.

Seja como for, Drioux retirou todas as acusações contra o trio quando ficou claro que Peruggia não voltaria à França para dar seu testemunho – a única prova do envolvimento deles. Ainda assim, muitos relatos sobre o caso os mencionam como cúmplices.

VI

Em janeiro de 1914, a esperança de Peruggia de ser recompensado por ter trazido a pintura de volta à Itália foi finalmente destroçada. Alfredo Geri recebeu os 25 mil francos que haviam sido oferecidos por Les Amis du Louvre, uma sociedade de milionários amantes das artes, por uma informação que levasse à devolução do quadro. O agradecido governo francês também lhe concedeu sua condecoração de maior prestígio, a Légion d'Honneur, e o título de *officier de l'instruction publique*. Geri revelou o que talvez fosse sua verdadeira intenção quando processou o governo francês reivindicando que este lhe pagasse 10% do valor da *Mona Lisa*. Alegou que uma tradição francesa dava ao descobridor de uma propriedade perdida o prêmio de um décimo do valor do objeto. Por fim, uma corte decidiu que a *Mona Lisa* não tinha preço e que Geri apenas agira como se esperava de um cidadão honesto. Não recebeu nenhum outro prêmio.

Peruggia, enquanto isso, ficava cada vez mais deprimido na prisão. Talvez o aborrecesse o fato de Geri ter recebido o prêmio que ele havia esperado ou a insistência das autoridades em mantê-lo preso, em vez de aceitá-lo como herói. Os guardas relatavam que ele às vezes chorava. Um psicólogo foi vê-lo. Peruggia, no começo, recusou o tratamento, garantindo que não era louco. Depois de um pouco de persuasão, porém, ele passou a discutir seus sentimentos. Quando seu julgamento teve início, em 4 de junho, ele estava novamente calmo e seguro, garantindo que havia agido como um patriota.

Já que não havia uma alegação de culpa, os procedimentos legais se deram mais como um inquérito tentando estabelecer a verdade, se tal coisa fosse possível. Três juízes presidiram-no em um grande salão que fora remodelado para oferecer mais espaço para jornalistas do mundo inteiro. O projetista do espaço tinha colocado em uma almofada, no meio de um semicírculo, um imponente hemisfério prateado simbolizando a justiça. Um jornalista cínico comentou que não seria prudente permitir que o réu se sentasse muito perto desse tesouro artístico.

Peruggia estava algemado quando entrou no tribunal às nove da manhã, mas sorriu gentilmente para os fotógrafos. Cavaliere Barilli, presidente do tribunal e chefe dos três juízes, começou os procedimentos. Fez uma série de perguntas a Peruggia para estabelecer sua ascendência, a cidade onde nascera e sua ocupação. Outra vez questionado se era pintor de paredes, Peruggia insistiu ser um *pittore*, um artista. O juiz perguntou se ele já fora preso alguma vez, e a memória de Peruggia lhe faltou. O magistrado o lembrou das duas ocasiões em que fora detido na França, uma delas por roubo.

Depois disso, o júri permitiu que um dos advogados de Peruggia fizesse uma moção para rejeitar a acusação, pois o crime não tinha ocorrido na Itália e não havia nenhuma queixa formal feita pelo governo francês. Barilli reservou-se o julgamento da questão e retomou o interrogatório de Peruggia. Como todo mundo, o juiz estava curioso para saber como esse homem aparentemente humilde tinha executado um crime tão audacioso. Poderia Peruggia descrever o que havia acontecido em 21 de agosto de 1911, quando roubou a *Mona Lisa*?

Um tanto avidamente, Peruggia perguntou se podia também dizer por que havia cometido o crime, mas o juiz lhe disse que deveria fazer isso mais tarde. No momento, ele queria a descrição do próprio ato.

Peruggia ofereceu uma versão abreviada: ele havia entrado no Louvre pela porta da frente naquela segunda-feira, passado por vários salões, tirado a *Mona Lisa* da parede e saído pelo mesmo caminho. O juiz assinalou que, durante os interrogatórios prévios ao julgamento, Peruggia admitira ter tentado forçar a porta da parte baixa da pequena escada que conduzia à Cour du Sphinx. Peruggia não tinha resposta para isso, e o juiz não o pressionou.

É difícil entender por que Peruggia mudou sua história ou mesmo por que não havia contado toda a verdade sobre como entrou e saiu do museu, dado o fato de ter livremente confessado o crime. Talvez tivesse medo de implicar outros, como os irmãos Lancelotti, ou mesmo pessoas que podem tê-lo ajudado de outras maneiras, tanto antes como depois do roubo. O álibi que ele havia inventado para si mesmo – de que era um patriota recuperando um dos tesouros da Itália – soava melhor se ele fosse o único ator do drama.

Então, quiseram saber por que Peruggia tinha roubado a *Mona Lisa*. Ele respondeu que todas as pinturas italianas no Louvre eram obras roubadas, retiradas do lar que tinham por direito, a Itália. Quando perguntado como sabia disso, ele disse que, quando trabalhava no Louvre, havia encontrado documentos que o provavam. Lembrou-se em particular de um livro de gravuras que mostrava "uma carroça, puxada por dois bois; ela estava cheia de quadros, estátuas, outras obras de arte. Coisas que estavam sendo levadas da Itália para a França".[22]

Foi então que ele decidiu roubar a *Mona Lisa*? Não exatamente, respondeu Peruggia. Primeiro ele considerou as pinturas de Rafael, Correggio, Giorgione... todos grandes mestres. "Mas decidi pela *Mona Lisa*, que era a pintura menor e mais fácil de transportar."

"Então não há chance", perguntou o júri, "de você ter decidido por ela porque era a pintura mais valiosa?".

"Não, senhor, eu nunca agi com isso em mente. Meu único desejo era que essa obra-prima fosse colocada em seu lugar de honra aqui em Florença."[23]

Peruggia, tendo permissão de continuar a contar suas experiências em Paris, descreveu como os trabalhadores franceses o olhavam com desprezo. Escondiam suas ferramentas. Zombavam dele. Colocavam sal e pimenta no vinho que ele bebia no almoço. Por fim, o chamavam de "macaroni" e "italiano sujo". Os repórteres anotaram os xingamentos, os lápis movendo-se furiosamente. Quando essa parte do testemunho de Peruggia apareceu na imprensa, sua popularidade em casa estava assegurada.

Talvez pensando que seria prudente não permitir que Peruggia transformasse os procedimentos em um fórum pessoal, Barilli jogou uma das cartas de trunfo da promotoria: "É verdade", perguntou, "que você tentou vender *La Gioconda* na Inglaterra?".

Relatos do julgamento reportam que esse foi um dos poucos momentos em que Peruggia perdeu a compostura. Ele olhou em volta para o tribunal, apertando os punhos como se fosse atacar seus acusadores.

"Eu? Tentar vender *La Gioconda* aos ingleses? Quem disse isso? É mentira! Quem disse isso? Quem escreveu isso?"

Barilli respondeu: "Foi você mesmo quem disse isso, durante um de seus interrogatórios, que tenho aqui em mãos".

Impossibilitado de negar, Peruggia recordou ter ido à Inglaterra em uma viagem de lazer com alguns amigos. Ele viu alguns cartões-postais da Mona Lisa, e isso o fez decidir pedir conselhos sobre como poderia levar a pintura para a Itália. "Com certeza eu não poderia pedir esse tipo de conselho na França! Assim, consegui, com o vendedor de cartões-postais, o nome de um comerciante de antiguidades. Foi então que descobri Duveen. Perguntei ao comerciante de antiguidades como poderia levar a Mona Lisa para a Itália, mas Duveen não me levou a sério. Eu protesto contra essa mentira de ter tentado vender a pintura em Londres. Se uma coisa dessa alguma vez tivesse sido minha intenção... eu teria batido à porta de todos os comerciantes de antiguidade e pedido dinheiro... Mas eu queria trazê-la de volta para a Itália, devolvê-la à Itália, e foi isso que eu fiz."[24]

"Seja como for", disse Barilli, "seu altruísmo não foi total – você estava esperando *alguma* vantagem com a devolução".

"Ah, vantagem, vantagem...", retrucou Peruggia, "com certeza alguma coisa melhor do que a que me aconteceu aqui".[25]

Isso fez o público rir.

A audiência durou apenas dois dias – tempo bastante curto, os repórteres assinalaram, para um procedimento legal italiano. Estava claro que os juízes não queriam que a publicidade gerada pelo julgamento durasse muito. Também não demoraram para decidir: no dia seguinte, Barilli abriu os trabalhos e anunciou a sentença de um ano e quinze dias de prisão. Ao ser conduzido para fora, ouviram Peruggia dizer: "Poderia ter sido pior".[26]

Na verdade, ficou melhor. No mês seguinte, seus advogados apresentaram argumentos para uma apelação. Dessa vez, o júri foi mais leniente, reduzindo a sentença para sete meses. Peruggia ficara encarcerado nove dias a mais do que isso desde sua prisão, e portanto foi solto. Uma multidão se reuniu para saudá-lo quando deixou o tribunal. Alguém lhe perguntou para onde iria agora, e ele disse que retornaria ao hotel onde havia deixado seus pertences. Quando o fez, viu que o estabelecimento tinha mudado de nome. Já não se chamava Tripoli-Italia mas Hotel La Gioconda – muito chique para permitir que um criminoso ficasse ali. Os advogados de Peruggia tiveram de intervir para assegurar que o gerente lhe desse um quarto.

Essa foi toda a história? A verdade do desaparecimento da *Mona Lisa* fora revelado? Muitos não pensavam assim. Embora a história romântica do humilde trabalhador italiano apaixonando-se pela pintura e devolvendo-a a seu país de origem fosse encantadora, alguns achavam que um roubo de tal vulto requeria uma explicação melhor, uma trama mais elaborada – um cérebro de grande inteligência, não um trabalhador comum. Certamente a Sûreté teria preferido ter sido sobrepujada em astúcia por um gênio do crime a precisar explicar por que fizera um trabalho tão equivocado.

Paris, contudo, tinha muitos crimes a oferecer – incluindo dois assassinatos espetaculares – e, embora poucos soubessem disso, o caso da *Mona Lisa* ainda não estava totalmente encerrado.

Cherchez la femme

O dito *cherchez la femme* ["procure a mulher"] foi empregado pela primeira vez por Alexandre Dumas pai, no livro *Os moicanos de Paris*, com a intenção de mostrar que no cerne de todo crime existe uma mulher. Essa expressão penetrou na consciência dos criminologistas franceses e mesmo Bertillon, que, apesar de, em tudo, buscar a objetividade científica, quando deparava com um mistério, não deixava de perguntar: "Onde está a mulher?".[1]

A mulher criminosa foi objeto de muita teorização entre os cientistas sociais da *Belle Époque*. Cesare Lombroso, além de afirmar que os criminosos eram tipos atávicos – ou seja, degenerados que haviam regredido na escala evolutiva –, acreditava que *todas* as mulheres eram biologicamente inferiores aos homens e, portanto, inerentemente atávicas.[2] Isso não queria dizer que todas as mulheres se tornariam criminosas, e sim que eram mais suscetíveis que os homens às influências que levavam ao comportamento aberrante. Tais influências eram muitas e podiam ser o ciclo menstrual, as pressões da vida urbana e até a leitura das histórias de crime banalizadas nos jornais diários. Qualquer uma dessas coisas poderia produzir uma reação apaixonada que levaria as mulheres a atos criminosos. E o feminismo também. Nas palavras de Théodore Joran, antifeminista radical, as mulheres emancipadas adquiriam "o gosto pela carnificina" porque não conseguiam mais conter "os instintos de brutalidade e selvageria que no estado adequado de subordinação [das mulheres] ficavam sob controle".[3]

Um dos resultados dessa crença na incapacidade de controle das mulheres, claro, foi a maior tolerância, para não dizer leniência, dos tribunais e dos jurados em relação às acusadas de crimes. Ann-Louise Shapiro, escritora feminista moderna, descobriu que a taxa de absolvição de mulheres na França nos anos 1890 era superior a 50%, em comparação aos 30% dos homens. Mulheres criminosas, algumas vezes, tornavam-se "celebridades ou párias".[4] Ir às Cours d'Assises era uma diversão popular; as mulheres da sociedade eram espectadoras assíduas dos julgamentos de outras mulheres e levavam cestas de piquenique com canapés, sanduíches e champanhe para consumir nos intervalos. Aprofundando essa tendência, muitas companhias teatrais descobriram que as apresentações de peças baseadas em dramas dos tribunais ficavam lotadas.

Shapiro relata um famoso caso da década de 1880, no qual a jovem atriz Marie Bière atirou em Robert Gentien, jovem playboy que era o pai de seu filho. Gentien se recusou a reconhecer a paternidade e, quando a criança faleceu, nem sequer foi ao funeral. Bière atirou duas vezes em suas costas enquanto ele passeava com a nova amante. Gentien não morreu, mas ela foi julgada por tentativa de homicídio. Seus advogados provaram que Gentien tinha sido seu primeiro amor e que ela teria se recusado a fazer um aborto porque queria um filho dele, e até tentara se matar em sua presença, na esperança vã de despertar sua simpatia. Bière foi absolvida pelos doze jurados, todos homens, que choravam abertamente quando o veredicto foi pronunciado.

Em seu editorial, *La Lanterne* afirmou que "o júri fez um bom serviço ao absolver *mademoiselle* Bière".[5] Um comentarista irônico escreveu em *Le Figaro* que a ré deveria "ser canonizada como santa

Marie, a santa padroeira dos armeiros, à qual as mulheres abandonadas poderiam fazer peregrinações para ter seus revólveres abençoados".[6] Gentien foi obrigado a fugir de Paris para escapar do opróbrio público.

I

A popularidade das histórias de crimes, tanto na forma supostamente factual de *fait divers* como em *feuilletons* ficcionais, era com frequência citada como causa da criminalidade feminina. Jules Langevin, um crítico social, afirmava que "o *roman feuilleton* produz no cérebro feminino a mesma devastação, ou até pior, que o álcool no cérebro masculino".[7] Em 1902, certo dr. Séverin Icard escreveu sobre o caso de uma jovem que regularmente aparecia em seu consultório com uma variedade intrigante de sintomas. Finalmente, o médico reparou que as doenças que os sintomas indicavam estavam aparecendo em ordem alfabética. Ao aprofundar sua investigação, descobriu que a paciente recebia cópias de um dicionário de medicina que estava sendo publicado em capítulos e, então, desenvolvia os sintomas histéricos da doença descrita no daquele mês.

O sexismo era uma via de mão dupla. Na *Belle Époque*, dois casos de homicídio provocaram grande escândalo, não apenas porque em ambos as acusadas eram mulheres de boa família, mas também porque elas recorreram a sua feminilidade para escapar da responsabilidade pelo que pareciam ser crimes bastante cruéis. Certamente, o destino dessas duas assassinas foi um duro contraste com o dos membros da quadrilha de Bonnot. E seus julgamentos demonstraram que a busca da verdade – ou as tentativas para ocultá-la – acontecia mesmo dentro dos tribunais.

II

A primeira ré, Marguerite Steinheil ("Meg" para os jornalistas), já era conhecida por seu papel na morte súbita do presidente Faure, em 1899. Muito tempo depois do ocorrido, ainda circulava pela França o comentário de que Félix Faure tinha morrido em meio a estertores de paixão tão intensos que foi quase impossível tirar seus dedos presos nos cabelos da jovem nua, cuja cabeça estava em seu colo.

A lenda apenas acrescentava um toque picante à reputação de Meg. Olhando para o marido dela, que em seu casamento, em 1890, já tinha 40 anos (e ela, apenas 21), era possível entender por que uma mulher tão linda e vibrante como Meg queria um amante. Adolphe Steinheil era tímido, sem graça e praticamente careca. Meg só tinha se casado com ele porque sua mãe, que ficara viúva recentemente, temia que a jovem filha teimosa se casasse com o belo, mas pobre, jovem oficial por quem estava apaixonada.

Steinheil era um pintor acadêmico medíocre e sem fortuna. Tudo o que tinha para oferecer a Meg era uma grande casa no *impasse* Ronsin, viela elegante no décimo quinto *arrondissement*, onde se estabeleceram depois da lua de mel na Itália. Em junho de 1891, nasceu a filha Marthe, e Meg logo ficou entediada. Ao seu redor, via as pessoas vivendo luxuosamente, mas Steinheil não tinha dinheiro para gastar em joias e roupas finas. Meg foi em busca de diversão e luxos fora do casamento, usando sua juventude e seu charme para atrair amantes ricos. O primeiro foi um promotor público, Manuel Baudouin. Ficou com ele por quatro anos, e nesse tempo justificava para Steinheil os magníficos presentes que recebia como mimos de certa tia Lily. Meg visitava a tia com frequência, e é provável que, se Steinheil desconhecia o que realmente estava acontecendo, era por desejo de fingir ignorância. A certa altura, Meg também lhe deixou claro que o lado sexual do casamento tinha acabado, e eles passaram a dormir em quartos separados.

Steinheil se beneficiava com encomendas, feitas pelos amantes de Meg, de retratos ou outras obras de arte. Quando ela se aproximou do presidente Faure, em 1897, Steinheil recebeu uma encomenda oficial para pintar um grande quadro histórico. A melhoria de sua renda permitiu que Meg promovesse saraus todas as semanas, com trezentos a quatrocentos convidados, alguns deles grandes figuras da sociedade, artísticas e políticas, como Frédéric-Auguste Bartholdi, autor da Estátua da Liberdade, Émile Zola, Hippolyte-François-Alfred Chauchard, fundador dos Grands Magasins du Louvre (loja de departamentos), e Ferdinand de Lesseps, construtor do canal de Suez. Conta-se que até o príncipe de Gales agraciou seus salões com sua presença quando estava visitando a França.

Steinheil, no entanto, estava virando um peso para ela. Começou a usar ópio para dormir à noite e, nos meados dos cinquenta anos, tinha cada vez mais dificuldades em produzir os quadros que Meg "vendia" para seus amantes. Assim, em 1905, ela se acertou com Émile Chouanard, um viúvo rico não muito mais velho que ela. Acostumado a fazer as coisas de seu jeito, ele logo se cansou da brincadeira de encontros furtivos em quartos de hotel e propôs alugar uma *villa* onde pudessem passar os dias (e noites) com privacidade e conforto. Meg aceitou a oferta e alugou uma propriedade chamada Vert Logis, a 45 minutos de trem de Paris, em Bellevue. Ela assinou o contrato de aluguel com o nome de uma amiga, mas teve de contar o segredo a sua antiga criada, Mariette Wolff, que passou a ser a governanta do local.

Para sua infelicidade, Chouanard rompeu o relacionamento em novembro de 1907, supostamente porque Meg teve a presunção de tentar influenciar na escolha do noivo da filha dele. Não muito tempo depois, talvez para provar a si mesma que ainda era atraente, ela desmaiou em uma viagem de metrô – aparentemente com o objetivo de chamar a atenção de um jovem elegante que estava por perto. Meg tinha um bom faro para homens, pois o jovem era o conde Emmanuel de Balincourt. Ele a acompanhou até sua casa e foi convidado para jantar. Não se passou muito tempo para que se visse na cama de Vert Logis, que Meg continuava mantendo, mesmo depois do rompimento com Chouanard. Entretanto, De Balincourt, ao posar para Steinheil, que lhe fazia um retrato, foi tomado pela culpa por estar enganando o pintor e pôs fim ao relacionamento.

Meg havia chegado àquela idade na qual as mulheres que vivem de sua beleza começam a ter medo do espelho. E também tinha de pensar em sua filha, agora adolescente. Estava se aproximando o momento de Marthe arrumar um marido e Meg queria poder oferecer a ela não apenas um bom dote, mas um ambiente familiar respeitável. Seu amante seguinte foi escolhido com esse objetivo: Maurice Borderel, viúvo com três filhos adolescentes. Oriundo da região de Ardennes, ele não era um parisiense sofisticado como os antigos amantes de Meg; logo se apaixonou por ela e assumiu o aluguel de Vert Logis (àquela altura, Meg estava usando a *villa* como casa de campo para sua família – marido, filha e mãe).

Borderel, entretanto, disse francamente a Meg que não poderia se casar com ela. Não queria uma madrasta para suas crianças, mesmo que Meg se divorciasse. Achava desrespeitoso à memória de sua primeira esposa colocar uma divorciada em seu lugar. As coisas poderiam ficar diferentes quando os filhos estivessem mais velhos e independentes, uns dez anos mais, talvez. Ou, quem sabe, se o marido de Meg falecesse... mas Borderel não prometeu nada.

III

Em 31 de maio de 1908, domingo, exatamente às seis da manhã, o valete da família Steinheil, Rémy Couillard, descia as escadas no andar superior do *impasse* Ronsin quando escutou gritos abafados vindos do quarto de Marthe, a filha dos Steinheils, no segundo andar. Achou estranho, porque ele sabia que Marthe estava em Vert Logis, para onde o resto da família seguiria naquela tarde. A mãe de Meg, madame Japy, chegara havia dois dias e dormia em um dos outros quartos do segundo andar. Quando o valete foi ver o que se passava, encontrou Meg com as mãos e os pés amarrados à cama de Marthe e a camisola enrolada no rosto. Couillard, que tinha apenas vinte anos, ficou um pouco paralisado com essa visão até Meg conseguir gritar que havia ladrões na casa e pedir que ele fosse em busca de ajuda.

Com medo de sair do quarto, Couillard abriu as janelas e começou a gritar. Foi ouvido por três pessoas – o vizinho, o vigia noturno e um policial. Eles correram para a casa e, com cuidado, procuraram os ladrões no térreo. Não encontrando ninguém, foram para o andar superior, onde Couillard tentava libertar Meg de suas amarras. Nos dois quartos ao lado viram cenas ainda mais chocantes: os corpos do marido e da mãe de Meg, com cordas em volta do pescoço usadas no estrangulamento deles.

Em questão de horas, um bando impressionante de agentes da lei chegou à residência dos Steinheils para iniciar as investigações, dentre eles Alphonse Bertillon, que fotografou as cenas dos crimes e levantou impressões digitais em toda a casa. Também estava presente Octave Hamard, chefe da Sûreté, acompanhado por sete assistentes, que anunciou que cuidaria do caso em pessoa. Por fim, o juiz Joseph Leydet, amigo próximo da família e supostamente um

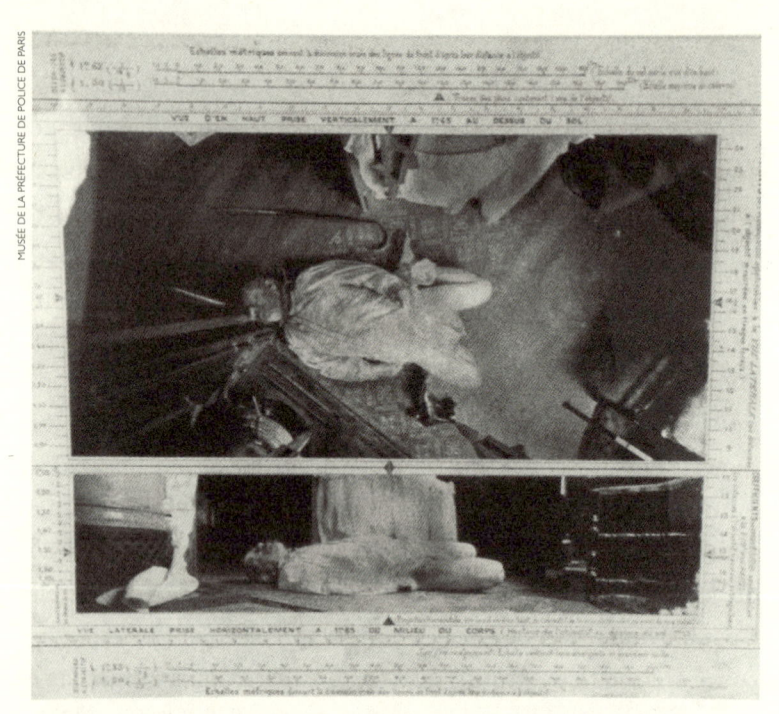

Fotografias da cena do assassinato do artista Adolphe Steinheil, em 1908, feitas do alto e de lado por Alphonse Bertillon. Sua mulher, Meg, que também estivera envolvida no escândalo da morte do presidente francês Félix Faure, foi julgada pela morte do marido.

dos amantes de Meg, pediu que fosse designado *juge d'instruction*, encarregado de comandar a coleta de evidências e determinar qual seria a acusação. Já estava claro que não consideravam aquele um caso qualquer.

Ainda abatida, Meg contou que fora dormir no quarto da filha porque havia cedido sua cama para a mãe, que tinha um problema nas pernas. Por volta da meia-noite, acordou com um toque de tecido no rosto. Pessoas carregando lanternas com luz esmaecida estavam no quarto. Três delas eram homens trajando casaco preto comprido, e a quarta, uma mulher de cabelos ruivos, com uma pistola. Perguntaram onde Steinheil guardava o dinheiro, referindo-se a ele como "seu pai", por acharem que Meg era Marthe, o que indicava que conheciam a casa e identificavam esse quarto como sendo o da filha do casal. Depois que Meg contou aos invasores onde o dinheiro de seu marido ficava guardado, bateram em sua cabeça. Ao acordar, viu-se amarrada e amordaçada. Depois de algum tempo, conseguiu cuspir o algodão que colocaram em sua boca e pediu socorro.

Quando a notícia dos homicídios se espalhou, os repórteres cercaram a casa. Hamard lhes disse que parecia que Steinheil tinha sido assassinado ao surpreender os ladrões. O motivo para o estrangulamento de madame Japy, mãe de Meg, permanecia um mistério – assim como não estava clara a razão de Meg ter sido poupada, ainda que ela se lembrasse de um dos ladrões dizer, por confundi-la com a filha: "Não matamos fedelhos". Os ladrões aparentemente esperavam encontrar a casa vazia, já que os Steinheils pretendiam ir para Vert Logis no dia anterior. A família só ficara em Paris porque as pernas de madame Japy a estavam incomodando. Quanto aos suspeitos, Hamard mencionou que muitos dos modelos masculinos que Steinheil usava em seus quadros históricos conheciam a casa e sabiam que ele guardava dinheiro ali.

IV

A polícia adiou o depoimento de Meg para o dia seguinte, a fim de que se recuperasse do choque. Então, ela começou a florear a história, contando que todos tinham se recolhido às dez horas da noite, depois de tomar uma bebida quente com rum que ela fizera para ajudar no sono da mãe. Recordou ter ouvido o relógio soar meia-noite pouco antes de os assaltantes entrarem no quarto. Sobre os homens de casaco preto longo, ela acrescentou à polícia que todos tinham barba – uma era comprida e preta com fios prateados, outra ruiva e a terceira castanha. O homem de barba preta comprida tinha mãos finas e ossudas. Perguntada se conseguiria reconhecer algum deles, respondeu não saber ao certo. Acrescentou ainda que a mulher de cabelos ruivos parecia ser uma *rameira*, uma prostituta.

Bertillon divulgou suas descobertas na cena do crime, que não corroboravam a história de Meg. Não havia indicação de arrombamento nem pegadas ou manchas de água nos tapetes, embora tivesse chovido pesadamente durante aquela noite. A corda em volta do pescoço das duas vítimas era do lote de cordas encontradas na cozinha. A maior parte das joias de Meg ainda estava em seu quarto e a baixela de prata continuava na sala de jantar. Era difícil dizer exatamente quanto dinheiro fora roubado, mas, dado o estado das finanças de Steinheil, não parecia o suficiente para justificar os dois assassinatos.

Algumas evidências eram mais difíceis de explicar. O relógio antigo que Meg escutou badalar à meia-noite estava parado marcando doze e dez, e no pêndulo foi encontrada uma impressão digital que não pertencia a nenhum dos habitantes da casa. Além disso, surgiram duas informações interessantes que pareciam confirmar a história de Meg. A primeira veio da gerência do Teatro Hebreu, onde atores da Europa Oriental apresentavam peças em iídiche e hebreu, que denunciou o roubo na noite de 30 de maio de três casacos longos dos figurinos. Os jornais observaram que essas roupas eram iguais às utilizadas pelos homens assaltantes, de acordo com a descrição feita por Meg aos policiais.

Outra possível pista apareceu no dia seguinte ao do crime, quando um empregado do metrô de Paris encontrou no chão de um dos vagões o convite para uma exposição de Steinheil, em abril, no *impasse* Ronsin, um mês antes dos assassinatos. No verso dele alguém escreveu: "Guibert, figurinista de teatros". Junto estava o cartão de Jane Mazeline, uma artista na faixa dos sessenta anos. As investigações comprovaram que a caligrafia de Mazeline não era a mesma daquela inscrição e, assim, a Sûreté concluiu que alguém se apossara de seu convite para ter acesso à casa, familiarizando-se com seu interior.

Dando prosseguimento às investigações do roubo no Teatro Hebreu, um detetive mostrou fotos de alguns espectadores para Meg. Um deles realmente tinha barba comprida e ela prontamente o identificou como um dos assaltantes. Era o poeta e pintor norte-americano Frederick Harrison Burlingham, uma figura bastante conhecida que costumava andar pela cidade de sandálias. Os detetives se animaram quando souberam que ele tinha uma amante ruiva. Infelizmente, Burlingham tinha um álibi indestrutível: estava na Borgonha quando os assassinatos foram cometidos. Percebendo a facilidade com que a Sûreté acatou suas acusações, Meg começou a procurar outros suspeitos.

Contratou Antony Aubin, advogado que ficaria famoso com esse caso. Ele pediu ao juiz Leydet acesso às provas coletadas até então. Esse pedido era tão irregular que Leydet negou. Sem se deixar intimidar, Meg enviou uma carta para o jornal *L'Echo de Paris*, afirmando que ela mesma conduziria sua caçada aos assassinos. No final de novembro, achou o primeiro candidato: o jovem Rémy Couillard, o valete que a encontrara nua e amarrada naquele domingo trágico.

Segundo ela, suas primeiras suspeitas apareceram quando precisou do endereço de seus pais em um momento em que ele não estava no serviço. Procurou em uma pasta de couro que estava junto ao casaco dele e lá encontrou uma carta que ela havia mandado colocar no correio. A carta era endereçada ao noivo de Marthe e, para sua surpresa, Couillard parecia tê-la aberto e lido seu conteúdo. Meg denunciou o ocorrido à Sûreté, que não achou aquilo suspeito. Ela então solicitou o apoio de Henri Barby, editor do *Le Matin*, que tinha se tornado seu confidente. Incentivado por ela, Barby fez nova busca na pasta de couro e dessa vez encontrou uma pérola enrolada em papel de seda. Meg afirmou que a pérola era parte de um anel *art nouveau* roubado pelos assaltantes.

Ao ser interrogado na Sûreté, Couillard admitiu ter roubado a carta, mas negou ter visto a pérola antes. Se fosse um dos ladrões, explicou, poderia ter roubado muito mais, já que conhecia os esconderijos onde a família guardava os objetos de valor.

Meg também disse ter recebido cartas anônimas dizendo que Couillard estava apaixonado por sua filha e queria atrapalhar seu noivado. Para completar, na madrugada em que fora descoberta amarrada, ela achou que Couillard havia tentado estrangulá-la, em vez de pedir ajuda.

Policiais foram revistar o quarto de Couillard. Meg os acompanhou e, vitoriosamente, encontrou um pequeno diamante no chão. Ali estava a prova do conluio do valete com os ladrões, declarou ela. Os policiais levaram o pobre homem para a prisão.

Dois dias mais tarde, em 25 de novembro, Meg foi chamada à Sûreté, onde Hamard e o juiz Leydet a esperavam, acompanhados por dois joalheiros e um especialista em gemas. Um dos joalheiros disse que a pérola que Meg afirmou fazer parte do anel roubado em 30 de maio fora, na verdade, retirada por ele de um anel *art nouveau* que a própria Meg levara até à sua loja, em 12 de junho. Quando a foto da pérola do caso Couillard apareceu nos jornais, o joalheiro a reconheceu. Tinha um formato pouco comum, com um furo em um lugar bastante específico para ser presa ao anel. O outro joalheiro, que tinha feito a joia, confirmou que essa era a pérola usada por ele na montagem do anel *art nouveau*.

Ficou claro que Meg tinha acusado Couillard falsamente, e agora ela teria de ser considerada suspeita dos assassinatos. Meg chamou Aubin, seu advogado, que convenceu Leydet a libertá-la. No entanto, sete policiais ficaram vigiando sua casa para impedir que ela fugisse.

Naquela noite, Meg convidou a sua casa dois jornalistas cuja amizade cultivava. Aparentemente, estava em busca de conselhos, mas na verdade preparava uma nova e surpreendente acusação. Aos prantos, admitiu ter mentido sobre Couillard, mas apenas por ter sido ameaçada pelo verdadeiro culpado – Alexandre Wolff, o filho de sua criada de confiança. Disse que fazia tempo que Wolff não gostava dos Steinheils, porque achava que eles exploravam a mãe dele. Ele só tinha poupado Meg porque a amarrara com o propósito de estuprá-la e mudara de ideia ao ouvir Couillard aproximando-se. Então, ameaçara matar Meg ou denunciá-la como cúmplice, caso revelasse seu nome para a Sûreté.

Meg convenceu os policiais que vigiavam a casa a levá-la à Sûreté, e Hamard foi convocado para escutar sua mais recente acusação. Alexandre Wolff foi preso para interrogatório. Colocado frente a frente com Meg, negou veementemente tudo, o que fez com que ela começasse a fraquejar. Talvez, disse, a pessoa que a tinha ameaçado fosse apenas parecida com Wolff. Como tudo isso era completamente absurdo, Hamard começou a pressionar Meg, trazendo Couillard, e depois Mariette Wolff, para confrontá-la. Finalmente, Meg foi presa e todos os outros libertados. Ao ser comunicado sobre os novos desdobramentos do caso, o juiz

Leydet disse a Meg: "Por suas mentiras e manipulação de provas, você enganou a justiça e dificultou a captura dos assassinos".[8] Ela foi enviada para a Santé.

V

A essa altura, o Ministério da Justiça notavelmente retirou o caso de Leydet como *juge d'instruction* e o substituiu pelo promotor Louis--André. Essa jogada pareceu estranha, pois Leydet já tinha solucionado ou estava no caminho de solucionar o caso. Por sua vez, André agiu como se estivesse começando uma nova investigação. Ordenou a exumação dos corpos de Steinheil e madame Japy para que fosse feita uma segunda autópsia. Bertillon e seus assistentes foram mandados de volta ao local do crime com o objetivo de levantar as impressões digitais outra vez, o que parecia inútil, considerando o número de moradores regulares da casa circulando por lá desde os assassinatos.

Mariette Wolff, então, começou a contar para as autoridades as histórias dos muitos amantes de sua patroa. Borderel era o mais interessante para a Sûreté, pois tinha dito a Meg que não poderia se casar com ela se fosse divorciada. Isso sugeria um motivo para o assassinato do marido, mas o da mãe continuava um enigma. Logo, porém, a exumação ordenada por André revelou uma pista valiosa: a segunda autópsia mostrou que madame Japy não tinha sido estrangulada, apesar da corda em volta de seu pescoço. A causa da morte fora asfixia: ela havia engolido a dentadura. Como certamente ela não teria se deitado ainda de dentadura, é provável que tivesse sido levada para a cama pelos assassinos, o que provava que Meg tinha mentido quando disse que todos já estavam dormindo antes do crime.

Uma nova testemunha apareceu: um advogado que morava na rua de Vaugirard, da qual o *impasse* Ronsin é uma travessa. Olhando pela janela por volta da meia-noite no dia do crime, reparou em um carro estacionado na esquina. Um homem elegantemente vestido estava perto dele, fumando um charuto e carregando um guarda-chuva. O advogado ficou observando até que outro homem saiu correndo do *impasse*. Os dois entraram no carro e foram embora.

Em 13 de março de 1909, o juiz André acusou formalmente Meg do homicídio premeditado de seu marido e sua mãe. O início do julgamento foi adiado até 3 de novembro por manobras legais. A Cour d'Assises de la Seine não podia acomodar mais que cem espectadores, o que transformou o julgamento no evento mais disputado da cidade. As mulheres estavam particularmente interessadas no caso; esposas de embaixadores, condessas e amantes de políticos, todas mexeram os pauzinhos para conseguir lugar no tribunal. Marcel Proust deixou seus amigos atônitos ao aparecer antes do meio-dia para assistir ao julgamento.

Charles-Bernard de Vallès, o juiz que presidiria o julgamento, estava em uma plataforma ladeado pelos dois juízes auxiliares. De rosto solene e toga vermelha, os três pareciam determinados a manter a dignidade da Justiça. O promotor, Paul Trouard-Riolle, também usava toga vermelha, que não conseguia esconder sua figura maciça. O advogado de Meg, Aubin, e seu colega vestiam toga preta – o primeiro, muito bem arrumado, de barba e cabelos pretos anelados. Doze homens foram escolhidos como jurados, entre eles "proprietários" da classe média, um músico, um pedreiro e um padeiro. Logo que se acomodaram, os espectadores esticaram o pescoço para ver melhor a porta por onde a acusada entraria escoltada.

Houve um suspiro coletivo com a aparição de Meg, dramaticamente coberta de luto fechado, com vestido e chapéu pretos. Os onze meses na prisão pareciam tê-la envelhecido, e uma palidez doentia substituíra o famoso tom de pêssego de sua tez. Muitas pessoas acharam que seus traços estavam mais embrutecidos e duros, se comparados com as primeiras fotos impressas nos jornais. Mesmo assim, durante todo o julgamento, Meg dominaria o tribunal, enfrentando habilidosamente o juiz e o promotor.

Na prática judiciária francesa, o julgamento começa com o interrogatório do réu pelo juiz. Na teoria, esse procedimento tem como objetivo determinar os fatos, mas nesse caso logo ficou claro que De Vallès assumiria o papel de promotor. Fez Meg folhear o catálogo de seus amantes (o episódio escandaloso com o presidente Faure não foi mencionado). Não tinha sido feliz com Steinheil, que lhe dera a oportunidade de fazer saraus em sua casa de Paris? "Ele era um homem simples", respondeu Meg. "Simples demais."[9] "E ela não o humilhava?", perguntou De Vallès. Meg percebeu a armadilha e disse que seu marido não sabia de seus casos extraconjugais. Não obstante, ela se arrependia por não ter sido uma boa esposa. Quando ele se apaixonou por ela, Meg ainda era uma criança. Ao amadurecer, ela queria amantes – amigos – que compreendessem suas necessidades intelectuais.

De Vallès fez perguntas sobre as finanças. Não era o dinheiro a real motivação de suas aventuras? Meg negou, dizendo nunca ter se vendido. Chouanard, que tinha alugado a *villa* no campo, foi o único a lhe dar grandes somas, e por opção dele, não dela.

Meg repetiu que os três homens vestidos de preto e a mulher ruiva, nunca encontrados, tinham cometido os crimes. Também tentou se desculpar pelas falsas acusações feitas durante a investigação do caso. Não estava raciocinando direito, afirmou, porque a imprensa a perseguia, tentando apresentá-la como assassina. O fato de ter encontrado a carta não enviada na pasta de Couillard a fez pensar que ele a enganara em outras coisas.

De maneira geral, depois do primeiro dia, os jornais deram notas altas a Meg por seu sucesso em se desviar das perguntas feitas por De Vallès, mais em razão de sua performance do que da veracidade das respostas. Um jornalista a chamou de "a Sarah Bernhardt da Assises".[10]

O interrogatório foi retomado no dia seguinte, e Meg parecia mais confiante. De Vallès descobriu que um romance policial, *Les cinq doigts de Birouk* [Os cinco dedos de Birouk], tratava de um crime muito semelhante ao que Meg descrevera em seu depoimento sobre os assassinatos – incluindo o detalhe dos assaltantes vestidos de preto. Os policiais encontraram vários livros de Louis Ulback, o autor, na biblioteca dos Steinheils. Meg gostava desses romances? Ela respondeu afirmativamente, mas disse nunca ter lido aquele livro em particular.

A acusada atribuiu várias inconsistências encontradas em sua história à incompetência da polícia. Na mordaça de algodão que ela disse ter cuspido para gritar por socorro, não foram encontrados traços de saliva – respondeu Meg – porque os policiais provavelmente pegaram o pedaço errado de algodão. Por que os assaltantes estrangulariam seu marido e sua mãe com pedaços de corda encontrados na cozinha? "Eles lhe contaram tudo isso?", retrucou Meg, fingindo surpresa, o que provocou risos entre os espectadores.[11] Irritado com a resposta de Meg, De Vallès sugeriu que ela era na verdade uma assassina com coração de pedra, tendo matado a própria mãe a fim de ocultar seu objetivo de se livrar do marido. Meg estava esperando por isso e começou um extenso solilóquio sobre o amor que sentia por sua mãe.

E assim foi durante os três dias de interrogatório. As perguntas do juiz eram respondidas por Meg com discursos apaixonados. Até mesmo o fato de ter colocado a pérola incriminadora na pasta de Couillard, coisa que não tinha como negar, foi deixado de lado. "Já fui suficientemente castigada por isso!", disse. "Estou na prisão há um ano por ter posto Couillard atrás das grades por um dia."[12]

O promotor Trouard-Riolle, então, tomou o comando do julgamento. Ele convocaria cerca de oitenta testemunhas, na maioria especialistas em questões relacionadas com provas físicas. Bertillon, por exemplo, testemunhou ter encontrado 91 impressões digitais diferentes na cena do crime, mas apenas uma fração delas podia ser identificada. A maior parte de seu depoimento não despertou o interesse do júri.

Quando, no entanto, o promotor convocou o jovem Couillard, a atenção dos jurados foi despertada. Couillard, que então estava prestando o serviço militar obrigatório e por isso apareceu trajando um belo uniforme, tinha se tornado uma pequena celebridade. Camelôs do lado de fora do tribunal vendiam cartões-postais com sua foto. Ele, entretanto, cometeu um erro crucial ao descrever a situação em que encontrou Meg amarrada na cama, lembrando-se de que ela estava coberta por uma manta. Esse detalhe era diferente do primeiro depoimento feito à polícia, no qual contou que ela estava praticamente nua. O advogado de defesa fez um estardalhaço com essa discrepância, mas Couillard simplesmente respondeu que seu depoimento inicial estava errado.

Ele acrescentou que, primeiro, Meg lhe tinha dito para não falar do crime com ninguém. Os procedimentos do sistema judiciário francês permitiram que Meg imediatamente respondesse que ele estava mentindo. Ela ainda exigiu saber mais sobre a carta que ele tinha roubado. Couillard respondeu que se esquecera de

Meg Steinheil no banco dos réus, durante seu julgamento por assassinato. Sua atuação no tribunal lhe rendeu o apelido, dado pelos jornalistas, de "Sarah Bernhardt", em referência à mais famosa atriz da época.

colocá-la no correio e acusou Meg de tê-lo instruído a mentir que os ladrões tinham roubado algumas tapeçarias que nunca existiram. Meg, mais uma vez, negou a acusação veementemente. Nesse cenário de indecisão, Couillard foi dispensado.

Três dias mais tarde, sem testemunhos relevantes no meio-tempo, Mariette Wolff sentou-se no banco das testemunhas. As expectativas eram grandes: ela sabia de todos os segredos de Meg e, já que esta havia acusado seu filho, não tinha motivos para ser discreta. No entanto, Mariette desapontou o promotor ao exibir uma memória surpreendentemente pobre.

De Vallès assumiu de novo a condução do interrogatório, guiando Mariette pelos acontecimentos que levaram à noite dos assassinatos. Quase todas as suas perguntas foram respondidas por um "não me lembro". Até mesmo a noite de 25 para 26 de novembro, quando Meg acusara o filho de Mariette de assassinato, agora parecia não marcar nenhum contratempo nas lembranças da governanta. Para grande espanto do júri, ela afirmou que ninguém lhe havia dito que Meg acusara seu filho pelos assassinatos. Frustrado, o promotor a dispensou.

Em seguida, foi a vez de Alexandre Wolff, alvo das levianas acusações de Meg. Ele estava ressentido com ela? De modo algum, respondeu, tudo tinha sido muito excitante para ele. O promotor, em desespero, perguntou se era verdade que sua irmã tinha arrumado um cão de guarda para a casa dos Steinheils, devolvido por Meg pouco antes dos assassinatos. Na verdade, explicou Alexandre, fora ele o responsável pela devolução do cachorro: não era um bom cão de guarda, não servia para nada. Estava claro que, qualquer que fosse o motivo, nem a governanta de Meg nem seu filho a incriminariam.

O promotor, contrariado, começou a chamar os amantes de Meg. O mais generoso deles, Chouanard, tinha embarcado em uma longa viagem para evitar ser convocado. De Balincourt, que ajudara Meg no metrô, não esclareceu a dimensão de seu envolvimento. Por fim, Borderel, o homem por quem Meg teria assassinado o marido, foi depor. Ao entrar, virou-se para Meg e lhe deu um olhar que sugeriu aos espectadores que ainda a amava. Ele era uma figura simpática, nem aristocrata nem rico homem de negócios do tipo que usa o poder para atrair jovens mulheres; era um respeitável viúvo de classe média, em busca de alguém que pudesse consolá-lo da perda da esposa. Descreveu um romance idílico, que, como dissera a Meg logo no começo, jamais terminaria em casamento. Ela parecia satisfeita com o arranjo. Depois do assassinato, quando os jornais revelaram seu envolvimento com Meg, sua família e seus vizinhos (ele era prefeito de uma aldeia em Ardennes) ficaram chocados, mas mesmo assim ele viera testemunhar e contar a verdade por uma questão de honra.

Foi a última testemunha da acusação e bem poderia ter sido a primeira da defesa, porque deixou uma imagem bem simpática de Meg. O advogado dela, Aubin, prosseguiu chamando imediatamente suas testemunhas de abonatórias. Os parentes confirmaram o amor de Meg por sua mãe e disseram que ela nunca tinha tentado receber sua herança adiantadamente, o que mostrava que não estava precisando de dinheiro. Aubin, então, chamou André Paisant, advogado que havia sido um bom amigo dos Steinheils. O retrato que ele fez do casamento deles levou muitos espectadores às lágrimas. Adolphe Steinheil era um homem "quase infantil", "um sonhador", "melancólico, desapontado, abatido, sentado em sua grande poltrona apreciando o pôr do sol". Meg trouxera alegria a sua vida, "deu-lhe coragem, foi sua inspiração e penhorou suas joias para financiar suas extravagâncias".[13] Ao ouvir os comentários sobre os amantes de Meg, Paisant contou que sua primeira reação fora condená-la, mas com o tempo sua desaprovação se transformara em pena. Esperando deixar os jurados com essa mesma emoção em mente, Aubin encerrou sua inquirição.

O promotor Trouard-Riolle começou sua argumentação final repassando as provas detalhadamente. Os jurados pareciam entediados e pouco impressionados. No entanto, ao se aproximar o fim daquele longo dia, Trouard-Riolle insinuou que surgiriam revelações espetaculares. Alguns dos depoimentos técnicos tinham confirmado que era praticamente impossível alguém ter cometido esses assassinatos sozinho. Meg tinha de ter sido auxiliada por um cúmplice, e o promotor sugeriu que no próximo dia do julgamento revelaria o nome dessa pessoa.

Na manhã seguinte, Trouard-Riolle não disse especificamente o nome da pessoa suspeita, mas foi lançando pistas ao descrever quem seria, levando todos a perceber que ele se referia a Mariette Wolff. Ao conduzir os jurados pelos acontecimentos da noite dos crimes, o promotor afirmou que o plano de Meg e "dessa mulher" era surpreender madame Japy dormindo na cama, amarrá-la e amordaçá-la, estrangular Steinheil e depois prender Meg na cama. A mãe poderia então confirmar a história do roubo. Infelizmente, a mordaça forçara a dentadura garganta abaixo, o que provocara sua morte. Ao encerrar, Trouard-Riolle deixou um argumento poderoso na consciência dos jurados: se de fato havia ladrões-assassinos na casa, por que não mataram Meg, eliminando de uma vez todas as testemunhas? E por que o relógio parou? De acordo com Trouard-Riolle, tal como o coração da vítima de assassinato na famosa história de Poe ("O coração denunciador"), Meg teria parado o relógio porque seu barulho tornara-se insuportável na casa silenciosa.

No dia seguinte, 13 de novembro, Aubin apresentou o argumento final da defesa. Mostrou as falhas no caso da promotoria, apontando especialmente a total falta de motivo para Meg matar a mãe. Tampouco existiam razões convincentes para explicar o assassinato do marido. Meg "era seu ídolo – e certamente ídolo de outros também [...], ela era radiante e cheia de charme, um buquê de sorrisos. Todos desejavam uma flor desse buquê. E então ela foi infiel",[14] mas não era uma assassina.

Aubin ressaltou que madame Japy certamente teria percebido se fosse amarrada por Meg e uma cúmplice. E como poderia então fornecer um álibi para elas? O que realmente aconteceu, sugeriu, foi que os ladrões invadiram a casa, esperando encontrá-la vazia, e mataram Steinheil depois de terem sido surpreendidos por ele. Então, imaginaram que deixar Meg viva a tornaria suspeita dos crimes, o que de fato aconteceu.

O trunfo de Aubin foi trazer a filha de Meg, Marthe, que apareceu pela primeira vez no julgamento, e fazê-la sentar logo atrás da mãe. Sinalizando para que ela se levantasse, ele disse: "Chamo a meu lado esta criança pura e nobre. Quero que fique junto a mim ao estendermos os braços em apelo a vocês e em defesa de sua mãe! Esses dois seres infelizes, quantas lágrimas já verteram e quantas ainda verterão! Ah, senhores do júri, permitam que elas se consolem mutuamente e que, juntas, possam esquecer tudo isso".[15]

A resposta de Meg ao ser convidada pelo juiz para fazer uma declaração final foi se desmanchar em lágrimas – provavelmente seu melhor argumento.

No sistema judiciário francês, o veredicto por unanimidade não era obrigatório. O resultado de sete a cinco seria suficiente para uma condenação; seis a seis significaria a absolvição. Entretanto, quando deu meia-noite e os jurados ainda não tinham chegado a um veredicto, os observadores do tribunal sentiram que isso não era bom sinal para Meg. De Vallès solicitou que continuassem suas discussões. Em três ocasiões, os jurados lhe pediram que explicasse a penalidade para tipos diferentes de veredicto.

Finalmente, à uma e meia da madrugada de 14 de novembro, os jurados voltaram para o tribunal. Apesar do avançado da hora, muitos espectadores ainda aguardavam para conhecer o desenlace do drama e não se desapontaram: o júri absolveu Meg de todas as acusações. Em meio aos gritos de celebração, ela desmaiou.

VI

Meg fugiu da notoriedade mudando-se para a Inglaterra, mas tanto aqueles que acreditavam em sua inocência como os que defendiam sua culpa continuaram a especular sobre quais teriam sido os acontecimentos reais no impasse Ronsin, naquela fatídica noite de sábado em 1908. Suas memórias, publicadas em 1912, não ajudaram a esclarecer o crime.

Em 1925, entretanto, um homem cujas credenciais como criminologista eram impecáveis publicou sua reconstrução do caso. Era o dr. Edmond Locard, agora diretor do laboratório forense de Lyon. Em seu livro *Le crime et les criminels* [O crime e os criminosos], dedicou um capítulo aos métodos de estrangulamento e usou o caso Steinheil para mostrar como um método (manual) poderia ser facilmente confundido com outro (usando uma corda). Ao fazer isso, Locard foi muito além do que simplesmente descrever as causas da morte de Steinheil e madame Japy – ele reconstruiu o caso com tantos detalhes que as pessoas tinham certeza de que ele recorrera a fontes até então secretas.

Locard retratou Meg nessa fase de sua vida como pouco mais que uma prostituta de alta classe, afirmando que ela buscava amantes com regularidade nas saídas do metrô, fingindo torcer "seu tornozelo tão delicado" quando um homem com aparência próspera se aproximava. Aceitando a galante oferta para acompanhá-la até sua casa, ela o levava até o *impasse* Ronsin, onde deixava claro que seu marido não se incomodaria se começassem um romance. O testemunho de De Balincourt no julgamento mostrou que foi assim que ele conheceu Meg, e certamente essa performance poderia ter sido repetida outras vezes.

Fazendo uma pergunta retórica – "É desse modo, ou quem sabe por meio de algum intermediário, que um dia ela conhece um aristocrata estrangeiro?"[16] –, Locard sugeria que Meg mantinha relações com essa misteriosa figura e que de tempos em tempos conseguia dinheiro dele. Um dia, precisando de mais, Meg o chama até em casa, mas "não pode ceder a suas demandas apaixonadas". Ele se sente enganado. Fúria. Clamor". Então, Steinheil "comete o grande equívoco de meter seu nariz preocupado no assunto",[17] aumentando as suspeitas do aristocrata estrangeiro de estar sendo vítima de um esquema de chantagem. Segue-se uma briga, e o estrangeiro segura Steinheil pelo pescoço, descobrindo que o artista é ainda mais fraco do que parecia. Com a laringe esmagada, Steinheil cai ao chão, no lugar onde os policiais vão encontrá-lo mais tarde. A infeliz mãe de Meg ouve os ruídos e vai ver o que está acontecendo; ao deparar com o corpo caído de Steinheil, engole a dentadura e morre sufocada.

O estrangeiro, que Locard depois revelaria ser "um grão-duque, um parente próximo do czar",[18] tem de ser protegido do escândalo. Meg chama "um funcionário graduado, que organiza devidamente o cenário a ser apresentado e vai embora discretamente".[19] Ele seria a pessoa que o vizinho viu saindo do *impasse* Ronsin, apressando-se para entrar no carro que o esperava. Benjamin F. Martin, um estudioso contemporâneo desse caso, sugere que esse alto funcionário francês seria ninguém menos que o juiz Leydet, que solicitara ser designado *juge d'instruction* com o propósito de manipular a investigação e evitar a incriminação do estrangeiro.

Nesse cenário, Meg tinha de se dispor a aceitar a prisão e o risco de ser condenada no julgamento para proteger esse homem poderoso. Assim como antes ela fora discreta sobre a morte do presidente Faure, repetiria agora esse comportamento. Se resistisse, teria sido trucidada pela máquina da Justiça. Locard sugere que Meg fora recompensada com uma investigação propositalmente malfeita, que provocara demasiadas dúvidas na mente dos jurados para que estes a condenassem.

A corroboração da versão de Locard sobre o caso só surgiu dezoito meses depois da morte de Meg, em 1954. Armand Lanoux, escritor francês e biógrafo de Zola, revelou uma "informação confidencial" que tinha recebido de alguém em boa posição para saber da verdade. Esse alguém pode ter sido Roger de Chateleux, o escritor que Meg contratou para auxiliá-la em suas memórias. O informante citou certo "dr. D", assistente na primeira autópsia dos dois corpos. Ele admitiu que Steinheil, sem dúvida, fora estrangulado manualmente, sendo a fratura da laringe a causa de sua morte. Madame Japy, por sua vez, teria morrido de ataque cardíaco. Os dois tinham uma corda passada em volta do pescoço para esconder as verdadeiras causas das mortes, e o médico que conduzira a autópsia era parte do esquema montado, escrevendo um relatório falso, "baseado não em suas descobertas, e sim nas instruções que deveria seguir".[20] O mistério não se resolveria.

VII

O segundo homicídio espetacular da *Belle Époque* com uma mulher no papel principal não precisou de investigação alguma. Os fatos estavam claros e a ré assumiu a responsabilidade, mas algumas surpresas apareceriam. Seria crime entrar no escritório de um homem e friamente atirar nele quatro vezes? Durante a *Belle Époque*, uma era que fragmentou as noções de objetividade na arte e na ciência, tudo dependia do ponto de vista de cada um.

Henriette Caillaux, nascida Raynouard, era a segunda esposa de um político ambicioso, primeiro-ministro da França quando a *Mona Lisa* foi roubada. Joseph Caillaux, multimilionário por herança, vestia-se com esmero, portando monóculo e polainas. No entanto, muitos colegas o desprezavam, particularmente pelo sucesso com as mulheres, que ele não se preocupava em esconder. Henriette foi sua amante quando ele ainda estava casado com a primeira esposa, Berthe. Henriette o pressionou para que se divorciasse, mas Caillaux deixou claro que nada era mais importante que sua carreira política. Escreveu para ela, esclarecendo que, embora esperasse "recuperar a liberdade [com o divórcio], em hipótese alguma faria qualquer coisa antes das eleições".[21] Em outras cartas de sua correspondência com Henriette, ele fez comentários indiscretos sobre política e, depois de algum tempo, pediu as cartas de volta. De posse das cartas, deixou-as em uma escrivaninha e sua mulher as descobriu. Berthe ameaçou-o com o divórcio, o que prejudicaria sua reeleição para o Legislativo nacional. Caillaux, então, escreveu a Berthe uma desprezível carta de desculpas, e ela lhe perdoou, devolvendo-lhe as cartas, que ele queimou. No entanto, sem que Caillaux soubesse, Berthe fizera cópias fotográficas delas.

Depois das eleições de 1910, honrando a promessa feita a Henriette, Caillaux divorciou-se da primeira mulher. No ano seguinte, era mais uma vez um homem casado e feliz e conseguiu chegar ao posto de primeiro-ministro.

O período de Caillaux como chefe de governo foi controverso. Passando por cima de seu ministro das Relações Exteriores, negociou pessoalmente com os diplomatas alemães o fim do que ficou conhecido como Crise de Agadir. Conseguiu o apoio da Alemanha para sua pretensão de ter um protetorado no Marrocos, em troca de uma pequena parcela do Congo Francês. Foi um grande triunfo para a diplomacia da França, mas tornou Caillaux impopular, pois o povo francês abominava a ideia de ceder qualquer território para os odiados alemães, que ainda ocupavam Alsácia e Lorena, as províncias francesas tomadas depois da guerra de 1870. Isso gerou até mesmo o boato de que o roubo da Mona Lisa teria sido obra de espiões alemães, que mantiveram a obra com eles até o final das negociações sobre as colônias. Caillaux perdeu poder e foi forçado a renunciar em janeiro de 1912.

Em outubro de 1913, ele foi eleito líder do Partido Radical, a sua agremiação política, e dois meses mais tarde formou uma coalizão que tirou do poder o então governo de centro-direita liderado pelo primeiro-ministro Jean-Louis Barthou. O procedimento de praxe seria o presidente da República, Raymond Poincaré, convocar Caillaux para ser o primeiro-ministro e conduzir a formação do novo governo. Poincaré, entretanto, recorreu a Gaston Doumergue, outro membro do Partido Radical. Doumergue assumiu como primeiro-ministro e indicou Caillaux para ministro das Finanças, posição que este utilizou para controlar o governo. Foi mais um motivo para que os colegas desprezassem Caillaux, pois, apesar de sua indiscutível competência na área das finanças, ele não escondia que achava que os outros não tinham capacidade de chegar a seus pés.

Suas decisões políticas também não eram bem aceitas, embora em retrospectiva se possa perceber que teria sido melhor para o país se elas tivessem sido seguidas. A França estava em uma fase militarista, e o governo tinha recentemente aumentado o tempo obrigatório de serviço militar de dois para três anos. Considerava-se que Caillaux, em geral mais cauteloso quanto aos preparativos de guerra do país, estaria propenso a alterar a nova lei. Além disso, era um grande defensor da criação do imposto de renda proporcional, algo que era um anátema para os franceses prósperos e aqueles que serviam aos interesses destes.

Um deles era Gaston Calmette, editor de *Le Figaro*, que iniciou uma campanha no jornal para desacreditar e destruir Caillaux. De 10 de dezembro de 1913, data em que Caillaux assumiu o Ministério das Finanças, até meados de março de 1914, o *Le Figaro* publicou mais de uma centena de artigos, piadas e charges atacando-o. Em quase todos eram feitas acusações de má conduta financeira – fraudes, conflito de interesses e até desfalque.

Os inimigos de Caillaux forneciam munição constante para Calmette. O presidente Poincaré passou ao editor cópias de *documents verts* (assim chamados porque eram marcados de verde) que descreviam as negociações confidenciais de Caillaux com os intermediários alemães durante a Crise de Agadir. Esse material era altamente secreto, e Poincaré não podia permitir que Calmette fizesse citações, porque ficaria claro quem teria sido a fonte. O jornalista, porém, utilizou a informação para acusar Caillaux de trair os interesses da França.

Além disso, Jean Louis Barthou, o primeiro-ministro deposto pelo partido de Caillaux, passou a Calmette um documento escrito por Victor Fabre, promotor público. Mais tarde conhecido como memorando Fabre, o documento descrevia a pressão que Caillaux, durante seu mandato como primeiro-ministro em 1911, teria feito sobre o promotor para adiar o julgamento de um homem acusado da venda de ações sem valor de companhias fantasmas. O objetivo de Caillaux teria sido postergar o julgamento sem alarde, até que o crime prescrevesse. Mais uma vez, Calmette estava impedido de citar o documento para proteger sua fonte, mas podia escrever sobre o conteúdo.

A incrível avalanche de editoriais e artigos difamatórios não prejudicou a popularidade de Caillaux entre seus eleitores, o que fez Calmette intensificar seus ataques. Em 13 de março de 1914,

Le Figaro publicou uma carta escrita em 1901 por Caillaux para Berthe (que viria a ser sua primeira esposa), com quem ele mantinha um romance, apesar de ela ainda estar casada com outro homem. Essa carta era particularmente prejudicial a Caillaux porque ele tinha conquistado seus eleitores por defender publicamente a lei do imposto de renda proporcional, mas confidenciava na missiva a Berthe que, ao mesmo tempo, agia nos bastidores para "esmagar" a lei. Assinada por "Ton Jo" [Seu Jo], a carta foi publicada na primeira página de *Le Figaro*. Calmette removeu a data, para deixar a impressão de que era recente, e, para mostrar que a letra era a mesma de Caillaux, publicou ao lado da carta uma foto de campanha autografada pelo político.[22]

A carta foi uma sensação e se tornou assunto de conversa em toda Paris. Caillaux desajeitadamente tentou explicar que a tinha escrito treze anos antes e que ela não refletia seus sentimentos verdadeiros, mas o estrago já estava feito, e as coisas podiam piorar. Apesar das negativas de Calmette, Caillaux achava que tinha sido Berthe sua informante, e suas preocupações aumentaram porque ela poderia ter mentido ao lhe assegurar que tinha devolvido todas as cartas escritas para Henriette. Se fossem publicadas pelo editor, algumas delas poderiam prejudicar ainda mais a carreira de Caillaux.

Essa possibilidade era ainda mais assustadora para Henriette, que, ao se casar com um homem tão poderoso quanto Caillaux, acreditava ter conseguido respeitabilidade e status na sociedade. Com 39 anos e ainda deslumbrante, já tivera de suportar todos os ataques feitos por *Le Figaro* a seu marido; agora temia que seu nome acabasse arrastado para a lama. No início de seu romance com Caillaux, ela ainda estava casada com outro, com quem teve duas filhas. Henriette gostava de seu papel de anfitriã charmosa, e as revelações dessas cartas a tornariam objeto de fofocas cruéis. "A publicação das cartas ou de parte delas", disse ela, "revelaria minhas coisas mais pessoais, meus segredos mais íntimos, as confidências que considero mais importantes e mais bem guardadas. Teria acabado com minha honra de mulher."[23] Ela chegou a declarar que teria considerado até o suicídio.

Na edição de 16 de março, segunda-feira, *Le Figaro*, que agora se referia a Caillaux como "Jo", continuava sua campanha sem trégua e prometia novas revelações para o dia seguinte. No café da manhã, Henriette sugeriu ao marido que tomasse medidas legais para parar Calmette. Ele foi até o presidente Poincaré pedir auxílio. O presidente mostrou-se imperturbável e afirmou a Caillaux que o editor era um cavalheiro e que não publicaria cartas pessoais – algo que tinha justamente acabado de acontecer.

Nesse meio-tempo, a pedido de Caillaux, o juiz do Tribunal de la Seine foi visitar Henriette. Ele explicou a ela que era impossível processar alguém por difamação antes que a difamação fosse publicada e, além disso, um julgamento apenas daria mais publicidade a qualquer acusação vil feita por Calmette.

Quando Caillaux voltou para casa, Henriette relatou o que o juiz tinha dito. Furioso, ele respondeu: "Já que não há nada a ser feito, vou assumir a responsabilidade [de lidar com Calmette]. Vou quebrar a cara dele!".[24] Mais tarde Henriette dirá: "Naquele momento, um filme [...] passou diante de meus olhos"[25] – nele, seu marido matava Calmette e ia para a prisão. Ela decidiu que deveria tomar seu lugar no "filme".

Depois que Caillaux saiu, Henriette chamou seu motorista e pediu que a levasse até Gastinne-Renette, uma loja de armas bastante conhecida. Henriette sabia atirar; seu pai fazia questão de que levasse uma pistola na bolsa, hábito que manteve mesmo depois do casamento com Caillaux. Ela tinha perdido essa arma havia alguns meses e agora queria comprar outra em substituição. O vendedor mostrou uma Smith & Wesson calibre .32, mas Henriette achou o gatilho difícil de manejar, preferindo uma Browning automática, a favorita da quadrilha de Bonnot e de Picasso. Foi fazer um teste no estande de tiros no porão da loja – acertou o alvo com a figura de um homem em três das cinco vezes que tentou – e decidiu comprá-la. De volta à loja, pediu ao vendedor que carregasse o revólver, mas ele explicou que a lei não permitia que o fizesse. Assim, ela mesma carregou o revólver seguindo as instruções do vendedor, que ainda a lembrou de que, antes de atirar, era necessário puxar a trava para colocar a bala na câmara. Poucos minutos depois, no banco traseiro de seu carro, Henriette fez exatamente isso.

Depois de passar em seu banco, de onde retirou alguns papéis do cofre de aluguel, voltou para casa. Eram cerca de quatro da tarde, e ela deveria aprontar-se para ir a uma recepção na embaixada da Itália. Em vez disso, escreveu um bilhete para o marido:

> Hoje pela manhã, depois que lhe contei como foi meu encontro com o juiz Monier, que me explicou que na França não temos leis para nos proteger das calúnias da imprensa, você respondeu apenas que um dia quebraria a cara do ignóbil Calmette. Compreendi que sua decisão era irrevogável. E então tomei uma decisão: a justiça seria feita por mim. A França e a República precisam de você. Vou cometer o ato. Se esta carta chegar a você, é porque consegui, ou tentei, fazer justiça. Perdoe-me, mas minha paciência se esgotou. Eu o amo e o abraço com todo meu coração.
>
> Sua Henriette[26]

Por volta das cinco horas, Henriette chegou ao *Figaro* e pediu para falar com o editor. Vestia um casaco de peles e carregava um regalo que escondia completamente suas mãos. Depois de saber que Calmette não estava, mas que voltaria em uma hora, ela entregou à secretária dele um envelope fechado com seu cartão e disse que esperaria. Era evidente que os funcionários não a reconheceram, e ela aguardou quase uma hora na antessala, sem falar com ninguém.

Finalmente, Calmette apareceu, em companhia de seu amigo Paul Bourget, romancista. Sua intenção era apenas pegar alguns papéis e ir embora, mas abriu o envelope que sua secretária lhe entregou e mostrou a Bourget, que o aconselhou a não recebê-la. Calmette respondeu que não podia deixar de atender uma mulher. Entrou em sua sala e pediu à secretária que chamasse madame Caillaux.

Ela não se sentou; disse simplesmente: "Você deve saber por que estou aqui". Caillaux, de pé atrás de sua mesa, respondeu: "Mas não sei, não. Por favor, sente-se".[27] Em vez disso, ela retirou as mãos do regalo e atirou nele seis vezes com sua pistola. Quatro dos disparos acertaram o alvo, e, quando vários funcionários correram até a sala, encontraram o editor caído no chão, o sangue jorrando das feridas. Alguns correram para auxiliá-lo, enquanto outros olhavam para Henriette, que ainda segurava o revólver. "Não me toquem!", disse ela. "Sou uma dama. Meu carro está me esperando lá fora e vai me levar para a delegacia de polícia."[28] Ela desceu as escadas e deu as devidas ordens a seu motorista. Outro carro levou Calmette até um hospital, onde ele morreu seis horas mais tarde. A explicação de Henriette para a polícia teria sido: "Na França não há Justiça, apenas o revólver".[29]

VIII

Se a intenção de Henriette era salvar a carreira política do marido, seu sucesso foi apenas parcial. Caillaux foi obrigado a renunciar ao cargo de ministro das Finanças, mas continuou mantendo sua posição no Parlamento – na verdade, foi reeleito pouco mais de um mês depois do assassinato. Quanto a Henriette, os crimes capitais na França não eram afiançáveis, e ela ficou na mesma cela da prisão de Saint-Lazare que Meg Steinheil havia ocupado. No entanto, tinha mais regalias, entre elas um fogão novo, um abajur e um tapete vindo da sala do diretor do presídio. Também lhe permitiram encomendar suas refeições em restaurantes finos, e outra prisioneira foi designada para ser sua criada.

Esses não foram os únicos sinais de privilégio. Henri Boucard, o *juge d'instruction* do caso, encerrou a investigação em apenas seis semanas – muito pouco tempo para um crime importante. Está certo que Henriette livremente admitiu ter assassinado Calmette, mas Boucard aceitou sem ressalvas a explicação dada por ela, de que temia a publicação das cartas escritas para Caillaux cinco anos antes. Esse era um ponto importante, porque tal motivo tornaria o caso um *crime passionnel*, aumentando a probabilidade de os jurados inocentarem Henriette.[30] De fato, uma de cada três rés em julgamentos por homicídio afirmava ter cometido um crime passional para aumentar suas chances de absolvição.

Os jurados franceses não precisavam compreender a lei completamente; sua instrução era chegar a um veredicto com base nas "impressões" recolhidas durante a apresentação do caso.[31] Essas impressões eram frequentemente influenciadas pelos sentimentos de simpatia não apenas pela vítima, mas também pelos autores do crime.

Louis Proal, um dos mais conceituados peritos em *crime passionnel* da época, publicou um livro de setecentas páginas sobre o assunto, e nele lastimava a tendência dos autores populares a glorificar os criminosos, especialmente aqueles que agiam movidos por um sentimento de honra. Ele escreveu:

> Os romances e peças falam tanto sobre a nobreza dos crimes passionais e justificam com tanta eloquência a vingança que os jurados frequentemente se esquecem do dever que foram chamados a cumprir, fracassam na defesa da sociedade, sentindo compaixão pelos autores dos crimes dessa natureza, e não por suas vítimas.[32]

Certamente, era com isso que madame Caillaux contava.

IX

O julgamento começou em 20 de julho de 1914. Três semanas antes, na longínqua cidade de Sarajevo, na Bósnia-Herzegóvina, Gavrilo Princip havia assassinado a tiros o arquiduque Francisco Ferdinando, herdeiro do trono austro-húngaro. Esse acontecimento seria o rastilho que daria início a uma guerra mundial, mas o maior espaço das primeiras páginas dos jornais parisienses foi reservado para Henriette.

Mais uma vez, o número de pessoas à procura de ingressos para a galeria dos visitantes era muito maior que o de cadeiras disponíveis. Na abertura do julgamento, Henriette entrou vestida de preto, usando um chapéu arredondado com penas altas. Seus trajes realçavam os cabelos louros e a pele clara, e uma camada pesada de pó facial fazia sua figura parecer fantasmagórica.

Em março de 1914, o jornalista Gaston Calmette (à esquerda) foi assassinado com um tiro por Henriette Caillaux (centro), mulher de Joseph Caillaux (à direita), na época ministro francês das Finanças. Assim ela explicou seu crime: "Na França não há Justiça, apenas o revólver".

    O juiz presidente, Louis Albanel, amigo próximo da família Caillaux, foi vergonhosamente deferente no interrogatório inicial. Fez algumas perguntas para encaminhar o depoimento e deixou que Henriette falasse durante quase três horas, contando sua vida com Caillaux e a angústia que Calmette provocou. Diferentemente de Meg Steinheil, ela mostrou-se mais digna que emocional. Enfatizou que, em seu papel de esposa de ministro, suportava com ele os ataques dos inimigos políticos. "Um dia", contou, "fui ao salão de um costureiro da moda, onde estavam várias pessoas. Uma senhora sentada perto de mim [...] inclinou-se para a amiga do outro lado e disse: 'Está vendo a senhora vestida de preto a meu lado? É a mulher daquele ladrão Caillaux'."[33]

    O maior receio de Henriette era a publicação das cartas escritas para seu marido antes do casamento. Seu pai lhe dizia que uma mulher com amante era "uma mulher sem honra" e ela temia a humilhação pública que essas revelações trariam a ela.

Agora, claro, todo mundo sabia das tais cartas, inclusive sua filha de dezenove anos. "Sou obrigada a me enrubescer na frente dela", disse Henriette.[34]

Ela negou que seus atos no dia do assassinato indicassem premeditação. Quando comprou a pistola, estava apenas substituindo a que tinha perdido, e o bilhete que escreveu para seu marido, dizendo que seria ela a fazer justiça, não significava nada. "Não dei importância a isso",[35] afirmou, mas é questionável que alguém no tribunal tenha acreditado em suas palavras.

O relato do crime deveria ter sido a parte mais emocionante de seu depoimento, mas foi surpreendentemente comedido. Ao descrever a hora passada enquanto aguardava Calmette chegar, disse que sua impressão era que todos os empregados do jornal estavam fazendo piadas sobre seu marido. Ao entrar na sala do editor, "o revólver disparou sozinho". Henriette fez uma pausa e continuou: "Arrependo-me infinitamente". Com isso, calou-se. O juiz Albanel tentou estimulá-la a se mostrar mais compungida, mas ela apenas acrescentou: "Foi o destino. Arrependo-me infinitamente da infelicidade que causei".[36]

Provavelmente o público ficou um pouco desapontado com essa performance discreta, mas seria recompensado pelos passos seguintes, que transformariam o julgamento em uma disputa entre Joseph Caillaux e a vítima do assassinato. Os acontecimentos na Sérvia, Áustria e Alemanha, agourentos, prenunciavam uma guerra geral na Europa, uma guerra que Caillaux tinha tentado evitar, mas que muitos políticos franceses estavam dispostos, e alguns até mesmo ansiosos, a travar. No entanto, os principais jornais parisienses continuavam publicando a transcrição completa dos procedimentos diários do julgamento, aumentando o número de páginas e frequentemente dedicando até 60% de seu conteúdo ao caso.

O próprio Caillaux foi para o banco das testemunhas no segundo dia, comportando-se com altivez e como se estivesse encarregado dos procedimentos. (Por ser membro do Parlamento, tinha privilégios especiais: podia conferir as anotações durante seu testemunho e não precisou fazer o juramento.) Começou descrevendo a infelicidade de seu primeiro casamento e como buscou refúgio nos braços de Henriette. No acordo do divórcio, Berthe tinha prometido destruir as cartas roubadas de sua escrivaninha, mas ficou claro que não o fizera. Quando sua carta de amor para Berthe (a carta "Ton Jo") apareceu no *Figaro*, Caillaux concluiu que suas cartas para Henriette seriam as próximas.

Acusado de "infâmia e traição" por *Le Figaro*, Caillaux achava que tinha o direito de responder, e o juiz não o impediu quando começou a defender sua carreira política, incluindo as negociações com a Alemanha durante a Crise de Agadir. Para completar, acusou Calmette de traição, alegando que o *Figaro* estava ligado a interesses financeiros da Alemanha e tinha recebido recursos de partidos políticos do Império Austro-Húngaro. Como todo mundo sabia, esses países estavam agora ameaçando entrar em guerra com a Sérvia, um ato que provocaria a declaração de guerra da França uma semana mais tarde.

No dia seguinte, o presidente do conselho de diretores do *Figaro* negou as acusações feitas por Caillaux ao jornal e a seu editor assassinado. De maneira calculada, declarou: "O leão ataca os vivos, o chacal ataca os cadáveres". Um dos advogados contratados pela família Calmette[37] acrescentou: "Não consigo imaginar nada mais vergonhoso que vir a público profanar o túmulo aberto por uma esposa!".[38]

De volta às questões que pareciam mais relevantes ao julgamento, o tribunal ouviu uma série de testemunhas sobre o estado emocional de Henriette antes do assassinato. O vendedor da loja de armas afirmou que ela estava bastante calma e que, para uma mulher, mostrou ter boa pontaria no estande de tiros. Seus amigos, entretanto, disseram ter percebido o profundo efeito sentido por ela com a campanha do *Figaro*.

No dia seguinte, o promotor convocou Berthe, a primeira mulher de Caillaux, para testemunhar. Estava vestida de luto, exceto pelas luvas brancas, embora não tivesse nenhuma relação com Calmette. Ela admitiu ter feito cópias fotográficas das oito cartas entre seu marido e Henriette. O advogado de defesa, Fernand Labori, afirmou que o acordo de divórcio determinava a destruição de toda a correspondência e que Caillaux pagava uma pensão generosa para assegurar o cumprimento do trato. Berthe negou que fosse assim; disse que Caillaux tinha pedido sua palavra de honra de que destruiria a correspondência e que ela havia se recusado porque a palavra de honra *dele* não valia nada. Então, começou a fazer uma lista de queixas contra o ex-marido.

Berthe, porém, continuava insistindo que não tinha dado a cópia da carta "Ton Jo" para Calmette, embora admitisse que sua irmã (que havia se encarregado da cópia das cartas) poderia ser a responsável. E as outras cartas?, perguntaram a ela. Berthe surpreendeu o tribunal ao tirar uma pilha de fotografias de sua bolsa e anunciar que estavam bem ali.

O surgimento das cartas deu início a uma disputa entre os advogados e o juiz para decidir se Berthe teria a permissão – ou seria obrigada? – a lê-las em voz alta. Já que ninguém sabia ao certo como os jurados reagiriam à leitura, apenas os advogados dos Calmettes exigiam que seu conteúdo fosse revelado. Finalmente ficou decidido que o advogado de defesa as examinaria em particular e determinaria se eram ou não relevantes.

Caillaux pediu – e obteve – permissão para responder às acusações de Berthe, como se fosse ele a pessoa em julgamento. Disse que desposá-la fora um equívoco, pois ela não era da mesma "classe" que ele, embora tivessem sido "amigos perfeitos". Berthe, que ainda estava no tribunal, começou a gritar: "Cale-se! Você desonra a si mesmo!". Caillaux acrescentou que a deixara porque sua "dignidade" não permitia que continuasse a viver com ela. "Não vou dizer mais nada", acrescentou, deixando os ouvintes imaginando o pior sobre a conduta da ex-esposa.[39]

Nesse momento, Berthe se levantou e gritou: "Não, eu quero que você conte tudo. Exijo que você conte tudo!". Ele não precisava de melhor incentivo. Apontando para ela, alegou que Berthe havia chegado a sua casa sem "um centavo" e que agora, preocupado com seu bem-estar, ele tinha lhe dado quase a metade de sua fortuna. "Eu não entendo do que essa mulher pode reclamar", afirmou.[40]

Berthe disse que não ia mais responder aos insultos de Caillaux e que o perdoava. Não querendo ficar para trás, ele também a perdoou. Durante todo esse tempo, o juiz não se mexeu para interromper as agressões. Isso foi um erro, pois nos três dias seguintes essas explosões ficaram ainda mais corriqueiras. Caillaux passou a se sentar junto de sua mulher no banco dos réus, como se a estivesse protegendo ou talvez até mesmo reconhecendo que o julgamento era tão seu quanto dela.

Labori retornou, um dia depois, dizendo que leria em voz alta apenas as três cartas de Caillaux a Henriette. Charles Chenu, representante da família Calmette, protestou, porque queria que os jurados também ouvissem as cartas de Henriette. O promotor sugeriu que Chenu fosse autorizado a ler as cartas em particular.

Berthe, que tinha voltado para ver o que aconteceria, afirmou que todas as cartas deveriam ser lidas em voz alta.

Isso foi o início de uma disputa a gritos entre os advogados e Berthe, que finalmente tirou o juiz Albanel de sua disposição permissiva. Ele propôs um recesso, o que provocou de um dos dois juízes auxiliares um comentário em voz baixa – "*Monsieur*, o senhor nos desonra!"[41] –, evidentemente estimulado pela intenção aparente de Albanel de salvar o advogado de defesa de uma situação embaraçosa.

Isso ficou ainda mais óbvio com o depoimento da próxima testemunha. Adiando a leitura das cartas, o juiz Albanel permitiu o testemunho de Pascal Ceccaldi, o maior amigo de Caillaux no Parlamento. Logo ficou claro que o único objetivo de Ceccaldi era jogar lama no pobre Calmette, dizendo, entre outras coisas, que o editor tinha especulado com ações alemãs e manipulado a cobertura de notícias do *Figaro* para garantir sua valorização. Essas acusações levaram a outra discussão acalorada, que o juiz principal deixou prosseguir sem nada fazer.

As calúnias de Ceccaldi foram introduzidas no julgamento a pedido de Caillaux. Depois que ele terminou seu depoimento, a acusação respondeu com duas testemunhas de caráter do falecido: Henry Bernstein, jovem dramaturgo, e Albert Calmette, irmão do editor. Bernstein perguntou como era possível que Caillaux atacasse a honra de um homem assassinado por sua esposa. Foi um insulto do qual Caillaux não se esqueceria. Albert Calmette seguiu contando que tinha recebido os papéis que seu irmão carregava no casaco e que entre eles estavam os documentos agora famosos: a carta "Ton Jo", o memorando Fabre e os *documents verts*. Ao ler estes últimos, Albert compreendeu que eram documentos secretos do governo e os levou ao presidente Poincaré, que lhe agradeceu "ter feito a coisa certa". Essa foi uma revelação embaraçosa, porque, para evitar repercussões diplomáticas, o governo já tinha declarado que os *documents verts* tinham sido forjados. Albert Calmette terminou dizendo que seu irmão era um homem honrado e que, se Henriette tivesse ao menos perguntado antes de disparar sua pistola, ele teria dito a ela que jamais publicaria suas cartas privadas. Dirigindo-se a Labori, o advogado de defesa de Henriette, perguntou se isso não seria verdade. Envergonhado, porque ele conhecia Calmette havia anos, Labori apenas concordou com a cabeça.

A excitação não terminou quando o tribunal encerrou os trabalhos do dia. Em privado, o juiz Albanel exigiu desculpas do juiz auxiliar que o criticara. Conseguiu o que queria, mas no *Figaro* da manhã seguinte leria o relato do incidente, seguido por uma declaração do juiz auxiliar de que não havia por que se desculpar e que achava que Albanel estava sendo parcial com a ré. Albanel respondeu com uma entrevista em outro jornal, indicando que poderia exigir reparação pelo insulto. Não descartava desafiar seu companheiro juiz para um duelo, o que, naqueles tempos, não era uma ameaça vazia.

A tensão só fez aumentar no dia seguinte, 25 de julho. A sessão começou com uma declaração contundente de Albanel: "Mais do que qualquer outra pessoa nesta sala, preocupo-me com a defesa de minha honra e da honra da magistratura, a despeito do que possam ter dito".[42] Já que muitas pessoas sabiam que Albanel tinha se encontrado em seu gabinete com Émile Bruneau de Laborie, autor de um manual sobre duelo, poucos duvidaram de suas palavras.

A questão das cartas foi finalmente resolvida com o acerto de que Fernand Labori, o principal advogado de defesa, leria em voz alta duas delas, enviadas por Caillaux a Henriette. As cartas eram floreadas ("Sinto-me atraído por você com fervor apaixonado") e falavam de planos para enganar Berthe. Mas não eram cartas políticas, mostrando claramente que Calmette não tinha por que publicá-las. No entanto, à medida que as palavras de Caillaux ficavam mais específicas, as cartas passaram a surtir efeito. Quando Labori leu o final da segunda delas – "Mil beijos em todo o seu adorado corpinho" –, Henriette desmaiou.[43]

Pode ter parecido anticlimático, a essa altura dos acontecimentos, chamar os médicos para depor sobre o crime, mas esse era um julgamento cheio de manobras. Os médicos que atenderam Calmette testemunharam que teria sido impossível salvá-lo – uma conclusão questionada por Labori. Lendo um texto, ele afirmou que era perigoso transportar pacientes com ferimentos graves e que, ao chegar à clínica, o paciente deveria ter recebido cuidados melhores. Um dos médicos, professor de cirurgia, disse nunca ter visto um advogado tentar "incriminar os cirurgiões".[44]

Terminados os depoimentos médicos, a acusação encerrou seus trabalhos. No dia seguinte, antes que a defesa pudesse começar sua apresentação, Caillaux mais uma vez pediu – e obteve – permissão para fazer uma declaração. Esta foi realmente espantosa. Ele agitava um papel que dizia ser cópia do testamento de Calmette – segundo a lei, um documento privado. Quando o juiz Albanel lhe perguntou como o tinha conseguido, Caillaux respondeu com arrogância: "Da mesma forma que *monsieur* Calmette obteve a cópia da carta 'Ton Jo'".[45] E, apesar das objeções veementes de Chenu, Caillaux teve permissão para ler o documento em voz alta, vingando-se, assim, da publicação da carta.

Aparentemente, o total dos bens de Calmette estava na casa dos 13 milhões de francos. Uma parcela tinha crescido com investimentos, mas 6 milhões foram presente de sua amante. Caillaux zombou da memória de um homem que havia feito fortuna na cama. Depois, para impressionar, perguntou que tipo de pessoa se prestaria a defender esse homem, referindo-se a Henry Bernstein, cujo depoimento tinha irritado Caillaux em especial. A propósito do dramaturgo, ele disse: "Quem não cumpriu seu dever com a nação não tem condições de passar certificados de moralidade a outros".[46] A insinuação era clara: Bernstein tinha abandonado o serviço militar.

Chenu por fim conseguiu perguntar qual a importância disso tudo para o caso (aparentemente essa pergunta ainda não tinha ocorrido ao juiz Albanel). Caillaux respondeu que "existem coisas piores do que perder a vida, e uma delas é mantê-la quando, sucessivamente, se difama uma mulher e se enriquece à custa de outra".[47] Em outras palavras, isso só foi mesmo relevante para assassinar o caráter de Calmette.

Foi a vez, então, da defesa, que convocou o dr. Eugène Doyen, outro cirurgião. Ele recorreu a um gráfico da cena do crime para mostrar como Henriette tinha disparado os dois primeiros tiros para o chão, com a única intenção de assustar Calmette. O ricochete da pistola, porém, fez com que o braço dela subisse ao mesmo tempo que Calmette tentava se proteger jogando-se no chão, e isso, infelizmente, o deixou no caminho da bala fatal de Henriette.

Chenu ficou absolutamente indignado com essa reconstrução. Depois de tentar responsabilizar os médicos pela morte de Calmette, a defesa agora estava insinuando que a vítima era culpada por se colocar na linha de fogo de sua assassina. Chenu exigiu que os outros médicos voltassem ao banco das testemunhas para refutar o depoimento de Doyen.

Os médicos estavam conversando quando a porta do tribunal se abriu violentamente, dando passagem a Henry Bernstein. Ele tinha sido informado por telefone sobre os comentários feitos por Caillaux. Aos gritos – "Caillaux! Você está aqui? Porque eu não insulto meus adversários em sua ausência!" –, ele seguiu até a frente do tribunal. Sem que nenhum dos juízes tentasse impedi-lo, começou a denunciar Caillaux como "um homem que sobe no caixão da vítima de sua esposa para falar mais alto".[48]

Depois de afirmar que os *documents verts* – que oficialmente ainda não existiam – provavam que Caillaux era um traidor, Bernstein começou a discorrer sobre a acusação de ter abandonado o serviço militar. Era verdade, admitiu. Quando jovem e servindo no exército, fugiu para a Bélgica depois de cinco meses de serviço e só retornou à França depois da anistia geral. Foi um erro da juventude, disse. Agora, contudo, tinha se alistado na unidade de artilharia e iria para a frente de combate se a França entrasse em guerra. "A mobilização pode começar amanhã", declarou, errando por apenas uma semana. E atirou seu comentário final: "Não sei em que dia Caillaux irá para o front, mas devo alertá-lo de que, durante a guerra, não poderá ser substituído pela esposa; ele mesmo terá de atirar!".[49] Os aplausos dos espectadores forçaram Albanel a finalmente pedir um recesso.

A apresentação da defesa foi breve, concluindo com o testemunho de um coronel da artilharia que se dizia perito em balística. Ele estava ali para confirmar a análise do dr. Doyen. Fazendo o gráfico do padrão das seis balas descarregadas por Henriette, ele afirmou que a movimentação observada da arma, indo do chão para cima, aconteceu por causa do movimento involuntário do braço, o que provava que ela não pretendia assassinar Calmette, nem o teria conseguido, se ele não tivesse se jogado no chão para sair da frente dela. Os jurados talvez tenham acreditado mais nessa opinião, já que era a de um militar.

Em 28 de julho, o Império Austro-Húngaro declarou guerra contra a Sérvia, o que fez com que os aliados dos dois lados honrassem as obrigações dos tratados. Enquanto a França se preparava para uma guerra que muitos agora viam como inevitável, os advogados fizeram suas argumentações finais. Naquela noite, o júri começou suas deliberações, que não levaram muito tempo. Cinco minutos antes de completar uma hora, foi anunciado que, por onze a um, o júri inocentava Henriette Caillaux das acusações. Ela e o marido se abraçaram e seus amigos na galeria aplaudiram.

A vitória do casal não durou muito. Três dias mais tarde, em 31 de julho, um estudante apropriadamente chamado Raoul Villain* matou a tiros o principal político pacifista da França, Jean Jaurès. A polícia receava que Caillaux pudesse ser alvo de atentado semelhante, já que também era conhecido por preferir negociações à guerra. O diretor da polícia o aconselhou a sair de Paris. Na manhã seguinte, ele e Henriette partiram. Era o primeiro dia de agosto de 1914, o mês em que a Europa mergulharia na guerra mais sangrenta da história, até então, em face da qual o assassinato de um tenaz editor era um fato insignificante. A *Belle Époque* estava chegando ao fim.

---

* Em francês, o substantivo *vilain*, muito próximo do sobrenome Villain, significa "vilão", "criminoso". [N.E.]

O maior dos crimes

A Alemanha declarou guerra à França em 3 de agosto de 1914. A maioria dos cidadãos franceses estava eufórica, sentindo que finalmente se vingaria da humilhação infligida pelos alemães em 1870. Misia Sert, esposa do editor de um jornal, famosa por seu salão em Paris, lembra-se de ter pensado, logo que soube que a Áustria declarara guerra à Sérvia seis dias antes: "Que sorte! Ó Deus, permita que haja guerra".[1] Agora, com seu desejo realizado, ela participava da celebração que varria as ruas de Paris.

> Nos *grands boulevards*, no meio de uma multidão entusiasticamente arrebatada, de súbito me vi pendurada em um cavalo branco, às costas de um oficial de cavalaria. Coloquei algumas flores ao redor do colarinho de seu uniforme de gala, e a exaltação geral era tão grande que nem por um instante achei aquilo tudo estranho. Tampouco o oficial, o cavalo e a multidão a nosso redor estavam atônitos, pois a mesma visão se espalhava por toda Paris. Flores eram vendidas em todas as esquinas: grinaldas, feixes, buquês e flores soltas, que um minuto depois reapareciam no boné dos soldados, na ponta de suas baionetas ou atrás de suas orelhas. As pessoas caíam nos braços umas das outras; não importava quem o abraçava; você chorava, ria, era esmagado, emocionava-se até as lágrimas, ficava quase sufocado, cantava, pisava nos pés alheios e sentia que jamais havia sido tão generoso, mais nobre, mais preparado para o sacrifício e, em suma, mais maravilhosamente feliz![2]

Em um mês, esse estado de espírito mudaria drasticamente. Com rapidez espantosa, as tropas alemãs passaram varrendo sobre a Bélgica neutra e entraram na França. Em 26 de agosto já haviam chegado ao Marne, e uma unidade de vanguarda da cavalaria se apossou do hipódromo de Chantilly, algumas milhas ao norte de Paris. Do alto da Torre Eiffel, as pessoas podiam ver ao longe as unidades alemãs aproximando-se. Refugiados do campo jorravam em Paris, e a presença deles aumentava o pânico crescente. Em 2 de setembro, o governo abandonou a capital para se realocar em Bordeaux. Entre os objetos valiosos levados estava a *Mona Lisa* – era a sua segunda grande viagem em dois anos.

O general Joseph Gallieni, comandante das forças francesas, resolveu defender Paris. Um mapa descoberto no cadáver de um oficial de cavalaria revelou os planos do inimigo, e Gallieni organizou um ataque ao flanco alemão. Requisitou a frota de táxis de Paris para levar suas tropas até o front, e milhares deles apareceram para executar a gigantesca tarefa de transportar um exército, naquilo que foi chamado de "o milagre do Marne". Os alemães recuaram, e Paris não foi mais ameaçada.

A guerra, entretanto, arrastou-se por quatro anos, resultando, ao final, na morte de 8,5 milhões de soldados. Outros 20 milhões de homens ficaram feridos. Um número incontável de civis morreu de doenças, fome e outras causas relacionadas com a guerra. Só a França perdeu 1,5 milhão de homens nos combates e em suas consequências. A guerra tornou minúsculo qualquer crime e mesmo todos os conflitos armados anteriores. Destruiu uma geração de jovens e levou ao fim a era de otimismo da *Belle Époque*.

Entre os avanços tecnológicos que tornaram essa guerra tão terrível estavam os aviões. Usados a princípio para detectar as forças inimigas, eles logo começaram a ser usados para carregar bombas (no início, elas eram simplesmente jogadas pelos pilotos de suas cabines). Para evitar ataques e observações aéreas, os planejadores militares passaram a esconder os alvos potenciais com panos. Mais tarde, pinturas especiais, denominadas camuflagem, foram usadas. A guerra naval foi afetada pela ampla utilização de submarinos equipados com periscópios para detectar seus alvos. Os navios foram pintados com padrões geométricos em várias cores para criar confusão acerca de seu tamanho e a direção em que navegavam. O oficial francês que recebeu o crédito por ter inventado a camuflagem, Guirand de Scevola, explicou sua inspiração: "Para deformar totalmente os objetos, empreguei os meios que os cubistas usavam para representá-los".[3]

I

O ano 1914 viu também a França perder seu criminologista mais famoso. Alphonse Bertillon havia mais de um ano sofria de uma grave anemia, que seus médicos informaram ser fatal. Ele sentia um frio crônico e permanecia em uma única sala, onde mantinha um aquecedor aceso o dia inteiro. O cansaço o fazia cochilar e sua vista começou a falhar.

Bertillon se preocupava continuamente com o fato de seu sistema de identificação morrer com ele. As notícias de que países ao redor do mundo substituíam a bertillonagem por impressões digitais afligia seu espírito e seu orgulho. O criminologista argentino Juan Vucetich, que era o principal expoente das impressões digitais, havia declarado cruelmente: "Posso assegurar que em todos esses anos durante os quais aplicamos o sistema antropométrico, a despeito de todo o nosso cuidado, fomos incapazes de provar a identidade de uma única pessoa pelas medições".⁴ Mais tarde, quando Vucetich, em viagem a Paris, tentou visitar Bertillon, este o manteve esperando durante horas na antessala de seu escritório, só para abrir a porta, ignorar a mão estendida e declarar: "O senhor tentou me fazer um grande mal".⁵ Então, bateu a porta, e isso foi tudo o que Vucetich ouviu de Bertillon.

Ciente de que Bertillon estava morrendo, o governo francês desejou honrar suas conquistas. Ele já havia recebido a fita vermelha da Legião de Honra por seu trabalho, mas desejava a roseta da Legião, que significava uma distinção ainda maior. O governo a ofereceu com uma condição: Bertillon teria de reconhecer seu erro a respeito da análise da caligrafia do capitão Alfred Dreyfus, que já havia sido reconduzido ao posto. Consta que Bertillon gritou da cama onde passou seus dias finais: "Não! Nunca! Nunca!".⁶

Morreu em 13 de fevereiro de 1914. No testamento, ordenou que seu cérebro fosse doado ao Laboratório de Antropologia. Posteriormente, sua esposa queimou todas as cartas que ele trocou com uma sueca misteriosa com a qual teve um caso amoroso anos antes. Ao fazer isso, assegurou que seu marido, conhecido por detestar publicidade, teria sua privacidade preservada mesmo depois da morte.

Apesar de a bertillonagem ter sido abandonada logo depois, ela renasceu nos dias atuais sob uma forma diferente. Programas de computadores foram desenhados para analisar rostos e compará-los com os de criminosos conhecidos. Chamado biometria, esse sistema foi usado em Massachusetts, nos Estados Unidos, em 2006 para escanear cerca de 9 milhões de fotografias de registros de motoristas e localizar um homem acusado de cometer estupros.

A biometria se baseia nas características distintivas dos denominados pontos nodais do rosto. Estes incluem a distância entre os olhos, a largura do nariz, a profundidade da órbita dos olhos, padrões de queixo e mandíbula – muitos dos pontos do sistema originalmente desenhado por Bertillon. Os computadores, no entanto, permitem o uso de um número muito maior de pontos. Consta que um dos softwares usa cerca de 8 mil pontos de dados faciais.[7] Sistemas de identificação facial também têm sido acoplados a câmeras de televisão para vigiar multidões em eventos esportivos e outras situações, em uma tentativa de reconhecer terroristas, apesar de não se saber quão bem sucedido tem sido. O uso de tais sistemas seria superior ao de impressões digitais em situações nas quais é impossível recolhê-las de todas as pessoas presentes. A insistência de Bertillon de que os traços físicos são meios de identificação tão definitivos quanto as impressões digitais talvez ainda possa ser confirmada.

II

Guillaume Apollinaire, que tanto contribuiu para popularizar e divulgar a obra de Picasso e de outros, sabia que a guerra, tal como a arte de seus amigos, era uma ruptura profunda com o passado. Um poema que escreveu sobre uma viagem de automóvel que fez no momento em que a guerra se tornava realidade reflete esse sentido de fratura:

> Em 31 de agosto de 1914
> Parti de Deauville pouco antes da meia-noite
> No pequeno automóvel de Rouveyre
>
> Com o chofer éramos três
>
> Demos adeus a toda uma época
> Gigantes furiosos erguiam-se por toda a Europa

[...]

E quando após passar à tarde
Por Fontainebleau
Chegamos a Paris
No momento em que se anunciava mobilização
Compreendemos meu amigo e eu
Que o pequeno automóvel nos conduzira a uma época Nova
E apesar de nós dois já sermos homens-feitos
Tínhamos entretanto acabado de nascer*[8]

Apollinaire era essencialmente um homem sem país. A França, sua terra de adoção, o classificava como russo. Em uma explosão de patriotismo e pelo desejo de nascer de novo como francês, ele se alistou no exército da França (diferentemente de Picasso, que esperou a guerra passar entre Paris e Roma, descobrindo novas amantes e, depois, uma esposa). Escrevendo a um amigo sobre sua alocação, Apollinaire gracejou: "Amo tanto a arte que me alistei na artilharia".[9]

Bem-sucedido no exército, foi promovido a sargento e, depois de transferido para a infantaria, tornou-se oficial. Essa nova alocação o levou às trincheiras, o pior de todos os lugares para se estar na guerra. Ele escreveu:

---

* "Le 31 du mois d'Août 1914/ Je partis de Deauville un peu avant minuit/ Dans la petite auto de Rouveyre // Avec son chauffeur nous étions trois //Nous dîmes adieu à toute une époque/ Des géants furieux se dressaient sur l'Europe [...]// Et quand après avoir passé l'après-midi/ Par Fontainebleau/ Nous arrivâmes à Paris/ Au moment où l'on affichait la mobilisation/ Nous comprîmes mon camarade et moi/ Que la petite auto nous avait conduits dans une époque Nouvelle/ Et bien qu'étant déjà tous deux des hommes mûrs/ Nous venions cependant de naître."

Nove dias sem me lavar, dormindo no chão, sem nem mesmo contar com palha, o solo infestado de vermes, nem uma gota d'água, salvo a usada para vaporizar as máscaras de gás. [...] É fantástico o que alguém pode aguentar. [...] Um dos baluartes de minha trincheira é parcialmente feito com cadáveres. [...] Não há piolhos, mas enxames de pulgas, chatos. [...] Nenhum escritor jamais será capaz de relatar o simples horror das trincheiras, a misteriosa vida que se leva ali.[10]

Em 18 de março de 1916, enquanto lia um exemplar de uma revista literária para a qual contribuía regularmente, Apollinaire foi ferido na cabeça por um disparo de artilharia. Se não estivesse usando capacete, teria morrido imediatamente. Levado a um hospital, teve pedaços de metal (ele chamou o ferimento de "lasca", porém foi mais sério) retirados de seu crânio. O médico achou que ele logo se recuperaria, de modo que, como era habitual na guerra de trincheiras, Apollinaire não foi imediatamente evacuado da zona de combate. Uma semana depois, entretanto, sua condição piorou e ele foi transportado para um hospital em Paris.

Em maio, teve tonturas e paralisia no braço esquerdo. Os cirurgiões decidiram fazer uma trepanação – perfurar o crânio para aliviar a pressão no cérebro. Tecnicamente, a operação foi um sucesso, já que a paralisia e as tonturas desapareceram. Os amigos, no entanto, acharam que Apollinaire havia mudado. Um deles o descreveu como "irascível e autocentrado, olhar opaco, carrancudo – isso foi o que a trepanação produziu. Sua boca se entortou com o sofrimento – a mesma boca que pouco tempo antes sorria tão amplamente, enquanto despejava observações eruditas, piadas e comentários deliciosos de todos os tipos".[11]

Temendo que essa "cura" o qualificasse como apto para voltar às trincheiras, um amigo arranjou para Apollinaire um trabalho nos escritórios militares em Paris – entre outros, como censor. Dada a formação de Apollinaire, o oficial no comando deve ter considerado bem apropriado designá-lo para supervisionar as revistas literárias – tarefa que o escritor cumpriu, chegando até a censurar trechos da própria obra.

Germaine Albert-Birot, editor de uma dessas revistas, a *Sic*, persuadiu Apollinaire a escrever uma peça com cenários e guarda-roupa cubistas. Intitulada *Les mamelles de Tirésias* [As mamas de Tirésias], trata de uma mulher que se transforma em homem. No palco, "Teresa" representa essa transformação quando abre a blusa e balões de gás sobem ao ar. A coisa mais significativa da peça é seu subtítulo, *Drame surréaliste* [Drama surrealista]. Apollinaire pretendia que *surréaliste* fosse sinônimo de *supernaturaliste*, mas nos anos 1920 a palavra foi adotada por um grupo de artistas cujo trabalho era caracterizado por explorar fantasias e elementos do inconsciente. Os surrealistas, da mesma forma que muitos outros poetas e pintores mais jovens, também encontraram inspiração na obra e no espírito de Apollinaire.

Tragicamente, ele não estaria lá para receber a aclamação. No começo de 1918, Apollinaire contraiu uma pneumonia, que o mandou de volta ao hospital, onde soube que o governo havia rejeitado sua indicação para a Legião de Honra. A despeito de seu status de herói de guerra (ele recebeu a Croix de Guerre), o caso das estatuetas roubadas do Louvre e a suspeita de que pudesse ter algo a ver com o sumiço da *Mona Lisa* não haviam sido esquecidos.

Ele não permitiu que o desapontamento abafasse seu entusiasmo pelo amor e o trabalho. Reassumiu sua antiga relação com Jacqueline Kolb, uma jovem ruiva completamente desligada do mundo da arte. O poema final de seu último livro, *Caligramas*, é sobre ela. Em maio os dois se casaram em uma igreja perto de seu apartamento no bulevar Saint-Germain. Começou a tossir fortemente em outubro. Uma epidemia de gripe mataria milhões mundo afora durante o ano seguinte, e Apollinaire estaria entre as primeiras vítimas. Morreu em 9 de novembro de 1918 e, dois dias mais tarde, chegaram as notícias sobre o armistício que pôs fim à guerra. Enquanto amigos vinham velar seu corpo, exposto no apartamento dos recém-casados, multidões lotavam as ruas, gritando *À bas Guillaume!* ("Abaixo Guilherme!", referindo-se ao imperador alemão, Guilherme II, forçado a abdicar depois da guerra).

III

Os anos seguinte ao roubo da *Mona Lisa* viram a reputação artística de Picasso aumentar. Kahnweiler conseguiu que a obra dele fosse exposta em Munique, Berlim, Colônia, Praga e Nova York. Em março de 1914, um grupo de investidores-colecionadores parisienses organizou um leilão de pinturas contemporâneas adquiridas nos dez anos anteriores. Os jornais cobriram de perto o evento. Uma natureza-morta de Matisse conseguiu 5 mil francos, soma respeitável, considerando que obras de Van Gogh e Gauguin tiveram lances mais baixos. Quando, porém, um quadro da fase rosa de Picasso, *A família de saltimbancos* (1905), foi adquirido por 11,5 mil francos para um colecionador de Munique, as cabeças do mundo da arte se voltaram para ele. Picasso jamais viveria novamente na pobreza.

Sua vida amorosa também floresceu. Ele rompeu com Fernande, em 1912, depois que ela teve um caso com um pintor italiano, embora alguns especulem que o episódio tenha sido um alívio para Picasso, que já estava apaixonado por Marcelle Humbert, uma artista de circo cujo verdadeiro nome era Eva Gouel. A essa altura, ele havia começado a colar objetos como palhinha de cadeira e manchetes de jornais diretamente na tela, criando (com Braque, que o acompanhou tanto nisso como no cubismo) suas famosas colagens. Cada vez mais as manchetes refletiam a violência e a ominosa aproximação da guerra.

Depois do começo da guerra, o francês Braque alistou-se no exército, juntamente com outros da *bande à Picasso* original. Como Apollinaire, ele se feriria em combate e, quando regressou, já não era tão criativo como fora; ele e Picasso jamais trabalharam juntos novamente. O alemão Kahnweiler teve de abandonar Paris durante a guerra, o que tornou difícil para Picasso vender seus quadros. A amante do pintor, Eva, ficou com a saúde debilitada e morreu em dezembro de 1915. Com a maior parte de seus amigos desaparecidos, Picasso agora só encontrava estímulo intelectual no apartamento de Gertrude Stein, na rua de Fleurus. Mais tarde, ela escreveu:

> Lembro-me muito bem de estar com Picasso no começo da guerra, no bulevar Raspail, quando passou o primeiro caminhão camuflado. Era de noite, já tínhamos ouvido falar da camuflagem, mas ainda não a havíamos visto, e Picasso, maravilhado, olhou para aquilo e depois gritou: "Sim, fomos nós que fizemos isso, isso é cubismo".[12]

Paul Poiret, estilista e amigo de Picasso, abriu uma galeria de artes na avenida d'Antin (atual avenida Franklin Roosevelt) em 1916. Criticado por aquilo parecer frívolo em tempos de guerra, Poiret foi defendido no jornal *L'Intransigeant*, cujo crítico escreveu: "Artistas têm de viver, como as outras pessoas, e a França, mais que outras nações, precisa de arte".[13] Necessitando de dinheiro, Picasso deixou que Poiret expusesse a sua controvertida pintura de 1907. Pela primeira vez, ela apareceu sob o título *Les demoiselles d'Avignon*, nome que, segundo dizem, Picasso detestava.[14]

No mesmo ano, enquanto desenhava o guarda-roupa e os cenários para uma produção dos Ballets Russes de Diaghilev, Picasso conheceu uma bailarina chamada Olga Kokhlova, com quem logo casaria. Em novembro de 1918, ela transmitiu a Picasso, enquanto ele se barbeava, a notícia da morte de Apollinaire. O artista deixou de lado a navalha e começou a desenhar o rosto que via no espelho. Mais tarde diria que foi o último autorretrato que fez.[15]

IV

A carnificina da guerra, em que milhões morreram por uma causa que ninguém podia compreender, deixou um rastro de desilusão e cinismo. Artistas, ou os que aspiravam a ser artistas, sentiam-se incapazes de expressar adequadamente as emoções produzidas por aquele horror sem precedentes. George Grosz e John Heartfield,[16] dois artistas alemães, condenaram "as tendências de andar nas nuvens da dita arte sagrada, cujos adeptos meditavam sobre cubos e o gótico, enquanto os generais pintavam com sangue".[17]

No meio da guerra, em Genebra, na Suíça neutra, surgiu uma nova forma, ou teoria, de arte. Chamada de Dada,[18] nasceu no Cabaré Voltaire, onde refugiados de outras nações se reuniam com frequência. Costuma-se creditar a ideia original do movimento a Tristan Tzara, poeta romeno, mas muitos outros contribuíram. O movimento Dada foi considerado "um credo niilista de desintegração, mostrando a falta de sentido de todo o pensamento, da arte, da moral e das tradições ocidentais".[19] Em resumo, era uma reação contra a civilização que criou a guerra. No entanto, os dadaístas reagiam por meio do humor negro e do absurdo. Para eles, a arte podia ser mais – ou menos – que um desenho, uma pintura, um poema, uma peça; podia ser algo "criado" aleatoriamente ou mesmo um evento no qual as ações dos participantes, geradas espontaneamente, eram arte. "Tudo o que o artista cospe é arte", declarou Kurt Schwitters, um dos simpatizantes do movimento.[20] A ideia se espalhou rapidamente, pois atraía aqueles que sentiam que a arte tradicional era inadequada diante do fracasso final da civilização.

Um dos que sucumbiram à influência dadaísta foi Marchel Duchamp, francês de uma família de artistas. Seu quadro cubista *Nu descendo uma escada* fez sensação na mostra New York Armory Show, em 1913, a primeira grande exposição de arte moderna nos Estados Unidos. Inspirado pelo espírito dadaísta, Duchamp começou a exibir *ready-mades*, objetos industriais que ele transformava em arte, fosse alterando-os ligeiramente, fosse simplesmente lhes dando um título e declarando que eram arte. Um exemplo famoso é o urinol que ele assinou como "R. Mutt" e intitulou *Fonte*.

Em 1919, aniversário de quatrocentos anos da morte de Leonardo da Vinci, Duchamp pegou uma reprodução comum em cartão-postal da *Mona Lisa* e desenhou nela um bigode e um cavanhaque. Escreveu embaixo seu "título": L.H.O.O.Q. Com essa alteração, o quadro de Da Vinci fez a transição de uma obra-prima da arte renascentista para um ícone do modernismo. Duchamp escolheu essa tela em especial para transformar – desfigurar, se preferirem – porque seu roubo a havia tornado a pintura mais famosa do mundo, o que, sem dúvida, ela ainda é. A *Mona Lisa* era o maior alvo para o qual Duchamp podia apontar seu desprezo por aquilo que o velho mundo, anterior à Primeira Guerra, chamava de "arte".

E o título? Soletrado em francês, L.H.O.O.Q. soa como *elle a chaud au cul*, geralmente traduzido como "ela tem o rabo quente". E é *por causa disso* que a Gioconda está sorrindo.

POSFÁCIO

O mentor

Em 1932, o jornalista norte-americano Karl Decker revelou o que dizia ser a verdadeira história do roubo da *Mona Lisa*. Decker foi um dos mais famosos homens da imprensa em sua época, não apenas revelando notícias, como também as protagonizando. Sua façanha mais conhecida ocorreu em 1897, quando foi a Cuba, então sob domínio espanhol, e resgatou da cadeia a filha de um rebelde cubano. Decker a embarcou clandestinamente em um navio e a levou para Nova York, onde seu jornal, o sensacionalista *New York Herald*, de propriedade de William Randolph Hearst, transformou em celebridades seu repórter e a bela cubana de dezoito anos. A aventura antecedeu a misteriosa explosão que afundou o couraçado Maine, dos Estados Unidos, no porto de Havana no ano seguinte, disparando a Guerra Hispano-Americana.

Trinta e cinco anos depois, no *Saturday Evening Post*, na época uma das principais revistas semanais norte-americanas, Decker anunciou um furo ainda maior: sabia quem era o mentor do roubo da *Mona Lisa*. Em janeiro de 1914, enquanto fazia reportagens em Casablanca, no Marrocos, ele havia encontrado um velho conhecido, um sul-americano chamado Eduardo, que usava muitos pseudônimos, mas era famoso entre seus comparsas como Marqués de Valfierno – o "Marquês do Vale do Inferno" –, apelido para o qual não lhe faltava estampa, como escreveu Decker:

Seus cúmplices que o admiravam declararam que "sua figura valia 1 milhão de dólares". Bigode branco e imperial e uma massa leonina de ondulantes cabelos brancos davam a Eduardo a distinção que o deixaria atravessar os portões de qualquer palácio real da Europa sem o incômodo de ter de declarar seu nome.[1]

Decker já havia cruzado com Valfierno em vários lugares exóticos e desenvolvera com ele uma amizade, "baseada no fato de que ele era dos poucos seres que conheci que jamais me entediavam". O jornalista havia acabado de regressar de uma viagem de três meses pelo interior do Marrocos e não sabia que, um mês antes, a polícia tinha prendido Vincenzo Peruggia e recuperado a *Mona Lisa*. O marquês se referiu ao italiano como "esse tolo que nos ajudou a pegar a *Mona Lisa*", e, claro, isso despertou a curiosidade de Decker.[2]

Valfierno fez o jornalista prometer que não ia publicar a história até que ele desse permissão ou morresse. Após a morte do marquês, Decker revelou o que lhe havia sido contado. Segundo Valfierno, a operação teve vários anos de planejamento. Em Buenos Aires, ele havia feito uma pequena fortuna vendendo obras de arte falsificadas por seu sócio, um francês chamado Yves Chaudron. Pesquisando nos jornais obituários de homens abastados, o distinto Valfierno se aproximava da viúva perguntando se ela desejava doar uma pintura para a igreja dele como lembrança do falecido. Na época, Chaudron se especializara em falsificar Murillos – imitando habilmente o pintor espanhol do século XVII, famoso por suas cenas religiosas –, que também eram vendidos como autênticos para viúvas.

Valfierno considerava estar cumprindo um dever cívico: "Um quadro tão habilmente executado que possa confundir especialistas é, tanto quanto o original, uma adição à riqueza da arte do mundo", afirmou. "A impressão estética criada é a mesma, e é apenas o negociante de quadros, sempre um comerciante [...] que realmente sofre quando uma imitação é descoberta. [...] Se a beleza está ali na pintura, por que censurar o método pelo qual isso foi alcançado?"[3]

A dupla evoluiu da trapaça feita a viúvas para a venda de cópias de Murillos que eles alegavam ser quadros autênticos que tinham sido furtados. Os compradores eram enganados, pois lhes era dito que o Murillo autêntico, pendurado em alguma igreja ou galeria, era de fato uma falsificação colocada no lugar do original surripiado.

Por fim, "atolados em dinheiro", Valfierno e Chaudron sentiram que o jogo começava a ficar perigoso e velejaram para Paris, onde, contou o marquês, "milhares de Corots, Millets, até mesmo Ticianos e Murillos eram vendidos todos os anos, todos falsificados, embora de meu [ponto de vista] esse comércio parecesse vulgar e sem valor".[4] Acrescentou algumas pessoas a sua organização, entre elas um norte-americano com boas conexões sociais. Dessa vez, o marquês ficou mais seletivo na escolha de quem queria tosquiar, concentrando-se em norte-americanos ricos – por natureza, mais crédulos que os europeus –, que podiam pagar muito por "obras-primas" supostamente roubadas do Louvre.

Diferentemente de Géry Pieret, que de fato roubou as cabeças ibéricas que vendeu para Picasso, o marquês e sua gangue jamais tiraram "nada do Louvre":

> Não precisávamos disso. Vendíamos nossas cópias bem executadas e [...] mandávamos [para os compradores] documentos forjados [que] mencionavam o desaparecimento misterioso do Louvre de alguma joia da pintura ou de algum *objet d'art* mundialmente invejado. [...] Os documentos sempre declaravam que, para evitar o escândalo, uma cópia fora temporariamente usada como substituição pelas autoridades do museu.[5]

Finalmente, o marquês traficou o grande prêmio: a *Mona Lisa*, em junho de 1910 – não a genuína, mas uma falsificação feita por Chaudron, juntamente com papéis oficiais forjados que convenceram o comprador (um milionário norte-americano) de que, para encobrirem o roubo, os dirigentes do Louvre haviam pendurado uma cópia no Salon Carré. O comprador, infelizmente, começou a se gabar livremente de sua nova aquisição, e foi essa a razão de o jornal *Le Cri de Paris* ter publicado um artigo – um ano antes do crime verdadeiro – dizendo que a *Mona Lisa* havia sido roubada.

Mesmo assim, foi uma experiência incômoda, que o marquês estava determinado a evitar uma outra vez:

> Na viagem seguinte, decidimos que não haveria motivo para recriminações. Furtaríamos – de fato, furtaríamos – a *Mona Lisa* do Louvre e asseguraríamos ao comprador, sem chance de mal-entendidos, que o quadro a ele entregue era o verdadeiro, o autêntico.[6]

É claro que ele jamais teve intenção de vender o original. "Seria tão complicado de lidar com ele quanto com um forno quente", disse a Decker. O plano era criar uma cópia e despachá-la para o exterior antes de roubar o quadro autêntico. "As alfândegas deixariam aquilo passar sem problemas, já que cópias eram comuns e o original ainda estaria no Louvre."[7] Só depois de furtar a *Mona Lisa*, a imitação seria retirada do depósito no outro lado do oceano e vendida a um comprador convencido de que tinha diante de si a obra-prima desaparecida:

> Começamos nossa campanha de vendas e o negócio correu com tanta tranquilidade que nos veio naturalmente a ideia: "Por que vender a apenas um?". Em teoria, não havia limite para os peixes que

podíamos fisgar. Na verdade, paramos em seis milionários norte-americanos. Seis cópias era o máximo que podíamos descarregar sem levantar suspeitas.[8]

Chaudron, então, produziu cuidadosamente as seis cópias, que foram devidamente enviadas para os Estados Unidos e ficaram guardadas até o momento adequado da venda. Valfierno informou que uma cama antiga, feita de nogueira italiana, "curada pelo tempo e de qualidade idêntica à da madeira sobre a qual *La Joconde* foi pintada", foi quebrada para proporcionar os seis painéis sobre os quais Chaudron pintou.[9]

Chegou então a parte mais fácil, segundo Valfierno:

> Roubar *La Joconde* foi tão simples quanto cozinhar um ovo em um fogareiro. Nosso sucesso dependia de uma coisa – do fato de um trabalhador com guarda-pó branco no Louvre ser tão livre de suspeitas quanto um ovo que a galinha ainda não botou. [...] Foi o uniforme que proporcionou [ao ladrão] todos os direitos e privilégios no museu.[10]

Seria preciso recrutar alguém – Peruggia – que tivesse realmente trabalhado no Louvre, porque conheceria as salas secretas e as escadarias usadas pelos empregados.

Peruggia não agiu sozinho, revelou Valfierno. Teve dois cúmplices, necessários para tirar da parede o quadro com o seu pesado estojo de proteção e carregá-los até um lugar onde pudessem remover a pintura. Valfierno não revelou os nomes deles, mas qualquer um familiarizado com o caso poderia se lembrar dos irmãos Lancelotti, que Peruggia ligeiramente implicou no roubo quando foi interrogado em Florença.

A única falha no plano foi Peruggia não ter testado antes a cópia da chave que Valfierno havia feito da porta no final da escada por onde escapariam. No momento da fuga, a chave não girou no tambor. Enquanto removia a maçaneta com uma chave de fenda, o trio escutou os passos de alguém, e os dois cúmplices de Peruggia se esconderam. O encanador chamado Sauvet apareceu e, ao ver apenas um homem com guarda-pó branco, não teve razões para suspeitar de nada. Abriu a porta e seguiu seu caminho, logo seguido por Peruggia e os dois outros ladrões. No vestíbulo, a sorte esteve novamente ao lado deles, pois o guarda ali postado abandonara temporariamente o local para buscar um balde de água para lavar o piso.

Um automóvel esperava os ladrões e os levou até o quartel-general de Valfierno, onde a quadrilha celebrou "o mais magnífico roubo de um único item da história do mundo".[11] Agora as seis cópias que ele havia enviado aos Estados Unidos podiam ser entregues aos compradores. Como cada um dos seis colecionadores pensava estar recebendo uma mercadoria roubada, nenhum deles podia tornar pública a aquisição – ou mesmo se queixar caso suspeitasse que não se tratava do verdadeiro produto. Era, realmente, o crime perfeito. Contou Valfierno:

> Chaudron quase morreu de alegria e orgulho quando soube os preços alcançados por suas obras. Ele [...] se aposentou e foi para o campo, perto de Paris, e apenas ocasionalmente produz uma peça para algum dos grandes negociantes de arte falsificada.[12]

Peruggia foi bem pago por sua participação no esquema – "o suficiente para que vivesse bem o resto de seus dias, se administrasse com inteligência sua boa sorte". No entanto, esbanjou o dinheiro na Riviera, possivelmente em cassinos, e depois, sabendo onde a verdadeira *Mona Lisa* estava escondida, roubou-a uma segunda vez. A história de que havia carregado o quadro em seu baú por dois anos era falsa: "O pobre idiota teve a sensação maluca de que poderia vendê-la. Jamais compreendeu que a venda, mais que tudo, seria a verdadeira façanha, exigindo uma organização e uma *finesse* que estavam milhões de vezes além de suas capacidades".[13]

E as cópias?, quis saber Decker. Algum dia, especulou Valfierno, todas reapareceriam. "Fora essa, já são mais de trinta *Mona Lisas* no mundo. A que está no Museu do Prado é, de qualquer modo, superior à que está no Louvre. De vez em quando uma aparece. Eu simplesmente acrescentei algumas ao conjunto."[14]

Decker preferiu não divulgar essa história sensacional em uma das publicações de Hearst, apesar de ainda ser empregado dele. Seu patrão era um homem rico que colecionava arte com voracidade – precisamente o tipo de pessoa para quem Valfierno poderia ter vendido uma das *Mona Lisas* falsificadas. O Hearst Castle, a fabulosa mansão californiana do magnata, foi doada ao Estado da Califórnia em 1957, e uma curadora da coleção informou, em 2005, "que não existe – e nunca existiu – no Hearst Castle uma cópia da *Mona Lisa*, de Da Vinci", ainda que seja impossível dizer se alguma já fez parte de "sua coleção mais ampla do milionário, abrigada em outros lugares, no passado e no presente".[15]

O relato de Decker é a única fonte sobre a existência de Valfierno e sua versão do roubo da *Mona Lisa*. Nunca pôde ser confirmada por outros. No entanto, a história é frequentemente tomada como verossímil por autores que escrevem sobre o caso. Será verdadeira ou falsa? Esse é um mistério que ainda está por ser solucionado.

Notas

ROUBO

1 Estima-se que havia 275 mil obras em posse do museu, nem todas em exibição.

2 Construído como fortaleza pelo rei Filipe Augusto em 1190, o Louvre sofreu depois muitas alterações e adições.

3 Jeppson, Lawrence. *The Fabulous Frauds: Fascinating Tales of Great Art Forgeries*, p. 44.

A CIDADE LUZ

1 Cronin, Vincent. *Paris on the Eve: 1900-1914*, p. 36.

2 Idem, p. 35.

3 Gee, Malcolm. *Dealers, Critics, and Collectors of Modern Painting: Aspects of the Parisian Art Market between 1910 and 1930*, p. 158.

4 Dreiser, Theodore. "Paris", pp. 910-1.

5 Evenson, Norma. *Paris: A Century of Change, 1878-1978*, p. 1.

6 Quinn, Susan. *Marie Curie: A Life*, p. 91.

7 Zeitz, Joshua. *Flapper: A Madcap Story of Sex, Style, Celebrity, and the Women Who Made America Modern*, p. 129.

8 Zeldin, Theodore. *France, 1848-1945: Taste and Corruption*, p. 23.

9 Gosling, Nigel. *The Adventurous World of Paris, 1900-1914*, p. 18.

10 Zeldin, Theodore. *France, 1848-1945: Taste and Corruption*, 358.

11 Haight, Mary Ellen Jordan. *Paris Portraits, Renoir to Chanel: Walks on the Right Bank*, p. 108.

12 Gold, Arthur; Fizdale, Robert. *Misia: The Life of Misia Sert*, p. 41.

13 Idem, p. 42.

14 Willms, Johannes. *Paris: Capital of Europe; From the Revolution to the Belle Époque*, pp. 335-6.

15 Sommerville, Frankfort. *The Spirit of Paris*, p. 62.

16 Williams, Ellen. *Picasso's Paris: Walking Tours of the Artist's Life in the City*, p. 56.

17 Bensusan, Samuel L. *Souvenir of Paris*, pp. 51-2.

18 O nome vem das alfazemas e lilases brancos que cresciam do lado de fora.

19 Higonnet, Patrice. *Paris: Capital of the World*, p. 68.

20 Burke, Carolyn. *Becoming Modern: The Life of Mina Loy*, p. 140.

21 Douglas, Charles. *Artist Quarter: Reminiscences of Montmartre and Montparnasse in the First Two Decades of the Twentieth Century*, p. 140.

22 Severini, Gino. *The Life of a Painter: The Autobiography of Gino Severini*, p. 25.

23 Green, Christopher. *Art in France, 1900-1940*, p. 150.

24 Cronin, Vincent, op. cit., p. 275.

25 Bertaut, Jules. *Paris, 1870-1935*, p. 186.

26 Cronin, Vincent, op. cit., p. 384.

27 Idem, p. 285.

28 Quinn, Susan, op. cit., p. 137.

29 Cronin, Vincent, op. cit., p. 20.

30 Fleming, William. *Art and Ideas*, p. 403.

31 A esposa de Bergson era prima de Proust.

32 Rose, Bernice. *Picasso, Braque and Early Film in Cubism*. Notas para a exposição da Pace Wildenstein Gallery, Nova York, 2007.

33 Sartre, Jean-Paul. *The Words*, pp. 119-25 [ed. bras. *As palavras*. Rio de Janeiro: Nova Fronteira, 2005].

34 Fleming, William, op. cit., p. 400.

35 A monarquia Bourbon; a Primeira República, estabelecida pela Revolução Francesa; o Diretório; o Primeiro Império, sob Napoleão Bonaparte; a restauração da monarquia em 1815; a monarquia constitucional sob o Rei Cidadão, Luís Filipe, resultante da Revolução de 1830; a curta Segunda República, de 1848; e o Segundo Império, sob Napoleão III.

36 Varias, Alexander. *Paris and the Anarchists: Aesthetes and Subversives during the Fin-de-Siècle*, pp. 41-2.

37 Nasch, Jay Robert. *Encyclopedia of World Crime: Criminal Justice, Criminology, and Law Enforcement*, p. 633.

38 Sonn, Richard D. "Marginality and Transgression: Anarchy's Subversive Allure". In: Weisberg, Gabriel P. (org.). *Montmartre and the Making of Mass*, p. 130.

39 Rearick, Charles. *Pleasures of the Belle Époque: Entertainment and Festivity in Turn-of-the-Century France*, p. 199.

40 Johnson, Martin P. *The Dreyfus Affair: Honour and Politics in The Belle Époque*, p. 6.

41 Bredin, Jean-Denis. *The Affair: The Case of Alfred Dreyfus*, p. 68.

42 Idem, ibidem.

43 Shapiro, Ann-Louise. *Breaking the Codes: Female Criminality in Fin-de-Siècle Paris*, p. 2.

44 Gramont, Sanche de. *The French: Portrait of a People*, p. 390.

45 Gerould, Daniel Charles. *Guillotine: Its Legend and Lore*, p. 179.

46 Gordon, Mel. *The Grand Guignol: Theatre of Fear and Terror*, p. 22.

47 Peirron, Agnes. "House of Horrors". *GrandGuignol.com*. Disponível em: http://www.GrandGuignol.com/history.htm. Acesso em: 28/8/2013.

48 Ashbery, John. "Introduction of Marcel Allain and Pierre Souvestre's *Fantômas*". In: *Selected Prose*, p. 185.

A BUSCA POR UMA MULHER

1 Thorwald, Jürgen. *The Century of the Detective*, p. 85.

2 Reit, Seymour. *The Day They Stole the Mona Lisa*, p. 78.

3 Steegmuller, Francis. *Apollinaire: Poet among the Painters*, pp. 188-9.

4 Esterow, Milton. *The Art Stealers*, p. 107.

5 Tradução francesa para *La Gioconda*, nome com o qual a *Mona Lisa* se tornou conhecida na Itália e que faz referência ao fato de a modelo da pintura supostamente ser a mulher de Francesco del Giocondo.

6 Nesbit, Molly. "The Rat's Ass", pp. 13-4.

7 Steegmuller, Francis, op. cit., p. 188.

8 Freundschuh, Aaron. "Crime Stories in the Historical Landscape: Narrating the Theft of the Mona Lisa", p. 281.

9 Richards, E. E. *The Louvre*, p. 96.

10 *Los Angeles Times*, 26/8/1911.

11 Aproximadamente duas vezes o salário anual de um trabalhador qualificado nessa época.

12 Esterow, Milton, op. cit., p. 101.

13 Sassoon, Donald. *Becoming Mona Lisa: The Making of a Global Icon*, p. 174.

14 Freundschuh, Aaron, op. cit., p. 286.

15 Conklin, Barbara Gardner; Gardner, Robert; Shortelle, Dennis. *Encyclopedia of Forensic Science: A Compendium of Detective Fact and Fiction*, pp. 282-3.

16 Esterow, Milton, op. cit., p. 117.

17 Steegmuller, Francis, op. cit., pp. 187-8.

18 Freundschuh, Aaron, op. cit., p. 287.

19 Idem, p. 285.

20 "A Hint to Mr. Morgan". *New York Times*, 18/1/1912.

21 *Los Angeles Times*, 6/9/1911.

22 *New York Times*, 3/3/1912.

23 Leader, Darian. *Stealing the Mona Lisa: What Art Stops Us from Seeing*, p. 66.

24 Brod, Max (org.). *The Diaries of Franz Kafka: 1914-1923*, v. 2, p. 276.

25 Sassoon, Donald, op. cit., p. 179.

26 Nesbit, Molly, op. cit., p. 7.

27 Idem, p. 7.

28 Fotografias da época mostram quatro ganchos no espaço da parede onde o quadro costumava ficar.

29 Zischler, Hans. *Kafka Goes to the Movies*, pp. 49-51.

30 Esterow, Milton, op. cit., p. 102.

31 *New York Times*, 1º/10/1911.

32 Idem, ibidem.

33 Esterow, Milton, op. cit., p. 108.

34 *New York Times*, 1º/10/1911.

35 Idem, ibidem.

36 "Mona" é diminutivo de "Madonna", usado como sinal de respeito por uma mulher casada.

37 A modelo que posou para a *Mona Lisa* parece não ter sobrancelhas.

38 Temperini, Renaud. *Leonardo da Vinci at the Louvre*, p. 56.
39 McMullen, Roy. *Mona Lisa: the Picture and the Myth*, p. 116.
40 Sassoon, Donald, op. cit., p. 39.
41 Temperini, Renaud, op. cit., p. 56.
42 Sassoon, Donald, op. cit., p. 26.
43 Idem, p. 27.
44 Idem, p. 61.
45 Idem, p. 54.
46 Idem, p. 89.
47 Idem, p. 95.
48 Idem, p. 110.
49 Idem, p. 111.
50 Pater, Walter. "Leonardo da Vinci", p. 149.
51 Freud, Sigmund. *Leonardo da Vinci and a Memory of His Childhood*, p. 65 [ed. bras. *Obras completas*, v. 9. São Paulo: Companhia das Letras, 2013].
52 Idem, p. 69.
53 Freud supõe que Da Vinci, por ser homossexual, tinha uma vida erótica infeliz. Hoje em dia ninguém discute isso a sério.
54 Freud, Sigmund. *Leonardo da Vinci and a Memory of His Childhood*, op. cit., p. 77.
55 Sassoon, Donald, op. cit., p. 108.
56 Steegmuller, Francis, op. cit., p. 188.
57 *Boston Daily Globe*, 10/9/1911.
58 Freundschuh, Aaron, op. cit., p. 287.
59 Pater, Walter. "Leonardo da Vinci", p. 150.

SIMPATIA PELO DIABO

1 Steegmuller, Francis, op. cit., p. 182.
2 Collins, R. D. *The Origins of Detective Fiction: A Brief History of Crime and Mystery Books*. Disponível em: http://www.classiccrimefiction.com/historydf.htm. Acesso em: 28/8/2013.
3 Vidocq, Eugène-François. *Memoirs of Vidocq: Master of Crime*, p. 1.

4   Idem, ibidem.
5   Idem, p. 7.
6   Idem, p. 57.
7   Idem, p. 192.
8   Idem, p. 185.
9   Symons, Julian. *Bloody Murder: From the Detective Story to the Crime Novel; a History*, p. 37.
10 Geringer, Joseph. *Vidocq: Convict turned Detective Magnifique – Police Spy*. Disponível em: http:///www.crimelibrary.com/gangsters_outlaws/cops_others/vidocq/3.html. Acesso em: 29/8/2013.
11 A marca era "TF", de *travaux forcés*, trabalhos forçados.
12 Geringer, Joseph, op. cit.
13 Vidocq, Eugène-François, op. cit., p. 204.
14 Idem, p. 368.
15 Morain, Alfred. *The Underworld of Paris: Secrets of the Sûreté*, pp. 233-4.
16 Vidocq, Eugène-François, op. cit., p. xiii.
17 Geringer, Joseph, op. cit.
18 Balzac, Honoré de. *Père Goriot*, p. 39 [ed. bras. *O pai Goriot*. Tradução de Gomes da Silveira e Vidal de Oliveira. Rio de Janeiro: Globo, 1989, p. 58].
19 Idem, p. 90.
20 Berenson, Edward. *The Trial of Madame Caillaux*, p. 216.
21 Segundo o biógrafo de Poe, Arthur Hobson Quinn, ele tirou o nome de seu personagem de ficção de Marie Dupin, a heroína de uma história que apareceu em uma coleção intitulada Unpublished Passages in the Life of Vidocq, the French Minister of Police. Publicadas na revista *Burton's* de setembro a dezembro de 1838 e assinadas por J. M. B., essas histórias tiravam proveito da fama de Vidocq e o retratavam em ação capturando criminosos. Quinn, Arthur Hobson. *Edgar Allan Poe: A Critical Biography*, pp. 310-1.
22 Murch, A. E. *The Development of the Detective Novel*, p. 68.
23 Quinn, Arthur Hobson, op. cit., p. 430.
24 Symons, Arthur Hobson, op. cit., p. 46.
25 Parkins, Keith. *Edgar Allan Poe*. Disponível em: http://www.heureka.clara.net/art/poe.htm. Acesso em: 28/8/2013.

26 Wilson, Edmund. *Axels's Castle: A Study in the Imaginative Literature of 1870--1930*, p. 12.

27 Idem, ibidem.

28 Parkins, Keith, op. cit., p. 4.

29 *New York Times*, 13/12/1991.

30 Parkins, Keith, op. cit., pp. 2-3.

31 Panek, LeRoy Lad. *An Introduction to the Detective Story*, p. 71.

32 Pate, Janet. *The Book of Sleuths*, p. 18.

33 Idem, ibidem.

34 Thomson, Henry Douglas. *Masters of Mystery: A Study of the Detective Story*, p. 96.

35 Idem, p. 101.

36 Idem, p. 102.

37 Gaboriau, Émile. *Monsieur Lecoq*, p. v.

38 Murch, A. E., op. cit., p. 12.

39 Dover, J. Kenneth Van. *You Know My Method: The Science of the Detective*, p. 24.

40 Lofficier, Jean-Marc; Lofficier, Randy. *Shadowmen: Heroes and Villains of French Pulp Fiction*, p. 231.

41 Idem, p. 233.

42 Souvestre, Pierre; Allain, Marcel. *Fantômas*, p. 80.

43 Idem, p. 11.

44 Walz, Robin. *Pulp Surrealism: Insolent Popular Culture in Early Twentieth--Century Paris*, p. 62.

CIÊNCIA VERSUS CRIME

1 Shapiro, Ann-Louise, op. cit., p. 41.

2 Nash, Jay Robert. *Encyclopedia of World Crime: Criminal Justice, Criminology, and Law Enforcement*, p. 1.868.

3 Gerould, Daniel Charles, op. cit., p. 96.

4 Idem, ibidem.

5 Nash, Jay Robert. *Encyclopedia of World Crime*, p. 1.868.

6 Idem, ibidem.

7 Mais tarde o próprio Canler chefiou a Sûreté e escreveu suas memórias, que foram censuradas pelas autoridades por sua honestidade e só vieram a ser publicadas dezessete anos depois de sua morte.

8 Higonnet, Patrice, op. cit., p. 79.

9 Nash, Jay Robert. *Encyclopedia of World Crime*, p. 1.869.

10 A Cour d'Assises se reunia para ouvir casos específicos; geralmente consistia em um painel de três juízes e nove jurados.

11 Gerould, Daniel Charles, op. cit., p. 96.

12 As *Mémoires* foram publicadas postumamente, com sucesso. Stendhal, Hugo, Flaubert e Dostoiévski ficaram fascinados pelo homem, particularmente por sua autorrepresentação como um gênio em guerra com a sociedade. Dostoiévski posteriormente publicou as memórias de Lacenaire em russo, na revista que editava, e o usou como modelo para Raskólnikov, o duplo homicida de *Crime e castigo*. Lacenaire também serviu como modelo para o personagem Montparnasse, de *Os miseráveis*, de Victor Hugo. O filme O *boulevard do crime* (1943), considerado um dos pontos altos do cinema francês, tem um personagem chamado Lacenaire, livremente baseado na pessoa real.

13 Gerould, Daniel Charles, op. cit., p. 97.

14 Nash, Jay Robert. *Encyclopedia of World Crime*, p. 1.869.

15 Thorwald, Jürgen. *The Century of the Detective*, p. 275.

16 Idem, p. 276.

17 Nash, Jay Robert. *Look for the Woman: A Narrative Encyclopedia of Female Poisoners, Kidnappers, Thieves, Extortionists, Terrorists, Swindlers, and Spies, from Elizabethan Times to the Present*, p. 236.

18 Idem, p. 237.

19 Idem, ibidem.

20 Idem, p. 240.

21 Idem, p. 242.

22 Idem, p. 243.

23 Idem, p. 244.

24 Thorwald, Jürgen. *The Century of the Detective*, p. 285.

25 Ibidem, p. 286.

26 Nash, Jay Robert. *Look for the Woman*, p. 244.
27 Idem, p. 245.
28 Wren, Lassiter. *Master Strokes of Crime Detection*, p. 70.
29 Idem, pp. 75-6.
30 Idem, p. 93.
31 Shapiro, Ann-Louise, op. cit., p. 40.
32 Wilson, Colin; Wilson, Damon. *The Giant Book of True Crime*, pp. 389-90.
33 Thorwald, Jürgen. *The Century of the Detective*, p. 46.
34 Shapiro, Ann-Louise, op. cit., p. 18.
35 Idem, p. 40.
36 Deutsch, Yvonne (org.). *Science against Crime*, p. 72.
37 Thorwald, Jürgen. *The Century of the Detective*, p. 128.
38 Idem, p. 131.
39 Idem, p. 117.
40 Irving, Henry B. *A Book of Remarkable Criminals*, p. 310.
41 Idem, p. 318.
42 Nash, Jay Robert. *Encyclopedia of World Crime*, p. 122.
43 Thorwald, Jürgen. *The Century of the Detective*, p. 137.
44 Por coincidência, o romance *Drácula*, de Bram Stoker, que conta a história de um vampiro chupador de sangue, foi publicado no ano em que prenderam Vacher.
45 "The Ripper Is Dead". *Iowa State Press*, 30/1/1899. Disponível em: http://www.casebook.org/press_reports/iowa_state_press/990130.html. Acesso em: 28/8/2013.
46 Idem, ibidem.
47 Idem, ibidem.
48 Smith, Timothy B. "Assistance and Repression: Rural Exodus, Vagabondage, and Social Crisis in France, 1880-1914", p. 822.
49 McLaren, Angus. *The Trials of Masculinity: Policing Sexual Boundaries, 1870-1930*, p. 160.
50 Matsuda, Matt K. *The Memory of the Modern*, p. 141.

51 Belin, Jean. *Secrets of the Sûreté: The Memoirs of Commissioner Jean Belin*, pp. 7-8.
52 "Paris Slayer Wore Armored Sleeves". *New York Times*, 16/1/1910.
53 Idem, ibidem.
54 Morton, James. *Gangland: The Early Years*, p. 531.
55 Hans Gross (1847-1915) foi um juiz austríaco que escreveu um manual para os juízes de instrução, policiais etc., considerado um marco na ciência da criminalidade.
56 Robinson, Henry Morton. *Science versus Crime*, p. 201.
57 "Locard's exchange principle". *Wikipedia*. Disponível em: http://en.wikipedia.org/wiki/Locard's_exchange_principle

O HOMEM QUE MEDIA AS PESSOAS

1 Hecht, Jennifer Michael. *The End of the Soul: Scientific Modernity, Atheism, and Anthropology in France*, p. 165.
2 Idem, p. 148
3 Idem, ibidem.
4 Hecht, Jennifer Michael. "French Scientific Materialism and the Liturgy of Death: The Invention of a Secular Version of Catholic Last Rites (1876--1914)", p. 709.
5 Idem, p. 971.
6 Ele desenvolveu o conceito de índice cefálico – a largura da cabeça acima das orelhas é expressa como porcentagem do comprimento da testa à nuca.
7 Baker, Brian. "Darwin's Gothic Science and Literature in the Late Nineteenth Century", p. 212.
8 O uso de impressões digitais ainda estava no futuro.
9 Rhodes, Henry T. F. *Alphonse Bertillon: Father of Scientific Detection*, p. 91.
10 Beavan, Colin. *Fingerprints: The Origins of Crime Detection*, p. 83.
11 Rhodes, Henry T. F., op. cit., p. 88.
12 Idem, p. 95.
13 Idem, p. 218.
14 Robinson, Henry Morton, op. cit., p. 142.
15 Matsuda, Matt K., op. cit., p. 136.

16 Idem, ibidem.
17 Hecht, Jennifer Michael. *The End of the Soul*, p. 164.
18 Thorwald, Jürgen. *The Century of the Detective*, p. 28.
19 Idem, p. 29.
20 Idem, p. 30.
21 Gerould, Daniel Charles. *Guillotine*, p. 195.
22 Thorwald, Jürgen. *The Century of the Detective*, p. 31.
23 Dilnot, George. *Triumphs of Detection: A Book about Detectives*, p. 108.
24 Idem, pp. 108-9.
25 Idem, pp. 109-10.
26 No conto de Conan Doyle "O tratado naval", o dr. Watson sintetiza uma conversa com Holmes: "Sua conversa, lembro-me bem, era sobre o sistema de medidas de Bertillon, e ele expressou sua entusiástica admiração pelo sábio francês".
27 Ashton-Wolfe, Harry. *The Forgotten Clue: Stories of the Parisian Sûreté with an Account of Its Methods*, p. 115.
28 Idem, pp. 115-6.
29 Idem, p. 116.
30 Idem, p. 117.
31 Idem, p. 118.
32 Idem, p. 120.
33 Idem, p. 123.
34 Idem, pp. 127-8.
35 A filha do casal entrevistou Alphonse no final de sua vida e escreveu uma biografia favorável a ele.
36 Hecht, Jennifer Michael. *The End of the Soul*, p. 63.
37 Bredin, Jean-Denis, op. cit., p. 74.
38 Idem, ibidem.
39 Snyder, Louis L. *The Dreyfus Case: A Documentary History*, p. 190.
40 Bredin, Jean-Denis, op. cit., p. 262.
41 Snyder, Louis L., op. cit., p. 303.

42 Nash, Jay Robert. *Encyclopedia of World Crime*, p. 306.

43 Evans, Colin. *The Casebook of Forensic Detection: How Science Solved 100 of the World's Most Baffling Crimes*, p. 95.

44 Thorwald, Jürgen. *The Century of the Detective*, p. 83.

45 Nash, Jay Robert. *Encyclopedia of World Crime*, p. 351.

46 Tarbell, Ida. "Identification of Criminals: The Scientific Method in Use in France", pp. 165-6.

47 Idem, p. 160.

48 Idem, p. 169.

49 Perrot, Michelle (org.). *A History of Private Life, v. 4: From the Fires of the Revolution to the Great War*, p. 473.

50 Blackford, Katherine. "An Afternoon with Bertillon", pp. 427-8.

51 Rhodes, Henry T. F., op. cit., p. 193.

OS SUSPEITOS

1 Steegmuller, Francis, op. cit., p. 168.

2 Idem, ibidem.

3 Idem, ibidem.

4 Idem, p. 169.

5 Idem, p. 170

6 Idem, ibidem.

7 Huffington, Arianna Stassinopoulos. *Picasso: Creator and Destroyer*, p. 58.

8 Idem, p. 77.

9 Steegmuller, Francis, op. cit., p. 125.

10 Idem, p. 126.

11 Huffington, Arianna Stassinopoulos, op. cit., p. 80.

12 Idem, p. 85.

13 Shattuck, Roger. *The Banquet Years: The Origins of the Avant-Garde in France, 1885 to World War I – Alfred Jarry, Henri Rousseau, Erik Satie, Guillaume Apollinaire*, p. 254.

14 Idem, p. 256.

15 Tombs, Robert. "Culture and the Intellectuals", p. 181.

16 Embora o grego Demócrito de Abdera postulasse que os átomos eram os elementos fundamentais da matéria no século V a.C., sua ideia não foi plenamente aceita por mais de 2 mil anos.

17 Bell, Eric Temple. *Men of Mathematics*, p. 526.

18 Miller, Arthur I. *Einstein, Picasso: Space, Time and the Beauty That Causes Havoc*, pp. 103-4.

19 Henderson, Linda Dalrymple. *The Fourth Dimension and Non-Euclidean Geometry in Modern Art*, p. 38.

20 No livro, ele também morre em 820 lugares simultaneamente.

21 Leighten, Patricia Dee. *Re-ordering the Universe: Picasso and Anarchism, 1897--1914*, p. 63.

22 Idem, p. 53.

23 Idem, p. 58.

24 Huffington, Arianna Stassinopoulos, op. cit., p. 83.

25 Idem, p. 65.

26 Idem, p. 86.

27 Idem, p. 88.

28 Idem, p. 89.

29 Idem, ibidem.

30 Idem, pp. 89-90.

31 Leighten, Patricia Dee, op. cit., p. 87.

32 Steegmuller, Francis, op. cit., p. 166.

33 Segundo André Salmon, o nome Avignon, mais tarde usado no título da obra, referia-se a uma rua particular em Barcelona, a *carrer d'Avinyó* (em francês, Avignon), mas Picasso negou que fosse verdade, e seu biógrafo John Richardson confirma que a *carrer d'Avinyó* era muito respeitável.

34 Franck, Dan. *The Bohemians: The Birth of Modern Art, Paris 1900-1930*, pp. 132-3.

35 Jarry morreu em novembro de 1907, possivelmente sem ter visto o quadro.

36 Leighten, Patricia Dee, op. cit., p. 90.

37 Steegmuller, Francis, op. cit., p. 191.

38 Franck, Dan, op. cit., p. 102.

39 Wertenbaker, Lael; Time-Life Books. *The World of Picasso, 1881-1973*, p. 54.

40 Henederson, Linda Dalrymple, op. cit., p. 80.

41 Everdell, William R. *The First Moderns: Profiles in the Origins of Twentieth--Century Thought*, p. 248.

42 Idem, ibidem.

43 Hamilton, George Heard. *Painting and Sculpture in Europe, 1880-1940*, p. 238.

44 Everdell, William R., op. cit., p. 249.

45 Richardson, John; McCully, Marilyn. *A Life of Picasso*, v. 2: 1907-1917, p. 211.

46 Olivier, Fernande. *Picasso and His Friends*, p. 133.

47 Idem, p. 139.

48 Steegmuller, Francis, op. cit., p. 167.

49 Idem, p. 173.

50 Olivier, Fernande. *Picasso and His Friends*, p. 148.

51 Steegmuller, Francis, op. cit., p. 173.

52 Idem, p. 174.

53 Idem, p. 175.

54 Idem, p. 177.

55 Idem, p. 176.

56 Idem, ibidem.

57 Idem, p. 211.

58 Idem, p. 212.

59 Idem, p. 217.

60 Olivier, Fernande. *Picasso and His Friends*, pp. 148-9.

61 Idem, p. 149.

62 Steegmuller, Francis, op. cit., pp. 218-9.

63 Idem, p. 213.

64 Idem, p. 207.

65 Idem, pp. 207-8.

66 Ele era polonês.

67 Bohn, Willard. *Apollinaire and the International Avant-Garde*, p. 6.

OS BANDIDOS MOTORIZADOS

1 Parry, Richard. *The Bonnot Gang*, p. 35.
2 Serge, Victor. *Memoirs of a Revolutionary, 1901-1941*, p. 30.
3 Idem, p. 18.
4 Idem, pp. 38-9.
5 Idem, p. 39.
6 Idem, p. 40.
7 Idem, pp. 32-3.
8 Parry, Richard, op. cit., p. 70.
9 Idem, p. 79.
10 Ashton-Wolfe, Harry. *The Forgotten Clue*, pp. 51-2.
11 Serge, Victor, op. cit., pp. 20-1.
12 Parry, Richard, op. cit., p. 90.
13 Serge, Victor, op. cit., p. 35.
14 Parry, Richard, op. cit., p. 97.
15 Idem, p. 101.
16 Idem, p. 111.
17 Idem, ibidem.
18 Leblanc, Maurice. "The Most Amazing True Crime Story Ever Told: The Auto-Bandits of Paris".
19 Belin, Jean, op. cit., pp. 29-30.
20 Parry, Richard, op. cit., p. 123.
21 Idem, p. 125.
22 Idem, ibidem.
23 Idem, p. 126.
24 Belin, Jean, op. cit., pp. 31-2.
25 Ashton-Wolfe, Harry. *Crimes of Violence and Revenge*, p. 115.
26 Parry, Richard, op. cit., p. 128.
27 Asthon-Wolfe, Harry. *Crimes of Violence and Revenge*, p. 116.
28 Idem, ibidem.

29 Parry, Richard, op. cit., p. 136.
30 Idem, p. 137.
31 Idem, p. 139.
32 Idem, p. 150.
33 Idem, p. 160.
34 Em 1918, treze anos mais tarde, ele fugiu para o Brasil, cujas autoridades se recusaram a extraditá-lo para a França. Sua mulher nunca deixou de tentar provar sua inocência e, um ano depois, ele foi perdoado.
35 Gerould, Daniel Charles, op. cit., p. 129.

O LADRÃO

1 Duveen, James Henry. *Art Treasures and Intrigue*, pp. 316-7.
2 Reit, Seymour, op. cit., p. 134.
3 Idem, p. 135.
4 Idem, p. 136.
5 Idem, p. 137.
6 Idem, p. 168.
7 Idem, p. 137.
8 Esterow, Milton, op. cit., p. 147.
9 Idem, ibidem.
10 Idem, ibidem.
11 Idem, ibidem.
12 Idem, p. 148.
13 Reit, Seymour, op. cit., p. 143.
14 Esterow, Milton, op. cit., pp. 149-50.
15 O sobrenome está escrito como Perruggia na ficha Bertillon do arquivo da polícia, mas a maioria das autoridades considera a grafia errada.
16 *New York Times*, 13/12/1913.
17 Reit, Seymour, op. cit., p. 142.
18 Esterow, Milton, op. cit., p. 150.

19 Idem, ibidem.
20 Coignard, Jérôme. *Loin du Louvre: Le vol de la Joconde*, p. 121.
21 Reit, Seymour, op. cit., p. 155.
22 Idem, p. 163.
23 Coignard, Jérôme, op. cit., p. 126.
24 Idem, p. 127.
25 Reit, Seymour, op. cit., p. 165.
26 Esterow, Milton, op. cit., p. 169.

CHERCHEZ LA FEMME

1 Wallace, Irving. "France's Greatest Detective", *Reader's Digest*, fev./1950, p. 106.
2 Zedner, Lucia. "Women, Crime and Penal Responses: A Historical Account", p. 339.
3 Berenson, Edward, op. cit., pp. 268-9.
4 Shapiro, Ann-Louise, op. cit., p. 14.
5 Idem, p. 38.
6 Idem, ibidem.
7 Idem, p. 34.
8 Martin, Benjamin F. *The Hypocrisy of Justice in the Belle Époque*, p. 35.
9 Idem, p. 46.
10 Idem, p. 48.
11 Idem, p. 49.
12 Idem, p. 52.
13 Idem, pp. 63-4.
14 Idem, p. 66.
15 Idem, p. 68.
16 Dudley, Ernest; Steinheil, Marguerite. *The Scarlet Widow*, p. 192.
17 Idem, p. 193.
18 Idem, p. 197.

19 Idem, p. 193.

20 Idem, p. 194.

21 Berenson, Edward, op. cit., p. 63.

22 Até mesmo no vale-tudo do jornalismo francês, existia uma regra não escrita que preservava as fraquezas da vida pessoal dos políticos. Calmette teve de defender sua decisão de publicar a carta "Ton Jo" e divulgou uma declaração: "É a primeira vez em trinta anos de jornalismo que publico uma carta íntima, privada, contrariando os desejos de seu autor, de seu proprietário ou de seu destinatário. Minha dignidade sofre de verdade com essa ação". Martin, Benjamin F. *The Hypocrisy of Justice in the Belle Époque*, p. 170.

23 Berenson, Edward, op. cit., p. 23.

24 Martin, Benjamin F. *The Hyprocrisy of Justice in the Belle Époque*, p. 172.

25 Berenson, Edward, op. cit., p. 24.

26 Martin, Benjamin F. *The Hyprocrisy of Justice in the Belle Époque*, p. 173.

27 Idem, pp. 151-2.

28 Idem, p. 152.

29 Trager, James. *The Women's Chronology: A Year-by-Year Record from Prehistory to the Present*, p. 400.

30 Boucard ignorou a possibilidade de Henriette ter tentado impedir que Calmette publicasse outros documentos, como o memorando Fabre, porque isso indicaria uma motivação com conteúdo mais político.

31 Berenson, Edward, op. cit., p. 35.

32 Idem, p. 33.

33 Kershaw, Alister. *Murder in France*, p. 94.

34 Martin, Benjamin F. *The Hyprocrisy of Justice in the Belle Époque*, pp. 180-1.

35 Idem, p. 181.

36 Idem, ibidem.

37 A lei francesa permitia que eles participassem do julgamento criminal, além da promotoria e dos advogados de defesa.

38 Martin, Benjamin F. *The Hyprocrisy of Justice in the Belle Époque*, p. 185.

39 Idem, p. 191.

40 Idem, ibidem.

41 Berenson, Edward, op. cit., p. 173.
42 Idem, p. 171.
43 Idem, pp. 208-9.
44 Martin, Benjamin F. *The Hyprocrisy of Justice in the Belle Époque*, p. 197.
45 Idem, p. 198.
46 Idem, p. 199.
47 Idem, ibidem.
48 Idem, p. 200.
49 Idem, p. 201.

O MAIOR DOS CRIMES

1 Gold, Arthur; Fizdale, Robert. *Misia: The Life of Misia Sert*, p. 162.
2 Idem, ibidem.
3 Miller, Arthur I. *Insights of Genius: Imagery and Creativity in Science and Art*, p. 419.
4 Nash, Jay Robert. *Encyclopedia of World Crime*, p. 35.
5 Idem, ibidem.
6 Idem, ibidem.
7 Liptak, Adam. "Driver's Licence Emerges as Crime-Fighting Tool, but Privacy Advocates Worry". *New York Times*, 17/2/2007.
8 Apollinaire, Guillaume. "La petite auto". Citado por: Steegmuller, Francis, op. cit., p. 233.
9 Steegmuller, Francis, op. cit., p. 235.
10 Idem, p. 249.
11 Idem, p. 259.
12 Kern, Stephen. *The Culture of Time and Space, 1880-1918*, p. 302.
13 Klüver, Billy. *A Day with Picasso: Twenty-four Photographs by Jean Cocteau*, p. 65.
14 O quadro não foi vendido a ninguém até 1924, quando o estilista francês Jacques Doucet o comprou.
15 Brassaï. *Picasso and Company*, p. 119.

16 O nome original de Heartfield era Helmut Herzfeld, que ele trocou durante a guerra como protesto contra a propaganda antibritânica.

17 Beutin, Wolfgang et alii. *A History of German Literature: from the Beginnings to the Present Day*, p. 452.

18 O nome tem uma variedade de explicações. Uma é que seria a palavra em francês para "cavalinho de pau". Outra é que significaria "sim, sim" em russo, com tom sarcástico.

19 Rookmaaker, H. R. *Modern Art and the Death of a Culture*, p. 130.

20 Lynton, Norbert. *The Story of Modern Art*, p. 127.

POSFÁCIO: O MENTOR

1 Karl Decker, "Why and How the *Mona Lisa* Was Stolen", p. 14.

2 Idem, ibidem.

3 Idem, p. 15.

4 Idem, p. 89.

5 Idem, ibidem.

6 Idem, ibidem.

7 Idem, ibidem.

8 Idem, ibidem.

9 Idem, p. 91.

10 Idem, p. 89.

11 Idem, p. 91.

12 Idem, ibidem.

13 Idem, ibidem.

14 Idem, ibidem.

15 Jana Seely, em mensagem de e-mail para os autores, em 26/9/2005.

Bibliografia

ABEL, Richard. *The Ciné Goes to Town: French Cinema, 1896-1914*. Berkeley: University of California Press, 1994.

_____. "The Thrills of *Grand Peur*: Crime Series and Serials in the Belle Époque". *Velvet Light Trap*, n. 37, 1996.

ALLABY, Michael; GJERTSEN, Derek. *Makers of Science*. Nova York: Oxford University Press, 2002. 5 v.

ALLEN, Grant. *Paris*. Boston: Page, 1901.

ALLWOOD, John. *The Great Exhibitions*. Londres: Studio Vista, 1977.

ANTLIFF, Mark; LEIGHTEN, Patricia. *Cubism and Culture*. Londres: Thames and Hudson, 2011 (coleção The World of Art Library).

APOLLINAIRE, Guillaume. *Selected Writings of Guillaume Apollinaire*. Nova York: James Laughlin, 1948.

_____. *Apollinaire on Art: Essays and Reviews, 1902-1918*. Nova York: Viking Press, 1972.

ASHBERRY, John. *Selected Prose*. Ann Arbor: University of Michigan Press, 2004.

ASHTON-WOLFE, Harry. *Crimes of Violence and Revenge*. Boston: Houghton Mifflin, 1929.

_____. *The Forgotten Clue: Stories of the Parisian Sûreté with an Account of Its Methods*. Boston: Houghton Mifflin, 1930.

_____. *Strange Crimes, Culled from the Archives of the Paris Sûreté*. Londres: Hurst and Blackett, 1932.

_____. "The Debt of Police to Detective Fiction, Part 1". *Illustrated London News*, 20/2/1932.

_____. "The Debt of Police to Detective Fiction, Part 2". *Illustrated London News*, 27/2/1932.

ATALAY, Bülent. *Math and the Mona Lisa: The Art and Science of Leonardo da Vinci*. Nova York: Smithsonian Books, 2006.

BAKER, Brian. "Darwin's Gothic Science and Literature in the Late Nineteenth Century". In: CARTWRIGHT, John H.; BAKER, Brian. *Literature and Science: Social Impact and Interaction*. Santa Barbara: ABC-CLIO, 2005.

BAKER, Phil. *The Book of Absinthe: A Cultural History*. Nova York: Grove Press, 2001.

BALZAC, Honoré de. *A Harlot High and Low*. Tradução para o inglês e introdução de Rayner Heppenstall. Baltimore: Penguin, 1970. [Em português: *Esplendor e miséria das cortesãs*, diversas edições.]

_____. *Père Goriot*. Tradução para o inglês de Burton Raffel. Nova York: Norton, 1994. [Em português: *O pai Goriot*, várias edições, entre elas: *A comédia humana*, v. 4. Tradução de Vidal de Oliveira. São Paulo: Biblioteca Azul, 2012.]

BARZUN, Jacques. *Classic, Romantic, and Modern*. Boston: Little, Brown, 1961.

_____. *From Dawn to Decadence: 500 Years of Western Cultural Life, 1500 to the Present*. Nova York: HarperCollins, 2000.

BAUMER, Franklin L. *Modern European Thought: Continuity and Change in Ideas, 1600-1950*. Nova York: Macmillan, 1977.

BAXTER, John. *We'll Always Have Paris: Sex and Love in the City of Light*. Nova York: HarperCollins, 2006.

BEAVAN, Colin. *Fingerprints: The Origins of Crime Detection*. Nova York: Hyperion, 2001.

BEIRNE, Piers. "Adolphe Quetelet and the Origins of Positivist Criminology". In: BEIRNE, Piers (org.). *The Origins and Growth of Criminology*. Aldershot: Darthmouth, 1994.

BELIN, Jean. *Secrets of the Sûreté: The Memoirs of Commissioner Jean Belin*. Nova York: Putnam's, 1950.

BELL, Eric Temple. *Men of Mathematics*. Nova York: Simon and Schuster, 1965.

BENJAMIN, Walter; ARENDT, Hannah. *Illuminations*. Nova York: Schocken Books, 1969.

BENSUSAN, Samuel L. *Souvenir of Paris*. Londres: Jack, 1911.

BERENSON, Edward. *The Trial of Madame Caillaux*. Berkeley: University of California Press, 1992.

BERGSON, Henri. *Selections from Bergson*. Nova York: Appleton-Century-Crofts, 1949.

BERTAUT, Jules. *Paris, 1870-1935*. Tradução para o inglês de R. Millar. Nova York: Appleton-Century, 1936.

BEUTIN, Wolfgang et alii. *A History of German Literature: from the Beginnings to the Present Day*. 4. ed. Londres: Routledge, 1993.

BIANCO, Margery Williams. *Paris*. Londres: Black, 1910.

BICKNELL, Ethel E. *Paris and Her Treasures*. Nova York: Scribner's, 1912.

BINDISS, Michael Denis. *The Age of the Masses: Ideas and Society in Europe since 1870*. Harmondsworth: Penguin Books, 1977.

BLACKFORD, Katherine M. H. "An Afternoon with Bertillon". *Outlook*, v. 100, n. 7, 24/2/1912.

BOHN, Thomas W.; STROMGREN, Richard L.; JOHNSON, Daniel H. *Light and Shadows: A History of Motion Pictures*. Port Washington: Alfred, 1975.

BOHN, Willard. *Apollinaire and the International Avant-Garde*. Albany: State University of New York Press, 1997.

BOORSTIN, Daniel J.; DANIEL J. BOORSTIN COLLECTION (Library of Congress). *The Creators*. Nova York: Vintage Books, 1993.

BRANDON, Ruth. *Surreal Lives: The Surrealists, 1917-1945*. Nova York: Grove Press, 1999.

BRASSAÏ. *Picasso and Company*. Garden City: Doubleday, 1966.

BREDIN, Jean-Denis. *The Affair: The Case of Alfred Dreyfus*. Tradução para o inglês de Jeffrey Mehlman. Nova York: Braziller, 1986.

BROD, Max (org.). *The Diaries of Franz Kafka: 1914-1923*, v. 2. Nova York: Schoken Books, 1949.

BROWN, Blanche R. *Five Cities: An Art Guide to Athens, Romes, Florence, Paris, London*. Garden City: Doubleday, 1964.

BRYSON, Bill. *A Short History of Nearly Everything*. Nova York: Broadway Books, 2003.

BULLIET, Clarence Joseph. *The Significant Moderns and Their Pictures*. Nova York: Covici, 1936.

BURCHELL, S. C.; TIME-LIFE BOOKS. *Age of Progress*. Amsterdã: Time-Life International, 1966 (coleção Great Ages of Man: A History of World's Cultures).

BURGESS, Gelett. "The Wild Men of Paris". *Architectural Records*, v. 27, n. 5, pp. 401-14, 1910.

BURKE, Carolyn. *Becoming Modern: The Life of Mina Loy*. Nova York: Farrar, Strauss and Giroux, 1996.

BUTLER, Christopher. *Early Modernism: Literature, Music and Painting in Europe, 1900-1916*. Oxford: Clarendon Press, 1994.

CABANNE, Pierre. *Pablo Picasso: His Life and Times*. Nova York: Morrow, 1977.

CANADAY, John. *Mainstreams of Modern Art*. Nova York: Holt, 1959.

CANLER, Louis; BRENNER, Jacques. *Mémoirs de Canler, ancien chef du service de Sûreté*. Paris: Mercure de France, 1968.

CARTER, William C. *Proust in Love*. New Haven: Yale University Press, 2006.

CARUCHET, William. *Ils ont tué Bonnot: Les révélations des archives policières*. Paris: Calmann-Lévy, 1990.

CHARNEY, Leo; SCHWARTZ, Vanessa R. *Cinema and the Invention of Modern Life*. Berkeley: University of California Press, 1995.

CHIPP, Herschel Browning; SELZ, Peter Howard; TAYLOR, Joshua Charles. *Theories of Modern Art: A Source Book by Artists and Critics*. Berkeley: University of California Press, 1968.

CLINE, Barbara Lovett. *Men Who Made a New Physics: Physicists and the Quantum Theory*. Nova York: New American Library, 1965.

COBB, Peter. "Forensic Science". In: WHITE, Peter (org.). *Crime Scene to Court: The Essentials of Forensic Science*. Cambridge: Royal Society of Chemistry, 1998.

COBBAN, Alfred. *A Modern History of France. v. 3: 1871-1962*. Baltimore: Penguin, 1967.

COCTEAU, Jean. *My Contemporaries*. Tradução para o inglês de Margaret Crosland. Filadélfia: Chilton, 1968.

COIGNARD, Jérôme. *Loin du Louvre: Le vol de la Joconde*. Paris: Olbia, 1998.

COLE, Robert. *A Traveller's History of Paris*. 3. ed. Nova York: Interlink Books, 2005 (coleção Traveller's History).

CONKLIN, Barbara Gardner; GARDNER, Robert; SHORTELLE, Dennis. *Encyclopedia of Forensic Science: A Compendium of Detective Fact and Fiction*. Westport: Oryx Press, 2002.

CONRAD, Peter. *Modern Times, Modern Places*. Nova York: Knopf, 1999.

COWLES, Virginia. *1913: An End and a Beginning*. Nova York: Harper and Row, 1967.

CRAGIN, Thomas. *Murder in Parisian Streets: Manufacturing Crime and Justice in the Popular Press, 1830-1900*. Lewisburg: Bucknell University Press, 2006.

CRONIN, Vincent. *Paris on the Eve: 1900-1914*. Nova York: St. Martin's Press, 1990.

CRUMP, Thomas. *A Brief History of Science*. Nova York: Carroll and Graf, 2002.

CURIE, Eve. *Madame Curie: A Biography*. Tradução para o inglês de Vincent Sheehan. Garden City: Doubleday, 1937.

D'ARCHIMBAULD, Nicholas; CESSOLE, Bruno de. *Louvre: Portrait of a Museum*. Nova York: Stewart, Tabori and Chang, 1998.

DARMON, Pierre. *Marguerite Steinheil, ingénue criminelle?*. [Paris]: Perrin, 1996.

DAVENPORT, William W. *The Seine: from Its Source, to Paris, to the Sea*. Nova York: McGraw-Hill, 1968.

DECKER, Carl. "Why and How the *Mona Lisa* Was Stolen". *Saturday Evening Post*, 25/6/1932.

DELACOURT, Frédéric. *L'affaire Bande à Bonnot*. Paris: De Vecchi, 2006.

DERFLER, Leslie. *The Dreyfus Affair*. Westport: Greenwood Press, 2002.

DEUTSCH, Yvonne (org.). *Science against Crime*. Nova York: Exeter, 1982.

DILNOT, George. *Triumphs of Detection: A Book about Detectives*. Londres: Bles, 1929.

DOUGLAS, Charles. *Artist Quarter: Reminiscences of Montmartre and Montparnasse in the First Two Decades of the Twentieth Century*. Londres: Faber and Faber, 1941.

DREISER, Theodore. "Paris". *Century Magazine*, v. 86, n. 6, out./1913.

DUBY, Georges; MANDROU, Robert. *A History of French Civilization*. Nova York: Random House, 1966.

DUDLEY, Ernest; STEINHEIL, Marguerite. *The Scarlett Widow*. Londres: Muller, 1960.

DUNCAN, Martha Grace. *Romantic Outlaws, Beloved Prisons: The Unconscious Meanings of Crime and Punishment*. Nova York: New York University Press, 1996.

DUPARCQ, Georges. *Crime Reporter*. Nova York: McBride, 1934.

DUVEEN, James Henry. *Art Treasures and Intrigue*. Garden Vity: Doubleday, Doran, 1935.

ECO, Umberto (org.). *History of Beauty*. Tradução para o inglês de Alastair McEwen. Nova York: Rizzoli, 2004. [ed. bras. *História da beleza*. Tradução de Eliana Aguiar. Rio de Janeiro: Record, 2004.]

EDWARDS, Samuel. *The Vidocq Dossier: The Story of the World's First Detective*. Boston: Houghton Mifflin, 1977.

EKSTEINS, Modris. *Rites of Spring: The Great War and the Birth of Modern Age*. Nova York: Anchor Books, 1990.

ESTEROW, Milton. *The Art Stealers*. Nova York: Macmillan, 1966.

EVANS, Colin. *The Casebook of Forensic Detection: How Science Solved 100 of the World's Most Baffling Crimes*. Nova York: Wiley, 1996.

EVENSON, Norma. *Paris: A Century of Change, 1878-1978*. New Haven: Yale University Press, 1979.

EVERDELL, William R. *The First Moderns: Profiles in the Origins of Twentieth-Century Thought*. Chicago: University of Chicago Press, 1997.

FAUX dans l'art et dans l'histoire. Paris: Grand Palais, 1955.

FLEMING, William. *Art and Ideas*. 6. ed. Nova York: Holt, Rinehart and Winston, 1980.

FOSDICK, Raymond B. "The Passing of the Bertillon System of Identification". *Journal of the American Institute of Criminal Law and Criminology*, v. 6, n. 3, pp. 363-9, set./1915.

FRANCK, Dan. *The Bohemians: The Birth of Modern Art, Paris 1900-1930*. Tradução para o inglês de Cynthia Hope LeBow. Londres: Weidenfeld and Nicolson, 2001.

FREUD, Sigmund. *Leonardo da Vinci and a Memory of His Childhood*. Nova York: Norton, 1964. [ed. bras. "Leonardo da Vinci e uma lembrança de sua infância". In: FREUD, Sigmund. *Cinco lições de psicanálise, Leonardo da Vinci e outros trabalhos*. Rio de Janeiro: Imago, 2006.]

FREUNDSCHUH, Aaron. "Crime Stories in the Historical Landscape: Narrating the Theft of the Mona Lisa". *Urban History*, v. 33, n. 2, 2006.

GABORIAU, Émile. *Monsieur Lecoq*. Tradução para o inglês e organização de E. F. Bleiler. Nova York: Dover, 1975.

GALISON, Peter. *Einstein's Clock, Poincaré Maps: Empires of Time*. Nova York: Norton, 2003.

GARDE, Serge; GARDEVLED, Rémi; MAURO, Valérie. *Guide du Paris des faits divers: du moyen-âge à nos jours*. Paris: Cherche Midi, 2004.

GAY, Peter. *Modernism: The Lure of Heresy; from Baudelaire to Beckett and Beyond*. Nova York: Norton, 2008.

GEE, Malcolm. *Dealers, Critics and Collectors of Modern Painting: Aspects of the Parisian Art Market between 1910 and 1930*. Dissertação em Belas-Artes. Nova York: Garland, 1981.

GEROULD, Daniel Charles. *Guillotine: Its Legend and Lore*. Nova York: Blast Books, 1992.

GERSH-NEŠIC, Beth S. *The Early Criticism of André Salmon: A Study of His Thoughts on Cubism*. Nova York: Garland, 1991.

GIDE, André. *The Journals of André Gide, 1889-1949*. Nova York: Vintage Books, 1956.

GIROUD, Françoise. *Marie Curie: A Life*. Nova York: Holmes and Meier, 1986.

GOLD, Arthur; FIZDALE, Robert. *Misia: The Life of Misia Sert*. Nova York: Knopf, 1980.

GOLDING, John. "The Demoiselles d'Avignon". *Burlington Magazine*, v. 100, n. 662, pp. 154-63, 1958.

_____. *Cubism: A History and an Analysis, 1907-1914*. ed. rev. Boston: Boston Book Art Shop, 1968.

GOLDSMITH, Barbara. *Obsessive Genius: The Inner World of Marie Curie*. Londres: Weidenfeld and Nicolson, 2005.

GOLDWATER, Robert John; TREVES, Marco. *Artists on Art: from the XIV to the XX Century*. Nova York: Pantheon Books, 1972.

GORDON, Mel. *The Grand Guignol: Theatre of Fear and Terror*. ed. rev. Nova York: Da Capo Press, 1997.

GOSLING, Nigel. *The Adventurous World of Paris, 1900-1914*. Nova York: Morrow, 1978.

GRAMONT, Sanche de. *The French: Portrait of a People*. Nova York: Putnam's, 1969.

GREEN, Christopher. *Art in France, 1900-1914*. New Haven: Yale University Press, 2000.

GREENWALL, Harry J. *Paris Calling: Stories and Anecdotes of Twenty-Five Years in the French Capital*. Londres: Hurst and Blackett, 1932.

GRIBBIN, John R. *The Scientists: A History of Science Told through the Lives of Its Great Inventors*. Nova York: Random House, 2003.

GRIBBIN, John R.; GRIBBIN, Mary. *Almost Everyone's Guide to Science: The Universe, Life, and Everything*. New Haven: Yale Nota Bene/Yale University Press, 2000.

GRIBBLE, Leonard R. *Famous Feats of Detection and Deduction*. Garden City: Doubleday, Doran, 1934.

GRIERSON, Francis Durham. *The Complete Crook-in France*. Londres: Butterworth, 1934.

_____. *Famous French Crimes*. Londres: Mukkerm 1959.

GUILBERT, Yvette; SIMPSON, Harold. *Yvette Guilbert: Struggles and Victories*. Londres: Mills and Boon, 1910.

GUNNING, Tom. "A Tale of Two Prologues: Actors and Roles, Detectives and Disguises in Fantômas, Film and Novel". *Velvet Light Trap*, n. 3, primavera/1996.

HAIGHT, Mary; JORDAN, Ellen. *Paris Portraits, Renoir to Chanel: Walks on the Right Bank*. Salt Lake City: Peregrine Smith Books, 1988.

_____. *Walks in Gertrude Stein's Paris*. Salt Lake City: Peregrine Smith Books, 1988.

HAINE, W. Scott. *The World of the Paris Café: Sociability among the French Working Class, 1789-1914*. Baltimore: John Hopkins University Press, 1999.

HALASZ, Nicholas. *Captain Dreyfus: The History of Mass Hysteria*. Nova York: Simon and Schuster, 1968.

HALE, Oron J. *The Great Illusion, 1900-1914*. Nova York: Harper and Row, 1971 (coleção The Rise of Modern Europe).

HALL, Peter Geoffrey. *Cities in Civilization: Culture, Innovation, and Urban Order*. Londres: Weidenfeld and Nicolson, 1998.

HAMILTON, George Heard. *Painting and Sculpture in Europe, 1880-1940*. Baltimore: Penguin Books, 1972 (coleção The Pelican History of Art).

HARRISS, Joseph A. "Seeking Mona Lisa". *Smithsonian*, v. 30, n. 2, maio/1999.

HARVEY, David. *The Conditions of Postmodernity: An Enquiry into the Origins of Cultural Change*. Oxford: Blackwell, 1989.

HECHT, Jennifer Michael. "French Scientific Materialism and the Liturgy of Death: The Invention of a Secular Version of Catholic Last Rites (1876-1914)". *French Historical Studies*, v. 20, n. 4, outono/1997.

_____. *The End of the Soul: Scientific Modernity, Atheism, and Anthropology in France*. Nova York: Columbia University Press, 2003.

HEISENBERGER, Werner. *Physics and Philosophy: The Revolution in Modern Science*. Nova York: Harper, 1958.

HENDERSON, Linda Dalrymple. *The Fourth Dimension and Non-Euclidean Geometry in Modern Art*. Princeton: Princeton University Press, 1983.

HERBERT, Rosemary. *The Oxford Companion to Crime and Mystery Writing*. Nova York: Oxford University Press, 1999.

HIGONNET, Patrice. *Paris: Capital of the World*. Tradução para o inglês de Arthur Goldhammer. Cambridge: Belknap Press, 2002.

HOFFMAN, Stanley; HARVARD UNIVERSITY, Center for International Affairs. *In Search of France: The Economy, Society, and Political System in the Twentieth Century*. Nova York: Harper and Row, 1965.

HOLMES, Diana; TARR, Carrie. *A "Belle Époque"? Women in French Society and Culture, 1890-1914*. Nova York: Berghahn Books, 2006.

HORNE, Alistair. *The Fall of Paris: The Siege and the Commune, 1870-1871*. Garden City: Anchor Books, 1967.

_____. *Seven Ages of Paris*. Nova York: Vintage Books, 2004.

HUDDLESTON, Sisley. *Paris Salons, Cafés, Studios*. Nova York: Blue Ribbon Books, 1928.

HUER, Jon. *The Great Art Hoax: Essays in the Comedy and Insanity of Collectible Art*. Bowling Gree: Bowling Green State University Popular Press, 1990.

HUFFINGTON, Arianna Stassinopoulos. *Picasso: Creator and Destroyer*. Nova York: Avon Books, 1989.

HUGHES, H. Stuart. *Consciousness and Society: The Reorientation of European Social Thought, 1890-1930*. Nova York: Vintage Books, 1977.

HUNTER, Sam. *Modern French Painting, 1855-1956*. Nova York: Dell, 1956.

HUSSEY, Andrew. *Paris: The Secret History*. Londres: Viking, 2007.

HUTCHINGS, Peter. *The Criminal Spectre in Law, Literature and Aesthetics: Incriminating Subjects*. Londres: Routledge, 2001.

HUTTON, Patrick H.; BOURQUE, Amanda S.; STAPLES, Amy J. *Historical Dictionary of the Third French Republic, 1870-1940*. Nova York: Greenwood Press, 1986. 2 v. (coleção Historical Dictionary of French History).

IRVING, Henry B. *A Book of Remarkable Criminals*. Londres: Cassell, 1918.

JAY, Mike; NEVE, Michael. *1900: A Fin-de-Siècle Reader*. Nova York: Penguin Books, 1999.

JEPPSON, Lawrence. *The Fabulous Frauds: Fascinating Tales of Great Art Forgeries*. Nova York: Weybright and Talley, 1970.

JOHNSON, Martin P. *The Dreyfus Affair: Honour and Politics in the Belle Époque*. Basinstoke: Macmillan, 1999.

JOLL, James. *The Anarchists*. Boston: Little, Brown, 1964.

JONES, Colin. *Paris: Biography of a City*. Nova York: Viking, 2005.

JONES, David Arthur. *History of Criminology: A Philosophical Perspective*. Westport: Greenwood Press, 1986 (coleção Contributions in Criminology and Penology).

KALIFA, Dominique. "Crime Scenes: Criminal Topography and Social Imagining in Nineteenth Century Paris". *French Historical Studies*, v. 27, n. 1, inverno/2004.

KARL, Frederick Robert. *Modern and Modernism: The Sovereignty of the Artist, 1885-1925*. Nova York: Atheneum, 1988.

KENNEDY, Randy. "When Picasso and Braque Went to the Movies". *New York Times*, 15/4/2007.

KERN, Stephen. *The Culture of Time and Space, 1880-1918*. Cambridge: Harvard University Press, 2003.

KERSHAW, Alister. *Murder in France*. Londres: Constable, 1955.

KLÜVER, Billy. *A Day with Picasso: Twenty-Four Photographs by Jean Cocteau*. Cambridge: MIT Press, 1997.

KNAPP, Bettina. *This Was Ivette*. Nova York: Holt, Rinehart, and Winston, 1964.

KRITZMAN, Lawrence D.; REILLY, Brian J.; DEBEVOISE M. B. *The Columbia History of Twentieth-Century French Thought*. Nova York: Columbia University Press, 2006.

LACENAIRE, Pierre François; LEBAILLY, Monique. *Mémoires de Lacenaire: avec ses poèmes et ses lettres*. Paris: Albin Michel, 1968.

LA COUR, Tage; MOGENSEDN, Harald. *The Murder Book: An Illustrated History of the Detective Story*. Nova York: Herder and Herder, 1971.

LANE, Brian. *The Encyclopedia of Forensic Science*. Londres: Magpie Books, 2004.

LARTIGUE, Jacques-Henri. *Diary of a Century*. Nova York: Viking Press, 1970.

LAUX, James Michael. *In First Gear: The French Automobile Industry to 1914*. Montreal: McGill-Queen's University Press, 1976.

LEADER, Darian. *Stealing the Mona Lisa: What Art Stops Us from Seeing*. Nova York: Counterpoint, 2002.

LEBLANC, Maurice. "The Most Amazing True Crime Story Ever Told: The Auto-Bandits of Paris". *New York Times*, 5/5/1912.

_____. *Arsène Lupin, Super-Sleuth*. Nova York: Macaulay, 1927.

LEIGHTEN, Patricia Dee. *Re-ordering the Universe: Picasso and Anarchism, 1897-1914*. Princeton: Princeton University Press, 1998.

LEMAÎTRE, Georges Édouard. *From Cubism to Surrealism in French Literature*. Cambridge: Harvard University Press, 1941.

LEVENSTEIN, Harvey A. *Seductive Journey: American Tourists in France from Jefferson to the Jazz Age*. Chicago: University of Chicago Press, 1998.

LIGHTMAN, Alan P. *The Discoveries: Great Breakthroughs in 20th Century Science*. Nova York: Pantheon Books, 2005.

LOCARD, Edmond. *La police et les méthodes scientifiques*. Paris: Rieder, 1934.

_____. *Le fiancé de la guillotine (Lacenaire)*. Paris: Éditions de La Flamme d'Or, 1954.

_____. "The Police Methodology of Sherlock Holmes". Tradução para o inglês de John Hugh Holla em 1942 (datilografado na New York Public Library Research Collection). *La Revue Hebdomadaire*, ano 31, tomo 2, fev./1922.

LOCARD, Edmond; CORVOL, Robert. *Mémoires d'un criminologiste*. Paris: Fayard, 1957.

LOFFICIER, Jean-Marc; LOFFICIER, Randy. *Shadowmen: Heroes and Villains of French Pulp Fiction*. Encino: Black Coat Press, 2003.

LOGAN, Guy B. H. *Rope, Knife and Chain: Studies of English, French, and American Crimes*. Londres: Stanley Paul, 1930.

LONGSTREET, Stephen. *We All Went to Paris: Americans in the City of Light, 1776-1971*. Nova York: Macmillan, 1972.

LUCAS, Netley. *Criminal Paris*. Londres: Hurst and Blackett, 1926.

LUHAN, Mabel Dodge. *European Experiences*. Nova York: Harcourt, Brace & Co., 1935.

LYNTON, Norbert. *The Story of Modern Art*. Ithaca: Cornell University Press, 1980.

MACDONALD, John F. "Paris and Mme. Steinheil". *Fortnightly Review*, n. 92, dez./1909.

MACKWORTH, Cecily. *Guillaume Apollinaire and the Cubist Life*. Nova York: Horizon Press, 1963.

MAILER, Norman. *Portrait of Picasso as a Young Man: An Interpretative Biography*. Nova York: Atlantic Monthly Press, 1995.

MANDELL, Richard. *Paris 1900*. Toronto: University of Toronto Press, 1967.

MARCH, Harold. *The Two Worlds of Marcel Proust*. Nova York: Barnes, 1961.

MARQUIS, Alice Goldfarb; DUCHAMP, Marcel. *Marcel Duchamp: The Bachelor Stripped Bare; A Biography*. Boston: MFA Publications/Museum of Fine Arts, 2002.

MARRINER, Brian. *On Death's Bloody Trail: Murder and the Art of Forensic Science*. Nova York: St. Martin's Press, 1993.

MARTIN, Benjamin F. *Crime and Criminal Justice under the Third Republic: The Shame of Marianne*. Baton Rouge: Louisiana State University Press, 1984.

_____. *The Hypocrisy of Justice in the Belle Époque*. Baton Rouge: Louisiana State University Press, 1984.

MARTIN, Marianne W. *Futurist Art and Theory, 1900-1915*. Oxford: Clarendon Press, 1968.

MARTIN DU GARD, Roger. *Jean Barois*. Nova York: Viking Press, 1949.

MASON, Raymond. *At Work in Paris: Raymond Mason on Art and Artists*. Nova York: Thames and Hudson, 2003.

MASUR, Gerhard. *Prophets of Yesterday: Studies in European Culture, 1890--1914*. Nova York: Macmillan, 1961.

MATSUDA, Matt K. *The Memory of the Modern*. Nova York: Oxford University Press, 1996.

MAUROIS, André. *Proust: Portrait of a Genius*. Nova York: Harper, 1950.

MCLAREN, Angus. *The Trials of Masculinity: Policing Sexual Boundaries, 1870-1930*. Chicago: Chicago University Press, 1997 (coleção The Chicago Series on Sexuality, History, and Society).

MCLEAVE, Hugh. *Rogues in the Gallery: The Modern Plague of Art Thefts*. Boston: Godine, 1981.

MCMILLAN, James F. *Dreyfus to De Gaulle: Politics and Society in France, 1898-1969*. Londres: Arnold, 1985.

MCMULLEN, Roy. *Mona Lisa: The Picture and the Myth*. Boston: Houghton Mifflin, 1975.

MELLOW, James R. *Charmed Circle: Gertrude Stein and Company*. Nova York: Praeger, 1975.

MILLER, Arthur I. *Insights of Genius: Imagery and Creativity in Science and Art*. Nova York: Copernicus, 1996.

_____. *Einstein, Picasso: Space, Time and the Beauty that Causes Havoc*. Nova York: Basic Books, 2001.

MORAIN, Alfred. *The Underworld of Paris: Secrets of the Sûreté*. Londres: Jarrolds, 1929.

MORTON, James. *Gangland: The Early Years*. Londres: Time Warner Paperbacks, 2004.

MURCH, A. E. *The Development of the Detective Novel*. Port Washington: Kennikat Press, 1999.

MURPHY, Bruce. *The Encyclopedia of Murder and Mystery*. Nova York: St. Martin's Minotaur, 1999.

MUSEUM OF MODERN ART (Nova York); BARR, Alfred Hamilton. *Masters of Modern Art*. Garden City: Doubleday, 1958.

NASH, Jay Robert. *Look for the Woman: A Narrative Encyclopedia of Female Poisoners, Kidnappers, Thieves, Extortionists, Terrorists, Swindlers, and Spies, from Elizabethan Times to the Present*. Nova York: Evans, 1981.

_____. *Encyclopedia of World Crime: Criminal Justice, Criminology, and Law Enforcement*. Wilmette: CrimeBooks, 1990. 4 v.

NESBIT, Molly. "The Rat's Ass". *October*, n. 56, pp. 6-20, primavera/1991.

OLIVIER, Fernande. *Picasso and His Friends*. Nova York: Appleton-Century, 1965.

_____. *Loving Picasso: The Private Journal of Fernande Olivier*. Nova York: Abrams, 2001.

OSTERBURG, James W.; WARD, Richard H. *Criminal Investigation: A Method for Reconstructing the Past*. Cincinnati: Anderson, 1992.

PALÉOLOGUE, Maurice. *An Intimate Journal of the Dreyfus Case*. Nova York: Criterion Books, 1957.

PANEK, LeRoy Lad. *An Introduction to the Detective Story*. Bowling Green: Bowling Green State University Popular Press, 1987.

PARRY, Richard. *The Bonnot Gang*. Londres: Rebel Press, 1987.

PARSONS, Ernest Bryham. *Pot-Pourri Parisien*. Londres: Argus, 1912.

PATE, Janet. *The Book of Sleuths*. Chicago: Contemporary Books, 1977.

PATER, Walter. *The Renaissance: Studies in Art and Poetry*. Nova York: Mentor, 1959.

_____. "Leonardo da Vinci". In: BUCKLEY, William E. (org.). *Three Major Texts*. Nova York: New York University Press, 1986.

PAUL, Robert S. *Whatever Happened to Sherlock Holmes: Detective Fiction, Popular Theology, and Society*. Carbondale: Southern Illinois University Press, 1991.

PERROT, Michelle (org.). *History of Private Life, v. 4: From the Fires of Revolution to the Great War*. Cambridge: Belknap Press, 1990. [ed. bras. *História da vida privada, v. 4: da Revolução Francesa à Primeira Guerra*. São Paulo: Companhia das Letras, 1991.]

PFLAUM, Rosalynd. *Grand Obsession: Madame Curie and Her World*. Nova York: Doubleday, 1989.

POINCARÉ, Henri. *Science and Hypothesis*. Nova York: Dover, 1952.

POINCARÉ, Raymond; ARTHUR, George. *The Memoirs of Raymond Poincaré, 1914*. Londres: Heinemann, 1929.

PORTER, Dennis. *The Pursuit of Crime: Art and Ideology in Detective Fiction*. New Haven: Yale University Press, 1998.

QUINN, Arthur Hobson. *Edgar Allan Poe: A Critical Biography*. Baltimore: John Hopkins University Press, 1998.

QUINN, Susan. *Marie Curie: A Life*. Nova York: Simon and Schuster, 1995.

READ, Herbert Edward. *A Concise History of Modern Painting*. Nova York: Praeger, 1959.

REARICK, Charles. *Pleasures of the Belle Époque: Entertainment and Festivity in Turn-of-the-Century France*. New Haven: Yale University Press, 1985.

REIT, Seymour. *The Day They Stole the Mona Lisa*. Nova York: Summit Books, 1981.

RHODES, Henry T. F. *Some Persons Unknown: Being an Account of Scientific Detection*. Londres: Murray, 1931.

_____. *Clues and Crime: The Science of Criminal Investigation*. Londres: Murray, 1933.

_____. *Alphonse Bertillon: Father of Scientific Detection*. Nova York: Greenwood, 1968.

RICHARDS, E. E. *The Louvre*. Boston: Small, Maynard, 1912.

RICHARDSON, John; MCCULLY, Marilyn. *A Life of Picasso, v. 1: 1881-1906*. Nova York: Knopf, 1991.

_____. *A Life of Picasso, v. 2: 1907-1917*. Nova York: Random House, 1996.

RICHARDSON, John; PUBLIC EDUCATION ASSOCIATION OF THE CITY OF NEW YORK; M. KNOEDLER AND CO. *Picasso: An American Tribute [Exhibition] April 25-May 12, 1962 [for the Benefit of the Public Education Association]*. Nova York: Public Education Association, 1962.

ROBERTS, Mary Louise. *Disruptive Acts: The New Woman in Fin-de-Siècle France*. Chicago: University of Chicago Press, 2002.

ROBINSON, Henry Morton. *Science versus Crime*. Indianapolis: Bobbs-Merrill, 1935.

ROOKMAAKER, H. R. *Modern Art and the Death of a Culture*. Downers Grove: Inter-Varsity Press, 1970.

ROTHSTEIN, Edward. "A Case for Sherlock: The Double Helix of Crime Fiction". *New York Times*, 4/3/2000.

RUDORFF, Raymond. *The Belle Époque: Paris in the Nineties*. Nova York: Saturday Review Press, 1973.

SACHS, Samuel, II. "Fakes and Forgeries". Minneapolis Institute of Arts, 1973.

SAFERSTEIN, Richard. *Criminalistics: An Introduction to Forensic Science.* 2. ed. Englewood Cliffs: Prentice-Hall, 1981.

SALMON, André. *Souvenirs sans fin, deuxième époque (1908-1920).* Paris: Gallimard, 1956.

_____. *Souvenirs sans fin, troisième époque (1920-1940).* Paris: Gallimard, 1961.

SANNIÉ, Charles. *Éleménts de police scientifique.* Paris: Hermann et Cie, 1938.

SARTRE, Jean-Paul. *The Words.* Tradução para o inglês de Bernard Fretchman. Nova York: Vintage Books, 1981. [ed. bras. *As palavras.* Rio de Janeiro: Nova Fronteira, 2005.]

SASSOON, Donald. *Becoming Mona Lisa: The Making of a Global Icon.* San Diego: Harcourt, 2001.

SAUNDERS, Edith. *The Mystery of Marie Lafarge.* Londres: Clerke and Cockeran, 1951.

SAYRE, Henry M. *A World of Art.* 2. ed. Upper Saddle River: Prentice-Hall, 1997.

SCHARF, Aaron. *Art and Photography.* Baltimore: Penguin, 1974.

SCHMITZ, E. Robert. *The Piano Works of Claude Debussy.* Nova York: Duell, 1950.

SCHÜLLER, Sepp. *Forgers, Dealers, Experts: Strange Chapters in the History of Art.* Nova York: Putnam, 1960.

SCHUMACHER, Claude. *Alfred Jarry and Guillaume Apollinaire.* Basingstoke: Macmillan, 1984.

SCHÜTT, Sitta A. "French Crime Fiction". In: PRIESTMAN, Martin (org.). *The Cambridge Companion to Crime Fiction.* Cambridge: Cambridge University Press, 2003.

SEIGEL, Jerrold E. *Bohemian Paris: Culture, Politics, and the Boundaries of Bourgeois Life, 1830-1930.* Nova York: Penguin Books, 1987.

SERGE, Victor. *Memoirs of a Revolutionary, 1901-1941.* Tradução para o inglês e organização de Peter Sedgwick. Oxford: Oxford University Press, 1980. [ed. bras. *Memórias de um revolucionário.* São Paulo: Companhia das Letras, 1987.]

SETTEGAST, Mary. *Mona Lisa's Moustache: Making Sense of a Dissolving World*. Grand Rapids: Phanes Press, 2001.

SEVERINI, Gino. *The Life of a Painter: The Autobiography of Gino Severini*. Tradução para o inglês de Jennifer Franchina. Princeton: Princeton University Press, 1995.

SEYMOUR-SMITH, Martin. *Guide to Modern World Literature*, v. 2: *Dutch, Finnish, French and Belgian, German, Scandinavian*. Londres: Hodder and Stoughton, 1975.

SHAPIRO, Ann-Louise. *Breaking the Codes: Female Criminality in Fin-de- -Siècle Paris*. Stanford: Stanford University Press, 1996.

SHATTUCK, Roger. *Proust's Binoculars: A Study in Memory, Time and Recognition in À la recherche du temps perdu*. Nova York: Vintage Books, 1967.

_____. *The Banquet Years: The Origins of the Avant-Garde in France, 1885 to World War I – Alfred Jarry, Henri Rousseau, Erik Satie, Guillaume Apollinaire*. ed. rev. Nova York: Vintage, 1968.

SHLAIN, Leonard. *Art and Physics: Parallel Visions in Space, Time and Light*. Nova York: Morrow, 1991.

SINGER, Barnett. *Modern France: Mind, Politics, Society*. Seattle: University of Washington Press, 1980.

SKINNER, Cornelia Otis. *Elegant Wits and Grand Horizontals: A Sparkling Panorama of "La Belle Époque", Its Gilded Society, Irrepressible Wits and Splendid Courtesans*, Boston: Houghton-Mifflin, 1962.

SLOSSON, Edwin Emery. *Major Prophets of Today*. Freeport: Books for Libraries Press, 1968.

SMITH, Frank Berkeley. *How Paris Amuses Itself*. Nova York: Funk and Wagnalls, 1903.

SMITH, Timothy B. "Assistance and Repression: Rural Exodus, Vagabondage, and Social Crisis in France, 1890-1914". *Journal of Social History*, v. 32, n. 4, verão/1999.

SNYDER, Louis L. *The Dreyfus Case: A Documentary History*. New Brunswick: Rutgers University Press, 1973.

SODERMAN, Harry; O'CONNELL, John J. *Modern Criminal Investigation*. Londres: Bell, 1935.

SOMMERVILLE, Frankfort. *The Spirit of Paris*. Londres: Black, 1913.

SONN, Richard David. *Anarchism and Cultural Politics in Fin de Siècle France*. Lincoln: University of Nebraska Press, 1989.

SOUVESTRE, Pierre; ALLAIN, Marcel. *Fantômas*. Nova York: Morrow, 1986.

STEEGMULLER, Francis. *Apollinaire: Poet Among the Painters*. Nova York: Farrar, Straus, 1963.

STEIN, Gertrude. *The Autobiography of Alice B. Toklas*. Nova York: Vintage Books, 1960.

STEWART, R. F. *And Always a Detective: Chapters on the History of Detective Fiction*. North Pomfret: David and Charles, 1980.

STOREY, Mary Rose; BOURDON, David. *Mona Lisas*. Nova York: Abrams, 1980.

STORM, John. *The Valadon Drama: The Life of Suzanne Valadon*. Nova York: Dutton, 1959.

SYMONS, Julian. *Bloody Murder: From the Detective Story to the Crime Novel*. 2. ed. Londres: Pan Books, 1992.

SYPHER, Wyllie. *Rococo to Cubism in Art and Literature*. Nova York: Vintage Books, 1963.

TALLACK, Peter. *The Science Book*. Londres: Cassell, 2001.

TARBELL, Ida. "Identification of Criminals: The Scientific Method in Use in France". *McClure's Magazine*, v. 2, n. 4, mar./1894.

TEMPERINI, Renaud. *Leonardo da Vinci at the Louvre*. Paris: Scala, 2003.

THIHER, Allen. *Fiction Rivals Science: The French Novel from Balzac to Proust*. Columbia: University of Missouri Press, 2001.

THOMSON, Henry Douglas. *Masters of Mystery: A Study of the Detective Story*. Nova York: Dover, 1978.

THORWALD, Jürgen. *The Century of the Detective*. Tradução para o inglês de Richard Winston e Clara Winston. Nova York: Harcourt, Brace, and World, 1965.

_____. *Crime and Science: The New Frontier in Criminology*. Tradução para o inglês de Richard Winston e Clara Winston. Nova York: Harcourt, 1967.

TOMBS, Robert. "Culture and the Intellectuals". In: MCMILLAN, James (org.). *Modern France, 1880-2002*. Nova York: Oxford University Press, 2003.

TOMKINS, Calvin; TIME-LIFE BOOKS. *The World of Marcel Duchamp, 1887--1968*. ed. rev. Nova York: Time-Life Books, 1974.

TRAGER, James. *The Women's Chronology: A Year-by-Year Record from Prehistory to the Present*. Nova York: Holt, 1994.

TUCHMAN, Barbara Wertheim. *The Proud Tower: A Portrait of the World before the War, 1890-1914*. Nova York: Macmillan, 1966.

TULARD, Jean; FIERRO, Alfred. *Almanach de Paris: tome 2, de 1789 à nos jours*. Paris: Encyclopaedia Universalis, 1990.

VAN DOVER, J. Kenneth. *You Know My Method: The Science of the Detective*. Bowling Green: Bowling Green State University Popular Press, 1994.

VARIAS, Alexander. *Paris and the Anarchists: Aesthetes and Subversives during the Fin-de-Siècle*. Nova York: St. Martin's Press, 1996.

VASARI, Giorgio. *The Lives of the Artists: A Selection*. Hammondsworth: Penguin Books, 1977. [ed. bras. *Vida dos artistas*. Tradução de Ivone Benedetti. São Paulo: WMF, 2011.]

VIDOCQ, François-Eugène. *Memoirs of Vidocq: Master of Crime*. Edimburgo: AK Press, 2003.

VOLLARD, Ambroise. *Recollections of a Picture Dealer*. Nova York: Hacker Art Books, 1978.

WALLACE, Robert; TIME-LIFE BOOKS. *The World of Leonardo, 1542-1519*. ed. rev. Nova York: Time-Life Books, 1975.

WALZ, Robin; NETLIBRARY INC. *Pulp Surrealism: Insolent Popular Culture in Early Twentieth-Century Paris*. Berkeley: University of California Press, 2000.

WATSON, Peter. *The Modern Mind: An Intellectual History of the 20th Century*. Nova York: HarperCollins, 2001.

_____. *Ideas: A History of Though and Invention, from Fire to Freud*. Nova York: HarperCollins, 2005.

WEBER, Eugen. *A Modern History of Europe: Men, Culture, and Societies from the Renaissance to the Present.* Nova York: Norton, 1971.

_____. *France, Fin de Siècle.* Cambridge: Belknap Press, 1986.

_____. *My France: Politics, Culture, Myth.* Cambridge: Belknap Press, 1991.

WEISBERG, Gabriel P. *Montmartre and the Making of Mass Culture.* New Brunswick: Rutgers University Press, 2001.

_____. "The Urban Mirror: Contrasts in the Vision of Existence in the Modern City". In: WEISBERG, Gabriel P.; SHAW, Jennifer L. *Paris and the Countryside: Modern Life in Late 19th-Century France.* Portland: Portland Museum of Art, 2006.

WERTENBACKER, Lael Tucker; TIME-LIFE BOOKS. *The World of Picasso, 1881-1973.* ed. rev. Alexandria: Time-Life Books, 1980.

WESTON, Norman. "The Crime Scene". In: *Crime Scene to Court: The Essentials of Forensic Science.* Cambridge: Royal Society of Chemistry, 1998.

WILLIAMS, Ellen. *Picasso's Paris: Walking Tours of the Artist's Life in the City.* Nova York: Little Bookroom, 1999.

WILLIAMS, John. *Heyday for Assassins.* Londres: Heinemann, 1958.

WILLIAMS, Roger Lawrence. *Manners and Murders in the World of Louis-Napoleon.* Seattle: University of Washington Press, 1975.

WILLIS, F. Roy. *Western Civilization: An Urban Perspective.* Lexington: Heath, 1973.

WILLMS, Johannes. *Paris: Capital of Europe: from the Revolution to the Belle Époque.* Tradução para o inglês de Eveline L. Kanes. Nova York: Holmes and Meier, 1997.

WILSON, Colin; WILSON, Damon. *The Giant Book of True Crime.* Londres: Magpie Books, 2006.

WILSON, Edmund. *Axel's Castle: A Study in the Imaginative Literature of 1870-1930.* Nova York: Scribner's, 1959. [ed. bras. *O castelo de Axel.* Tradução de José Paulo Paes. São Paulo: Companhia das Letras, 2004.]

WILTON, George. *Fingerprints: History, Law and Romance*. Londres: Hodge, 1938.

WOLF, John B. *France, 18145-1919: The Rise of a Liberal-Democratic Society*. Nova York: Harper and Row, 1963.

WRAIGHT, Robert. *The Art Game Again!*. Londres: Frewin, 1974.

WREN, Lassiter. *Master Strokes of Crime Detection*. Garden City: Doubleday, Doran, 1929.

WRIGHT, Gordon. *Between the Guillotine and Liberty: Two Centuries of the Crime Problem in France*. Nova York: Oxford University Press, 1983.

WRIGHT, Willard Huntington. "The Great Detective Stories". In: HAYCRAFT, Howard (org.). *The Art of Mystery Story*. Nova York: Simon and Schuster, 1946.

ZEDNER, Lucia. "Women, Crime and Penal Responses: A Historical Account". In: ROCK, Paul (org.). *History of Criminology*. Aldershot: Dartmouth, 1994.

ZEITZ, Joshua. *Flapper: A Madcap Story of Sex, Style, Celebrity, and the Women Who Made America Modern*. Nova York: Three River Press, 2006.

ZELDIN, Theodore. *France, 1848-1945: Politics and Anger*. Nova York: Oxford University Press, 1979.

_____. *France, 1848-1945: Intellect and Pride*. Nova York: Oxford University Press, 1980.

_____. *France, 1848-1945: Taste and Corruption*. Nova York: Oxford University Press, 1980.

_____. *France, 1848-1945: Anxiety and Hypocrisy*. Nova York: Oxford University Press, 1981.

_____. *France, 1848-1945: Ambition and Love*. Nova York: Oxford University Press, 2003.

ZISCHLER, Hans. *Kafka Goes to the Movies*. Tradução para o inglês de Susan H. Gillespie. Chicago: University of Chicago Press, 2003.

ZWEIG, Stefan. *The World of Yesterday: An Autobiography*. Lincoln: University of Nebraska Press, 1964.

Índice remissivo

A

Agadir, crise de 365, 367, 376
agência de detetives, primeira 99
Albanel, Louis 374-5, 379-83
Albert-Birot, Germaine 392
Allain, Marcel 118, 120
Allard (chefe da Sûreté) 127
Álvarez, Carlos 218
Anarchie, L' (jornal) 43, 266-7, 271, 286, 298, 300, 302, 309, 313
anarquismo 38-9, 42-3, 238, 265, 267-9, 272, 276
André, Louis 352
Andrieux, Louis 186-7, 190
anti-heróis, *ver* crime
antissemitismo 44, 212
antropologia, laboratório de 388
antropometria, *ver* bertillonagem
APACHES 24, 51-3, 172-4
  mulheres (*gigolettes*) 51
Apollinaire, Guillaume 20, 28, 56, 64, 121, 225, 231-4, 236-8, 242, 244, 246, 250, 252-60, 262, 389-95
Argentina, trabalho da polícia na 71, 217-9
arsênico 131-3, 135-41
arte africana 243, 248
Ashton-Wolfe, Harry 206-11, 274, 282
Assiette au Beurre, L' (jornal) 221
Astruc, Gabriel 315
Aubin, Antony 349, 351, 353, 359-61
Auto, L' (jornal) 277

Autorité, L' (jornal) 59
avant-garde 235
aviação 16
Avril, Pierre Victor 125-6, 128-30
Aymard (condenado) 203, 206

B

Bakunin, Mikhail 39
Bal Bullier (cabaré) 27
Ballets Russes 315, 395
balística, *ver* ciência forense
Balzac, Honoré de 90, 102-3, 410
bancos, ladrões de, *ver* Bonnot, Jules, e quadrilha de Bonnot
Baraille, Barthélemy 298
Barby, Henri 350
Bardon, dr. (no caso Lafarge) 137
Barilli, Cavaliere 334, 336-7
Bartholdi, Frédéric-Auguste 343
Barthou, Jean Louis 366-7
Basílica do Sacré Coeur 37
Bateau-Lavoir, ateliê 230, 233, 242-3, 247, 249, 251
Bâton (ladrão) 127-8
Baudelaire, Charles 55, 106-8
Baudouin, Manuel 342
belas-artes, departamento de 63
Belin, Jean 299, 302
Belle Époque 15-6, 23, 103, 115, 339, 341, 364, 384, 386
Belle Otéro, La (cortesã) 29
Belleville 37, 51, 65, 282

447

Bénédite, Georges 13
Bergson, Henri 31-2, 250
Berliet (fábrica de automóveis) 273
Bernard, dr. Paul 154-5, 157
Bernhardt, Sarah 251, 355, 357
Bernstein, Henry 379, 382-3
Beroud, Louis 12-3
Bertillon, Alphonse 40, 44-5, 47, 57, 62, 73-4, 110-1, 121, 148, 160, 177-9, 181-203, 205-17, 219-22, 224, 274, 281-3, 285, 291, 313-5, 326, 339, 345-6, 348, 352, 356, 387-9, 415
Bertillon, Amélie 188, 190-2
Bertillon, Jacques 182, 212
Bertillon, Louis-Adolphe 179-80, 182, 187, 192, 315
Bertillon, Zoe 179-80
bertillonagem ("medição do homem") 178, 187, 189, 192, 205, 217, 219, 326, 387-8
Besson (líder sindical) 273
Bière, Marie 340
biometria 388; *ver também* bertillonagem
Blackford, Katherine 224
Blanc, Louis 267
Bodasse, madame e Désiré 145-50
Bois, Jules 85
Bompard, Gabrielle 154, 158-63
Bonnot, Jules, e quadrilha de Bonnot 43, 172, 238-9, 264-5, 267, 272-8, 280-96, 299-310, 312, 315, 341, 370
Bon Sens (jornal político) 124-5
bordéis 22, 94, 101, 162, 245
Borderel, Maurice 344, 352, 358
Boucard, Henri 372
Boucher, François 79
boulevard do crime, O (filme) 142

Bourget, Paul 371
Braque, Georges 248-50, 252, 394
Broca, Paul 180-1
Brod, Max 70
Brouardel, dr. (médico jurista) 163
Bruneau de Laborie, Émile 380
Brunet (detetive) 327
Burdet, Sophie-Louise 273
Burlingham, Frederick Harrisson 349
Burton's (revista) 410

C

cabarés 23, 25-7, 42, 48, 69, 231
Cabaré Voltaire 395
Cabassou, Jacques e Marcelle 209-11
Caby (mensageiro de banco morto em assalto) 278, 281, 283, 290
Caillaux, Berthe 365, 368, 372, 376-9, 381
Caillaux, Henriette Raynouard 50-1, 364-5, 368-84
Caillaux, Joseph 50-1, 60, 62, 365-70, 372, 374-9, 381-4
caligrafia como evidência 44-6, 188, 210, 212-5, 349, 388
Callemin, "Raymond-la-Science" 267, 270, 276, 278, 285, 299-300, 312
Calmette, Albert 379-80
Calmette, Gaston 367-72, 374-83, 422
Camecasse, Jean 190, 192
camuflagem 387, 394
cancã 25
Canler, Paul-Louis-Alphonse 127-8, 144, 412
Carnegie, Andrew 329
Carnot, Marie-François Sadi 40-1, 43, 164

Carouy, Édouard 270-1, 276, 281-3, 314
carteira de identidade 223; *ver também* **policial, força**
Casagemas, Carlos 25, 229-30
Caserio, Sante 41
Casimir-Périer, Jean 213
Cavelli, mademoiselle (artista de *striptease*) 22
Ceccaldi, Pascal 379
Cendrars, Blaise 56
censura 58, 412
Cézanne, Paul 16, 241, 245, 248
Chagall, Marc 28
Chanel, Gabrielle "Coco" 20-1
Charcot, Jean-Martin 29
Chardon (ex-condenado) 126
Chateleux, Roger de 364
Chat Noir, Le (cabaré) 23
Chauchard, Hippolyte-François--Alfred 343
Chaudron, Yves 398-402
Chaumartin (anarquista) 199, 201
Chenu, Charles 378-9, 381-2
cherchez la femme 211, 339
Chouanard, Émile 343-4, 354, 358
CIÊNCIA FORENSE 155, 164, 174, 176
  balística 156, 383; **nascimento da** 156
  identificação pelos dentes 157
  Lacassagne como "pai" da 155
  na ficção 85-6, 110-1
  princípio da troca de Locard 176
  toxicologia 132-3, 136, 139
  ver também **Bertillon, Alphonse; caligrafia como evidência; impressões digitais; Lacassagne, Jean Alexandre Eugène; Locard, dr. Edmond; policial, força**

cinco dedos de Birouk, Os (Ulback) 355
Claretie, Henriette, *ver* **Caillaux, Henriete Raynouard**
Claudel, Paul 234
cocaína 54, 282
Cocteau, Jean 56
Código Napoleônico 56
Colette 56
Colmar, inspetor (assassinado por Bonnot) 303-4
Comœdia Illustré, La (revista) 69
Comuna de Paris, e *communards* 36-8, 42, 185, 295
comunidade de Romainville 267-8, 270-1
Comte, Auguste 179
Conan Doyle, sir Arthur 106, 111-2, 116, 174-5, 178, 181, 206, 274, 305, 415
Constant, Benjamin 124
Corot, Jean-Baptiste 399
Correggio 7, 336
Costeleta Vermelha (cúmplice de Lacenaire) 126, 128-9
Couillard, Rémy 345, 349-51, 355-7
Cri de Paris, Le (jornal) 61, 400
CRIME 12, 29, 33, 40, 47-8, 51, 55, 57-60, 62-3, 65, 71-5, 84, 88, 90-4, 96-7, 99-106, 108-11, 113-8, 121-3, 125-6, 128, 130, 138, 142, 148-50, 160, 162-5, 167, 169-70, 174-8, 184, 193-7, 200-1, 208, 216-8, 220-3, 238, 262, 268, 279-80, 282, 284, 287, 290-3, 301, 304, 308, 312-4, 330, 334-5, 338-41, 345, 348-9, 352-6, 360-2, 364, 367, 372-5, 381-2, 385-6, 400, 402
  anarquismo e, *ver* **anarquismo**
  antimilitarismo como 279
  assalto a banco ("bandidos motorizados"), *ver* **Bonnot, Jules, e quadrilha de Bonnot**
  disfarces usados, *ver* **disfarces**

em casos de assassinatos 116, 211; vítimas desmembradas 143-4, 149 histórias de (*fait divers*) 33, 47, 58, 88, 103, 115, 193, 339, 341; **criminosos como heróis** 55, 88, 113-5, 118, 120, 200, 259, 327, 333; **população criminosa de Paris** 96, 165; **popularidade de** 47, 55-6, 103-4, 113, 118-20, 224, 330, 336, 341, 373 (*ver também* jornais; romance policial); **tradição literária** 55, 88, 115
marcação com ferro em brasa de criminosos condenados 184
mulheres como criminosas 51, 57, 137, 172, 190, 199, 219, 281, 312, 339-41, 346-7, 360, 364, 374, 377-8
onda de crimes de Vacher 165-70, 178
perfil criminoso 74-5; "criminaloides" 165
punição para, *ver* guilhotina
tecnologia e 111, 176, 193
ver também policial, força
cubismo 196, 246-7, 249-51, 387, 392, 394, 396
Curie, Marie e Pierre 16, 19

D

Da Vinci, Leonardo 7, 9-10, 16, 30, 67, 69, 75-84, 86, 224, 254, 316, 319, 321, 325-6, 331, 396, 403, 409
Da Vinci, Piero 82; *ver também* Leonardo da Vinci
dada (movimento de arte) 395-6
Daguerre, Louis 105, 235
Daily Mail (jornal) 30
danças e salões de dança 15-6, 22-5, 34, 52-3, 229, 329
Dard, mademoiselle (costureira) 145

Daudet, Alphonse 205
De Balincourt, conde Emmanuel 344, 358, 362
De Beatis, Antonio 78
De Dion-Bouton (limusine) 294, 297
De Foy (agência matrimonial) 134
De Lorde, André 54
De Pasquier, barão (chefe da polícia) 93, 95-6
De Vallès, Charles-Bernard 353-5, 358, 361
Debussy, Claude 16, 23, 107
Decker, Karl 397-8, 400, 403
Deibler, Louis 170-1
Delagrange, Léon 30
Delaunay-Belleville (limusine) 263, 276-7, 279-81, 287, 294
Delessert, Gabriel 100
Delessert, Maurice 101
Demócrito de Abdera 417
demografia (surgimento do termo) 179
Derain, André 243, 246
Deray (policial assassinado) 173
detetives, *ver* policial, força
Dettweiler, Georges 276, 281
Devergie, Marie-Guillaume--Alphonse 133
Diaghilev, Serge 315, 395
Dieudonné, Eugène 290-1, 314-5
dinamômetro 197
DISFARCES 89, 95, 97, 109, 113, 120-1
  de Fantômas 120-1
  de Vidocq 89, 95, 97
Dostoiévski, Fiódor 412
Doucet, Jacques 423
Doumergue, Gaston 366
Doyen, dr. Eugène 382-3

Dreiser, Theodore 18
Dreyfus, capitão Alfred, e caso Dreyfus 43-7, 49-50, 138, 212-5, 388
Drioux, Henri 255, 258-60, 330, 332-3
Drummond Castle (navio) 222
Drumont, Édouard 45
Dubois (commissaire de polícia) 92-3
Dubois, Jean 275, 304-5, 307, 309
Duchamp, Marcel 396
Dujardin-Beaumertz, Étienne 62-3, 228
Dumas, Alexandre 102, 141, 339
Dumas, dr. Georges 85
Duncan, Isadora 251
Dupin, Arthur 51
Dupin, C. Auguste (personagem de ficção) 105-6, 108-10, 410
Duplessis, Chevalier 98
Dupont, Martin (criminoso) 191
Du Roure, Henry 103
Duse, Eleonora 251
Duveen, Henry J. 316-8, 337
Duveen, James 316

E

Echallier (vítima de assassinato) 156
Echo de Paris, L' (jornal) 349
Edward, príncipe de Gales 22, 343
Einstein, Albert 234, 250
eletricidade 14, 17, 35, 204, 228
Espinosa, Baruch 179
Esterhazy, major Ferdinand 46
estatística 122, 182, 185-6, 196, 215, 217
   antropometria ("medição do homem"), ver bertillonagem, moderna, Quetelet como "pai" da 186
Everdell, William R. 250

Exposição Universal de Chicago (1893) 14
Eyraud, Michel 154, 158-64
Eyssartier (farmacêutico no caso Lafarge) 136-7

F

Fabre, Victor, e memorando Fabre 367, 379, 422
fait divers, ver crime, histórias de
Fallières, Clément Armand 297
falsificação de arte 45, 91, 213, 399, 400
Fantômas (personagem de ficção) 34, 55-6, 116-21, 197, 224, 237, 286, 288
Faulds, Henry 216
Faure, Félix 49, 342-3, 346, 354, 363
Faure, Sébastien 287
feminismo, ver mulheres
Féval, Paul 108
Figaro, Le (jornal) 58, 72, 340, 367-9, 371, 376-7, 379-80
Filipe Augusto, rei da França 405
Flaubert, Gustave 412
folhetim, ver romance policial
Fontan, tenente (da guarda republicana) 306-7
Fonte (Duchamp) 396
Forquet, Émile 167, 169-70, 178
FOTOGRAFIA E FOTÓGRAFOS 11, 13, 15, 33, 35, 58, 68-70, 80, 86, 105, 108, 110, 122, 148, 152, 158-9, 162, 169, 175, 183, 185, 189, 191, 194-6, 201, 208-9, 214, 220, 223-4, 231, 235, 237, 241, 259, 284-6, 295, 299-300, 308, 320, 322-3, 334-6, 349-50, 356, 365, 368, 377, 388
   da *Mona Lisa* 86, 320, 322
   de cenas de crime 148, 169, 175, 195-6, 220, 299, 345-6

de criminosos 148, 159, 162, 185, 189, 194-6, 201, 283, 286, 295, 300, 308, 334
e carteira de identidade 223
Fox, Albert Ebenezer, e Ebenezer Albert 219
Fragonard, Jean-Honoré 79
FRANÇA 7, 9, 12, 14-5, 29-31, 36, 43-4, 46-7, 49-50, 55, 57, 63, 67, 75, 78, 88, 95, 100, 102-4, 106, 113, 124, 128, 131, 133-4, 140, 144, 153, 159, 164, 166-7, 170, 180, 182, 199, 221, 238-9, 242, 256, 263, 268, 270, 273, 275, 287, 304, 309, 314, 325-6, 329-30, 333-5, 337, 340, 342-3, 364-7, 370-2, 374, 376, 383-7, 390, 394, 420
caso Dreyfus 47, 50, 138, 212
colonização pela 239
indústria automobilística na 263
Primeira República, Primeiro Império 406; Segundo Império, Segunda República 36, 179, 406; Segundo Império termina, Terceira República se estabelece 36-7, 43, 58, 60, 66
relações com a Alemanha 31, 36, 43, 46, 60, 71, 325, 365, 375-6, 385; crise de Agadir 365, 367, 376; informações secretas enviadas para a 367, 380 (ver também Guerra Franco-Prussiana; Primeira Guerra Mundial)
serviço militar na 166, 169, 183, 266, 269-70, 272, 356, 366, 382-3
Francisco Ferdinando, arquiduque da Áustria-Hungria 373
Francisco I, rei da França 9, 75-6, 78-9, 331
Frégier, Honoré-Antoine 127
frenologia 130
Freud, Sigmund 29, 82-4, 409
Fromentin, Alfred 304

Fuller, Loie 15
futurismo italiano 28

G
Gaboriau, Émile 107-11, 118, 284
Gaillard, Pierre-François, *ver* Lacenaire, Pierre-François
Gainsborough, Thomas 72
Gallieni, general Joseph 386
Galton, *sir* Francis 217
Garnier, Octave 268-72, 275-8, 283-9, 291-5, 300-1, 310-3
Gauguin, Paul 393
Gaulois, Le (jornal) 199
Gaumont, Léon 33
Gautier, Théophile 81, 129
Gauzy, Antoine 302-4
Genevay (mensageiro de banco) 126-7
Gentien, Robert 340-1
Gérard, Frédéric "Frédé" 42
Geri, Alfredo 318-23, 329, 333
Geringer, Joseph 94
Gherardini, Lisa 79; *ver também* Giocondo, Francesco del; *Mona Lisa*
Gide, André 21
gigolettes, ver apaches
Gil Blas (revista) 68
Gioconda (quadro no Hermitage) 77
Gioconda, La 60, 69-70, 77, 79, 81, 317, 320, 322-3, 328, 336, 396, 407; *ver também Mona Lisa*
Giocondo, Francesco del 75, 77, 79, 407
Giorgione 7, 336
Girardin, Émile de 104
Gisquet (chefe da polícia) 98

Gleizes, Albert 250
Gobert, Alfred 44
Goncourt, Edmond e Jules 81
Goron, Marie-François 152-5, 157-61, 202-6
Gouel, Eva 393
Gouffé, Toussaint-Augustin, e caso Gouffé 151-60, 164, 202
Gourbin, Émile 177
Graham, *sir* James 105
Grand-Guignol, *ver* Théâtre du Grand-Guignol
Gris, Juan 250
Gross, Hans 175, 414
Grosz, George 395
Gueneschan, Armand 61-2
Guerra Franco-Prussiana 36, 113
Guerra Hispano-Americana 397
Guerre Sociale, La (jornal) 173
Guichard, Xavier 283, 289, 291, 304-5, 307, 309-12
Guilbert, Yvette 25, 52
Guilherme II, imperador da Alemanha 393
guilhotina 40-1, 48, 52, 55, 123, 129-30, 150, 164, 170, 174, 201-3, 266, 299, 304, 314-5
Guillard, Acille, e família Guillard 179, 182
Guillaume (suspeito no caso Tellier) 210-1, 257-8, 261-2
Guizot, François 99

H

Hamard, Octave 62, 281, 283, 345, 347, 350-1
Haussmann, barão George 17, 21, 23, 160, 278
Haviland, Frank 251
Hazlitt, William 80
Hearst, William Randolph 397, 403
Heartfield, John 395, 423
Heindl, Robert 224
Henry (chefe da polícia) 93, 95-6
Henry, Émile 40
Henry, major Hubert-Joseph 43, 45
Herschel, *sir* William 217
Hervé (editor de jornal) 173
hipnose 55, 163
Holmes, Sherlock 72, 86, 88, 106, 109, 111-2, 116, 172, 174-5, 177-9, 181, 274, 415
Homolle, Théophile 70
homossexualismo 21, 56, 83, 230, 409
Hugo, Victor 48, 102-3, 114, 129, 412
Hugué, Manuel "Manolo" 235
Humbert, Marcelle (Eva Gouel) 393
Huntington, H. R. 68

I

Icard, dr. Séverin 341
Idée Libre, L' (revista) 283
ilegalismo, *ver* anarquismo
Illustration, L' (jornal) 61, 193
impressionismo 32, 35, 196, 229, 241
impressões digitais 62, 175-7, 202, 216-7, 219-23, 282, 291, 313-4, 326, 345, 352, 356, 387, 389, 414
Intransigeant, L' (jornal) 64, 158, 162, 394
ITÁLIA 67, 71, 131, 318, 320-1, 324-30, 332-5, 337, 342, 370, 407
   retorno da *Mona Lisa* à França, proveniente da 322-9, 331, 333
   tesouros artísticos roubados da 318, 324, 335

J

Jack, o Estripador 165, 169
Jacob, Marius 115, 271
Jacob, Max 56, 230-1, 239, 242, 246
Japy, madame (mãe de Meg) 345, 347, 352, 360, 362, 364
Japy, Meg, ver Steinhel, Marguerite "Meg" Japy
Jarry, Alfred 237-9, 349, 417
Jaurès, Jean 384
Javert, Inspetor (personagem de ficção) 103
Je Sais Tout (revista) 115
Joconde (Gioconda), La, ver Mona Lisa
Joran, Théodore 339
JORNAIS 12, 23, 42, 47, 52-3, 58-9, 61, 67, 72, 75, 99-101, 103-4, 115, 129, 135, 152-3, 158-9, 167, 193, 199-200, 226, 264-6, 268, 279, 281-3, 286, 289, 292-3, 300, 304, 306, 318, 329, 331, 339, 348, 350, 354-5, 357, 359, 373-6, 380, 393, 398
  anarquistas 42-3, 200, 265-6, 268
  censura de 58
  e o caso Caillaux 374-5, 380
  ficção serializada (folhetim), ver romance policial
  história da Mona Lisa nos 12, 58-9, 61, 67, 72, 75, 115, 226, 329, 331
  histórias de crimes e escândalos 12, 23, 58, 103, 158-9, 167, 193, 199, 279, 281-3, 292-3, 300, 304, 306, 339, 350, 354-5, 357, 359
  prisão de jornalista radical 173
Jouin, Louis 287, 292, 298-300, 302-4, 309
Journal, Le (jornal) 51, 65
Journal des Débats, Le (jornal) 104
Juve, Inspetor (personagem de ficção) 55, 120, 286

K

Kafka, Franz 69-70
Kahnweiler, Daniel-Henry 228, 247-8, 250-2, 393-4
Kaiser Wilhelm II (navio) 61
Karslake (vigarista) 202
Kibalchich, Victor-Napoleon Lvovich, ver Serge, Victor
Koenigstein, Claudius François 200; ver também Ravachol
Kokhlova, Olga 395

L

Laborde, Pierre 15
Labori, Fernand 377-8, 380-1
Lacassagne, Jean Alexandre Eugène 155-8, 164-5, 168-70, 174, 177, 221
Lacenaire, Pierre-François 123-6, 128-31, 144, 412; **passando-se por "Mahossier"** 123-6
Lacour, Coco 98
Lafarge, Charles Joseph Pouch 134, 137, 140-2
Lafarge, Marie Capelle 133, 136-7, 140-2
Lancelotti, Vincenzo e Michele 330, 332, 335, 401
Landry (cunhado de Gouffé) 154
Langevin, Jules 341
Lanoux, Armand 364
Lanterne, La (jornal) 340
Lapin Agile, Le (cabaré anarquista) 42
Latelle, Marie 176
Leblanc, Maurice 115-6, 271, 296
Lecoq (personagem de ficção) 107-11, 284
Léger, Léon, ver Ravachol
Leis Celeradas 312

Lênin, Vladimir 27-8
Leonardo da Vinci, *ver* Da Vinci, Leonardo
Lépine, Luis 44, 62, 66, 74, 171-3, 266, 289, 306-7, 310, 326
Lespinasse, dr. (no caso Lafarge) 137
Lesseps, Ferdinand de 343
Leydet, Joseph 345, 349-52, 363
Liabeuf, Jacques 172-4
Libertaire, Le (jornal anarquista) 42
Lisbonne, Maxime 42
Livre Populaire, Le (coleção de livros) 118
Locard, dr. Edmond 111, 174-7, 221, 362-4
Lombroso, Cesare 164-5, 171, 222-3, 268, 339
Lorulot (André Roulot) 266-7, 271, 283, 290
Los Angeles Times (jornal) 68
Loubet, Émile-François 14
Luís XIII; Luís XIV; Luís XV (reis da França) 7, 22-3, 79
Luís Filipe, o Rei Cidadão 98-9, 133, 141, 406
LOUVRE 7, 9-10, 12, 58-61, 63-5, 67-71, 73, 79-81, 84-6, 88, 224-9, 238, 242, 244, 246, 252, 254-5, 257, 288, 316, 319-20, 322-4, 326-7, 331-3, 335, 392, 399-401, 403, 405
   estatuetas "fenícias" roubadas do 225-8, 242, 255
   Les Amis du 333
   Mona Lisa escolhida para exibição no; número de catálogo e carimbo no verso da – *ver* Mona Lisa
   obras supostamente roubadas do 399
   renomeado Musée Napoléon 80

Salon Carré (Sala Quadrada) 7-8, 11-2, 69-70, 73, 316, 328, 400
Louvre, Les Magasins du (loja de departamentos) 244, 343
Lozet, Henri 199
Lumière, irmãos 32
Lunatcharsky, Anatoli 28
Lupin, Arsène (personagem de ficção) 88, 115-6, 118, 271, 296

M

Macé, Gustave 143-50, 186-7
Maeterlinck, Maurice 35
Mahossier, *ver* Lacenaire, Pierre-François
Maine (navio de guerra) 397
Maîtrejean, Henriette "Rirette" 266, 312
Mallarmé, Stéphane 107
Manual revolucionário para a fabricação de bombas 275
Marcelle, La Grande 172
Mariani, vinho (mistura de cocaína) 54
Marsh, James, e aparato de Marsh 132-3, 140-1
Martin, Benjamin F. 363
Marx, Karl 39
Mathilde (mulher misteriosa) 329
Mathillet (morto em assalto) 301
Matin, Le (jornal) 255, 291, 350
Matisse, Henri 16, 240-1, 245, 247-9, 393
Matsuda, Matt 194
Mazeline, Jane 349
Medge, Marius 282, 313-4
"medição do homem", *ver* bertillonagem
Méliès, Georges 32-3

Melzi, Francesco 75-7
Mercier, general Auguste 213
Méténier, Oscar 53
metrô 29, 117-8, 120, 344, 349, 358, 362
Metzger, Johann Daniel 132
Metzinger, Jean 250
Michelet, Jules 179
Millet, Jean François 399
Mirbeau, Octave 29-30
modernismo 28-9, 107, 121, 233, 396
Modigliani, Amedeo 28
MONA LISA (Leonardo da Vinci) 7-13, 19, 33, 47, 50, 57-9, 61-3, 65-88, 115-6, 171-2, 177, 224-9, 242, 244, 252, 254-5, 260, 262, 298, 316-20, 322-9, 331-3, 335-8, 365-6, 386, 392-3, 396-8, 400, 403, 407-8
   cópias da 61, 77-8, 86, 400, 403;
     alteração de Duchamp 396;
     vendidas como original 400
   versão de Picasso 242
   escolhida para exibição no Louvre 79
   fotografia e raios x da 77, 86
   interpretação da, por Freud e Pater 82-3; significado do sorriso 59
   modelo identificada 79, 83, 407
   na Primeira Guerra Mundial 325
   número de catálogo e carimbo no verso da 322
   propriedade da França 325
   técnica de pintura usada na 77; *craquelure* 86, 323
   valor da 8, 80, 333
MONA LISA, ROUBO DA 12, 19, 33, 47, 57-8, 60-70, 72-3, 75, 82, 84, 86, 88, 172, 224, 226-7, 252, 255, 260, 320, 325-7, 329-30, 332, 335, 338, 366, 393, 396-7, 400-3
   descoberta 12-3

descrição do ladrão 72
devolução realizada 324, 337
especulações sobre o 59, 66-7, 71, 84, 329
história "verdadeira" de Decker 397
investigação do 47, 60, 65, 68, 86, 255-6, 260, 326; por Bertillon 47, 57, 62, 73, 177, 326; por Lépine 66, 74, 171-2, 326
julgamento do ladrão 334-7
piadas, canções e filmes sobre o 19, 33, 59, 61-2, 69-1
prêmio pela devolução 61, 67, 225, 333
publicidade em torno do 61, 63, 69, 254, 260
quadro oferecido para venda 60, 67, 331, 336-7, 400-1, 403
roubo vagamente descrito 320, 335-6
suspeitos do 60, 84, 326, 332; Apollinaire 64, 225, 252-60
Monier, Élie (pseudônimo Simentoff) 287, 294-5, 302-3, 314-5
Monier, juiz 370
Monsieur Lecoq (Gaboriau) 107, 110
Montmartre 20, 22-6, 36-8, 40, 42, 48, 53, 57, 69, 152, 173, 228-31, 234, 237, 241, 244, 250, 267, 275-6
Montparnasse 22, 27-8, 52, 173
Montparnasse (personagem de ficção) 412
Moore, Thomas 80
moradia, *ver* Paris
Moran, juiz (no caso Lafarge) 137-8
Morgan, J. Pierpont 66-7, 85, 329
Moriarty, Professor (personagem de ficção) 72, 181
Marrocos, reivindicações francesas e alemãs sobre 60, 365, 367, 398
Moulin (vítima de assassinato) 203

Moulin de la Galette 229
Moulin Rouge (cabaré) 25, 52
Murillo, Bartolomé 398-9
Museu de Luxembourg 229

N

Napoleão Bonaparte, imperador da França 23, 56, 79, 84, 93, 133, 318, 325, 406
Napoleão III, imperador da França 17, 36, 141, 406
Nature (periódico) 216
Nazione, La (jornal) 327
New York Armory Show (1913) 396
New York Herald (jornal) 397
New York Times (jornal) 260
Nick Winter et le vol da la Joconde 70
Nicolau II, czar da Rússia 263
Niépce, Nicéphore 105, 235
Nordau, Max 31
Normand (proprietário de automóvel) 263, 277
Notar, Amélie, *ver* **Bertillon, Amélie**
Nouvelle Revue Française (periódico) 21

O

Olivier, Fernande 228, 230, 231, 233, 240, 242, 246, 251-3, 257-8, 393
Orfila, Mathieu Joseph Bonaventure 132-3, 136, 139-41, 144

P

Paillet, Maître 139-40
Paisant, André 359
Paléologue, Maurice 49
PARIS 12, 14-23, 25, 27-30, 33-40, 42-3, 48-9, 51-3, 56-7, 59, 62-3, 67-9, 71, 74, 88, 93-8, 100-2, 105-6, 108, 112-3, 115-6, 118, 120-1, 124, 127-8, 130, 132-6, 139, 142, 144, 153-4, 158-9, 161-2, 164, 171, 173, 180, 184-5, 188, 191-3, 199-203, 206, 208, 212, 224-5, 228-30, 232, 234-7, 241-2, 247-8, 250, 252-5, 257, 259-60, 264-7, 270-2, 275-6, 279-80, 284, 288-90, 292-5, 297-8, 300, 304, 306, 309-10, 313, 315, 318, 328, 330, 332, 336, 338, 341, 343, 347, 349, 354, 368, 384-6, 388, 390-2, 394, 399, 402
Belle Époque **em** 15-6, 23
café-concerto 23-4, 42; *ver também* **Montmartre**
como "cidade luz" 14, 36, 93
Comuna de 36-7
Exposição Universal de (1878) 22, 37
Exposição Universal de (1900) 14
modernizada por Haussmann 17, 23, 278
na Guerra Franco-Prussiana 36-113
na Primeira Guerra Mundial, abandonada como capital 15, 36, 38
na Terceira República 36-7, 43, 58, 60, 66; *ver também* **França**
população de 17, 29, 36, 44, 66, 95, 127; **criminosos** 96, 165; **norte- -americanos em** 66, 85, 399
Quartier Latin 27, 209
reinado de terror em 39; *ver também* **anarquismo**
Paris-Journal (jornal) 59, 61, 64, 88, 225-6, 228, 244, 252, 254, 257
Parole Libre, La (publicação antissemita) 45
Partido Radical Socialista 60
Pater, Walter 81-2, 86-7
Pathé, Charles, e companhia Pathé 33, 70, 119
Peirron, Agnes 55
Peruggia, Vincenzo ("Leonard") 326-38, 398, 401-2

Petit Journal, Le (jornal) 158, 331
Petit Parisien, Le (jornal) 62, 281, 293
Pétomane (ator de cabaré) 23
Philippe-Égalité, duque de Orléans 133
Picasso, Pablo 16, 20-1, 25, 28, 33, 35, 42, 48, 56-7, 196, 225, 228-35, 237-54, 257--8, 262, 370, 389-90, 393-5, 399, 417
Picquart, major Marie-Georges 45-6
Picquet (chefe da manutenção do Louvre) 7-8, 11, 13
Pieret, Gèry 244, 252-7, 259-60, 399
Planck, Max 234
Platano (cúmplice de Bonnet) 274-6, 284
Poe, Edgar Allan 54, 88, 105-8, 111, 150, 175, 360, 410
Poggi, Giovanni 319, 321-4
Poincaré, Henri 16, 235-6, 250
Poincaré, Raymond 297, 304, 314, 366-7, 369, 380
Poiret, Paul 251, 394
Poirot, Hercule (personagem de ficção) 172
POLICIAL, FORÇA 17, 105, 159, 171, 193, 279, 292, 297, 299, 306, 308, 310, 386
  abordagem científica usada pela 40, 47, 57, 73, 121-2, 155, 168; toxicologia 132-3, 136, 139 (*ver também* ciência forense)
  anarquistas versus (*ver também* e os "bandidos motorizados", abaixo) 40, 200, 286, 289, 297, 309, 311
  armas da 173, 297, 305-6
  desconfiança pública 56;
  destruição de registros policiais 57, 185
  dossiê sobre Picasso 238
  e identidade de suspeitos ou vítimas 48, 92, 101, 110, 117, 121, 142, 184, 222, 326, 388; **carteira de identidade** 223-4; *ver também* **Bertillon, Alphonse**; **ciência forense**
  e os "bandidos motorizados" 279, 281, 286-7, 290, 297, 302, 307, 310, 312; polícia torna-se motorizada 297
  e romance policial 101-2, 116-7, 150
  em Paris, organização da 17, 56, 95-9, 279, 297
  espiões da polícia 93, 147, 159-60, 186; **Vidocq como informante** 88-9, 91-3, 95-6, 101, 410; **Voirbo como espião** 147
  investigação do roubo da *Mona Lisa, ver Mona Lisa*, roubo da
  no caso Dreyfus 43-7, 213-5
  Serviço de Identificação Judiciária da 40, 193
  técnicas de interrogatório (tratamento do "restaurante do Monsieur Goron") 152, 160
  ver também crime; Sûreté
Ponson du Terrail, Pierre Alexis 112-4, 118
pornografia 20, 56
positivismo 234
Pozzo, Cassiano del 79
Presse, La (jornal) 104, 279
Primeira Guerra Mundial 15, 38, 325
Princip, Gavrilo 373
princípio da troca 176; *ver também* ciência forense
Proal, Louis 373
proezas de Maciste, As (seriado de cinema) 34
Proudhon, Pierre-Joseph 38-9, 272
Proust, Marcel 16, 21-2, 32, 353, 406
Prússia, *ver* Guerra Franco--Prussiana

Q

Quetelet, Lambert Adolphe Jacques 186
Quinn, Arthur Hobson 410
Quotidienne, La (jornal) 106

R

racismo 212, 223
Rafael 7, 80, 316, 336
Raskólnikov (personagem de ficção) 412
Ravachol (Léon Léger) 40-1, 44, 199-202
Reibel, Joseph 220-1
Reid, capitão Mayne 256
Reiss, Rodolphe 74, 85
Rembrandt 7
Renascença, arte da 10, 16, 240
reprise individuelle 265, 269, 273
Révolté, Le (jornal) 265
revoluções e revolucionários 7, 28-9, 36, 38-9, 79, 90, 98, 173, 202, 246, 264, 265, 267, 405-6
revoluções francesas, *ver* revoluções e revolucionários
Revue Britannique (periódico) 106
Revue des Deux Mondes (periódico) 58, 106
Ricci, Corrado 324
Richardson, Richardson 417
Rimbaud, Arthur 55, 107
Ringué, sargento (policial de Paris) 143-5
Rivera, Diego 28
Robert, Henri 162-3
Rocambole (personagem de ficção) 113-4
Rockefeller, John D. 329
Rodriguez, Alphonse 290-1

Rojas, Francisca 218
ROMANCE POLICIAL 104-5, 108, 355
atenção policial ao 150, 204
folhetim 47, 104, 106, 108, 118, 341
invenção do moderno 102, 105-12, 122
ver também crime, histórias de
Roulot, André, *ver* Lorulot
Rousseau (detetive) 210-1
Royal British Arsenal 132
Rubens, Peter Paul 7, 64
Ruiz, Pablo, *ver* Picasso, Pablo

S

Sade, Marquês de 55
Sadi Carnot, *ver* Carnot, Marie-François Sadi
Sagot, Clovis 239
Salmon, André 238, 241, 252-3, 417
Salon Carré, *ver* Louvre
Salon des Indépendants 228, 250
Santos Dumont, Alberto 30, 163
Sartre, Jean-Paul 34
Sassoon, Donald 78
Satie, Erik 23
Saturday Evening Post (revista) 397
Sauerwein, Charles 293
Sauvage, Père (negociante de arte) 243
Sauvet (encanador do Louvre) 10-1, 402
Sazie, Léon 118
Scevola, Guirand de 387
Scheffer, Henri-Léon 220-1
Schwitters, Kurt 396
Scotland Yard 105, 280
Séguenot, Françoise 330, 332
Semana Sangrenta (1871) 37-8, 300

459

Serge, Victor ("Le Rétif") 43, 264-8, 270-1, 284, 286-7, 312-3
Sert, Misia 385
Severini, Gino 28
Shapiro, Ann-Louise 47, 340
Shattuck, Roger 234
Sheedy, Pat 72
Sic (revista literária) 392
simbolistas, poetas 107
Simon (condenado), *ver* Vernet, Charles
simultaneísmo 237
Siva, madame Albane de 59
Sklodowska, Maria, *ver* Curie, Marie e Pierre
socialismo 60, 173, 250, 267-8
Sociedade de Autópsia Mútua 180, 315
Sociedade Livre para Formação Profissional de Jovens Mulheres 180
Société des Amis de Fantômas, La 56
Solis, Rodolphe 23
Sommerville, Frankfort 24
Soudy, André 294-6, 298-9, 312, 314-5
Soutine, Chaim 28
Souvestre, Pierre 118-20
Starace, Gino 114, 118
Stein, Gertrude 19, 228, 240-3, 245, 251, 394
Stein, Leo 228, 240-1, 247, 251
Steinheil, Adolphe 48-9, 342-9, 351-2, 354-5, 358-64
Steinheil, Marguerite "Meg" Japy 48-50, 342-64, 372, 374
Steinheil, Marthe 342, 344-5, 347, 350, 361
Stendhal (pseudônimo de Marie-Henry Beyle) 412

Stoker, Bram 413
Strauss, Maurice 72-4
Sue, Eugène 102, 104, 112
Sûreté 55-7, 62, 66, 91, 96, 98, 100, 108, 116, 122-3, 127, 143, 152, 154, 158, 186, 201-2, 224, 255, 260, 274, 281-4, 286-7, 291, 297-9, 307, 326, 330, 338, 345, 349-52, 412
surrealismo 392
Symons, Julian 105

T

Tarbell, Ida 222
Tardieu, dr. Auguste 144
Teatro Hebreu 348-9
telefones 29, 31, 204-5, 235-6
Tellier, Charles, e caso Tellier 209-11
Temps, Le (jornal) 84
Terclavers, Germaine 65
Théâtre du Grand-Guignol 52-6
Thiers, Adolphe 36
Thollon, Judith 274-5, 284
Ticiano 7, 399
Tintoretto 7
Torre Eiffel 14, 37, 236, 386
Toulouse-Lautrec, Henri de 25
toxicologia, *ver* ciência forense
Trótski, Leon 28
Trouard-Riolle, Paul 353, 356, 359-60
Twain, Mark 216
Tzara, Tristan 395

U

Uffizi, Galeria 319, 322-4
Ulback, Louis 355

V

Vacher, Joseph, o Estripador Francês 165-70, 178, 413
Vaillant, Auguste 40, 312
Valázquez (suspeito de assassinato) 218
Valet, René 284, 292, 294-5, 310-2
Valfierno, Marqués de (Eduardo) 397-9, 401-3
Valjean, Jean (personagem de ficção) 103, 114
Van Dover, J. K. 112
Van Gogh, Vincent 393
Vasari, Giorgio 75-6, 78
Vautrin, Le (personagem de ficção) 90, 102-3
Vauxcelles, Louis 249
Velázquez, Diego Rodríguez de Silva y 7, 71
velocidade como fator da vida moderna 29-31, 35, 315
Verlaine, Paul 55, 107
Verne, Júlio 33
Vernet, Charles 202-6
Veronese, Paolo 7
Vitória, rainha da Inglaterra 222
Vidocq, Eugène-François 88-103, 107-8, 111, 113, 116, 121-3, 127, 129, 148, 150, 152, 184, 186, 192, 410
Villain, Raoul 384

Villon, François 55, 115
Voirbo, Adélia 148, 150
Voirbo, Pierre 145-50, 186
Vollard, Ambroise 242, 247
Vucetich, Juan 217-9, 387-8
Vuillemin, Marie 270, 283

W

Walz, Robin 119
Watson, dr. John (personagem de ficção) 106, 111-2, 178, 415
Wells, H. G. 236
West, Will 220
Winter, Nick (personagem de ficção) 70
Wolff, Alexandre 351, 358
Wolff, Mariette 343, 351-2, 357, 360
Worth, Adam ("Napoleão do Crime") 72-5

Z

Zigomar (personagem de ficção) 118-9
Zigomar (seriado de cinema) 33-4
Zig-Zag (companhia de papel para cigarros) 69
Zola, Émile 46, 122, 214, 267, 302, 343, 364
zuavos 311
Zut, Le (cabaré anarquista) 42

Agradecimentos

Queremos expressar nosso reconhecimento e nossa gratidão a Lyn Nosker e Ellen Hoobler, por seu trabalho de tradução de alguns livros e documentos. Nossos agradecimentos também a Dick Nosker, que nos explicou conceitos científicos, e a Yohann Thibaudault, por sua extensa pesquisa no Museu da Chefatura de Polícia de Paris.

Evidentemente, nos valemos dos trabalhos de muitos autores, que listamos na bibliografia. Temos uma dívida particular, entretanto, com o dr. Benjamin F. Martin, da Louisiana State University, e com o dr. Edward Berenson, da UCLA (University of California in Los Angeles), cujas obras serviram de base para o que escrevemos no capítulo *"Cherchez la femme"*, e com Richard Parry, cujo livro abrangente sobre a quadrilha de Bonnot proporcionou o fundamento de nossa pesquisa para o capítulo "Os bandidos motorizados".

Nossos agradecimentos às equipes da New York Public Library, da Avery Library e da Butler Library, da Columbia University.

Não temos como expressar adequadamente nosso agradecimento a nosso editor, Geoff Shandler, que inicialmente avaliou este livro e nos proporcionou muitas percepções e sugestões, e a sua assistente, Junie Dahn, que sempre foi uma deusa dos detalhes.

Por fim, nossa gratidão a nosso agente, Al Zuckerman, cujo apoio a nosso trabalho foi decisivo.

Sobre os autores

Dorothy e Thomas Hoobler, ambos norte-americanos, escreveram a quatro mãos várias obras de ficção e história para o grande público, entre elas *Captain John Smith: Jamestown and the Birth of the American Dream* (Wiley, 2005) e *The Monsters: Mary Shelley and The Curse of Frankenstein* (Little, Brown, 2006). Ela é formada em história pela New York University; e ele, em língua e literatura inglesa, pela University of Notre Dame.

Este livro foi composto na fonte Albertina
e impresso em outubro de 2013 pela Corprint,
sobre papel pólen soft 80 g/m².